山东财经大学会计学院实践教学基地成果

《基层单位政府会计准则制度指导手册》编委会 编著

基层单位政府会计准则制度指导手册

JICENG DANWEI ZHENGFU KUAIJI ZHUNZE ZHIDU
ZHIDAO SHOUCE

中国财经出版传媒集团

经济科学出版社
Economic Science Press

图书在版编目（CIP）数据

基层单位政府会计准则制度指导手册/《基层单位政府会计准则制度指导手册》编委会编著 . —北京：经济科学出版社，2021.12
ISBN 978 - 7 - 5218 - 3360 - 7

Ⅰ. ①基… Ⅱ. ①基… Ⅲ. ①单位预算会计 – 会计制度 – 中国 – 手册 Ⅳ. ①F810. 6 – 62

中国版本图书馆 CIP 数据核字（2021）第 274352 号

责任编辑：杜 鹏 常家凤
责任校对：靳玉环
责任印制：邱 天

基层单位政府会计准则制度指导手册
《基层单位政府会计准则制度指导手册》编委会 编著
经济科学出版社出版、发行 新华书店经销
社址：北京市海淀区阜成路甲 28 号 邮编：100142
编辑部电话：010 - 88191441 发行部电话：010 - 88191522
网址：www. esp. com. cn
电子邮箱：esp_bj@ 163. com
天猫网店：经济科学出版社旗舰店
网址：http://jjkxcbs. tmall. com
固安华明印业有限公司印装
787 × 1092 16 开 30. 75 印张 600000 字
2022 年 1 月第 1 版 2022 年 1 月第 1 次印刷
ISBN 978 - 7 - 5218 - 3360 - 7 定价：138. 00 元
（图书出现印装问题，本社负责调换。电话：010 - 88191510）
（版权所有 侵权必究 打击盗版 举报热线：010 - 88191661
QQ：2242791300 营销中心电话：010 - 88191537
电子邮箱：dbts@ esp. com. cn）

编委会名单

指导顾问　韩　跃

主　　任　夏应枝

副 主 任　刘利民　袭　琳　宫金环

参编人员　张艳玲　牟玉琴　魏　刚　宋淑钢　刘长永

　　　　　　孟　青　胡金程　董献德　刘　楠　张　勇

　　　　　　宋强华　张国玮　王　铭　宫承利　赵才华

　　　　　　石志新　范廷广　张云仙　袁　帅　刘　丽

　　　　　　赵秀娟　刘　斌　王淑丽　李凤瑞　王　成

　　　　　　张红国　李筱菲　李　菡

序

党的十八届三中全会以来，财政部积极贯彻落实党中央、国务院决策部署，推动建立以权责发生制政府综合财务报告为主要目标的政府会计改革，构建起以财务会计和预算会计适度分离并相互衔接为主要特征、以平行记账为主要模式的政府会计准则制度体系。政府会计改革，形成以政府综合财务报告、预决算报告、行政事业单位内部控制报告和政府部门国有资产管理报告等为主要内容的政府会计信息体系。高质量的政府会计信息是提高财政资金使用效率、提升预算管理绩效、加强政府部门国有资产管理和强化地方政府债务管理的数据基础，也是推进国家治理体系和治理能力现代化的重要基础与保障。

政府会计体系作为财政领域的制度创新和重大改革，使命光荣，任务艰巨，新的会计信息需求、新的会计核算基础和新的会计记账模式都需要各级行政事业单位会计人员对政府会计体系要学懂、领会和贯通。近年来，山东省各级财政部门扎实推进政府会计准则制度落实落地与新旧制度衔接，总体推进过程比较顺利，但在实务工作中还存在核算不准确、衔接不到位等问题，这些问题在基层单位尤其突出。积极推动基层单位政府会计准则制度实施质量提升，需要管理部门、理论界和实务工作者共同努力、探索。

邹平市财政局作为地方政府会计工作主管部门，联合山东财经大学会计学院组织高校专家和当地实务工作者，通过全面细致的调研，研究基层行政事业单位、乡镇政府、街道办事处和中小学校业务场景，梳理基层单位经济业务，以政府会计准则制度为依据，结合实务中的风险导向、审计实务、财经纪律、财务规范等法律法规制度，整理编写了《基层单位政府会计准则制度指导手册》，恰逢其时！全书简明扼要、浅显易懂、讲解透彻、内容全面，是一本适合行政事业单位会计实用操作的工具书。该《手册》的出版，对于指导、推动政府会计体系在基层落实落地将起到非常好的促进作用，也为各基层单位推动实施政府会计准则制度提供有价值的参考。

山东省财政厅会计处处长　周　晖

2022 年 1 月

编印说明

    财政部《政府会计制度》于 2019 年 1 月 1 日正式施行，为确保新旧会计制度的平稳过渡和规范衔接，2019 年我们研究决定成立《基层单位政府会计准则制度指导手册》编委会，编写基于新政府会计制度的《基层单位政府会计准则制度指导手册》（以下简称《手册》），供镇街、市直预算单位和教育系统等执行政府会计准则制度的基层单位参考使用，满足基层财务会计信息使用者的实际操作需求。

    由于此类型的指导手册没有先例，对实践性和专业性要求高，为此邹平市财政局依托山东财经大学会计学院实践教学基地，成立编写工作组，在高校理论支持、实践基地转化教学成果及政府会计专家精准指导下编写该《手册》。编写工作组多次参加国家会计学院、山东财经大学等举办的政府会计实务专题培训，在学会弄懂并全面系统掌握新制度各项规定的基础上，汇集镇街、市直预算单位、教育行业实际发生的经济业务，经过认真整理、分析、规范，形成《手册》，从理论到实务，再丰富完善理论，指导基层会计工作者的实务工作。基层单位在执行政府会计准则制度过程中显现的难题，所遇到的共性问题及处理方法，在《手册》中皆有所列示。

    政府会计准则制度的执行对于提高政府会计信息质量、提升行政事业单位财务和预算管理水平、全面实施预算绩效管理、提升现代财政制度具有划时代的重要意义。《手册》对基层单位日常经济业务进行详细汇编，以丰富的案例对各类经济业务的会计核算过程进行展示。

    《手册》在编制过程中得到了邹平市直各预算单位、镇街财政所、教育系统和山东财经大学政府会计团队的大力支持和帮助，在此一并表示感谢。

由于水平有限和编写时间仓促，且在实践中各类经济业务处理错综复杂，《手册》中难免有疏漏甚至错误之处，恳请专家、学者和广大财务工作人员批评指正。

编　者

2022 年 1 月

目　　录

附录 ·· *432*

第一章　镇街行政运行管理业务

第一节　镇街日常行政运维业务

一、三公经费管理

（一）购置日常办公用品

镇政府购置日常办公用品等业务，主要涉及库存现金、银行存款、零余额账户用款额度、其他货币资金等的管理与核算。需要注意区分用款来源及用款去向。主要介绍购置办公用品、打印机耗材、电脑配件等费用的核算。

产生办公经费相关支出，按照费用确认金额，财务会计借记"业务活动费用——商品和服务费用"科目，贷记"零余额账户用款额度""银行存款"等科目；按照实际支付的金额，预算会计借记"行政支出——基本支出"科目，贷记"资金结存——零余额账户用款额度""资金结存——货币资金"等科目，财政直接支付方式支付，贷记"财政拨款预算收入——基本支出"科目。

注意事项：在购置日常办公用品中，注意遵守文件规定，禁止超标准购买。

【例1-1】某镇办财政所2019年12月购办公用品568元，财政授权支付。

财务会计：

借：业务活动费用——商品和服务费用——办公费　　　　　　568
　　贷：零余额账户用款额度　　　　　　　　　　　　　　　　568

预算会计：

借：行政支出——财政拨款支出——基本支出——日常公用经费　568
　　贷：资金结存——零余额账户用款额度　　　　　　　　　　568

【例1-2】某街道财政所支付经管站日常办公费用4 259.8元，银行存款支付。

财务会计：

借：业务活动费用——商品和服务费用——办公费　　　　　　4 259.8
　　贷：银行存款　　　　　　　　　　　　　　　　　　　　4 259.8

预算会计：

借：行政支出——财政拨款支出——基本支出——日常公用经费 4 259.8

　　贷：资金结存——货币资金　　　　　　　　　　　　　　 4 259.8

【例 1 - 3】某街道财政所支付日常办公用品、打印机耗材费 28 668.6 元，直接支付。

财务会计：

借：业务活动费用——商品和服务费用——办公费　　　　　28 668.6

　　贷：财政拨款收入　　　　　　　　　　　　　　　　　 28 668.6

预算会计：

借：行政支出——财政拨款支出——基本支出——日常公用经费

　　　　　　　　　　　　　　　　　　　　　　　　　　 28 668.6

　　贷：财政拨款预算收入——基本支出——日常公用经费　　28 668.6

【例 1 - 4】某镇办财政所支付电脑配件耗材费用 9 520 元，直接支付。

财务会计：

借：业务活动费用——商品和服务费用——办公费　　　　　　 9 520

　　贷：财政拨款收入　　　　　　　　　　　　　　　　　　 9 520

预算会计：

借：行政支出——财政拨款支出——基本支出——日常公用经费　9 520

　　贷：财政拨款预算收入——基本支出——日常公用经费　　　9 520

（二）公务接待、食堂相关业务

公务接待费是指镇街按规定开支的各类公务活动（包括接待人员考察调研、执行任务、学习交流、检查指导工作以及邀请专家参加会议等公务活动）发生的接待费用。接待费用包括接待住宿费和接待工作餐费。

中央八项规定和厉行节约反对浪费条例出台后，各级各部门都在严控三公经费，公务接待费的开支也要全面执行相关公务接待办法。报销公务接待费时，对于符合规定报销条件的公务接待费，实际发生付款的，直接作为业务活动费用处理，预算会计同时计入当期支出。已经报销尚未支付欠款，财务会计计入应付账款或者其他应付款，预算会计待实际支付时列入支出。

发生公务接待费相关支出，按照费用确认金额，财务会计借记"业务活动费用——商品和服务费用"科目，贷记"财政拨款收入""银行存款""应付款""其他应付款"等科目；按照实际支付的金额，预算会计借记"行政支出——财政拨款支出——基本支出"科目，贷记"财政拨款预算收入""资金结存——货币资金"等科目。

【例 1-5】某镇办财政所产生公务接待费费用 3 240 元，财政直接支付。

财务会计：

借：业务活动费用——商品和服务费用——公务接待费　　　　　3 240

　　贷：财政拨款收入　　　　　　　　　　　　　　　　　　　　　3 240

预算会计：

借：行政支出——财政拨款支出——基本支出——日常公用经费　3 240

　　贷：财政拨款预算收入——基本支出——日常公用经费　　　　　3 240

【例 1-6】某镇政府财政所收取县镇街食品药品安全合格村居现场验收会餐费 2 100 元，后支付给镇政府食堂。（注意区分是否属于镇政府的公务接待，按规定收取伙食费）

（1）收取时。

财务会计：

借：银行存款　　　　　　　　　　　　　　　　　　　　　　　　2 100

　　贷：其他应付款——食堂　　　　　　　　　　　　　　　　　　2 100

（2）交给食堂。

财务会计：

借：其他应付款——食堂　　　　　　　　　　　　　　　　　　　2 100

　　贷：银行存款　　　　　　　　　　　　　　　　　　　　　　　2 100

预算会计不作处理。

【例 1-7】某镇办财政所支付食堂业务招待费 240 元，银行存款支付。

财务会计：

借：业务活动费用——商品和服务费用——公务接待费　　　　　240

　　贷：银行存款　　　　　　　　　　　　　　　　　　　　　　　240

预算会计：

借：行政支出——财政拨款支出——基本支出——日常公用经费　240

　　贷：资金结存——货币资金　　　　　　　　　　　　　　　　　240

（三）公务用车相关业务

公务用车的燃油费、保险费、装具费、维修费、牌照费、检测费、年审费、过路过桥费等都在此核算。镇街发生时直接支付的公务用车费用，直接计入财务会计的业务活动费用，同时登记预算会计的公务用车运行维护支出。镇街各单位应当参照以往年度日常燃油消耗量制定每月正常消耗标准，按照日常月用量标准作为每月充值油卡的依据，基本保障每月充值当月消耗，以简化财务会计核算。

镇街预存加油卡的业务，预存的加油卡一般不能列入当期费用和支出。预存的加油卡在未被消费之前，不构成费用和实际支出，可以参照预付账款管理，待消费后列入费用和支出项目。

发生公务用车相关费用支出，财务会计借记"业务活动费用——商品和服务费用——公务用车运行维护费"科目，贷记"财政拨款收入""银行存款""零余额账户用款额度"等科目；预算会计借记"行政支出——财政拨款支出——基本支出"科目，贷记"财政拨款预算收入""资金结存——货币资金""资金结存——零余额账户用款额度"等科目。

加油卡、ETC 等充值时，财务会计借记"预付账款"科目，贷记"零余额账户用款额度"等科目；预算会计借记"行政支出——财政拨款支出——基本支出"科目，贷记"资金结存——零余额账户用款额度"等科目。确认费用时，财务会计借记"业务活动费用——商品和服务费用——公务用车运行维护费"科目，贷记"预付账款"科目；预算会计不作处理。

【例1-8】某镇办财政所支付保留公车 ETC 充值费 3 500 元，财政授权支付。

（1）充值时（需明确原始凭证）。

财务会计：

借：预付账款   3 500

    贷：零余额账户用款额度   3 500

预算会计：

借：行政支出——财政拨款支出——基本支出——日常公用经费 3 500

    贷：资金结存——零余额账户用款额度   3 500

（2）按实际票据确认过路费时（需打印行程详单，票根网）。

财务会计：

借：业务活动费用——商品和服务费用——公务用车运行维护费 3 500

    贷：预付账款   3 500

预算会计不作处理。

【例1-9】某镇办财政所支付保留公车加油卡充值 2 000 元，次月交回加油详单 1 000 元。授权支付。

（1）充值时（需明确原始凭证）。

财务会计：

借：预付账款   2 000

    贷：零余额账户用款额度   2 000

预算会计：

借：行政支出——财政拨款支出——基本支出——日常公用经费 2 000

　　贷：资金结存——零余额账户用款额度　　　　　　　　　　2 000

（2）持加油票确认加油费用 1 000 元（应提供加油详单等原始凭证）。

财务会计：

　　借：业务活动费用——商品和服务费用——公务用车运行维护费　1 000

　　　　贷：预付账款　　　　　　　　　　　　　　　　　　　　1 000

【例 1-10】某镇办财政所保留公车的车辆保险，费用 2 419.58 元，财政直接支付。

财务会计：

　　借：业务活动费用——商品和服务费用——公务用车运行维护费

　　　　　　　　　　　　　　　　　　　　　　　　　　2 419.58

　　　　贷：财政拨款收入　　　　　　　　　　　　　　　　　2 419.58

预算会计：

　　借：行政支出——财政拨款支出——基本支出——日常公用经费

　　　　　　　　　　　　　　　　　　　　　　　　　　2 419.58

　　　　贷：财政拨款预算收入——基本支出——日常公用经费　2 419.58

【例 1-11】某镇办财政所支付保留公务用车维修费用 4 215 元，直接支付。

财务会计：

　　借：业务活动费用——商品和服务费用——公务用车运行维护费　4 215

　　　　贷：财政拨款收入　　　　　　　　　　　　　　　　　4 215

预算会计：

　　借：行政支出——财政拨款支出——基本支出——日常公用经费　4 215

　　　　贷：财政拨款预算收入——基本支出——日常公用经费　4 215

【例 1-12】某镇办财政所支付镇政府报销 2019 年 3 月 4 辆保留公务车的加油款 3 434 元，银行存款支付。

财务会计：

　　借：业务活动费用——商品和服务费用——公务用车运行维护费　3 434

　　　　贷：银行存款　　　　　　　　　　　　　　　　　　　3 434

预算会计：

　　借：行政支出——财政拨款支出——基本支出——日常公用经费　3 434

　　　　贷：资金结存——货币资金　　　　　　　　　　　　　3 434

【例 1-13】某镇政府 2019 年 5 月发生公务用车维修费用 1 085 元，财政直接支付。

财务会计：

　　借：业务活动费用——商品和服务费用——公务用车运行维护费　1 085

　　　　贷：财政拨款收入　　　　　　　　　　　　　　　　　1 085

预算会计：

借：行政支出——财政拨款支出——基本支出——日常公用经费　　1 085

　　贷：财政拨款预算收入——基本支出——日常公用经费　　　　　1 085

【例1－14】某镇办财政所支付保留汽车维修费2 020元，直接支付。

财务会计：

借：业务活动费用——商品和服务费用——公务用车运行维护费　　2 020

　　贷：财政拨款收入　　　　　　　　　　　　　　　　　　　　2 020

预算会计：

借：行政支出——财政拨款支出——基本支出——日常公用经费　　2 020

　　贷：财政拨款预算收入——基本支出——日常公用经费　　　　　2 020

【例1－15】某镇办财政所支付保留公务用车车辆保险费3 068.91元，授权支付。

财务会计：

借：业务活动费用——商品和服务费用——公务用车运行维护费

　　　　　　　　　　　　　　　　　　　　　　　　　　3 068.91

　　贷：零余额账户用款额度　　　　　　　　　　　　　　　3 068.91

预算会计：

借：行政支出——财政拨款支出——基本支出——日常公用经费

　　　　　　　　　　　　　　　　　　　　　　　　　　3 068.91

　　贷：资金结存——零余额账户用款额度　　　　　　　　　3 068.91

（四）　租车费

租车费是指因公外出参加活动及执行其他公务所支付的汽车租赁费、加油费、过路过桥费等相关费用。

租车费要有租车合同或租车协议、租车费用详单、租车行程详单。一般租用车辆加油费过路费都应租赁公司承担，合同另有约定者参考市租车管理办法。

发生租车费支出，财务会计借记"业务活动费用——商品和服务费用——其他交通费"科目，贷记"财政拨款收入""零余额账户用款额度"等科目；预算会计借记"行政支出——财政拨款支出——基本支出"科目，贷记"财政拨款预算收入""资金结存——零余额账户用款额度"等科目。

【例1－16】某镇办财政所支付日常运行租车，费用2 450元，财政直接支付；新兵役前训练租车，费用700元，财政直接支付。

（1）财务会计：

借：业务活动费用——商品和服务费用——其他交通费用　　　　　2 450

　　　　贷：财政拨款收入　　　　　　　　　　　　　　　　　　　　2 450

预算会计：

　　借：行政支出——财政拨款支出——基本支出——日常公用经费　2 450

　　　　贷：财政拨款预算收入——基本支出——日常公用经费　　　　2 450

（2）财务会计：

　　借：业务活动费用——商品和服务费用——其他交通费用　　　　700

　　　　贷：财政拨款收入　　　　　　　　　　　　　　　　　　　　　700

预算会计：

　　借：行政支出——财政拨款支出——基本支出——日常公用经费　700

　　　　贷：财政拨款预算收入——基本支出——日常公用经费　　　　700

【例1-17】 某镇办财政所支付2018年11月农民运动会开幕租车费1 000元，直接支付。

财务会计：

　　借：业务活动费用——商品和服务费用——其他交通费用　　　　1 000

　　　　贷：财政拨款收入　　　　　　　　　　　　　　　　　　　　1 000

预算会计：

　　借：行政支出——财政拨款支出——基本支出　　　　　　　　　　1 000

　　　　贷：财政拨款预算收入——基本支出　　　　　　　　　　　　1 000

【例1-18】 某街道财政所2019年支付2018年一年期租车费17 400元，直接支付。（支付一整年的费用，需附全部详单）

财务会计：

　　借：业务活动费用——商品和服务费用——其他交通费用　　　　17 400

　　　　贷：财政拨款收入　　　　　　　　　　　　　　　　　　　　17 400

预算会计：

　　借：行政支出——财政拨款支出——基本支出　　　　　　　　　　17 400

　　　　贷：财政拨款预算收入——基本支出　　　　　　　　　　　　17 400

【例1-19】 某镇办财政所支付汽车租赁费2 000元，直接支付。

财务会计：

　　借：业务活动费用——商品和服务费用——其他交通费用　　　　2 000

　　　　贷：财政拨款收入　　　　　　　　　　　　　　　　　　　　2 000

预算会计：

　　借：行政支出——财政拨款支出——基本支出——日常公用经费　2 000

　　　　贷：财政拨款预算收入——基本支出——日常公用经费　　　　2 000

【例1-20】 某镇办财政所支付租车费2 700元，授权支付。

财务会计：

借：业务活动费用——商品和服务费用——其他交通费用　　　2 700

　　贷：零余额账户用款额度　　　　　　　　　　　　　　　　　2 700

预算会计：

借：行政支出——财政拨款支出——基本支出　　　　　　　　2 700

　　贷：资金结存——零余额账户用款额度　　　　　　　　　　　2 700

【例 1 – 21】某镇办财政所支付租用车辆加油费用 1 445 元，直接支付。（按租车管理办法及租车合同确定会计科目）

财务会计：

借：业务活动费用——商品和服务费用——其他交通费用　　　1 445

　　贷：财政拨款收入　　　　　　　　　　　　　　　　　　　　1 445

预算会计：

借：行政支出——财政拨款支出——基本支出——日常公用经费　1 445

　　贷：财政拨款预算收入　　　　　　　　　　　　　　　　　　1 445

【例 1 – 22】某镇办财政所支付租用车辆的过路过桥费 715 元，直接支付。（按租车管理办法及租车合同确定会计科目）

财务会计：

借：业务活动费用——商品和服务费用——其他交通费用　　　715

　　贷：财政拨款收入　　　　　　　　　　　　　　　　　　　　715

预算会计：

借：行政支出——财政拨款支出——基本支出　　　　　　　　715

　　贷：财政拨款预算收入——基本支出　　　　　　　　　　　　715

（五）公务交通补贴

《中央和国家机关公务公车制度改革方案》明确，改革后行政区域内普通公务出行方式由公务人员自行选择，实行社会化提供，适度发放公务交通补贴。按照节约成本、保证公务、便于操作、简化档次的要求，合理确定各职级工作人员公务交通补贴。公务交通补贴属于改革性补贴，列入财政预算，在交通费中列支、按月发放，用于保障公务人员普通公务出行。

发生公务交通补贴支出，财务会计借记"业务活动费用——商品和服务费用——其他交通费用"科目，贷记"财政拨款收入""零余额账户用款额度"等科目；预算会计借记"行政支出——财政拨款支出——基本支出"科目，贷记"财政拨款预算收入""资金结存——零余额账户用款额度"等科目。

【例 1 - 23】某镇办财政所支付 1 月交通补贴 13 600 元，财政直接支付。

财务会计：

借：业务活动费用——商品和服务费用——其他交通费用　　　　　13 600
　　贷：财政拨款收入　　　　　　　　　　　　　　　　　　　　　　　13 600

预算会计：

借：行政支出——财政拨款支出——基本支出　　　　　　　　　　　13 600
　　贷：财政拨款预算收入——基本支出　　　　　　　　　　　　　　　13 600

【例 1 - 24】某镇办财政所发放公务员公务交通补贴 26 750 元，直接支付。

财务会计：

借：业务活动费用——商品和服务费用——其他交通费用　　　　　26 750
　　贷：财政拨款收入　　　　　　　　　　　　　　　　　　　　　　　26 750

预算会计：

借：行政支出——财政拨款支出——基本支出　　　　　　　　　　　26 750
　　贷：财政拨款预算收入——基本支出　　　　　　　　　　　　　　　26 750

【例 1 - 25】某街道财政所发放 1 月公务交通补贴 18 300 元，授权支付。

财务会计：

借：业务活动费用——商品和服务费用——其他交通费用　　　　　18 300
　　贷：零余额账户用款额度　　　　　　　　　　　　　　　　　　　　18 300

预算会计：

借：行政支出——财政拨款支出——基本支出——日常公用经费　　18 300
　　贷：资金结存——零余额账户用款额度　　　　　　　　　　　　　　18 300

【例 1 - 26】某镇办财政所支付交通补贴 15 600 元，直接支付。

财务会计：

借：业务活动费用——商品和服务费用——其他交通费用　　　　　15 600
　　贷：财政拨款收入　　　　　　　　　　　　　　　　　　　　　　　15 600

预算会计：

借：行政支出——财政拨款支出——基本支出　　　　　　　　　　　15 600
　　贷：财政拨款预算收入——基本支出　　　　　　　　　　　　　　　15 600

（六）差旅费用相关业务

差旅费是行政事业单位的一项重要的经常性支出项目，是指出差期间因办理公务而产生的交通费、住宿费、伙食补助费等各项费用。

市外发生的差旅费包含城市间交通费、市内交通费、住宿费、伙食补助费。

镇、街道要严格按市《关于规范差旅伙食费和市内交通费收交管理有关事项的通知》及差旅费管理办法领取伙食补助费和市内交通费。街道办事处职工去县城内开会不算出差，镇政府职工去县城内开会算出差。

发生差旅费相关支出，财务会计借记"业务活动费用——商品和服务费用——差旅费"科目，贷记"财政拨款收入""零余额账户用款额度"等科目；预算会计借记"行政支出——财政拨款支出——基本支出"科目，贷记"财政拨款预算收入""资金结存——零余额账户用款额度"等科目。用本单位实有资金账户资金垫付支出，次月财政直接支付方式将资金归还原垫付资金账户，支付时，财务会计借记"其他应收款"科目，贷记"银行存款"科目；预算会计不作处理。次月归还时，财务会计借记"银行存款"科目，贷记"财政拨款收入"科目，借记"业务活动费用——商品和服务费用"科目，贷记"其他应收款"科目；预算会计借记"行政支出——财政拨款支出——基本支出"科目，贷记"财政拨款预算收入"科目。

【例1-27】某镇办财政所创城期间去县城执勤用餐费，费用5 250元，财政直接支付。（本业务若认定为差旅费，需提供相应的用餐发票等佐证材料，按差旅费中伙食补助费报销）

财务会计：

借：业务活动费用——商品和服务费用——差旅费　　　　　　　5 250

　　贷：财政拨款收入　　　　　　　　　　　　　　　　　　　5 250

预算会计：

借：行政支出——财政拨款支出——基本支出——日常公用经费　5 250

　　贷：财政拨款预算收入——基本支出——日常公用经费　　　5 250

【例1-28】某街道财政所支付职工因信访工作需要到北京出差发生的差旅费3 154.5元，公务卡支付。按省外出差差旅费标准报销。

财务会计：

借：业务活动费用——商品和服务费用——差旅费　　　　　　3 154.5

　　贷：零余额账户用款额度　　　　　　　　　　　　　　　3 154.5

预算会计：

借：行政支出——财政拨款支出——基本支出——日常公用经费3 154.5

　　贷：资金结存——零余额账户用款额度　　　　　　　　　3 154.5

【例1-29】某镇办财政所报销差旅费，银行存款垫付2 000元，次月财政直接支付归还。

（1）用银行存款垫付时。

财务会计：

借：其他应收款　　　　　　　　　　　　　　　　　　　　　2 000

　　　　贷：银行存款　　　　　　　　　　　　　　　　　　　　　　2 000

预算会计不作处理。

（2）次月归还时。

财务会计：

借：银行存款　　　　　　　　　　　　　　　　　　　　　　　2 000

　　贷：财政拨款收入　　　　　　　　　　　　　　　　　　　2 000

借：业务活动费用——商品和服务费用——差旅费　　　　　　2 000

　　贷：其他应收款　　　　　　　　　　　　　　　　　　　　2 000

预算会计：

借：行政支出——财政拨款支出——基本支出——日常公用经费　2 000

　　贷：财政拨款预算收入——基本支出——日常公用经费　　　2 000

【例1-30】为创建全国文明城市某镇办部分人员被抽调参与创城集中行动，用餐费5 137元（附用餐明细和人员签到表，按差旅费中伙食补助报销），通过财政直接支付方式支付该笔费用。

财务会计：

借：业务活动费用——商品和服务费用——差旅费　　　　　　5 137

　　贷：财政拨款收入　　　　　　　　　　　　　　　　　　　5 137

预算会计：

借：行政支出——财政拨款支出——基本支出——日常公用经费　5 137

　　贷：财政拨款预算收入——基本支出——日常公用经费　　　5 137

【例1-31】某街道财政所报销差旅费5 452元，财政授权支付。

财务会计：

借：业务活动费用——商品和服务费用——差旅费　　　　　　5 452

　　贷：零余额账户用款额度　　　　　　　　　　　　　　　　5 452

预算会计：

借：行政支出——财政拨款支出——基本支出——日常公用经费　5 452

　　贷：资金结存——零余额账户用款额度　　　　　　　　　　5 452

【例1-32】某镇办财政所支付团干部教育培训差旅费1 034元，公务卡授权支付。

财务会计：

借：业务活动费用——商品和服务费用——差旅费　　　　　　1 034

　　贷：零余额账户用款额度　　　　　　　　　　　　　　　　1 034

预算会计：

借：行政支出——财政拨款支出——基本支出——日常公用经费　1 034

　　贷：资金结存——零余额账户用款额度　　　　　　　　　　1 034

【例1-33】某镇办财政所支付差旅费6 000元，财政直接支付。

财务会计：

借：业务活动费用——商品和服务费用——差旅费　　　　　6 000

　　贷：财政拨款收入　　　　　　　　　　　　　　　　　　6 000

预算会计：

借：行政支出——财政拨款支出——基本支出——日常公用经费　6 000

　　贷：财政拨款预算收入——基本支出——日常公用经费　　　6 000

【例1-34】某镇办财政所支付全省绿色食品企业内检员培训差旅费1 100元，财政直接支付。

财务会计：

借：业务活动费用——商品和服务费用——差旅费　　　　　1 100

　　贷：财政拨款收入　　　　　　　　　　　　　　　　　　1 100

预算会计：

借：行政支出——财政拨款支出——基本支出——日常公用经费　1 100

　　贷：财政拨款预算收入——基本支出——日常公用经费　　　1 100

【例1-35】某镇财政所2019年1月因公到市内开会发生市内交通费用1 650元，银行存款支付。（年初资金在财政拨款结转）

财务会计：

借：业务活动费用——商品和服务费用——差旅费　　　　　1 650

　　贷：银行存款　　　　　　　　　　　　　　　　　　　　1 650

预算会计：

借：行政支出——财政拨款支出——基本支出——日常公用经费　1 650

　　贷：资金结存——货币资金　　　　　　　　　　　　　　1 650

二、培训费、会议费相关业务

（一）培训费

培训费是指镇街组织开展、外出参加培训直接发生的各项费用支出，包括住宿费、伙食费、培训资料费以及其他与培训直接相关的费用。

按培训费管理办法，镇街可承担自行组织的培训费，参加其他部门组织的培训可按规定报销差旅费。

发生培训费相关支出，财务会计借记"业务活动费用——商品和服务费用——培训费"科目，贷记"银行存款""零余额账户用款额度"等科目；预算会计借记"行政支出——财政拨款支出——基本支出"科目，贷记"资金结存——货币资金""资金结存——零余额账户用款额度"等科目，财政直接支付方式下，贷记"财政拨款预算收入"。财政集中支付预付培训费，参加培训提前打款时，财务会计借记"预付账款"科目，贷记"财政拨款收入"等科目；预算会计借记"行政支出——财政拨款支出——基本支出"科目，贷记"财政拨款预算收入"等科目；持发票报销时，财务会计借记"业务活动费用——商品和服务费用——培训费"科目，贷记"预付账款"科目；预算会计不作处理。

【例1-36】某街道财政所支付街道自己组织的党员"淬火工程"餐饮费、住宿费38 847元。银行存款支付。（党校给镇办党员培训，"淬火工程"要求封闭式军事化管理，集中住宿。不产生城市间交通费，不超市内培训费综合标准）

财务会计：

借：业务活动费用——商品和服务费用——培训费　　　　　38 847

　　贷：银行存款　　　　　　　　　　　　　　　　　　　　　　38 847

预算会计：

借：行政支出——财政拨款支出——基本支出——日常公用经费　38 847

　　贷：资金结存——货币资金　　　　　　　　　　　　　　　　38 847

【例1-37】某街道财政所支付2018年街道自己组织的每月一讲老干部党员培训班，学习期间发生培训工作午餐费3 180元，财政授权支付。（培训期间未发生差旅住宿等其他费用）

财务会计：

借：业务活动费用——商品和服务费用——培训费　　　　　3 180

　　贷：零余额账户用款额度　　　　　　　　　　　　　　　　3 180

预算会计：

借：行政支出——财政拨款支出——基本支出——日常公用经费　3 180

　　贷：资金结存——零余额账户用款额度　　　　　　　　　　3 180

【例1-38】2018年12月，为加强城乡环卫一体化建设，某镇办镇城管队参加全市城乡环卫一体化培训学习，培训费用3 000元。前期已经财政直接支付预付3 000元，培训结束后报销培训费3 000元。（该培训组织方为××学院，城乡环卫一体化运行专题培训）

（1）参加培训提前打款。

财务会计：

借：预付账款　　　　　　　　　　　　　　　　　　　　　3 000

　　贷：财政拨款收入　　　　　　　　　　　　　　　　　　　3 000

预算会计：

 借：行政支出——财政拨款支出——基本支出——日常公用经费 3 000

  贷：财政拨款预算收入   3 000

（2）持发票报销。

财务会计：

 借：业务活动费用——商品和服务费用——培训费 3 000

  贷：预付账款   3 000

预算会计不作处理。

【例1-39】2019年8月，某镇办财政所财政人员参加政府会计准则制度培训，刷公务卡支付住宿费、伙食费1 350元，培训费1 200元。通过财政授权支付报销。

财务会计：

 借：业务活动费用——商品和服务费用——差旅费 1 350

         ——培训费 1 200

  贷：零余额账户用款额度 2 550

预算会计：

 借：行政支出——财政拨款支出——基本支出——日常公用经费 2 550

  贷：资金结存——零余额账户用款额度 2 550

（二）会议费

会议费是指因公务召开会议时所发生的一切合理费用，包括代表证、会议资料费、租车费、餐费等。镇街按照经过批复年度会议计划举行的各类会议，在报销要件齐全的情况下，按照实际发生的会议费，财务会计计入业务活动费用，按照实际支付的会议费，预算会计计入行政支出。

发生会议费相关支出，财务会计借记"业务活动费用——商品和服务费用——会议费"科目，贷记"财政拨款收入"等科目；预算会计借记"行政支出——财政拨款支出——基本支出"科目，贷记"财政拨款预算收入"等科目。

【例1-40】某镇办人代会时购买的代表证、材料袋，费用3 360元，财政直接支付。

财务会计：

 借：业务活动费用——商品和服务费用——会议费 3 360

  贷：财政拨款收入   3 360

预算会计：

 借：行政支出——财政拨款支出——基本支出——日常公用经费 3 360

　　贷：财政拨款预算收入——基本支出——日常公用经费　　　　　　3 360

【例 1 - 41】某镇办财政所支付人代会印刷材料费、租车费、餐费 7 130 元，直接支付。

　　财务会计：

　　借：业务活动费用——商品和服务费用——会议费　　　　　　　　7 130

　　　　贷：财政拨款收入　　　　　　　　　　　　　　　　　　　　　7 130

　　预算会计：

　　借：行政支出——财政拨款支出——基本支出——日常公用经费　　7 130

　　　　贷：财政拨款预算收入——基本支出——日常公用经费　　　　　7 130

三、宣传业务

（一）广告宣传费

　　广告宣传费是指镇街为满足业务活动的需要，在宣传过程中产生的相关费用，包括宣传资料费、材料费、与宣传相关的人工费及其他直接费用等。

　　宣传费如果是委托第三方购买服务，如签订委托合同，则记入"委托业务费"科目，需根据预算指标确定项目支出或基本支出。

　　发生广告宣传费支出，财务会计借记"业务活动费用——商品和服务费用"科目，贷记"银行存款""财政拨款收入""零余额账户用款额度"等科目；预算会计借记"行政支出"科目，贷记"资金结存——货币资金""财政拨款预算收入""资金结存——零余额账户用款额度"等科目。

【例 1 - 42】某街道财政所支付 × × 科技网宣传费 10 000 元，银行存款支付。

　　财务会计：

　　借：业务活动费用——商品和服务费用——其他商品和服务支出　10 000

　　　　贷：银行存款　　　　　　　　　　　　　　　　　　　　　　　10 000

　　预算会计：

　　借：行政支出——财政拨款支出——项目支出　　　　　　　　　　10 000

　　　　贷：资金结存——货币资金　　　　　　　　　　　　　　　　　10 000

【例 1 - 43】某街道财政所支付第三方宣传费用 14 000 元（有委托业务合同），财政直接支付。

　　财务会计：

　　借：业务活动费用——商品和服务费用——委托业务费　　　　　　14 000

　　　　贷：财政拨款收入　　　　　　　　　　　　　　　　　　　　　14 000

预算会计：

借：行政支出——财政拨款支出——项目支出　　　　　　14 000

　　贷：财政拨款预算收入　　　　　　　　　　　　　　　　14 000

【例1–44】某镇办财政所支付宣传费3 321元，授权支付。（需区分预算指标确定项目支出或基本支出）

财务会计：

借：业务活动费用——商品和服务费用——其他商品和服务支出　3 321

　　贷：零余额账户用款额度　　　　　　　　　　　　　　　　　3 321

预算会计：

借：行政支出——财政拨款支出——基本支出——日常公用经费　3 321

　　贷：资金结存——零余额账户用款额度　　　　　　　　　　　3 321

【例1–45】某镇办财政所用银行存款支付广告公司欠款宣传费用12 078元。

（1）欠款确认费用时：

财务会计：

借：业务活动费用——商品和服务费用——其他商品和服务费用　12 078

　　贷：其他应付款——广告公司　　　　　　　　　　　　　　　　12 078

预算会计不作处理。

（2）支付欠款时：

财务会计：

借：其他应付款——广告公司　　　　　　　　　　　　　　12 078

　　贷：银行存款　　　　　　　　　　　　　　　　　　　　12 078

预算会计：

借：行政支出——财政拨款支出——基本支出——日常公用经费　12 078

　　贷：资金结存——货币资金　　　　　　　　　　　　　　　　　12 078

（二）广告宣传牌、宣传片制作费

广告宣传牌制作费是指为满足业务宣传活动的需要所支付的宣传牌、宣传片、条幅、展示架等与宣传相关标志牌的制作费用。

宣传费和广告宣传牌制作费，需认真区分预算指标，区分委托业务或其他商品和服务支出，确定是项目支出还是基本支出。

发生广告宣传牌制作费相关支出，财务会计借记"业务活动费用——商品和服务费用"科目，贷记"财政拨款收入""零余额账户用款额度"等科目；预算会计借记"行政支出"科目，贷记"财政拨款预算收入""资金结存——零余额账户用款额度"

等科目。

【例1-46】某街道财政所支付日常广告宣传费、标牌制作费28 442.85元，直接支付。

财务会计：

借：业务活动费用——商品和服务费用——其他商品和服务支出

28 442.85

　　贷：财政拨款收入　　　　　　　　　　　28 442.85

预算会计：

借：行政支出——财政拨款支出——基本支出——日常公用经费

28 442.85

　　贷：财政拨款预算收入——基本支出——日常公用经费　　28 442.85

【例1-47】某镇办财政所支付农业宣传片制作费13 650元，无委托合同，直接支付。（注意有无委托合同，有合同则列委托业务费）

财务会计：

借：业务活动费用——商品和服务费用——其他商品和服务支出　13 650

　　贷：财政拨款收入　　　　　　　　　　　　　　　13 650

预算会计：

借：行政支出——财政拨款支出——项目支出　　　　　13 650

　　贷：财政拨款预算收入——项目支出　　　　　　　13 650

【例1-48】某街道财政所支付广告宣传牌制作费7 108.9元，财政授权支付。

财务会计：

借：业务活动费用——商品和服务费用——其他商品和服务支出　7 108.9

　　贷：零余额账户用款额度　　　　　　　　　　　7 108.9

预算会计：

借：行政支出——财政拨款支出——项目支出　　　　　7 108.9

　　贷：资金结存——零余额账户用款额度　　　　　　7 108.9

【例1-49】某街道财政所支付卫计办宣传片制作费5 000元，无委托合同，财政直接支付。

财务会计：

借：业务活动费用——商品和服务费用——其他商品和服务支出　5 000

　　贷：财政拨款收入　　　　　　　　　　　　　　　5 000

预算会计：

借：行政支出——财政拨款支出——基本支出——日常公用经费　5 000

　　贷：财政拨款预算收入——基本支出——日常公用经费　　5 000

【例 1 - 50】某镇办财政所支付普通话宣传牌、展板、条幅、展架，费用 760 元，财政直接支付。

财务会计：

借：业务活动费用——商品和服务费用——其他商品和服务支出　　760
　　贷：财政拨款收入　　　　　　　　　　　　　　　　　　　　760

预算会计：

借：行政支出——财政拨款支出——基本支出——日常公用经费　　760
　　贷：财政拨款预算收入——基本支出——日常公用经费　　　　760

【例 1 - 51】2019 年 2 月，某镇办财政所支付宣传牌制作费 4 690 元，财政直接支付。

财务会计：

借：业务活动费用——商品和服务费用——其他商品和服务支出　　4 690
　　贷：财政拨款收入　　　　　　　　　　　　　　　　　　　　4 690

预算会计：

借：行政支出——财政拨款支出——基本支出——日常公用经费　　4 690
　　贷：财政拨款预算收入——基本支出——日常公用经费　　　　4 690

四、镇街日常运行业务

（一）日常维修费用

镇街发生的日常维修费用，如空调维修费、办公楼维修费、零星维修工程款等，应当在发生时计入财务会计的业务活动费用，如直接发生预算资金流出的，还应当同时在预算会计中列支。

发生日常维修费用相关支出，财务会计借记"业务活动费用——商品和服务费用——维修（护）费"科目，贷记"银行存款""零余额账户用款额度""财政拨款收入"等科目；预算会计借记"行政支出"科目，贷记"资金结存——货币资金""资金结存——零余额账户用款额度""财政拨款预算收入"等科目。

1. 某镇办财政所进行日常维修，费用 2 215 元，财政直接支付。

财务会计：

借：业务活动费用——商品和服务费用——维修（护）费　　2 215
　　贷：财政拨款收入　　　　　　　　　　　　　　　　　　2 215

预算会计：

借：行政支出——财政拨款支出——基本支出——日常公用经费　　2 215

　　　　　贷：财政拨款预算收入——基本支出——日常公用经费　　　　　　2 215

2. 某镇办财政所支付空调维修费6 100元，银行存款支付。

财务会计：

借：业务活动费用——商品和服务费用——维修（护）费　　　　6 100
　　贷：银行存款　　　　　　　　　　　　　　　　　　　　　　　　6 100

预算会计：

借：行政支出——财政拨款支出——基本支出——日常公用经费　6 100
　　贷：资金结存——货币资金　　　　　　　　　　　　　　　　　　6 100

3. 某镇办财政所支付办公楼维修费11 755元，直接支付。

财务会计：

借：业务活动费用——商品和服务费用——维修（护）费　　　　11 755
　　贷：财政拨款收入　　　　　　　　　　　　　　　　　　　　　　11 755

预算会计：

借：行政支出——财政拨款支出——基本支出——日常公用经费　11 755
　　贷：财政拨款预算收入——基本支出——日常公用经费　　　　　11 755

4. 某街道财政所报销办事处日常维修费5 795.5元，授权支付。

财务会计：

借：业务活动费用——商品和服务费用——维修（护）费　　　　5 795.5
　　贷：零余额账户用款额度　　　　　　　　　　　　　　　　　　5 795.5

预算会计：

借：行政支出——财政拨款支出——基本支出——日常公用经费5 795.5
　　贷：资金结存——零余额账户用款额度　　　　　　　　　　　　5 795.5

5. 某街道财政所支付办事处零星维修工程费4 907.05元，直接支付。

财务会计：

借：业务活动费用——商品和服务费用——维修（护）费　　　　4 907.05
　　贷：财政拨款收入　　　　　　　　　　　　　　　　　　　　　4 907.05

预算会计：

借：行政支出——财政拨款支出——基本支出——日常公用经费

　　　　　　　　　　　　　　　　　　　　　　　　　　　　　　　4 907.05
　　贷：财政拨款预算收入——基本支出——日常公用经费　　　　　4 907.05

6. 某镇办财政所支付网络线路改造费8 258元，直接支付。

财务会计：

借：业务活动费用——商品和服务费用——维修（护）费　　　　8 258
　　贷：财政拨款收入　　　　　　　　　　　　　　　　　　　　　　8 258

预算会计：

借：行政支出——财政拨款支出——基本支出——日常公用经费　　　8 258

　　贷：财政拨款预算收入——基本支出——日常公用经费　　　　　8 258

7. 某街道财政所支付镇政府维修墙体围挡款 9 200 元（收到发票后续付款），财政直接支付。

（1）收到发票时，确认应付账款。

财务会计：

借：业务活动费用——商品和服务费用——维修（护）费　　　　　9 200

　　贷：应付账款　　　　　　　　　　　　　　　　　　　　　　　9 200

预算会计不作处理。

（2）财政直接支付，付款。

财务会计：

借：应付账款　　　　　　　　　　　　　　　　　　　　　　　　9 200

　　贷：财政拨款收入　　　　　　　　　　　　　　　　　　　　　9 200

预算会计：

借：行政支出——财政拨款支出——项目支出　　　　　　　　　　9 200

　　贷：财政拨款预算收入——项目支出　　　　　　　　　　　　　9 200

（二）食堂饭费

食堂饭费是指镇街代收的职工餐卡充值费以及支付的餐厅职工餐费等相关食堂费用。

行政单位不能用"预收账款"科目核算，要明确是否是"自营食堂"，食堂是否独立核算。

发生食堂饭费相关费用支出，按照财政负担金额，财务会计借记"业务活动费用——商品和服务费用——其他商品和服务支出"科目，贷记"银行存款""财政拨款收入"等科目；预算会计借记"行政支出——财政拨款支出——基本支出"科目，贷记"资金结存——货币资金""财政拨款预算收入"等科目。

对于代收的食堂饭费，收取时，财务会计借记"银行存款""库存现金"等科目，贷记"其他应付款"科目；预算会计不作处理。支付时，财务会计借记"其他应付款"科目，贷记"银行存款""库存现金"等科目；预算会计不作处理。

【例 1－52】某街道财政所支付餐厅职工餐费 8 050 元，代收职工充卡费用 3 000 元现金，街道办负担 5 050 元付给餐厅，财政直接支付。

（1）收到职工充卡费用。

财务会计：

借：库存现金　　　　　　　　　　　　　　　　　　3 000

　　贷：其他应付款——食堂　　　　　　　　　　　　　　3 000

预算会计不作处理。

（2）支付餐厅费用。

财务会计：

借：其他应付款——食堂　　　　　　　　　　　　　3 000

　　业务活动费用——商品和服务费用——其他商品和服务支出　5 050

　　贷：财政拨款收入　　　　　　　　　　　　　　　　5 050

　　　　库存现金　　　　　　　　　　　　　　　　　　3 000

预算会计：

借：行政支出——财政拨款支出——基本支出——日常公用经费　5 050

　　贷：财政拨款预算收入——基本支出——日常公用经费　5 050

【例1－53】某街道财政所支付党校食堂用品1 200元，银行存款支付。

财务会计：

借：业务活动费用——商品和服务费用——其他商品和服务支出　1 200

　　贷：银行存款　　　　　　　　　　　　　　　　　　1 200

预算会计：

借：行政支出——财政拨款支出——基本支出——日常公用经费　1 200

　　贷：资金结存——货币资金　　　　　　　　　　　　1 200

【例1－54】某镇办财政所支付给送菜农户镇政府自营食堂购置蔬菜费用24 041元，直接支付。

财务会计：

借：业务活动费用——商品和服务费用——其他商品和服务支出　24 041

　　贷：财政拨款收入　　　　　　　　　　　　　　　　24 041

预算会计：

借：行政支出——财政拨款支出——基本支出——日常公用经费　24 041

　　贷：财政拨款预算收入——基本支出——日常公用经费　24 041

【例1－55】某镇办财政所收到代收的职工食堂用餐的充值款11 017元。

财务会计：

借：银行存款　　　　　　　　　　　　　　　　　　11 017

　　贷：其他应付款——食堂　　　　　　　　　　　　　11 017

预算会计不作处理。

【例1－56】某镇办财政所支付代收的2019年6月职工食堂餐费22 503元。银行存款支付。

（1）收取时。

财务会计：

借：银行存款   22 503

  贷：其他应付款——食堂   22 503

预算会计不作处理。

（2）支付时。

财务会计：

借：其他应付款——食堂   22 503

  贷：银行存款   22 503

预算会计不作处理。

【例 1 - 57】某镇办财政所 2019 年 1 月收取职工餐卡现金充值款 20 450 元，存入银行，后支付给食堂。

（1）收到职工充卡费用。

财务会计：

借：库存现金   20 450

  贷：其他应付款——食堂   20 450

预算会计不作处理。

（2）存入银行。

财务会计：

借：银行存款   20 450

  贷：库存现金   20 450

预算会计不作处理。

（3）支付餐厅费用。

财务会计：

借：其他应付款——食堂   20 450

  贷：银行存款   20 450

预算会计不作处理。

（三）值班（加班）误餐费

值班（加班）误餐费是指单位工作人员因工作需要，在法定工作时间之外值班（加班），可以在规定标准内凭据报销值班（加班）误餐费。

值班（加班）用餐需要符合文件要求的标准。

发生值班（加班）误餐费相关支出，财务会计借记"业务活动费用——商品和服务费用——其他商品和服务支出"科目，贷记"零余额账户用款额度""财政拨款收入"等科目；预算会计借记"行政支出——财政拨款支出——基本支出"科目，贷记"资金结存——零余额账户用款额度""财政拨款预算收入"等科目。

【例 1-58】某街道财政所支付值班误餐费 2 820 元，授权支付。

财务会计：

借：业务活动费用——商品和服务费用——其他商品和服务支出　　2 820

　　贷：零余额账户用款额度　　2 820

预算会计：

借：行政支出——财政拨款支出——基本支出——日常公用经费　　2 820

　　贷：资金结存——零余额账户用款额度　　2 820

【例 1-59】某街道财政所支付职工加班餐费和餐厅用品费用 5 670 元，财政直接支付。

财务会计：

借：业务活动费用——商品和服务费用——其他商品和服务支出　　5 670

　　贷：财政拨款收入　　5 670

预算会计：

借：行政支出——财政拨款支出——基本支出——日常公用经费　　5 670

　　贷：财政拨款预算收入——基本支出——日常公用经费　　5 670

（四）邮电费

邮电费是指镇街为保证日常工作的正常运行所支付的通信费、电话费、网络通信费、宽带费用以及其他邮电服务费用等。

镇街通过零余额账户支付广播影视收视费、材料邮寄费以及办公电话费等，属于直接列入费用的情况，财务会计应当直接计入业务活动费用，预算会计直接列入支出。需要注意的是日常公共网络通信费用按照邮电通信费处理；专线网络和专线电话的网络租赁和运维费用分别计入租赁费和维修（护）费，不在"邮电费"科目核算（注意与发票项目匹配）。

发生邮电费支出，财务会计借记"业务活动费用——商品和服务费用——邮电费"科目，贷记"财政拨款收入""零余额账户用款额度""银行存款"等科目；预算会计借记"行政支出"科目，贷记"财政拨款预算收入""资金结存——零余额账户用款额度""资金结存——货币资金"等科目。

【例 1-60】某镇办财政所支付每月全镇座机通信费，费用 3 949 元，财政直接支付。

财务会计：

    借：业务活动费用——商品和服务费用——邮电费   3 949

        贷：财政拨款收入   3 949

预算会计：

    借：行政支出——财政拨款支出——基本支出——日常公用经费   3 949

        贷：财政拨款预算收入——基本支出——日常公用经费   3 949

【例 1 - 61】某镇办财政所支付网络维护费 3 694.10 元，直接支付。

财务会计：

    借：业务活动费用——商品和服务费用——邮电费   3 694.10

        贷：财政拨款收入   3 694.10

预算会计：

    借：行政支出——财政拨款支出——基本支出——日常公用经费

                                           3 694.10

        贷：财政拨款预算收入   3 694.10

【例 1 - 62】某街道财政所支付电话费 3 406 元，授权支付。

财务会计：

    借：业务活动费用——商品和服务费用——邮电费   3 406

        贷：零余额账户用款额度   3 406

预算会计：

    借：行政支出——财政拨款支出——基本支出——日常公用经费   3 406

        贷：资金结存——零余额账户用款额度   3 406

【例 1 - 63】某镇办财政所支付电话费 17 620 元，直接支付。

财务会计：

    借：业务活动费用——商品和服务费用——邮电费   17 620

        贷：财政拨款收入   17 620

预算会计：

    借：行政支出——财政拨款支出——基本支出——日常公用经费   17 620

        贷：财政拨款预算收入——基本支出——日常公用经费   17 620

【例 1 - 64】某街道财政所支付办事处通信费 9 557 元，银行存款支付。

财务会计：

    借：业务活动费用——商品和服务费用——邮电费   9 557

        贷：银行存款   9 557

预算会计：

    借：行政支出——财政拨款支出——基本支出——日常公用经费   9 557

  贷：资金结存——货币资金   9 557

【例1－65】某镇办财政所支付通信费815元，直接支付。

  财务会计：

  借：业务活动费用——商品和服务费用——邮电费   815

    贷：财政拨款收入   815

  预算会计：

  借：行政支出——财政拨款支出——基本支出——日常公用经费 815

    贷：财政拨款预算收入——基本支出——日常公用经费   815

【例1－66】某镇办财政所支付中国联通通信费8 189元，银行存款支付。

  财务会计：

  借：业务活动费用——商品和服务费用——邮电费   8 189

    贷：银行存款   8 189

  预算会计：

  借：行政支出——财政拨款支出——基本支出——日常公用经费 8 189

    贷：资金结存——货币资金   8 189

【例1－67】某镇办财政所支付中国移动宽带费用600元，财政直接支付。

  财务会计：

  借：业务活动费用——商品和服务费用——邮电费   600

    贷：财政拨款收入   600

  预算会计：

  借：行政支出——财政拨款支出——基本支出——日常公用经费 600

    贷：财政拨款预算收入——基本支出——日常公用经费   600

【例1－68】某镇办财政所支付中国移动宽带费用600元，银行存款支付。

  财务会计：

  借：业务活动费用——商品和服务费用——邮电费   600

    贷：银行存款   600

  预算会计：

  借：行政支出——财政拨款支出——基本支出——日常公用经费 600

    贷：资金结存——货币资金   600

【例1－69】某镇办财政所支付××信息设备有限公司村级高清天网费用28 500元（月9 500元，每季度付一次），银行存款项目资金支付。

  财务会计：

  借：业务活动费用——商品和服务费用——邮电费   28 500

    贷：银行存款   28 500

预算会计：

借：行政支出——财政拨款支出——项目支出 28 500

贷：资金结存——货币资金 28 500

（五）专用材料费

专用材料费是指进行某项业务活动所需要的专用材料费用，例如防火队员的服装和护目镜费、基干民兵迷彩服费、疫情采购的设备服装费等。

发生专用材料费相关支出，财务会计借记"业务活动费用——商品和服务费用——专用材料费"科目，贷记"财政拨款收入"等科目；预算会计借记"行政支出——财政拨款支出——项目支出"科目，贷记"财政拨款预算收入"等科目。

【例1-70】某镇办财政所为林业站采购护林防火队员服装、护目镜、袖标、水壶等物品，金额为11 836元，以财政直接支付方式支付此笔费用。

财务会计：

借：业务活动费用——商品和服务费用——专用材料费 11 836

贷：财政拨款收入 11 836

预算会计：

借：行政支出——财政拨款支出——项目支出 11 836

贷：财政拨款预算收入——项目支出 11 836

【例1-71】某镇办武装部购置基干民兵服装，包括迷彩服、体能服、迷彩帽、迷彩鞋，费用共计为3 830元，通过财政直接支付方式支付。

财务会计：

借：业务活动费用——商品和服务费用——专用材料费 3 830

贷：财政拨款收入 3 830

预算会计：

借：行政支出——财政拨款支出——项目支出 3 830

贷：财政拨款预算收入——项目支出 3 830

（六）报刊费

报刊费是指镇街为满足日常办公需求，提高单位工作人员的思想水平以及专业胜任能力，所订阅的阅读刊物的费用支出。

镇街预付下一年度的报刊订阅费时，应当按照待摊费用核算。财务会计列入待摊费用，预算会计直接列入支出。待到下一年度每个月收到报纸杂志时，财务会计由待摊费用摊入业务活动费用，预算会计不作处理。镇街需要注意待摊费用与预付账款的区别。待摊费用不同于预付账款，预付账款一般按照合同约定的比例向对方支付，后续还有进一步的合同进度款支付，而待摊费用是一次性向对方支付未来若干期间的费用，进而未来每期进行摊销。

发生报刊费相关支出，付款时，财务会计借记"待摊费用"科目，贷记"零余额账户用款额度""库存现金""财政拨款收入"等科目；预算会计借记"行政支出——财政拨款支出——基本支出"科目，贷记"资金结存——零余额账户用款额度""资金结存——货币资金""财政拨款预算收入"等科目。每月摊销时，财务会计借记"业务活动费用——商品和服务费用——办公费"科目，贷记"待摊费用"科目；预算会计不作处理。

【例1-72】某镇办财政所2019年12月通过财政授权支付2020年度党报党刊征订款428 457.80元，有各部门报刊订阅分配明细表。

（1）付款时。

财务会计：

借：待摊费用　　　　　　　　　　　　　　　　　　　428 457.80

　　贷：零余额账户用款额度　　　　　　　　　　　　　　　428 457.80

预算会计：

借：行政支出——财政拨款支出——基本支出　　　　428 457.80

　　贷：资金结存——零余额账户用款额度　　　　　　　　428 457.80

（2）自2020年1月起，每月摊销。

财务会计：

借：业务活动费用——商品和服务费用——办公费　　35 704.82

　　贷：待摊费用　　　　　　　　　　　　　　　　　　　35 704.82

预算会计不作处理。

【例1-73】某街道财政所年初预付《秘书工作》等报刊一年的费用4 680元，现金支付。

（1）付款时。

财务会计：

借：待摊费用　　　　　　　　　　　　　　　　　　　4 680

　　贷：库存现金　　　　　　　　　　　　　　　　　　　4 680

预算会计：

借：行政支出——财政拨款支出——基本支出——日常公用经费　　4 680

　　贷：资金结存——货币资金　　　　　　　　　　　　　4 680

（2）每月摊销确认业务活动费用。

财务会计：

  借：业务活动费用——商品和服务费用——办公费   390

    贷：待摊费用   390

预算会计不作处理。

【例 1–74】某镇办财政所 2019 年 1 月通过财政直接支付付 2019 年度的报刊费 356 760 元，其中村里的报刊费需镇政府承担，垂直单位如司法所、兽医站等自己承担报刊费，镇政府先统一垫付，2019 年 3 月收到垂直单位的款项 10 560 元。暂无各部门报刊订阅分配明细表。

（1）2019 年 1 月付款时。

财务会计：

  借：待摊费用   356 760

    贷：零余额账户用款额度   356 760

预算会计：

  借：行政支出——财政拨款支出——基本支出   356 760

    贷：资金结存——零余额账户用款额度   356 760

（2）2019 年 1 月确认费用时。

财务会计：

  借：业务活动费用——商品和服务费用——办公费   29 730

    贷：待摊费用   29 730

预算会计不作处理。

（3）2019 年 2 月确认费用。

财务会计：

  借：业务活动费用——商品和服务费用——办公费   29 730

    贷：待摊费用   29 730

预算会计不作处理。

（4）2019 年 3 月收到垂直单位报刊费 10 560 元调整待摊费用和冲减行政支出。

财务会计：

  借：银行存款   10 560

    贷：待摊费用   10 560

预算会计：

  借：资金结存——货币资金   10 560

    贷：行政支出——财政拨款支出——基本支出   10 560

（5）调整 2019 年 1 月、2 月的业务活动费用 1 760 元（每月 880 元）。

财务会计：

借：待摊费用　　　　　　　　　　　　　　　　　　　　　　　　1 760

　　贷：业务活动费用——商品和服务费用——办公费　　　　　　　　1 760

预算会计不作处理。

（6）从2019年3月开始，每月摊销报刊费用28 850元。

356 760 - 10 560 = 346 200（元）

346 200 ÷ 12 = 28 850（元）

财务会计：

借：业务活动费用——商品和服务费用——办公费　　　　　　　28 850

　　贷：待摊费用　　　　　　　　　　　　　　　　　　　　　　　28 850

预算会计不作处理。

收回后，预算会计资金结存用于正常支出。

【例1-75】某镇办统一征订报刊。2019年1月付2019年度代付的报刊费367 800元。其中，用银行存款代支300 000元。包括村里的报刊费，其他单位的报刊费如农行、供销社、信用社等。镇政府负担报刊67 800元，财政直接支付。2019年3月收到其他单位的征订款项300 000元。年初有各部门报刊订阅分配明细表。

（1）财政直接支付镇政府报刊费。

财务会计：

借：待摊费用　　　　　　　　　　　　　　　　　　　　　　　67 800

　　贷：财政拨款收入　　　　　　　　　　　　　　　　　　　　　67 800

预算会计：

借：行政支出——财政拨款支出——基本支出　　　　　　　　　67 800

　　贷：财政拨款预算收入　　　　　　　　　　　　　　　　　　　67 800

（2）银行存款代付其他单位报刊费。

财务会计：

借：其他应收款——农行　　　　　　　　　　　　　　　　　　20 000

　　　　　　　　——农信社　　　　　　　　　　　　　　　　　20 000

　　　　　　　　——供销社　　　　　　　　　　　　　　　　　10 000

　　　　　　　　——××村　　　　　　　　　　　　　　　　250 000

　　贷：银行存款　　　　　　　　　　　　　　　　　　　　　　300 000

预算会计不作处理。

（3）2019年1月，确认镇政府业务活动费用。

财务会计：

借：业务活动费用——商品和服务费用——办公费　　　　　　　5 650

贷：待摊费用	5 650

预算会计不作处理。

（4）2019 年 3 月收到其他单位报刊费。

财务会计：

借：银行存款	300 000
贷：其他应收款——农行	20 000
——农信社	20 000
——供销社	10 000
——××村	250 000

预算会计不作处理。

（七）印 刷 费 用

印刷费是指镇街为满足日常办公需要所支付的材料印刷费用，例如凭证封面印刷费、调查问卷印刷费以及复印费等。镇街发生日常办公中印刷费用，按照费用确认的金额计入当期业务活动费用，按照实际支付的金额计入预算会计的支出中。

发生印刷费用相关支出，财务会计借记"业务活动费用——商品和服务费用——印刷费"科目，贷记"库存现金""财政拨款收入"等科目；预算会计借记"行政支出"科目，贷记"资金结存——货币资金""财政拨款预算收入"等科目。

【例 1－76】某街道财政所支付凭证封面印刷费 300 元，现金支付。

财务会计：

借：业务活动费用——商品和服务费用——印刷费	300
贷：库存现金	300

预算会计：

借：行政支出——财政拨款支出——基本支出——日常公用经费	300
贷：资金结存——货币资金	300

【例 1－77】某镇办党校支付淬火工程各部门印刷复印费用 23 150.6 元，直接支付。

财务会计：

借：业务活动费用——商品和服务费用——印刷费	23 150.6
贷：财政拨款收入	23 150.6

预算会计：

借：行政支出——财政拨款支出——项目支出	23 150.6
贷：财政拨款预算收入——项目支出	23 150.6

【例1-78】某街道财政所支付卫计办计生调查问卷印刷费3 712.5元，直接支付。

财务会计：

借：业务活动费用——商品和服务费用——印刷费　　　　　　　3 712.5

　　贷：财政拨款收入　　　　　　　　　　　　　　　　　　　　　3 712.5

预算会计：

借：行政支出——财政拨款支出——基本支出　　　　　　　　　3 712.5

　　贷：财政拨款预算收入——基本支出　　　　　　　　　　　　　3 712.5

【例1-79】某镇办财政所购买计生用禁非合同、村章程、村合同，费用11 055.6元，财政直接支付。

财务会计：

借：业务活动费用——商品和服务费用——印刷费　　　　　　　11 055.6

　　贷：财政拨款收入　　　　　　　　　　　　　　　　　　　　　11 055.6

预算会计：

借：行政支出——财政拨款支出——基本支出——日常公用经费

　　　　　　　　　　　　　　　　　　　　　　　　　　　　　　11 055.6

　　贷：财政拨款预算收入——基本支出——日常公用经费　　　　11 055.6

（八）工会经费

工会经费是指工会组织开展各项活动所需要的费用。工会经费来源有：一是会员按照中华全国总工会的规定交纳的会费；二是工会举办的事业的收入；三是行政方面根据工会法的规定拨交的经费；四是各级政府和企业、事业单位行政的补助。

按照规定，基层工会应该独立核算，开设独立的银行结算账户，不允许与单位资金混用，工会财务可以委托单位财务部门代理作账。工会经费由单位按规定比例拨缴，工会会费按规定向工会会员收取，单位也可以依法对工会组织给予经费补助。

交纳工会经费，财务会计借记"业务活动费用——商品和服务费用——工会经费"科目，贷记"财政拨款收入"等科目；预算会计借记"行政支出"科目，贷记"财政拨款预算收入"等科目。

【例1-80】某镇办财政所交纳2019年单位负担的工会经费139 297.27元，财政直接支付。

工会经费不计提，交纳时作费用处理。

财务会计：

借：业务活动费用——商品和服务费用——工会经费　　　　　　139 297.27

　　贷：财政拨款收入　　　　　　　　　　　　　　　　　　　　　139 297.27

预算会计：

借：行政支出——财政拨款支出——基本支出——日常公用经费

139 297. 27

贷：财政拨款预算收入——基本支出——日常公用经费　139 297. 27

【例1-81】某镇办财政所交纳提取的2019年单位负担的工会经费139 297. 27元，同时在本月职工发工资时扣除个人工会经费22 800元（可代扣可收现金），通过财政直接支付一并缴纳。（按要求全部汇工会账户，再返还单位工会）

（1）计提时。

财务会计：

借：业务活动费用——商品和服务费用——工会经费　139 297. 27

贷：其他应付款——工会经费　139 297. 27

预算会计不作处理。

（2）代扣个人工会经费。

财务会计：

借：应付职工薪酬——基本工资　22 800

贷：其他应付款——工会经费　22 800

预算会计不作处理。

（3）上交工会经费。

财务会计：

借：其他应付款——工会经费　162 097. 27

贷：财政拨款收入　162 097. 27

预算会计：

借：行政支出——财政拨款支出——基本支出——人员经费　22 800

——日常公用经费

139 297. 27

贷：财政拨款预算收入　162 097. 27

（九）买支票

发生支票费相关支出，支付时，财务会计借记"业务活动费用——商品和服务费用——手续费"科目，贷记"银行存款"等科目；预算会计借记"行政支出——财政拨款支出——基本支出——日常公用经费"科目，贷记"资金结存——货币资金"等科目。若用银行存款支付，后续从零余额账户划转，则在划转资金时，财务会计借记"银行存款"科目，贷记"零余额账户用款额度"科目；预算会计借记"资金结存——

货币资金"科目，贷记"资金结存——零余额账户用款额度"科目。

【例1-82】某镇办财政所2019年1月购买支票，费用140元，用银行存款直接支付。（年初资金在财政拨款结转）

财务会计：

借：业务活动费用——商品和服务费用——手续费　　　　　140

　　贷：银行存款——基本户　　　　　　　　　　　　　　　　　140

预算会计：

借：行政支出——财政拨款支出——基本支出——日常公用经费　140

　　贷：资金结存——货币资金　　　　　　　　　　　　　　　　140

【例1-83】某镇办财政所2019年12月用银行存款购支票款35元，后续从零余额账户划转。

（1）购买扣款时。

财务会计：

借：业务活动费用——商品和服务费用——手续费　　　　　35

　　贷：银行存款　　　　　　　　　　　　　　　　　　　　　35

预算会计：

借：行政支出——财政拨款支出——基本支出——日常公用经费　35

　　贷：资金结存——货币资金　　　　　　　　　　　　　　　　35

（2）划转资金时。

财务会计：

借：银行存款　　　　　　　　　　　　　　　　　　　　　35

　　贷：零余额账户用款额度　　　　　　　　　　　　　　　　35

预算会计：

借：资金结存——货币资金　　　　　　　　　　　　　　　　35

　　贷：资金结存——零余额账户用款额度　　　　　　　　　　35

【例1-84】某街道财政所支付支票工本费112元，银行存款支付。

财务会计：

借：业务活动费用——商品和服务费用——手续费　　　　　112

　　贷：银行存款　　　　　　　　　　　　　　　　　　　　　112

预算会计：

借：行政支出财政拨款支出——基本支出——日常公用经费　112

　　贷：资金结存——货币资金　　　　　　　　　　　　　　　　112

（十）印章费

印章费是指镇街为满足日常办公活动的需要，支付的牌匾及刻章等相关费用。

发生印章费相关支出，财务会计借记"业务活动费用——商品和服务费用——办公费"科目，贷记"财政拨款收入"等科目；预算会计借记"行政支出——财政拨款支出——基本支出"科目，贷记"财政拨款预算收入"等科目。

【例1-85】某镇办财政所支付牌匾及刻章费用4 224元，直接支付。

财务会计：

借：业务活动费用——商品和服务费用——办公费　　　　　　4 224

　　贷：财政拨款收入　　　　　　　　　　　　　　　　　　　4 224

预算会计：

借：行政支出——财政拨款支出——基本支出——日常公用经费　4 224

　　贷：财政拨款预算收入——基本支出——日常公用经费　　　4 224

（十一）装修费用

装修费用是指镇街进行公务用房屋装修所支付的装修工程款。

租入的房屋装修列长期待摊费用，自有的房屋不列长期待摊费用。

发生装修费用支出，财务会计借记"长期待摊费用"科目，贷记"银行存款"等科目；预算会计借记"行政支出——财政拨款支出——项目支出"科目，贷记"资金结存——货币资金"等科目。

【例1-86】某街道财政所支付租用的社区党群服务中心装修工程款40 000元，银行存款支付。

财务会计：

借：长期待摊费用　　　　　　　　　　　　　　　　　　　　40 000

　　贷：银行存款　　　　　　　　　　　　　　　　　　　　　40 000

预算会计：

借：行政支出——财政拨款支出——项目支出　　　　　　　　40 000

　　贷：资金结存——货币资金　　　　　　　　　　　　　　　40 000

后续参考租赁期限摊销，财务会计作费用处理，预算会计不作处理。

五、委托代理业务

（一）委托业务费

委托业务一般是指单位不具备相应专业技术能力等条件下，通过购买服务的方式委托第三方协助完成工作任务，应当有合同或协议，应是公对公、单位对单位之间的委托，而不是单位对个人。预算会计是否用基本支出核算，取决于经费来源。

镇街委托业务主要有安全技术服务、环保监测服务、工程审计服务、固定资产评估等类型。财务会计借记"业务活动费用"科目，贷记"财政拨款收入"等科目；预算会计借记"行政支出"科目，贷记"财政拨款预算收入"等科目。

【例1-87】某镇办财政所支付委托某公司对辖区内4家企业提供隐患排查安全技术服务，费用4 800元，财政直接支付。

财务会计：

借：业务活动费用——商品和服务费用——委托业务费　　　　4 800
　　贷：财政拨款收入　　　　　　　　　　　　　　　　　　　　4 800

预算会计：

借：行政支出——财政拨款支出——基本支出——日常公用经费　4 800
　　贷：财政拨款预算收入——基本支出——日常公用经费　　　　4 800

【例1-88】某镇办财政所支付聘请环保检测机构检测服务费21 000元。直接支付。环保检测机构开具发票，发票为检测费。（如果直接给专家本人发专家费，不应用委托业务费处理）

财务会计：

借：业务活动费用——商品和服务费用——委托业务费　　　　21 000
　　贷：财政拨款收入　　　　　　　　　　　　　　　　　　　　21 000

预算会计：

借：行政支出——财政拨款支出——项目支出　　　　　　　　　21 000
　　贷：财政拨款预算收入——项目支出　　　　　　　　　　　　21 000

【例1-89】某镇办财政所支付安全技术服务费80 000元，直接支付。

财务会计：

借：业务活动费用——商品和服务费用——委托业务费　　　　80 000
　　贷：财政拨款收入　　　　　　　　　　　　　　　　　　　　80 000

预算会计：

借：行政支出——财政拨款支出——项目支出　　　　　　　　　80 000
　　贷：财政拨款预算收入——项目支出　　　　　　　　　　　　80 000

【例1-90】某街道财政所支付村级公路网化工程审计费1 200元，直接支付。

财务会计：

借：业务活动费用——商品和服务费用——委托业务费　　　　1 200
　　贷：财政拨款收入　　　　　　　　　　　　　　　　　　　　1 200

预算会计：

借：行政支出——财政拨款支出——基本支出——日常公用经费　1 200

　　　贷：财政拨款预算收入——基本支出——日常公用经费　　　　1 200

【例1－91】某镇办财政所支付审计费4 000元，直接支付。

财务会计：

借：业务活动费用——商品和服务费用——委托业务费　　　4 000

　　贷：财政拨款收入　　　　　　　　　　　　　　　　　　　4 000

预算会计：

借：行政支出——财政拨款支出——基本支出——日常公用经费　4 000

　　贷：财政拨款预算收入——基本支出——日常公用经费　　　4 000

【例1－92】某镇办财政所支付环境检测公司检测费5 000元，银行存款支付。

财务会计：

借：业务活动费用——商品和服务费用——委托业务费　　　5 000

　　贷：银行存款　　　　　　　　　　　　　　　　　　　　5 000

预算会计：

借：行政支出——财政拨款支出——基本支出——日常公用经费　5 000

　　贷：资金结存——货币资金　　　　　　　　　　　　　　5 000

【例1－93】某镇办财政所支付企业拆迁房屋建筑物评估费25 000元，直接支付。

财务会计：

借：业务活动费用——商品和服务费用——委托业务费　　　25 000

　　贷：财政拨款收入　　　　　　　　　　　　　　　　　25 000

预算会计：

借：行政支出——财政拨款支出——项目支出　　　　　　　25 000

　　贷：财政拨款预算收入——项目支出　　　　　　　　　25 000

（二）法律顾问费

　　法律顾问费是指专门的法律人员为镇街提供法律咨询等方面的法律服务而收取的费用。

　　合同与发票需要明确是咨询费。

　　发生法律顾问费相关支出，财务会计借记"业务活动费用——商品和服务费用——咨询费"科目，贷记"财政拨款收入""银行存款"等科目；预算会计借记"行政支出"科目，贷记"财政拨款预算收入""资金结存——货币资金"等科目。

　　【例1－94】某镇办财政所支付给各村法律顾问补助费用72 000元，其中，32 000元为镇政府负担，40 000元是专款，银行存款支付。

财务会计：

借：业务活动费用——商品和服务费用——咨询费　　　　　72 000

　　贷：银行存款　　　　　　　　　　　　　　　　　　　　　　72 000

预算会计：

借：行政支出——财政拨款支出——项目支出　　　　　　　32 000

　　　　　　　　——非财政专项资金支出　　　　　　　　　40 000

　　贷：资金结存——货币资金　　　　　　　　　　　　　　　72 000

【例 1 - 95】某街道财政所支付 2018 年度法律顾问费 15 600 元，直接支付。

财务会计：

借：业务活动费用——商品和服务费用——咨询费　　　　　15 600

　　贷：财政拨款收入　　　　　　　　　　　　　　　　　　　15 600

预算会计：

借：行政支出——财政拨款支出——项目支出　　　　　　　15 600

　　贷：财政拨款预算收入——项目支出　　　　　　　　　　　15 600

【例 1 - 96】某镇办财政所支付村法律顾问费 64 500 元，直接支付。

财务会计：

借：业务活动费用——商品和服务费用——咨询费　　　　　64 500

　　贷：财政拨款收入　　　　　　　　　　　　　　　　　　　64 500

预算会计：

借：行政支出——财政拨款支出——项目支出　　　　　　　64 500

　　贷：财政拨款预算收入——项目支出　　　　　　　　　　　64 500

（三）咨询费

咨询费是指为保证业务活动顺利进行，镇街就相关事项从咨询人员或公司获得意见或建议而支付的费用，例如村级网化工程造价咨询费、消防工程造价咨询费等。

发生咨询费相关支出，财务会计借记"业务活动费用——商品和服务费用——咨询费"科目，贷记"财政拨款收入""零余额账户用款额度"等科目；预算会计借记"行政支出"科目，贷记"财政拨款预算收入""资金结存——零余额账户用款额度"等科目。

【例 1 - 97】某街道财政所支付村级公路网化工程控制价咨询费 3 785 元，直接支付。

财务会计：

借：业务活动费用——商品和服务费用——咨询费　　　　　3 785

　　贷：财政拨款收入　　　　　　　　　　　　　　　　　　　3 785

预算会计：

借：行政支出——财政拨款支出——基本支出　　　　　　　　3 785

　　贷：财政拨款预算收入——财政拨款支出——基本支出　　　 3 785

【例1-98】镇办财政所进行村级网化工程造价咨询，费用20 000元，财政直接支付。

财务会计：

借：业务活动费用——商品和服务费用——咨询费　　　　　20 000

　　贷：财政拨款收入　　　　　　　　　　　　　　　　　　　20 000

预算会计：

借：行政支出——财政拨款支出——基本支出——日常公用经费　20 000

　　贷：财政拨款预算收入——基本支出——日常公用经费　　　 20 000

【例1-99】某街道财政所支付敬老院消防工程造价咨询费11 822元，授权支付。

财务会计：

借：业务活动费用——商品和服务费用——咨询费　　　　　11 822

　　贷：零余额账户用款额度　　　　　　　　　　　　　　　　11 822

预算会计：

借：行政支出——财政拨款支出——项目支出　　　　　　　11 822

　　贷：资金结存——零余额账户用款额度　　　　　　　　　　11 822

（四）卫生保洁费用

如果镇政府负担的办公楼保洁费用，聘请物业公司管理的可列物业管理费，签订委托业务合同的可列委托业务费，列基本支出。城乡环卫一体化保洁费支出等列项目支出。

镇街卫生保洁费用根据产生的形式，财务会计借记"业务活动费用——商品和服务费用""其他应付款"等科目，贷记"财政拨款收入""银行存款"等科目；预算会计借记"行政支出"科目，贷记"财政拨款预算收入""资金结存——货币资金"等科目。

【例1-100】某街道财政所支付城乡环卫一体化保洁费314 230元，有委托业务合同，直接支付。

财务会计：

借：业务活动费用——商品和服务费用——委托业务费　　　314 230

　　贷：财政拨款收入　　　　　　　　　　　　　　　　　　314 230

预算会计：

借：行政支出——财政拨款支出——项目支出　　　　　　　314 230

<table>
<tr><td>贷：财政拨款预算收入——项目支出</td><td>314 230</td></tr>
</table>

【例1-101】某镇办财政所支付村居安洁生物科技公司保洁费130 000元，发票为委托业务费，银行存款支付。

财务会计：

借：业务活动费用——商品和服务费用——委托业务费　　　　130 000

　　贷：银行存款　　　　　　　　　　　　　　　　　　　　　　130 000

预算会计：

借：行政支出——财政拨款支出——项目支出　　　　　　　　130 000

　　贷：资金结存——货币资金　　　　　　　　　　　　　　　　130 000

【例1-102】某街道财政所支付镇政府负担的村居垃圾保洁费188 500.5元，直接支付。（发票为保洁费，可列其他商品服务支出，如有聘用临时用工人员清理垃圾，可列劳务费）

财务会计：

借：业务活动费用——商品和服务费用——劳务费/其他商品和服务支出

　　　　　　　　　　　　　　　　　　　　　　　　　　　　188 500.5

　　贷：财政拨款收入　　　　　　　　　　　　　　　　　　　188 500.5

预算会计：

借：行政支出——财政拨款支出——项目支出　　　　　　　　188 500.5

　　贷：财政拨款预算收入——项目支出　　　　　　　　　　　188 500.5

【例1-103】某镇办财政所2019年初收取村级负担的环卫费410 321元，2019年12月付第三方保洁公司环卫费（镇政府和村）共计455 912元，以银行存款支付。

（1）2019年初收村里环卫费。

财务会计：

借：银行存款　　　　　　　　　　　　　　　　　　　　　　410 321

　　贷：其他应付款——保洁公司　　　　　　　　　　　　　　410 321

预算会计不作处理。

（2）2019年12月支付455 912元（镇村合计）。

财务会计：

借：其他应付款——保洁公司　　　　　　　　　　　　　　　410 321

　　业务活动费用——商品和服务费用——委托业务费　　　　　45 591

　　贷：银行存款——基本户　　　　　　　　　　　　　　　　455 912

预算会计：

借：行政支出——财政拨款支出——基本支出——日常公用经费　45 591

　　贷：资金结存——货币资金　　　　　　　　　　　　　　　　45 591

第二节 镇街保障管理业务

一、水电暖业务

（一）电费

建议协商供电公司，办公区、生活区电费发票单独开。

电费是指镇街在开展业务活动及其辅助活动过程中发生的用电费用，包括镇政府办公楼及镇政府生活区电费、办公用电费、山区抗旱水源电费、红绿灯电费等。

镇街发生的日常办公电费，预算会计应当作为基本支出中的电费列支。存在与其他单位或个人共用电表等情况的，如果采用垫付再收回方式的，垫付部分的费用应当作为往来款记入"其他应收款"科目，如果采用代收代缴其他单位或个人电费方式的，镇街应当按照实际由本单位负担的部分，计入费用和支出。

发生电费支出，如单位按月预交，最终根据电费发票办理报销手续并进行费用分摊。预交电费时，财务会计借记"预付账款"科目，贷记"财政拨款收入""银行存款"等科目；预算会计借记"行政支出"科目，贷记"财政拨款预算收入""资金结存——货币资金"等科目。

发生电费分摊，财务会计借记"业务活动费用——商品和服务费用——电费"科目，贷记"预付账款"等科目；预算会计不作处理。

回收电费，财务会计借记"银行存款"等科目，贷记"其他应收款"科目；预算会计借记"资金结存——货币资金"等科目，贷记"行政支出"科目。

【例1-104】某镇办财政所代收镇政府住户电费22 158元。

财务会计：

借：银行存款　　　　　　　　　　　　　　　　　　　22 158
　　贷：其他应付款——供电公司　　　　　　　　　　　　　22 158

预算会计不作处理。

【例1-105】某镇办财政所2019年1~3月共为镇政府办公楼及镇政府生活区电卡充值30 000元，财政直接支付。2019年4月收到供电公司发票28 900元，并抄表确认第一季度生活区电费3 200元。（抄表确认生活区电费，收到生活区电费时，应冲减镇政府行政支出）

（1）预付。

财务会计：

借：预付账款　　　　　　　　　　　　　　　　　　　　　　　30 000

　　贷：财政拨款收入　　　　　　　　　　　　　　　　　　　　30 000

预算会计：

借：行政支出——财政拨款支出——基本支出——日常公用经费　30 000

　　贷：财政拨款预算收入——基本支出——日常公用经费　　　　30 000

（2）抄表确认镇政府生活区电费。

财务会计：

借：其他应收款——生活区电费　　　　　　　　　　　　　　　3 200

　　贷：预付账款　　　　　　　　　　　　　　　　　　　　　　3 200

预算会计不作处理。

（3）确认镇政府第一季度电费 25 700 元（28 900 – 3 200）。

财务会计：

借：业务活动费用——商品和服务费用——电费　　　　　　　25 700

　　贷：预付账款　　　　　　　　　　　　　　　　　　　　　25 700

预算会计不作处理。

（4）收到生活区电费 3 200 元。

财务会计：

借：银行存款　　　　　　　　　　　　　　　　　　　　　　　3 200

　　贷：其他应收款——生活区电费　　　　　　　　　　　　　　3 200

预算会计：

借：资金结存　　　　　　　　　　　　　　　　　　　　　　　3 200

　　贷：行政支出——财政拨款支出——基本支出——日常公用经费　3 200

【例 1 – 106】某镇办财政所 2019 年 6 月为镇政府预付电费 30 000 元，财政直接支付。2019 年 1~6 月收镇政府生活区电卡充值 3 200 元（生活区余额），收到 6 月供电公司（镇政府、生活区）发票 28 900 元，生活区电费半年镇政府代缴一次不确认为镇政府业务活动费用。（充值卡方式预收生活区电费，可操作性比较强，需注意核算生活区具体电费）

（1）收生活区第一、第二季度电费（充卡）。

财务会计：

借：银行存款　　　　　　　　　　　　　　　　　　　　　　　3 200

　　贷：其他应付款——供电公司　　　　　　　　　　　　　　　3 200

（2）6 月预付镇政府电费。

财务会计：

借：预付账款　　　　　　　　　　　　　　　　　　　　　　30 000

　　　　贷：财政拨款收入　　　　　　　　　　　　　　　　　　　30 000

预算会计：

　　借：行政支出——财政拨款支出——基本支出——日常公用经费 30 000

　　　　贷：财政拨款预算收入——基本支出——日常公用经费　　 30 000

（3）代交生活区电费。

财务会计：

　　借：其他应付款——供电公司　　　　　　　　　　　　　　　 3 200

　　　　贷：银行存款　　　　　　　　　　　　　　　　　　　　 3 200

预算会计不作处理。

（4）确认镇政府第一、第二季度电费（发票扣减生活区住户 2019 年度第一、第二季度充值款）。

财务会计：

　　借：业务活动费用——商品和服务费用——电费　　　　　　　 25 700

　　　　贷：预付账款　　　　　　　　　　　　　　　　　　　　 25 700

预算会计不作处理。

【例 1 - 107】某镇办移动通信公司在镇政府驻地建造信号塔一处，电费镇政府先统一垫付给供电局 50 000 元财政直接支付，后收到发票 48 500 元。抄表确认移动通信公司电费 4 143.75 元，镇政府先银行存款代缴纳后收取。

（1）垫付时。

财务会计：

　　借：预付账款　　　　　　　　　　　　　　　　　　　　　　 50 000

　　　　贷：财政拨款收入　　　　　　　　　　　　　　　　　　 50 000

预算会计：

　　借：行政支出　　　　　　　　　　　　　　　　　　　　　　 50 000

　　　　贷：财政拨款预算收入　　　　　　　　　　　　　　　　 50 000

（2）用银行存款支付移动公司电费。

财务会计：

　　借：其他应收款——移动公司　　　　　　　　　　　　　　　 4 143.75

　　　　贷：银行存款　　　　　　　　　　　　　　　　　　　　 4 143.75

预算会计不作处理。

（3）收发票，确认镇政府电费 44 356.25 元（48 500 - 4 143.75）。

财务会计：

　　借：业务活动费用——商品和服务费用——电费　　　　　　　 44 356.25

　　　　贷：预付账款　　　　　　　　　　　　　　　　　　　　 44 356.25

预算会计不作处理。

预付账款余额需继续用于支付镇政府电费。

（4）收取移动公司电费。

财务会计：

借：银行存款　　　　　　　　　　　　　　　　　　　4 143.75

　　贷：其他应收款——移动公司　　　　　　　　　　　　4 143.75

预算会计不作处理。

【例1－108】街道财政所上月预存电费100 000元，本月收到电费开具发票98 757.78元。财政直接支付。（镇政府电费，不存在生活区用电问题）

（1）上月预存时。

财务会计：

借：预付账款　　　　　　　　　　　　　　　　　　　100 000

　　贷：财政拨款收入　　　　　　　　　　　　　　　　100 000

预算会计：

借：行政支出——财政拨款支出——基本支出——日常公用经费 100 000

　　贷：财政拨款预算收入——基本支出——日常公用经费　　100 000

（2）收到发票，确认电费时。

财务会计：

借：业务活动费用——商品和服务费用——电费　　　　98 757.78

　　贷：预付账款　　　　　　　　　　　　　　　　　　98 757.78

预算会计不作处理。

（3）余款1 244.22元用于下次收发票扣电费（以上是简化核算程序的做法）。

（4）财政部官方政府会计制度的推荐做法。

①预存款时。

财务会计：

借：预付账款　　　　　　　　　　　　　　　　　　　100 000

　　贷：银行存款　　　　　　　　　　　　　　　　　　100 000

预算会计：

借：行政支出——待处理　　　　　　　　　　　　　　100 000

　　贷：资金结存　　　　　　　　　　　　　　　　　　100 000

②收发票报销时。

财务会计：

借：业务活动费用——商品和服务费用——电费　　　　98 757.78

　　贷：预付账款　　　　　　　　　　　　　　　　　　98 757.78

预算会计：

借：行政支出——财政拨款支出——基本支出——日常公用经费

98 757.78

贷：行政支出——待处理 98 757.78

"行政支出——待处理"科目年末如有余额，应转入正常支出，该明细科目无余额。

【例1－109】某街道财政所支付预交西部山区抗旱水源电费40 000元，直接支付。

财务会计：

借：预付账款 40 000

贷：财政拨款收入 40 000

预算会计：

借：行政支出——财政拨款支出——项目支出 40 000

贷：财政拨款预算收入——项目支出 40 000

待结算时还有后续处理，参考上例。

【例1－110】某镇办财政所收取1月电费10 600元，支付1月电费134 597.25元，多支付部分为镇政府负担的电费，银行存款支付。（为准确核算镇政府和生活区电费，经与供电公司协商，可分两次付款）

（1）收取。

财务会计：

借：银行存款 10 600

贷：其他应付款——供电公司 10 600

预算会计不作处理。

（2）银行存款支付电费（以银行存款一次性支付）。

财务会计：

借：业务活动费用——商品和服务费用——电费 123 997.25

其他应付款 10 600

贷：银行存款 134 597.25

预算会计：

借：行政支出——财政拨款支出——基本支出——日常公用经费

123 997.25

贷：资金结存——货币资金 123 997.25

（3）财政直接支付方式镇政府负担电费（银行存款＋直接支付）。

财务会计：

借：业务活动费用——商品和服务费用——电费 123 997.25

贷：财政拨款收入 123 997.25

借：其他应付款   10 600

    贷：银行存款   10 600

预算会计：

借：行政支出——财政拨款支出——基本支出——日常公用经费

                                              123 997. 25

    贷：财政拨款预算收入   123 997. 25

【例 1-111】某镇办财政所 2019 年 9 月街道用实有资金账户资金（往来资金）付村建办电费 30 000 元，通过财政直接支付花卉广场电费 5 000 元。次月用财政直接支付归还村建办垫付电费。（按照《政府会计准则制度解释第 2 号》的规定，归垫资金在垫付时，不应该作支出和费用，归还时确认支出、费用和收入、预算收入）

（1）垫付时。

财务会计：

借：其他应收款   30 000

    贷：银行存款   30 000

预算会计不作处理。

（2）支付花卉广场电费。

财务会计：

借：业务活动费用——商品和服务费用——电费   5 000

    贷：财政拨款收入   5 000

预算会计：

借：行政支出——财政拨款支出——基本支出   5 000

    贷：财政拨款预算收入——基本支出   5 000

（3）次月归还垫付村建办电费。

财务会计：

借：银行存款   30 000

    贷：财政拨款收入   30 000

借：业务活动费用——商品和服务费用——电费   30 000

    贷：其他应收款   30 000

预算会计：

借：行政支出——财政拨款支出——基本支出   30 000

    贷：财政拨款预算收入——基本支出   30 000

【例 1-112】某街道财政所支付敬老院电费 5 000 元，银行存款支付。

财务会计：

借：业务活动费用——商品和服务费用——电费   5 000

贷：银行存款   5 000

预算会计：

借：行政支出——财政拨款支出——基本支出   5 000

    贷：资金结存——货币资金   5 000

【例1-113】某镇办财政所支付国网电费104 589元，财政直接支付。

财务会计：

借：业务活动费用——商品和服务费用——电费   104 589

    贷：财政拨款收入   104 589

预算会计：

借：行政支出——财政拨款支出——基本支出   104 589

    贷：财政拨款预算收入——基本支出   104 589

【例1-114】某镇办财政所每月先预付供电公司电费，隔月供电公司给正式发票，财政直接支付预付电费80 000元，实际发票33 872.29元。（年底对账协商供电公司补齐发票，原则上，年底预付电费不留余额，如无法补全发票，可考虑预付账款年内收回上缴国库）

（1）预付时。

财务会计：

借：预付账款   80 000

    贷：财政拨款收入   80 000

预算会计：

借：行政支出——财政拨款支出——基本支出——日常公用经费 80 000

    贷：财政拨款预算收入——基本支出——日常公用经费   80 000

（2）确认电费。

财务会计：

借：业务活动费用——商品和服务费用——电费   33 872.29

    贷：预付账款   33 872.29

预算会计不作处理。

（3）如年末供电公司退款回来。

财务会计：

借：银行存款   66 127.71

    贷：应缴财政款   66 127.71

上缴国库：

借：应缴财政款   66 127.71

    贷：银行存款   66 127.71

预算会计不作处理。

【例 1 –115】某街道财政所支付黄山一路西段路口红绿灯电费 621 元，银行存款支付。

财务会计：

借：业务活动费用——商品和服务费用——电费　　　　　　　621

　　贷：银行存款　　　　　　　　　　　　　　　　　　　　　　621

预算会计：

借：行政支出——财政拨款支出——基本支出　　　　　　　　621

　　贷：资金结存——货币资金　　　　　　　　　　　　　　　　621

（二）水费

水费是指镇街在开展业务活动及其辅助活动过程中发生的必要的支出，包括代收各单位及村级的自来水费、饮用水大桶水费等。

发生水费支出，支付时，财务会计借记"业务活动费用——商品和服务费用——水费"科目，贷记"银行存款""财政拨款收入"等科目；预算会计借记"行政支出——财政拨款支出——基本支出"科目，贷记"资金结存——货币资金""财政拨款预算收入"等科目。

代交水费，收取水费时，财务会计借记"银行存款"等科目，贷记"其他应付款"科目；预算会计不作处理。交水费时，财务会计借记"其他应付款"科目，贷记"银行存款"等科目；预算会计不作处理。

【例 1 –116】某街道财政所支付水电燃气费 18 155.7 元，银行存款支付。

财务会计：

借：业务活动费用——商品和服务费用——水费　　　　　18 155.7

　　贷：银行存款　　　　　　　　　　　　　　　　　　　　18 155.7

预算会计：

借：行政支出——财政拨款支出——基本支出——日常公用经费

　　　　　　　　　　　　　　　　　　　　　　　　　　　18 155.7

　　贷：资金结存——货币资金　　　　　　　　　　　　　　18 155.7

【例 1 –117】某镇办自来水办公室日常充卡收取各村水费，按月上交镇政府，镇政府定期给县自来水公司交水费。2019 年 1 月收水费 32 790 元，原来收取的水费余 30 000 元，本月代村交水费 60 000 元。

（1）收取各村水费。

财务会计：

借：银行存款   32 790

  贷：其他应付款   32 790

预算会计不作处理。

（2）交水费。

财务会计：

借：其他应付款   60 000

  贷：银行存款   60 000

预算会计不作处理。

【例1-118】某镇办财政所支付代收的各单位及村级的自来水水费7 450元。

财务会计：

借：其他应付款——自来水公司   7 450

  贷：银行存款   7 450

预算会计不作处理。

【例1-119】某镇办财政所支付代收的水费50 000元。

财务会计：

借：其他应付款——自来水公司   50 000

  贷：银行存款   50 000

预算会计不作处理。

【例1-120】某镇办财政所支付饮用水大桶水款952元，直接支付。

财务会计：

借：业务活动费用——商品和服务费用——水费 952

  贷：财政拨款收入   952

预算会计：

借：行政支出——财政拨款支出——基本支出——日常公用经费 952

  贷：财政拨款预算收入——基本支出——日常公用经费 952

【例1-121】某镇办财政所收到代收各单位及村级的自来水水费9 000元，后统一交自来水公司。

财务会计：

借：银行存款   9 000

  贷：其他应付款——自来水公司   9 000

预算会计不作处理。

（三）取暖费

取暖费是指镇街在开展业务活动及其辅助活动过程中发生的必要的支出，包括办公楼取暖费、冬季取暖用煤费以及代收的取暖费等。

取暖费不排除有按照流量计费的可能性，也不排除取暖费跨年核算的问题。

发生取暖费支出，财务会计借记"业务活动费用——商品和服务费用——取暖费""其他应付款"等科目，贷记"财政拨款收入""银行存款""零余额账户用款额度"等科目；预算会计借记"行政支出——财政拨款支出——基本支出"科目，贷记"财政拨款预算收入""资金结存——货币资金""资金结存——零余额账户用款额度"等科目。支付代付取暖费时，预算会计不作处理。

【例1-122】某镇党校门卫2019年冬季取暖用煤，费用1 000元，财政直接支付。

财务会计：

借：业务活动费用——商品和服务费用——取暖费　　　　1 000
　　贷：财政拨款收入　　　　　　　　　　　　　　　　　　　　1 000

预算会计：

借：行政支出——财政拨款支出——基本支出——日常公用经费　1 000
　　贷：财政拨款预算收入——基本支出——日常公用经费　　　　　1 000

【例1-123】某镇办财政所支付2017~2018年度取暖费397 012元，授权支付。（未提前收到发票）

（1）提取授权额度。

财务会计：

借：零余额账户用款额度　　　　　　　　　　　　　　397 012
　　贷：财政拨款收入　　　　　　　　　　　　　　　　　　　397 012

预算会计：

借：资金结存——零余额账户用款额度　　　　　　　　397 012
　　贷：财政拨款预算收入　　　　　　　　　　　　　　　　　397 012

（2）支付。

财务会计：

借：业务活动费用——商品和服务费用——取暖费　　　397 012
　　贷：零余额账户用款额度　　　　　　　　　　　　　　　　397 012

预算会计：

借：行政支出——财政拨款支出——基本支出——日常公用经费 397 012
　　贷：资金结存——零余额账户用款额度　　　　　　　　　　397 012

【例1-124】某街道财政所支付2018年办公楼取暖费160 608元，直接支付。

财务会计：

借：业务活动费用——商品和服务费用——取暖费　　　160 608
　　贷：财政拨款收入　　　　　　　　　　　　　　　　　　　160 608

预算会计：

借：行政支出——财政拨款支出——基本支出——日常公用经费 160 608

　　贷：财政拨款预算收入——基本支出——日常公用经费　　　160 608

【例1-125】某镇办财政所支付2019年取暖费100 080元，直接支付。

财务会计：

借：业务活动费用——商品和服务费用——取暖费　　　　　100 080

　　贷：财政拨款收入　　　　　　　　　　　　　　　　　　100 080

预算会计：

借：行政支出——财政拨款支出——基本支出——日常公用经费 100 080

　　贷：财政拨款预算收入——基本支出——日常公用经费　　　100 080

【例1-126】某镇办财政所支付代收的取暖费78 280元。（代收生活区取暖费）

财务会计：

借：其他应付款——供热公司　　　　　　　　　　　　　　78 280

　　贷：银行存款　　　　　　　　　　　　　　　　　　　　78 280

预算会计不作处理。

二、勤务保障业务

（一）垃圾清运费

垃圾清运费是指从物业服务企业、居民委员会等住宅小区管理单位指定的堆放点，运至分拣、中转场所所收取的清运费用，不含清扫保洁费用。如果对应城乡环卫一体化等项目资金，可列项目支出。无对应可使用的项目资金，可列基本支出。

发生垃圾清运费相关支出，财务会计借记"业务活动费用——商品和服务费用"科目，贷记"财政拨款收入"等科目；预算会计借记"行政支出"科目，贷记"财政拨款预算收入"等科目。

【例1-127】某街道财政所支付无害化厕所清运费2 750元，直接支付。

财务会计：

借：业务活动费用——商品和服务费用——其他商品和服务支出　2 750

　　贷：财政拨款收入　　　　　　　　　　　　　　　　　　　2 750

预算会计：

借：行政支出——财政拨款支出——基本支出——日常公用经费　2 750

　　贷：财政拨款预算收入——基本支出——日常公用经费　　　　2 750

【例1-128】某镇办财政所支付村居垃圾收集费5 000元，直接支付。

财务会计：

借：业务活动费用——商品和服务费用——其他商品和服务支出　5 000

　　贷：财政拨款收入　　　　　　　　　　　　　　　　　　　　　　5 000

预算会计：

借：行政支出——财政拨款支出——基本支出——日常公用经费　5 000

　　贷：财政拨款预算收入——基本支出——日常公用经费　　　　　　5 000

【例1－129】某镇办财政所支付垃圾清运费61 600元，直接支付。

财务会计：

借：业务活动费用——商品和服务费用——其他商品和服务支出　61 600

　　贷：财政拨款收入　　　　　　　　　　　　　　　　　　　　　61 600

预算会计：

借：行政支出——财政拨款支出——项目支出　　　　　　　　　61 600

　　贷：财政拨款预算收入——项目支出　　　　　　　　　　　　　61 600

【例1－130】某镇办财政所支付各村垃圾收集清运费49 703.35元，银行存款支付。

财务会计：

借：业务活动费用——商品和服务费用——其他商品和服务支出

　　　　　　　　　　　　　　　　　　　　　　　　　　　49 703.35

　　贷：银行存款　　　　　　　　　　　　　　　　　　　　49 703.35

预算会计：

借：行政支出——财政拨款支出——项目支出　　　　　　　49 703.35

　　贷：资金结存——货币资金　　　　　　　　　　　　　　49 703.35

（二）租赁设备拆除费用

租赁设备拆除费用是指拆除广告牌等产生的劳务费、为拆除建筑及进行其他拆除活动而租赁拆除机械产生的机械租赁费等费用。

发生租赁设备拆除费用相关支出，财务会计借记"业务活动费用——商品和服务费用"科目，贷记"银行存款""零余额账户用款额度"等科目；预算会计借记"行政支出"科目，贷记"资金结存——货币资金""资金结存——零余额账户用款额度"等科目。

【例1－131】某镇办财政所2019年12月用银行存款支拆广告牌及吊装费3 650元，有劳务费发票。

财务会计：

借：业务活动费用——商品和服务费用——劳务费　　　　　　　3 650

　　　　贷：银行存款　　　　　　　　　　　　　　　　　　　3 650

预算会计：

　　借：行政支出——财政拨款支出——基本支出——日常公用经费　3 650

　　　　贷：资金结存——货币资金　　　　　　　　　　　　　3 650

【例1-132】某街道财政所支付拆除违章建筑机械租赁费8 880元，授权支付。

财务会计：

　　借：业务活动费用——商品和服务费用——租赁费　　　　　8 880

　　　　贷：零余额账户用款额度　　　　　　　　　　　　　8 880

预算会计：

　　借：行政支出——财政拨款支出——基本支出　　　　　　　8 880

　　　　贷：资金结存——零余额账户用款额度　　　　　　　　8 880

【例1-133】某镇办财政所支付租赁机械费用1 450元，银行存款支付。

财务会计：

　　借：业务活动费用——商品和服务费用——租赁费　　　　　1 450

　　　　贷：银行存款　　　　　　　　　　　　　　　　　　　1 450

预算会计：

　　借：行政支出——财政拨款支出——基本支出　　　　　　　1 450

　　　　贷：资金结存——货币资金　　　　　　　　　　　　　1 450

（三）房屋租赁费

　　房屋租赁费，即房屋租金，是指承租人因使用房屋而向出租人交付的价金，是租赁合同中最主要的内容之一。房屋租赁费用的高低会受房屋的成新程度、楼层、周围设施状况、周边环境、房屋坐落地址等因素的影响。

　　发生房屋租赁费支出，财务会计借记"业务活动费用——商品和服务费用"科目，贷记"财政拨款收入"等科目；预算会计借记"行政支出"科目，贷记"财政拨款预算收入"等科目。

【例1-134】某镇办财政所支付牛家办事处以前年度房屋租赁费6 000元，直接支付。

财务会计：

　　借：业务活动费用——商品和服务费用——租赁费　　　　　6 000

　　　　贷：财政拨款收入　　　　　　　　　　　　　　　　　6 000

预算会计：

　　借：行政支出——财政拨款支出——基本支出　　　　　　　6 000

　　　　贷：财政拨款预算收入　　　　　　　　　　　　　　　6 000

三、节日活动业务

（一）节日活动费用

节日活动费用是指镇街为丰富日常文化生活而举办节日活动所支付的各项费用，例如儿童节走访儿童支付的玩具及图书费、公祭活动献花费、元旦晚会的服装道具及设备租赁费、广场舞大赛获奖奖金等。

发生节日活动费用支出，财务会计借记"业务活动费用"科目，贷记"银行存款""零余额账户用款额度""库存现金"等科目；预算会计借记"行政支出"科目，贷记"资金结存——货币资金""资金结存——零余额账户用款额度"等科目。

【例1－135】某镇办"六一"儿童节走访儿童所用的足球50个，费用1 350元；儿童图书150本，费用1 650元。以银行存款支付此笔费用。

财务会计：

借：业务活动费用——商品和服务费用——其他商品和服务支出 3 000

　　贷：银行存款 3 000

预算会计：

借：行政支出——财政拨款支出——基本支出——日常公用经费 3 000

　　贷：资金结存——货币资金 3 000

【例1－136】某镇办"六一"儿童节走访贫困低保儿童所用的足球50个，费用1 350元；儿童图书150本，费用1 650元。资金来源为上级专项资金，以银行存款支付此笔费用。

财务会计：

借：业务活动费用——对个人和家庭的补助费用 3 000

　　贷：银行存款 3 000

预算会计：

借：行政支出——非财政专项资金支出 3 000

　　贷：资金结存——货币资金 3 000

【例1－137】某镇办2019年9月30日公祭活动"一门五烈士"献花，费用604元，公务卡支付。

财务会计：

借：业务活动费用——商品和服务费用——其他商品和服务支出 604

　　贷：零余额账户用款额度 604

预算会计：

借：行政支出——财政拨款支出——基本支出——日常公用经费　604

　　贷：资金结存——零余额账户用款额度　604

【例1－138】某街道财政所支付妇联活动费用1 830元，银行存款支付。

财务会计：

借：业务活动费用——商品和服务费用——其他商品和服务支出　1 830

　　贷：银行存款　1 830

预算会计：

借：行政支出——财政拨款支出——基本支出——日常公用经费　1 830

　　贷：资金结存——货币资金　1 830

【例1－139】某街道财政所支付元旦晚会活动费，包括服装道具费、设备租赁费32 256元。现金支付。

财务会计：

借：业务活动费用——商品和服务费用——租赁费　32 256

　　贷：库存现金　32 256

预算会计：

借：行政支出——财政拨款支出——项目支出　32 256

　　贷：资金结存——货币资金　32 256

【例1－140】某街道财政所支付广场舞大赛获奖奖金28 000元，现金支付给个人。

财务会计：

借：业务活动费用——对个人和家庭的补助费用——其他对个人和家庭补助

　28 000

　　贷：库存现金　28 000

预算会计：

借：行政支出——财政拨款支出——项目支出　28 000

　　贷：资金结存——货币资金　28 000

（二）老干部活动费用

老干部活动费用是指镇街为走访慰问退休老干部支付的福利费以及支付的老干部支部成员工作补助费等其他与老干部活动相关的费用。

发生老干部活动费用支出，财务会计借记"业务活动费用——商品和服务费用——其他商品和服务支出"科目，贷记"银行存款""财政拨款收入"等科目；预算会计借记"行政支出"科目，贷记"资金结存——货币资金""财政拨款预算收入"等科目。

【例1－141】某街道财政所支付老干部活动费用3 422元，银行存款支付。

财务会计：

借：业务活动费用——商品和服务费用——其他商品和服务支出 3 422

　　贷：银行存款 3 422

预算会计：

借：行政支出——财政拨款支出——基本支出——日常公用经费 3 422

　　贷：资金结存——货币资金 3 422

【例 1-142】某街道财政所春节走访退休老干部花费 2 250 元，银行存款支付。

财务会计：

借：业务活动费用——商品和服务费用——其他商品和服务支出 2 250

　　贷：银行存款 2 250

预算会计：

借：行政支出——财政拨款支出——基本支出——日常公用经费 2 250

　　贷：资金结存——货币资金 2 250

【例 1-143】某街道财政所支付走访慰问老干部春节福利费 26 656 元，直接支付。

财务会计：

借：业务活动费用——商品和服务费用——其他商品和服务支出 26 656

　　贷：财政拨款收入 26 656

预算会计：

借：行政支出——财政拨款支出——项目支出 26 656

　　贷：财政拨款预算收入——项目支出 26 656

【例 1-144】某街道财政所支付老干支部成员工作补助 7 800 元，直接支付。（离退休人员公用经费，按文件每月 200 元从公用经费列支）

财务会计：

借：业务活动费用——商品和服务费用——其他商品和服务支出 7 800

　　贷：财政拨款收入 7 800

预算会计：

借：行政支出——财政拨款支出——基本支出——日常公用经费 7 800

　　贷：财政拨款预算收入——基本支出——日常公用经费 7 800

第三节　村级管理业务

一、包村干部驻村生活费

包村干部驻村生活费是指镇街为下派到村任驻村工作人员，负责指导协调所包村做好镇里安排的工作，而支付给干部的生活费。

发生包村干部驻村生活费用支出，财务会计借记"业务活动费用——商品和服务费用"科目，贷记"财政拨款收入"等科目；预算会计借记"行政支出"科目，贷记"财政拨款预算收入"等科目。

某镇办财政所支付包村干部驻村蹲点生活费 6 225 元，财政直接支付。（给包村干部在下辖管区的餐费）

财务会计：

借：业务活动费用——商品和服务费用——办公费/其他商品和服务支出

                6 225

    贷：财政拨款收入   6 225

预算会计：

借：行政支出——财政拨款支出——基本支出——日常公用经费   6 225

    贷：财政拨款预算收入——基本支出——日常公用经费   6 225

二、村法治广场公示栏费用

村法治广场公示栏费用是指镇街为保证通知的顺利下达以及完善的公示监督机制而设置公示栏所支付的费用。

发生村法治广场公示栏费用支出，财务会计借记"业务活动费用——商品和服务费用"科目，贷记"银行存款"等科目；预算会计借记"行政支出——非财政专项资金支出"科目，贷记"资金结存——货币资金"等科目。

某街道财政所支付南营村法治广场公示栏等费用 10 541 元。资金来源为上级专项资金，银行存款支付。

财务会计：

借：业务活动费用——商品和服务费用——办公费   10 541

    贷：银行存款   10 541

预算会计：

借：行政支出——非财政专项资金支出   10 541

    贷：资金结存——货币资金   10 541

三、社区办公经费

镇街现在大都采用实报实销形式，可在镇街做支出。

发生社区办公经费相关支出，财务会计借记"业务活动费用"科目，贷记"零余额账户用款额度""财政拨款收入""银行存款"等科目；预算会计借记"行政支出"科目，贷记"资金结存——零余额账户用款额度""财政拨款预算收入""资金结存——货币资金"等科目。

【例1－145】某街道财政所支付社区值班人员办公经费6 000元，财政授权支付。（财政资金）

财务会计：

借：业务活动费用——商品和服务费用——办公费　　　　　　6 000

　　贷：零余额账户用款额度　　　　　　　　　　　　　　　　6 000

预算会计：

借：行政支出——财政拨款支出——基本支出——日常公用经费　6 000

　　贷：资金结存——零余额账户用款额度　　　　　　　　　　6 000

【例1－146】某街道财政所支付社区站所管理区生活费76 290.13元，直接支付。

财务会计：

借：业务活动费用——商品和服务费用——其他商品和服务支出

　　　　　　　　　　　　　　　　　　　　　　　　　　76 290.13

　　贷：财政拨款收入　　　　　　　　　　　　　　　　76 290.13

预算会计：

借：行政支出——财政拨款支出——基本支出——日常公用经费

　　　　　　　　　　　　　　　　　　　　　　　　　　76 290.13

　　贷：财政拨款预算收入——基本支出——日常公用经费　76 290.13

【例1－147】某镇办财政所支付村级组织运转经费60 000元，直接支付。

财务会计：

借：业务活动费用——商品和服务费用——办公费　　　　　60 000

　　贷：财政拨款收入　　　　　　　　　　　　　　　　　60 000

预算会计：

借：行政支出——财政拨款支出——基本支出——日常公用经费　60 000

　　贷：财政拨款预算收入——基本支出——日常公用经费　　60 000

【例1－148】某镇办财政所支付管区经费4 000元，直接支付。

财务会计：

借：业务活动费用——商品和服务费用——办公费　　　　　4 000

　　贷：财政拨款收入　　　　　　　　　　　　　　　　　4 000

预算会计：

借：行政支出——财政拨款支出——基本支出——日常公用经费　4 000

　　贷：财政拨款预算收入——基本支出——日常公用经费　　4 000

【例1-149】某街道财政所支付社区卫生服务中心工程款 3 079.3 元，银行存款支付。

财务会计：

借：业务活动费用——其他支出——对民间非营利组织和群众自治组织补贴

　　　　　　　　　　　　　　　　　　　　　　　　　3 079.3

　　贷：银行存款　　　　　　　　　　　　　　　　3 079.3

预算会计：

借：行政支出——财政拨款支出——项目支出　　　　3 079.3

　　贷：资金结存——货币资金　　　　　　　　　　3 079.3

第四节　灾害、疫情、捐赠相关业务

按照山东省财政厅《关于规范疫情防控期间接受社会捐赠、调拨物资等事项会计核算问题的通知》及财政部《政府会计准则制度解释第3号》处理。

镇街取得捐赠的货币资金按规定应当上缴财政的，收到捐款时，财务会计借记"银行存款"科目，贷记"应缴财政款"科目；预算会计不作处理。上缴市国库时，财务会计借记"应缴财政款"科目，贷记"银行存款"科目；预算会计不作处理。

镇街接受捐赠人委托转赠的资产，收到捐款时，财务会计借记"银行存款——受托代理资产"科目，贷记"受托代理负债"科目；预算会计不作处理。发出捐款时，财务会计借记"受托代理负债"科目，贷记"银行存款——受托代理资产"科目；预算会计不作处理。

发生群众灾害救助相关支出，财务会计借记"业务活动费用——对个人和家庭的补助费用"科目，贷记"银行存款""财政拨款收入"等科目；预算会计借记"行政支出"科目，贷记"资金结存——货币资金""财政拨款预算收入"等科目。

【例1-150】2019 年 8 月受台风"利奇马"影响造成洪涝灾害，某镇慈善总会收到山东创世市政工程有限公司捐给镇政府的救灾款 20 000 元。（开慈善总会捐赠票据，公司要求必须将款项全额转赠给镇政府）

（1）收到捐款时。

财务会计：

借：银行存款——受托代理资产　　　　　　　　　20 000

　　贷：受托代理负债　　　　　　　　　　　　　　20 000

（2）发出捐款时。

财务会计：

借：受托代理负债　　　　　　　　　　　　　　　　　　20 000

　　贷：银行存款——受托代理资产　　　　　　　　　　　20 000

【例 1 – 151】2019 年 8 月受台风"利奇马"影响造成洪涝灾害,某镇政府收到山东创世市政工程有限公司捐赠镇政府的救灾款 20 000 元,并开具非税捐赠票据。(公司要求将款项用于救灾)

(1) 镇政府收到捐款时。

财务会计：

借：银行存款　　　　　　　　　　　　　　　　　　　　20 000

　　贷：应缴财政款　　　　　　　　　　　　　　　　　　20 000

预算会计不作处理。

(2) 上缴市国库。

财务会计：

借：应缴财政款　　　　　　　　　　　　　　　　　　　20 000

　　贷：银行存款　　　　　　　　　　　　　　　　　　　20 000

预算会计不作处理。

【例 1 – 152】2019 年 8 月受台风"利奇马"影响,造成镇办全域洪涝灾害,人民群众生命健康受到威胁,镇政府启动应急救援,将受灾群众转移至安置点,其中镇初级中学安置点在受灾期间发生群众生活费用 41 301 元,资金来源为上级专项资金。

财务会计：

借：业务活动费用——对个人和家庭的补助费用——生活补助　　41 301

　　贷：银行存款　　　　　　　　　　　　　　　　　　　41 301

预算会计：

借：行政支出——非财政专项资金支出——生活补助　　41 301

　　贷：资金结存——货币资金　　　　　　　　　　　　41 301

【例 1 – 153】某镇办财政所支付抗洪救灾期间给村民分发物品费用 35 884 元,直接支付。

财务会计：

借：业务活动费用——对个人和家庭的补助费用——救济费　　35 884

　　贷：财政拨款收入　　　　　　　　　　　　　　　　35 884

预算会计：

借：行政支出——财政拨款支出——项目支出　　　　35 884

　　贷：财政拨款预算收入——项目支出　　　　　　　35 884

第二章　人员经费业务

第一节　工资奖金及缴纳社会保险费业务

一、工资奖金业务

（一）工资发放业务

镇街发生的在编在岗人员（含……）工资，应采用先计提后发放的方式进行账务处理。其中，发放的基本工资（含……），津贴补贴（含……），奖金（含……），伙食补助费（含……），绩效工资（含……），机关事业单位基本养老保险缴费（单位负担部分），职业年金缴费（含……），职工基本医疗保险缴费（单位负担），公务员医疗补助缴费，其他社会保障缴费（单位缴纳的失业保险、工伤保险、生育保险、大病统筹等），住房公积金（单位按规定缴纳的部分），医疗费（未参加医疗保险单位的医疗经费以及单位按规定为职工支出的其他医疗费用），以及加班工资、病假两个月以上期间的人员工资、职工探亲旅费、困难职工生活补助、长期聘用的非在编人员劳动报酬和社保缴费等，均在"基本支出——工资福利支出"科目核算。

工资发放业务部分介绍了工资统一发放和工资自主发放（授权）两种工资发放方式下的账务处理，主要包括计提基本工资、津贴补贴、社保、公积金、个人代扣部分以及发放的工资、补贴、上缴的社保、公积金、个税等。

【例2-1】工资统一发放。

（1）计提。

①计提基本工资、国家统一津贴、改革性补贴等。

财务会计：

借：业务活动费用——工资福利费用

　　贷：应付职工薪酬——基本工资（岗位＋薪级）

　　　　　　　　　　——国家统一津贴（工作性＋生活性补贴）

　　　　　　　　　　——其他个人收入（独生子女费等）

　　　　　　　　　　——改革性补贴（住房补贴、取暖、物业）

预算会计不作处理。

②计提单位负担的社保、公积金、职业年金。

财务会计：

借：业务活动费用——工资福利费用

　　贷：应付职工薪酬——社保（养老、医疗、失业、工伤）——单位

　　　　　　　　　　——住房公积金——单位

　　　　　　　　　　——职业年金——单位

预算会计不作处理。

③计提代扣个人部分。

财务会计：

借：应付职工薪酬——基本工资

　　贷：其他应交税费——应交个税（按工资表、金税三期税务系统）

　　　　应付职工薪酬——社保（养老8%，医疗2%，失业）——个人

　　　　　　　　　　——住房公积金（12%）——个人

　　　　　　　　　　——年金（4%）——个人

　　　　其他应付款——工会经费（个人）〈如有代扣个人工会经费情况〉

预算会计不作处理。

（2）发放。

①发工资、补贴。

财务会计：

借：应付职工薪酬——基本工资

　　　　　　　　　——国家统一补贴

　　　　　　　　　——改革性补贴

　　　　　　　　　——其他个人收入

　　贷：财政拨款收入

预算会计：

借：行政支出——基本支出——人员经费

　　贷：财政拨款预算收入——基本支出——人员经费

②上缴社保、公积金、个税等。

财务会计：

借：应付职工薪酬——社保（养老、医疗、失业、工伤）

　　　　　　　　　——住房公积金

　　　　　　　　　——职业年金（单位负担）

　　　　其他应交税费——应交个税（按工资表、金税三期税务系统）

应付职工薪酬——社保（养老8%，医疗2%，失业）

　　　　　　　——住房公积金

　　　　　　　——职业年金（4%）（个人负担）

　　贷：财政拨款收入

预算会计：

借：行政支出

　　贷：财政拨款预算收入

【例2-2】工资自主发放（授权）。

（1）计提。

财务会计：

借：业务活动费用——工资福利费用——工资支出——行政运行——基本工资

　　　　　　　　——工资福利费用——工资支出——行政运行——津贴

　　　　　　　　——工资福利费用——工资支出——行政运行——补贴

　　　　　　　　——对个人和家庭的补助费用——奖励金（独生子女费）

　　　　　　　　——对个人家庭的补助费用——生活补助（离退休人员费用）

　　　　　　　　——工资福利费用——其他工资福利费用（长期聘用的非在编

　　　　　　　　人员劳动报酬等）

　　贷：应付职工薪酬——基本工资（含离退休费）

　　　　　　　　　——国家统一津贴

　　　　　　　　　——改革性补贴

　　　　　　　　　——其他个人收入

预算会计不作处理。

（2）按扣除的个人各类社保及公积金。

财务会计：

借：应付职工薪酬——基本工资（含离退休费）

　　贷：应付职工薪酬——医疗保险（个人）

　　　　　　　　　——养老保险（个人）

　　　　　　　　　——公积金（个人）

　　　　　　　　　——职业年金（个人）

　　　　　　　　　——失业保险（个人）

　　　　其他应交税费——个人所得税

　　　　其他应付款——工会经费（个人）〈如有代扣个人工会经费情况〉

预算会计不作处理。

（3）计提单位负担的各类保险、公积金。

财务会计：

借：业务活动费用——工资福利费用——住房公积金——行政运行——住房公积金

        ——工资福利费用——社会保障缴费——行政运行——职业年金

缴费

                             ——机关事业

单位养老保险缴费

                             ——职工基本

医疗保险缴费

                             ——其他社会

保障缴费

        其他工资福利支出（编制外长期聘用人员）

    贷：应付职工薪酬——公积金（单位）

              ——职业年金（单位）

              ——养老保险（单位）

              ——医疗保险（单位）

              ——失业保险（单位）

              ——工伤保险（单位）

预算会计不作处理。

（4）缴纳各项保险。

授权：

财务会计：

借：零余额账户用款额度

    贷：财政拨款收入

预算会计：

借：资金结存——零余额账户用款额度

    贷：财政拨款预算收入——人员经费缴纳

财务会计：

借：应付职工薪酬——职业年金（单位）

              ——职业年金（个人）

              ——养老保险（单位）

              ——养老保险（个人）

              ——医疗保险（单位）

              ——医疗保险（个人）

              ——失业保险（单位）

——失业保险（个人）

——工伤保险（单位）

贷：零余额账户用款额度

预算会计：

借：行政支出——财政拨款支出——基本支出——人员经费——2080506 机关事业单位职业年金缴费支出（单位负担部分）

——行政运行（功能分类）——基本工资（职业年金个人负担部分）

——2080505 机关事业单位基本养老保险缴费（单位）

——行政运行（功能分类）——基本工资（养老保险个人负担部分）

——卫生健康支出——行政事业单位医疗——2101101 行政单位医疗——职工基本医疗保险缴费（单位负担部分）

——行政运行（功能分类）——基本工资（医疗保险个人负担部分）

——社会保障和就业支出——2089999 其他社会保障和就业支出——其他社会保障缴费（失业保险单位负担部分）

——行政运行（功能分类）——基本工资（失业保险个人负担部分）

——社会保障和就业支出——2089999 其他社会保障和就业支出——其他社会保障缴费（工伤保险单位全部负担）

贷：资金结存——零余额账户用款额度

（二）发放工资

财务会计：

借：应付职工薪酬——基本工资

——国家统一津贴

——改革性补贴

——其他个人收入

贷：财政拨款收入（收到的直接支付入账通知书金额）

预算会计：

借：行政支出——财政拨款支出——基本支出——人员经费——行政运行（功能分类）——基本工资（部门经济分类）

　　　　　　——津贴补贴（部门经济分类）

　　　　　　——奖励金（部门经济分类）

　　　　　　——生活补助（部门经济分类）

　　贷：财政拨款预算收入

二、住房公积金

住房公积金是指国家机关和事业单位、国有企业、城镇集体企业、外商投资企业、城镇私营企业及其他城镇企业和事业单位、民办非企业单位、社会团体及其在职职工，对等缴存的长期住房储蓄。公积金个人部分和单位缴存部分按各地规定计算。

缴存住房公积金，按照由单位负担的部分，财务会计借记"应付职工薪酬——住房公积金（单位）"科目；按照由个人负担的部分，借记"应付职工薪酬——住房公积金（个人）"科目，贷记"财政拨款收入"等科目；预算会计借记"行政支出——财政拨款支出——人员经费"科目，贷记"财政拨款预算收入"等科目。

【例2-3】某街道财政所缴存1月住房公积金133 460.16元，财政直接支付。

财务会计：

借：应付职工薪酬——住房公积金（单位）　　　　　　66 730.08

　　　　　　——住房公积金（个人）　　　　　　66 730.08

　　贷：财政拨款收入　　　　　　　　　　　　　　　133 460.16

预算会计：

借：行政支出——财政拨款支出——人员经费——行政运行（个人）

　　　　　　　　　　　　　　　　　　　　　　66 730.08

　　　　　　——住房保障支出——住房改革支出

　　　　　　　　　　　　　　　　　　　　　　66 730.08

　　贷：财政拨款预算收入　　　　　　　　　　　　　133 460.16

（公积金个人部分和单位缴存部分按各地规定计算）

三、个人所得税

个人所得税的缴纳由单位进行核算，并在发放给职工前进行代扣代缴，再统一进行申报缴纳。

缴纳个人所得税，财务会计借记"其他应交税费——应交个人所得税"科目，贷记"银行存款"等科目；预算会计借记"行政支出——财政拨款支出——基本支出——人员经费"科目，贷记"资金结存——货币资金"等科目。

【例2-4】某街道财政所支付2019年12月个人所得税627.6元，该笔资金从三方协议代管资金户中扣缴。

（1）发工资时将个税金额划到代管资金户。

财务会计：

借：银行存款   627.6

  贷：财政拨款收入   627.6

预算会计：

借：行政支出——财政拨款支出——基本支出——人员经费 627.6

  贷：财政拨款预算收入   627.6

（2）扣税时。

财务会计：

借：其他应交税费——应交个人所得税   627.6

  贷：银行存款   627.6

预算会计不作处理。

【例2-5】某街道财政所2019年1月缴纳2018年12月个人所得税40.7元，银行存款支付。

（1）2018年12月代扣：

借：银行存款

  贷：其他应缴税费——应交个人所得税

财务会计：

（2）2019年1月

借：其他应交税费——应交个人所得税   40.7

  贷：银行存款   40.7

四、生育津贴

生育津贴是指国家法律、法规规定对职业女性因生育而离开工作岗位期间给予的生活费用。我国生育津贴的支付方式和支付标准分两种情况：一是在实际生育保险社会统筹的地区，支付标准按本企业上年度职工月平均工资的标准支付，期限不少于98天；二是在没有开展生育保险社会统筹的地区，生育津贴由本企业或单位支付，标准为女职工生育之前的基本工资和物价补贴，期限一般为98天。

第一种情况：在职工休产假期间正常发工资，生育津贴用于缴纳保险。收到医保局发放的职工生育津贴时，财务会计借记"银行存款"科目，贷记"非同级财政拨款收入——本级横向转拨财政款"；预算会计借记"资金结存——货币资金"科目，贷记"非同级财政拨款预算收入——专项资金收入"科目。返还个人时，财务会计借记"业务活动费用——对个人和家庭的补助费用——其他对个人和家庭的补助"科目，贷记"银行存款"科目；预算会计借记"行政支出——非财政专项资金支出"科目，贷记"资金结存——货币资金"科目。生育津贴用于交保险，计提时，财务会计借记"业务活动费用——工资福利费用——其他社会保障缴费"科目，贷记"应付职工薪酬——生育保险（单位）"科目；预算会计不作处理。缴纳时，财务会计借记"应付职工薪酬——生育保险（单位）"科目，贷记"银行存款"科目；预算会计借记"行政支出——非财政专项资金支出——基本支出——人员经费"科目，贷记"资金结存——货币资金"科目。

第二种情况：单位在产假期间不正常发工资，只发生育津贴。收到的生育津贴用于发放职工本人的生育津贴。医保局委托镇政府明确指定职工津贴数额，可做受托代理资产，否则不是。收到生育津贴时，财务会计借记"银行存款——受托代理资产"科目，贷记"受托代理负债"科目；预算会计不作处理。返还个人时，财务会计借记"受托代理负债"科目，贷记"银行存款——受托代理资产"科目；预算会计不作处理。生育津贴用于发放本人的生育津贴时，财务会计借记"受托代理负债"科目，贷记"银行存款——受托代理资产"科目；预算会计不作处理。

第三种情况：生育津贴用于冲减生育职工产假期间的工资费用。收到生育津贴时，财务会计借记"银行存款"科目，贷记"其他应付款——××职工"科目；预算会计不作处理。支付给个人时，财务会计借记"其他应付款——××职工"科目，贷记"银行存款"科目；预算会计不作处理。生育津贴用于补贴生育职工本人产假期间的工资费用时，财务会计借记"其他应付款——××职工"科目，贷记"银行存款"科目；预算会计不作处理。

【例2-6】某街道财政所收医保局发放的临时工职工生育津贴21 599元，返个人报销3 500元，剩余的18 099元用于临时工产假发工资。

（1）第一种情况：职工休产假正常发工资，生育津贴用于交保险。

①收到。

财务会计：

借：银行存款　　　　　　　　　　　　　　　　　　　　　21 599

　　贷：非同级财政拨款收入——本级横向转拨财政款　　　　　　　21 599

预算会计：

借：资金结存——货币资金　　　　　　　　　　　　　　　21 599

贷：非同级财政拨款预算收入——专项资金收入　　　　　21 599

②3 500元返个人。

财务会计：

借：业务活动费用——对个人和家庭的补助费用——其他对个人和家庭的补助

　　　　　　　　　　　　　　　　　　　　　　　　　　3 500

　　贷：银行存款　　　　　　　　　　　　　　　　　　3 500

预算会计：

借：行政支出——非财政专项资金支出——项目支出　　　3 500

　　贷：资金结存——货币资金　　　　　　　　　　　　3 500

③生育津贴用于交保险。

a. 计提：

财务会计：

借：业务活动费用——工资福利费用——其他社会保障缴费　18 099

　　贷：应付职工薪酬——生育保险（单位）　　　　　　18 099

预算会计不作处理。

b. 缴纳：

财务会计：

借：应付职工薪酬——生育保险（单位）　　　　　　　　18 099

　　贷：银行存款　　　　　　　　　　　　　　　　　　18 099

预算会计：

借：行政支出——非财政专项资金支出——基本支出——人员经费

　　　　　　　　　　　　　　　　　　　　　　　　　　18 099

　　贷：资金结存——货币资金　　　　　　　　　　　　18 099

（2）第二种情况：单位在产假期间不正常发放工资，只发生育津贴。收到的生育津贴用于发放职工本人的生育津贴。医保局委托镇政府明确指定职工津贴数额，可做受托代理资产，否则不是。

①收到。

财务会计：

借：银行存款——受托代理资产　　　　　　　　　　　　21 599

　　贷：受托代理负债　　　　　　　　　　　　　　　　21 599

预算会计不作处理。

②3 500元返个人。

财务会计：

借：受托代理负债　　　　　　　　　　　　　　　　　　3 500

贷：银行存款——受托代理资产	3 500

预算会计不作处理。

③生育津贴用于本人发生育津贴。

财务会计：

借：受托代理负债	18 099
贷：银行存款——受托代理资产	18 099

（3）第三种情况：生育津贴用于冲减生育职工产假期间的工资费用，建议使用"其他应付款"科目。

①收到。

财务会计：

借：银行存款	21 599
贷：其他应付款——××职工	21 599

预算会计不作处理。

②支付个人 3 500 元。

财务会计：

借：其他应付款——××职工	3 500
贷：银行存款	3 500

预算会计不作处理。

③生育津贴用于补贴生育职工本人产假期间的工资费用。

财务会计：

借：其他应付款——××职工	18 099
贷：银行存款	18 099

预算会计不作处理。

五、精神文明奖金

精神文明奖是各级精神文明建设委员会考核评比各机关单位、社会团体等的公民道德文明建设和科学文化建设等方面的突出表现。不同单位的精神文明奖发放标准不同，奖金的发放应符合单位标准。

发放精神文明奖金，财务会计借记"业务活动费用——工资福利费用——奖金"科目，贷记"财政拨款收入"等科目；预算会计借记"行政支出——财政拨款支出——基本支出——人员经费"科目，贷记"财政拨款预算收入"等科目。

【例 2 - 7】某镇办财政所支付 2018 年离退休人员精神文明奖 487 125.01 元，财政直接支付。

财务会计：

借：业务活动费用——工资福利费用——奖金　　　　 487 125.01

　　贷：财政拨款收入　　　　　　　　　　　　　　　　 487 125.01

预算会计：

借：行政支出——财政拨款支出——基本支出——人员经费 487 125.01

　　贷：财政拨款预算收入——基本支出　　　　　　　　 487 125.01

【例 2 - 8】某镇办财政所支付 2018 年在职职工精神文明奖 1 057 556.25 元，财政直接支付。

财务会计：

借：业务活动费用——工资福利费用——奖金　　　　 1 057 556.25

　　贷：财政拨款收入　　　　　　　　　　　　　　　 1 057 556.25

预算会计：

借：行政支出——财政拨款支出——基本支出——人员经费 1 057 556.25

　　贷：财政拨款预算收入——基本支出　　　　　　　 1 057 556.25

六、社会保险费业务

缴纳社会保险费

缴纳的社会保险费一般特指社会统筹的养老保险、医疗保险、失业保险、工伤保险、生育保险的缴费。社会保险缴费分为两部分：单位缴纳部分和个人缴纳部分。

按照由职工个人应负担部分，财务会计借记"应付职工薪酬——养老保险（个人）""应付职工薪酬——职业年金（个人）""应付职工薪酬——失业保险费（个人）"等科目，按照由单位应负担部分，借记"应付职工薪酬——养老保险（单位）""应付职工薪酬——职业年金（单位）""应付职工薪酬——失业保险费（单位）"等科目，贷记"财政拨款收入"等科目；按照实际缴纳金额，预算会计借记"行政支出——财政拨款支出——基本支出——人员经费"科目，贷记"财政拨款预算收入"等科目。

【例 2 - 9】某街道财政所 1 月养老保险和职业年金缴费 150 758.79 元，财政直接支付。

财务会计：

借：应付职工薪酬——养老保险（单位）　　　　　　　 54 027.80

　　　　　　——职业年金（单位）　　　　　　　　　 36 018.53

　　　　　　——养老保险（个人）　　　　　　　　　 36 427.48

     ——职业年金（个人）   24 284.98

  贷：财政拨款收入   150 758.79

预算会计：

  借：行政支出——财政拨款支出——基本支出——人员经费——行政运行（部

    门）（个人）   60 712.46

                   ——社会保障和就

  业支出——行政事业单位养老支出——机关事业单位职业年金缴费支出——

  职业年金缴费   36 018.53

                   ——社会保障和就

  业支出——行政事业单位养老支出——机关事业单位基本养老保险缴费支出

                 54 027.80

  贷：财政拨款预算收入   150 758.79

【例 2 - 10】某镇办财政所支付职工社会保险费和职业年金 142 780.67 元，直接支付。

财务会计：

  借：应付职工薪酬——基本养老保险（单位） 62 130.40

        ——基本养老保险（个人） 31 065.20

        ——失业保险费（单位）   1 819.23

        ——失业保险费（个人）   779.67

        ——工伤保险费（单位）   388.37

        ——职业年金（单位）   31 065.20

        ——职业年金（个人）   15 532.60

  贷：财政拨款收入   142 780.67

预算会计：

  借：行政支出——财政拨款支出——基本支出——人员经费——行政运行

                  47 377.47

                   ——社会保障和就业

  支出——行政事业单位养老支出——机关事业单位职业年金缴费支出——职

  业年金缴费   31 065.20

                   ——社会保障和就业

  支出——行政事业单位养老支出——基本养老保险缴费支出

                 62 130.40

                   ——社会保障和就业

  支出——其他社会保障和就业支出——其他社会保障缴费 1 819.23

                   ——社会保障和就业

支出——其他社会保障和就业支出——其他社会保障缴费　　388.37

贷：财政拨款预算收入——基本支出——人员经费　　142 780.67

第二节　各类临时用工人员薪酬业务

退役军人生活补助、退职武警生活补贴、退休人员地方性津贴、计生办发放的独生子女费、退休人员独生子女一次性补贴、离职（离任）村干部工资、村两委工资补贴、村书记保险、计生协管员工资、交通协管员工资、民政协管员工资、食品药品协管员补助、卫生管理员补助、计生专干工资、缴纳特困人员保险、按规定支付的丧葬费、抚恤金、退休人员遗属补助、职工保教费、五保供养、生活救济、驻训官兵慰问费、职工查体费等，均在"业务活动费用——商品和服务费用/对个人和家庭的补助费用"列支。

一、协管员工资

（一）计生协管员工资

临时聘用的计生协管员工资列劳务费（卫生健康局专款）。

收到卫健局计生协管员工资专款时，财务会计借记"银行存款"科目，贷记"非同级财政拨款收入——非本级财政拨款"科目；预算会计借记"资金结存——货币资金"科目，贷记"非同级财政拨款预算收入——专项资金收入"科目。用银行存款专款支付时，财务会计借记"业务活动费用——商品和服务费用——劳务费"科目，贷记"银行存款"科目；预算会计借记"行政支出——非财政专项资金支出"科目，贷记"资金结存——货币资金"科目。

【例2-11】某街道财政所收卫健局计生协管员工资（收专款）144 000元。后用银行存款专款支付。

（1）收到专款。

财务会计：

借：银行存款　　　　　　　　　　　　　　　　　144 000

　　贷：非同级财政拨款收入——非本级财政拨款　　　　　144 000

预算会计：

借：资金结存——货币资金　　　　　　　　　　　144 000

　　贷：非同级财政拨款预算收入——专项资金收入　　　　144 000

（2）支付。

财务会计：

借：业务活动费用——商品和服务费用——劳务费　　　　　144 000

　　贷：银行存款　　　　　　　　　　　　　　　　　　　　　　　144 000

预算会计：

借：行政支出——非财政专项资金支出　　　　　　　　　　　144 000

　　贷：资金结存——货币资金　　　　　　　　　　　　　　　　　144 000

（二）交通协管员工资

临时聘用的交通协管人员工资列支劳务费（非专款，镇自己招聘）。

支付交通协管员工资，财务会计借记"业务活动费用——商品和服务费用——劳务费"科目，贷记"财政拨款收入"等科目；预算会计借记"行政支出——财政拨款支出——基本支出"科目，贷记"财政拨款预算收入"等科目。

【例 2－12】某镇办财政所支付交通协管员工资 21 500 元，财政直接支付。

财务会计：

借：业务活动费用——商品和服务费用——劳务费　　　　　21 500

　　贷：财政拨款收入　　　　　　　　　　　　　　　　　　　　　21 500

预算会计：

借：行政支出——财政拨款支出——基本支出　　　　　　　　21 500

　　贷：财政拨款预算收入——基本支出　　　　　　　　　　　　　21 500

注：非专款，镇级承担。

（三）民政协管员工资

临时聘用的民政协管人员工资列支劳务费（民政专款）。

发放民政协管员工资，银行存款民政专款支付下，财务会计借记"业务活动费用——商品和服务费用——劳务费"科目，贷记"银行存款"科目；预算会计借记"行政支出——非财政专项资金支出"科目，贷记"资金结存——货币资金"科目。

【例 2－13】某镇办财政所支付民政协管员工资 21 500 元，银行存款民政专款支付。

财务会计：

借：业务活动费用——商品和服务费用——劳务费　　　　　21 500

　　贷：银行存款　　　　　　　　　　　　　　　　　　　　　　　21 500

预算会计：

借：行政支出——非财政专项资金支出   21 500
    贷：资金结存——货币资金   21 500

（四）食品药品协管员补助

临时聘用的食品药品协管人员补助列支劳务费。市场监管局专款县镇两级共同负担。

支付食品药品协管员工资，财务会计借记"业务活动费用——商品和服务费用——劳务费"科目，贷记"银行存款"科目；预算会计借记"行政支出——非财政专项资金支出"科目，贷记"资金结存——货币资金"科目。

【例2-14】某镇办财政所支付食品药品协管员工资21 500元，银行存款市场监管局专款支付。

财务会计：
借：业务活动费用——商品和服务费用——劳务费   21 500
    贷：银行存款   21 500
预算会计：
借：行政支出——非财政专项资金支出   21 500
    贷：资金结存——货币资金   21 500

（五）卫生管理员补助

临时聘用的卫生管理员工资补助列支劳务费。

支付卫生管理员补助，财务会计借记"业务活动费用——商品和服务费用——劳务费"科目，贷记"银行存款"等科目；预算会计借记"行政支出——财政拨款支出——基本支出"科目，贷记"资金结存——货币资金"等科目。

【例2-15】某镇办财政所支付经管站各村卫生管理员补助49 703.35元，银行存款支付。（卫生管理员补助由经管站直接发放到个人账户）

财务会计：
借：业务活动费用——商品和服务费用——劳务费   49 703.35
    贷：银行存款   49 703.35
预算会计：
借：行政支出——财政拨款支出——基本支出   49 703.35
    贷：资金结存——货币资金   49 703.35

二、临时用工人员劳务费

劳务费是指个人独立从事各种非雇用的劳务所获得的报酬，主要包括临时聘用人员工资、劳务派遣人员工资、有劳务公司开具的劳务费发票的保安费、支付的公司劳务费等。

发生劳务费相关支出，计提劳务费时，财务会计借记"业务活动费用——商品和服务费用"科目，贷记"其他应付款"科目；预算会计不作处理。发放时，财务会计借记"业务活动费用——商品和服务费用""其他应付款"等科目，贷记"财政拨款收入""零余额账户用款额度""银行存款"等科目；预算会计借记"行政支出"科目，贷记"财政拨款预算收入""资金结存——零余额账户用款额度""资金结存——货币资金"等科目。

【例2－16】某镇办财政所支付临时聘用人员工资1 800元，财政直接支付。

财务会计：

借：业务活动费用——商品和服务费用——劳务费   1 800

    贷：财政拨款收入   1 800

预算会计：

借：行政支出——财政拨款支出——基本支出   1 800

    贷：财政拨款预算收入——基本支出   1 800

【例2－17】某镇办财政所支付政府聘用人员劳务费1 600元，财政授权支付。（非负责招聘工作的职工）

财务会计：

借：业务活动费用——商品和服务费用——劳务费   1 600

    贷：零余额账户用款额度   1 600

预算会计：

借：行政支出——财政拨款支出——基本支出   1 600

    贷：资金结存——零余额账户用款额度   1 600

【例2－18】某镇办财政所支付保安费31 000元，有劳务公司开具的劳务费发票，用银行存款支付。（对比保安费是劳务公司还是物业公司开发票，物业公司不应开劳务费发票）

财务会计：

借：业务活动费用——商品服务费用——劳务费   31 000

    贷：银行存款   31 000

预算会计：

借：行政支出——财政拨款支出——项目支出   31 000

  贷：资金结存——货币资金   31 000

【例2－19】某镇办财政所支付镇村管理所劳务费10 470元，有劳务费发票，银行存款支付。

财务会计：

借：业务活动费用——商品服务费用——劳务费   10 470

  贷：银行存款   10 470

预算会计：

借：行政支出——财政拨款支出——基本支出   10 470

  贷：资金结存——货币资金   10 470

【例2－20】某街道财政所发放劳务派遣人员（劳务派遣公司）工资9 075元，财政直接支付。

财务会计：

借：业务活动费用——商品和服务费用——劳务费   9 075

  贷：财政拨款收入   9 075

预算会计：

借：行政支出——财政拨款支出——基本支出   9 075

  贷：财政拨款预算收入   9 075

【例2－21】某镇办财政所支付劳务派遣人员工资31 132元，未提前计提，直接支付。

财务会计：

借：业务活动费用——商品和服务费用——劳务费   31 132

  贷：财政拨款收入   31 132

预算会计：

借：行政支出——财政拨款支出——基本支出   31 132

  贷：财政拨款预算收入——基本支出   31 132

【例2－22】某街道财政所支付××公司劳务费5 750元，银行存款支付。

财务会计：

借：业务活动费用——商品和服务费用——劳务费   5 750

  贷：银行存款   5 750

预算会计：

借：行政支出——财政拨款支出——基本支出   5 750

  贷：资金结存——货币资金   5 750

第三节　镇街承担发放的生活补助类业务

一、村两委、计生专干补贴业务

（一）村两委工资补贴

村两委干部补助列支生活补助，县承担30%、镇承担70%，年底统一结算财力。

支付村两委工资补贴，财务会计借记"业务活动费用——对个人和家庭的补助费用——生活补助"科目，贷记"财政拨款收入"等科目；预算会计借记"行政支出——财政拨款支出——基本支出"科目，贷记"财政拨款预算收入"等科目。

【例2－23】某镇办财政所支付村主任岗位补贴144 177.60元，直接支付。

财务会计：

借：业务活动费用——对个人和家庭的补助费用——生活补助

              144 177.60

  贷：财政拨款收入   144 177.60

预算会计：

借：行政支出——财政拨款支出——基本支出 144 177.60

  贷：财政拨款预算收入——基本支出   144 177.60

【例2－24】某镇办财政所支付村两委工资517 305.80元，财政直接支付。

财务会计：

借：业务活动费用——对个人和家庭的补助费用——生活补助

              517 305.80

  贷：财政拨款收入   517 305.80

预算会计：

借：行政支出——财政拨款支出——基本支出 517 305.80

  贷：财政拨款预算收入——基本支出   517 305.80

（二）离职（离任）村干部工资

离职（离任）村干部工资列生活补助，注意县、镇各自承担比例确定资金来源及支出方式。

支付离职（离任）村干部工资，财务会计借记"业务活动费用——对个人和家庭的补助费用——生活补助"科目,贷记"零余额账户用款额度""财政拨款收入"等科目;预算会计借记"行政支出——财政拨款支出——基本支出"科目,贷记"资金结存——零余额账户用款额度""财政拨款预算收入"等科目。

财政授权支付下,提取授权额度时,财务会计借记"零余额账户用款额度"科目,贷记"财政拨款收入"科目;预算会计借记"资金结存——零余额账户用款额度"科目,贷记"财政拨款预算收入"科目。

【例2–25】某街道财政所付2018年度离职村干部工资9 440元,财政授权支付。

(1)提取授权额度。

财务会计:

借:零余额账户用款额度 9 440

　　贷:财政拨款收入 9 440

预算会计:

借:资金结存——零余额账户用款额度 9 440

　　贷:财政拨款预算收入 9 440

(2)授权支付。

财务会计:

借:业务活动费用——对个人和家庭的补助——生活补助 9 440

　　贷:零余额账户用款额度 9 440

预算会计:

借:行政支出——财政拨款支出——基本支出 9 440

　　贷:资金结存——零余额账户用款额度 9 440

【例2–26】某镇办财政所支付离任村干部工资269 334元,财政直接支付。

财务会计:

借:业务活动费用——对个人和家庭的补助费用——生活补助 269 334

　　贷:财政拨款收入 269 334

预算会计:

借:行政支出——财政拨款支出——基本支出 269 334

　　贷:财政拨款预算收入——基本支出 269 334

【例2–27】某街道财政所支付离任村干部生活补贴8 500元,财政直接支付。

财务会计:

借:业务活动费用——对个人和家庭的补助费用——生活补助 8 500

　　贷:财政拨款收入 8 500

预算会计:

借:行政支出——财政拨款支出——基本支出 8 500

　　　　贷：财政拨款预算收入——基本支出　　　　　　　　　　　　8 500

（三）村书记保险

村书记工资县里直接发放，保险镇上、个人分别承担，列生活补助。

支付村书记保险，财务会计借记"业务活动费用——对个人和家庭的补助费用——生活补助"科目，贷记"财政拨款收入"等科目；预算会计借记"行政支出——财政拨款支出——基本支出"科目，贷记"财政拨款预算收入"等科目。

【例2－28】某街道财政所支付在职村书记养老保险补贴23 000元。

财务会计：

借：业务活动费用——对个人和家庭的补助费用——生活补助　23 000

　　贷：财政拨款收入　　　　　　　　　　　　　　　　　　　　23 000

预算会计：

借：行政支出——财政拨款支出——基本支出　　　　　　　　　23 000

　　贷：财政拨款预算收入——基本支出　　　　　　　　　　　　　23 000

（四）计生专干工资

村计生专干工资列支生活补助。村计生专干工资，镇级承担支付计生专干工资，财务会计借记"业务活动费用——对个人和家庭的补助费用——生活补助"科目，贷记"财政拨款收入"等科目；预算会计借记"行政支出——财政拨款支出——基本支出"科目，贷记"财政拨款预算收入"等科目。

【例2－29】某镇办财政所支付计生专干工资252 000元，财政直接支付。

财务会计：

借：业务活动费用——对个人和家庭的补助费用——生活补助　252 000

　　贷：财政拨款收入　　　　　　　　　　　　　　　　　　　　252 000

预算会计：

借：行政支出——财政拨款支出——基本支出　　　　　　　　　252 000

　　贷：财政拨款预算收入——基本支出　　　　　　　　　　　　　252 000

【例2－30】某街道财政所支付村两委及计生专干工资818 489.2元，直接支付。

财务会计：

借：业务活动费用——对个人和家庭补助费用——生活补助　818 489.2

　　贷：财政拨款收入　　　　　　　　　　　　　　　　　　　818 489.2

预算会计：

借：行政支出——财政拨款支出——基本支出——对个人和家庭补助

818 489. 2

　　贷：财政拨款预算收入——基本支出　　　　818 489. 2

二、计生办发放的村独生子女费（镇级负担）

支付计生办发放的独生子女费，财务会计借记"业务活动费用——对个人和家庭的补助费用——奖励金"科目，贷记"银行存款""财政拨款收入"等科目；预算会计借记"行政支出——财政拨款支出——项目支出"科目，贷记"资金结存——货币资金""财政拨款预算收入"等科目。

【例2–31】某街道财政所2019年8月通过财政直接支付计生办发放的上半年独生子女费29 275元。因独生子女费需存入信用社个人一本通账号，街道通过财政直接支付把此款汇入往来资金账户（开户银行信用社），后开转账支票由信用社发放。

（1）收款。

财务会计：

借：银行存款　　　　　　　　　　　　　　29 275

　　贷：财政拨款收入　　　　　　　　　　　　29 275

预算会计：

借：资金结存——货币资金　　　　　　　　29 275

　　贷：财政拨款预算收入　　　　　　　　　　29 275

（2）发放。

财务会计：

借：业务活动费用——对个人和家庭的补助费用——奖励金　29 275

　　贷：银行存款　　　　　　　　　　　　　　29 275

预算会计：

借：行政支出——财政拨款支出——项目支出　29 275

　　贷：资金结存——货币资金　　　　　　　　29 275

【例2–32】某镇办财政所支付计生办发放的上半年独生子女费55 740元，财政直接支付。

财务会计：

借：业务活动费用——对个人和家庭的补助费用——奖励金　55 740

　　贷：财政拨款收入　　　　　　　　　　　　55 740

预算会计：

借：行政支出——财政拨款支出——项目支出　55 740

　　　　贷：财政拨款预算收入　　　　　　　　　　　　　　　 55 740

三、退职武警生活补贴

类同机关事业单位人员退职人员生活补贴。

支付退役武警生活补贴，财务会计借记"业务活动费用——对个人和家庭的补助费用——退职（役）费"科目，贷记"财政拨款收入"等科目；预算会计借记"行政支出——财政拨款支出——项目支出"科目，贷记"财政拨款预算收入"等科目。

【例2－33】某镇办财政所支付退职武警生活补助32 079元，直接支付。

财务会计：

借：业务活动费用——对个人和家庭的补助费用——退职（役）费

　　　　　　　　　　　　　　　　　　　　　　　　　　 32 079

　　　贷：财政拨款收入　　　　　　　　　　　　　　　　 32 079

预算会计：

借：行政支出——财政拨款支出——项目支出　　　　　　 32 079

　　　贷：财政拨款预算收入　　　　　　　　　　　　　　 32 079

四、退役军人生活补助

《退役军人事务部　财政部关于调整部分优抚对象等人员抚恤和生活补助标准的通知》中明确提出提高退役军人的生活补助标准，充分体现了国家对退役军人的关怀。此外，退役军人生活补助资金属于退役军人事务局按季度拨付的退役士兵生活补助，建议用银行存款专款支付。

支付退役军人生活补助费，财务会计借记"业务活动费用——对个人和家庭的补助费用——生活补助"科目，贷记"财政拨款收入""银行存款"等科目；预算会计借记"行政支出"科目，贷记"财政拨款预算收入""资金结存——货币资金"等科目。

收到市退役军人事务局优抚对象抚恤补助金时，财务会计借记"银行存款"科目，贷记"非同级财政拨款收入"科目；预算会计借记"资金结存——货币资金"科目，贷记"非同级财政拨款预算收入"科目。

【例2－34】某镇办财政所收到市退役军人事务局优抚对象抚恤补助金1 326 000元，支付伤残军人和退役军人生活补助511 051.50元。

（1）收到。

财务会计：

借：银行存款　　　　　　　　　　　　　　　　　　 1 326 000

贷：非同级财政拨款收入——非本级财政拨款　　　　1 326 000

预算会计：

借：资金结存——货币资金　　　　　　　　　　　　1 326 000

　　贷：非同级财政拨款预算收入——专项资金收入　　1 326 000

（2）支出。

财务会计：

借：业务活动费用——对个人和家庭的补助费用——生活补助

　　　　　　　　　　　　　　　　　　　　　　　　511 051.50

　　贷：银行存款　　　　　　　　　　　　　　　　　511 051.50

预算会计：

借：行政支出——非财政专项资金支出——对个人和家庭的补助——生活补助

　　　　　　　　　　　　　　　　　　　　　　　　511 051.50

　　贷：资金结存——货币资金　　　　　　　　　　　511 051.50

【例2－35】某镇办财政所支付农村退伍人员生活补助105 714元，财政直接支付。

财务会计：

借：业务活动费用——对个人和家庭的补助费用——生活补助　105 714

　　贷：财政拨款收入　　　　　　　　　　　　　　　105 714

预算会计：

借：行政支出——财政拨款支出——项目支出　　　　　105 714

　　贷：财政拨款预算收入　　　　　　　　　　　　　105 714

注：该资金属于退役军人事务局按季度拨付的退役士兵生活补助，建议用银行存款专款支付。

五、慰问、帮扶类业务

（一）驻训官兵慰问费

支付驻训官兵慰问费，财务会计，借记"业务活动费用——商品和服务费用——其他商品和服务支出"科目，贷记"银行存款"等科目；预算会计，借记"行政支出——财政拨款支出——基本支出"科目，贷记"资金结存——货币资金"等科目。

【例2－36】某镇办武装部慰问驻训官兵费用（发票明细为苹果和猪肉），费用为4 831元，通过银行存款支付。

财务会计：

借：业务活动费用——商品和服务费用——其他商品和服务支出　4 831

　　　　贷：银行存款　　　　　　　　　　　　　　　　　　　4 831

　预算会计：

　　借：行政支出——财政拨款支出——基本支出——日常公用经费　4 831

　　　　贷：资金结存——货币资金　　　　　　　　　　　　　4 831

（二）缴纳特困人员保险

　　缴纳特困人员保险，财务会计借记"业务活动费用——对个人和家庭的补助费用——代缴社会保险费"科目，贷记"财政拨款收入"等科目；预算会计借记"行政支出——财政拨款支出——基本支出"科目，贷记"财政拨款预算收入"等科目。

　　【例 2 – 37】 某街道财政所缴纳 2018 年特困人员保险 660 元，财政直接支付。

　财务会计：

　　借：业务活动费用——对个人和家庭的补助费用——代缴社会保险费　660

　　　　贷：财政拨款收入　　　　　　　　　　　　　　　　　660

　预算会计：

　　借：行政支出——财政拨款支出——基本支出　　　　　　　660

　　　　贷：财政拨款预算收入——基本支出　　　　　　　　　660

（三）五保供养、生活救济等

　　农村五保供养，是指依照《农村五保供养工作条例》的规定，在吃、穿、住、医、葬方面给予村民的生活照顾和物质帮助。

　　支付五保供养及生活救济费，财务会计借记"业务活动费用——对个人和家庭的补助费用"科目，贷记"财政拨款收入""银行存款"等科目；预算会计借记"行政支出"科目，贷记"财政拨款预算收入""资金结存——货币资金"等科目。

　　【例 2 – 38】 某镇办财政所为低保、五保等人员缴纳 2020 年新农合 226 500 元，财政直接支付。

　财务会计：

　　借：业务活动费用——对个人和家庭的补助费用——代缴社会保险费

　　　　　　　　　　　　　　　　　　　　　　　　　　　226 500

　　　　贷：财政拨款收入　　　　　　　　　　　　　　　226 500

　预算会计：

　　借：行政支出——财政拨款支出——基本支出　　　　　　226 500

　　　　贷：财政拨款预算收入——基本支出　　　　　　　　226 500

【例2-39】某镇办财政所支付敬老院五保供养费用，金额为58 794.3元，财政直接支付。

财务会计：

借：业务活动费用——对个人和家庭补助费用——生活补助　58 794.3

　　贷：财政拨款收入　　　　　　　　　　　　　　　　　　　　58 794.3

预算会计：

借：行政支出——财政拨款支出——基本支出　　　　　58 794.3

　　贷：财政拨款预算收入——基本支出　　　　　　　　　　58 794.3

【例2-40】某镇办财政所支付困难群众临时救助费用10 500元，资金本源为上级专项资金银行存款支付。

财务会计：

借：业务活动费用——对个人和家庭补助费用——救济费　　10 500

　　贷：银行存款　　　　　　　　　　　　　　　　　　　　　10 500

预算会计：

借：行政支出——非财政专项资金支出——临时救助支出　　10 500

　　贷：资金结存——货币资金　　　　　　　　　　　　　　　10 500

第四节　对个人和家庭生活补助

一、丧葬、抚恤、遗属补助业务

（一）丧葬费

按决算填报单位落实是否作收入支出预算会计。

收到市医保中心拨入的丧葬费时，财务会计借记"银行存款"科目，贷记"其他应付款——××职工"科目；预算会计不作处理。支付给职工家属丧葬费时，财务会计借记"其他应付款——××职工"科目，贷记"银行存款"科目；预算会计不作处理。

【例2-41】某镇办财政所收到市医保中心拨来的退休干部死亡丧葬费1 000元，后支付给去世职工家属。

（1）收到时。

财务会计：

借：银行存款　　　　　　　　　　　　　　　　　　　　　1 000

$\qquad$ 贷：其他应付款——××职工 $\qquad$ 1 000

预算会计不作处理。

（2）支付时。

财务会计：

$\qquad$ 借：其他应付款——××职工 $\qquad$ 1 000

$\qquad\qquad$ 贷：银行存款 $\qquad$ 1 000

预算会计不作处理。

（二）抚恤金

支付一次性抚恤金，财务会计借记"业务活动费用——对个人和家庭的补助费用——抚恤金"科目，贷记"财政拨款收入"等科目；预算会计借记"行政支出——财政拨款支出——基本支出"科目，贷记"财政拨款预算收入"等科目。

【例2－42】某镇办财政所支付一次性抚恤金113 072元，财政直接支付。（镇级负担）

财务会计：

$\qquad$ 借：业务活动费用——对个人和家庭的补助费用——抚恤金 $\quad$ 113 072

$\qquad\qquad$ 贷：财政拨款收入 $\qquad$ 113 072

预算会计：

$\qquad$ 借：行政支出——财政拨款支出——基本支出 $\qquad$ 113 072

$\qquad\qquad$ 贷：财政拨款预算收入——基本支出 $\qquad$ 113 072

【例2－43】某镇办财政所支付职工去世一次性抚恤金55 167元，财政直接支付。（镇级负担）

财务会计：

$\qquad$ 借：业务活动费用——对个人和家庭的补助费用——抚恤金 $\quad$ 55 167

$\qquad\qquad$ 贷：财政拨款收入 $\qquad$ 55 167

预算会计：

$\qquad$ 借：行政支出——财政拨款支出——基本支出 $\qquad$ 55 167

$\qquad\qquad$ 贷：财政拨款预算收入——基本支出 $\qquad$ 55 167

【例2－44】某镇办财政所收到市医保中心拨来的退休干部死亡丧葬费1 000元，前期已经用银行存款垫付。同时支付一次性抚恤金（40个月基本工资）113 072元。（财政直接支付）

（1）前期垫付时。

财务会计：

借：其他应收款   1 000

    贷：银行存款   1 000

预算会计不作处理。

（2）收到丧葬费1 000元。

财务会计：

借：银行存款   1 000

    贷：其他应收款   1 000

预算会计不作处理。

（3）支付一次性抚恤金。

财务会计：

借：业务活动费用——对个人和家庭的补助费用——抚恤金   113 072

    贷：财政拨款收入   113 072

预算会计：

借：行政支出——财政拨款支出——基本支出   113 072

    贷：财政拨款预算收入——基本支出   113 072

注意核实资金来源，此处退休人员去世丧葬费人社局统一拨付，所以无须作预算会计，在职人员去世则需本单位负担，需作预算会计。

（三）退休人员遗属补助

按决算填报单位落实是否作收入支出预算会计。

收到市医保中心拨入的退休人员遗属补助时，财务会计借记"银行存款"科目，贷记"其他应付款——××职工家属"科目；预算会计不作处理。支付时，财务会计借记"其他应付款——××职工家属"科目，贷记"银行存款"科目；预算会计不作处理。

【例2-45】某镇办财政所收到市医保中心拨来的退休干部遗属补助10 080元（按2018年10月后标准每月900×12），后支付给去世职工家属。

（1）收到时。

财务会计：

借：银行存款   10 080

    贷：其他应付款——××职工家属   10 080

预算会计不作处理。

（2）支付时。

财务会计：

借：其他应付款——××职工家属　　　　　　　　　　10 080

　　贷：银行存款　　　　　　　　　　　　　　　　　　　　　　10 080

预算会计不作处理。

在职职工去世遗属补助一般在本单位反映预算收入支出需要作预算会计，退休职工去世遗属补助由人保局统一发放，决算落实到人保局统一填报，无须作预算会计。

二、退休人员地方性津贴

支付退休人员地方性津贴，财务会计借记"业务活动费用——对个人和家庭的补助费用——退休费"科目，贷记"财政拨款收入"等科目；预算会计借记"行政支出——财政拨款支出——项目支出"科目，贷记"财政拨款预算收入"等科目。

【例2-46】某镇办财政所支付退休人员地方性津贴15 634.22元，直接支付。

财务会计：

借：业务活动费用——对个人和家庭的补助费用——退休费　15 634.22

　　贷：财政拨款收入　　　　　　　　　　　　　　　　　　　15 634.22

预算会计：

借：行政支出——财政拨款支出——项目支出　　　　　　　15 634.22

　　贷：财政拨款预算收入——基本支出　　　　　　　　　　　15 634.22

三、退休人员独生子女一次性补贴

支付退休人员独生子女一次性补贴，财务会计借记"业务活动费用——对个人和家庭的补助费用——奖励金"科目，贷记"财政拨款收入"等科目；预算会计借记"行政支出——财政拨款支出——项目支出"科目，贷记"财政拨款预算收入"等科目。

【例2-47】某镇办财政所支付退休人员独生子女补贴36 423元，银行存款支付。次月财政直接支付归还。

（1）支付时。

财务会计：

借：其他应收款　　　　　　　　　　　　　　　　　　　　36 423

　　贷：银行存款　　　　　　　　　　　　　　　　　　　　　　26 423

（2）归还时。

财务会计：

借：银行存款　　　　　　　　　　　　　　　　　　　　　　36 423

  贷：财政拨款收入   36 423

  借：业务活动费用——对个人和家庭的补助费用——奖励金 36 423

    贷：其他应收款   36 423

预算会计：

  借：行政支出——财政拨款支出——项目支出 36 423

    贷：财政拨款预算收入——项目支出   36 423

不建议用银行存款支付，建议区分资金性质后支付。

【例2－48】某街道财政所支付退休人员独生子女一次性补贴38 520元，财政直接支付。

  财务会计：

  借：业务活动费用——对个人和家庭的补助费用——奖励金 38 520

    贷：财政拨款收入   38 520

  预算会计：

  借：行政支出——财政拨款支出——项目支出 38 520

    贷：财政拨款预算收入——项目支出 38 520

四、职工保教费

支付职工保教费，财务会计借记"业务活动费用——对个人和家庭的补助费用"科目，贷记"财政拨款收入"等科目；预算会计借记"行政支出——财政拨款支出——基本支出"科目，贷记"财政拨款预算收入"等科目。

【例2－49】某街道财政所支付王莎莎保教费786元，直接支付。

  财务会计：

  借：业务活动费用——对个人和家庭的补助费用——其他对个人和家庭补助

                786

    贷：财政拨款收入   786

  预算会计：

  借：行政支出——财政拨款支出——基本支出 786

    贷：财政拨款预算收入——基本支出 786

五、职工查体费

支付职工查体费，财务会计借记"业务活动费用——商品和服务费用"科目，贷记"财政拨款收入"等科目；预算会计借记"行政支出——财政拨款支出——基本支出"科目，贷记"财政拨款预算收入"等科目。

【例 2－50】某镇办财政所为镇政府职工健康查体费用为 237 000 元，通过财政直接支付方式支付 100 000 元，欠县医院 137 000 元。（直接支付给医院）

财务会计：

借：业务活动费用——商品和服务费用　　　　　　　　　237 000

　　贷：财政拨款收入　　　　　　　　　　　　　　　　　　100 000

　　　　其他应付款——县医院　　　　　　　　　　　　　　137 000

预算会计：

借：行政支出——财政拨款支出——基本支出　　　　　　100 000

　　贷：财政拨款预算收入——基本支出　　　　　　　　　　100 000

第三章　专项资金类业务

第一节　综合治理类资金

一、产权制度改革专项经费

收到产权制度改革专项经费，财务会计借记"银行存款"科目，贷记"非同级财政拨款收入——非本级财政拨款"科目；预算会计借记"资金结存——货币资金"科目，贷记"非同级财政拨款预算收入——专项资金收入"科目。

【例3-1】某镇办财政所2019年1月收农业农村局拨产权制度改革专项经费362 611元。

财务会计：

借：银行存款——基本户　　　　　　　　　　　　　　　362 611
　　贷：非同级财政拨款收入——非本级财政拨款　　　　　　362 611

预算会计：

借：资金结存——货币资金　　　　　　　　　　　　　　362 611
　　贷：非同级财政拨款预算收入——专项资金收入——产权制度改革专项经费
　　　　　　　　　　　　　　　　　　　　　　　　　　　362 611

【例3-2】某镇办财政所收到农业农村局农村产权制度改革补贴198 045元。

财务会计：

借：银行存款　　　　　　　　　　　　　　　　　　　　198 045
　　贷：非同级财政拨款收入——非本级财政拨款　　　　　　198 045

预算会计：

借：资金结存——货币资金　　　　　　　　　　　　　　198 045
　　贷：非同级财政拨款预算收入——专项资金收入——农村产权制度改革补贴
　　　　专项经费　　　　　　　　　　　　　　　　　　　198 045

【例3-3】某街道财政所收农村集体产权制度改革专项经费195 039元。

财务会计：

借：银行存款　　　　　　　　　　　　　　　　　　　　195 039

　　　　贷：非同级财政拨款收入——非本级财政拨款　　　　　　195 039
　　预算会计：
　　借：资金结存——货币资金　　　　　　　　　　　　　　　195 039
　　　　贷：非同级财政拨款预算收入——专项资金收入——农村产权制度改革补贴
　　　　　　专项经费　　　　　　　　　　　　　　　　　　　195 039

二、地上附着物及青苗补偿款

　　收到地上附着物及青苗补偿款，财务会计借记"银行存款"科目，贷记"非同级财政拨款收入——非本级财政拨款"科目；预算会计借记"资金结存——货币资金"科目，贷记"非同级财政拨款预算收入——专项资金收入"科目。支付时，财务会计借记"业务活动费用——其他支出"科目，贷记"银行存款"科目；预算会计借记"行政支出——非财政专项资金支出——项目支出"科目，贷记"资金结存——货币资金"。

　　【例3-4】某街道财政所收到市自然资源和规划局拨入公交客运枢纽站地上附着物及青苗补偿款1 803 890元，将该笔资金支付给市公交客运有限公司。

　　（1）收到。
　　财务会计：
　　借：银行存款　　　　　　　　　　　　　　　　　　　　1 803 890
　　　　贷：非同级财政拨款收入——非本级财政拨款　　　　　　1 803 890
　　预算会计：
　　借：资金结存——货币资金　　　　　　　　　　　　　　　1 803 890
　　　　贷：非同级财政拨款预算收入——专项资金收入　　　　　1 803 890
　　（2）支付。
　　财务会计：
　　借：业务活动费用——其他支出　　　　　　　　　　　　　1 803 890
　　　　贷：银行存款　　　　　　　　　　　　　　　　　　　1 803 890
　　预算会计：
　　借：行政支出——非财政专项资金支出——项目支出　　　　1 803 890
　　　　贷：资金结存——货币资金　　　　　　　　　　　　　　1 803 890

三、自然灾害生活救助资金

　　按规定专项用于灾区灾害应急救助、遇难人员家属抚慰、过渡性生活救助、倒塌损坏住房恢复重建补助等。

自然灾害救助资金，是指中央和地方财政安排的自然灾害生活补助资金，主要用于解决遭受自然灾害地区的农村居民无力克服的衣、食、住、医等临时困难，紧急转移安置和抢救受灾群众，抚慰因灾遇难人员家属，恢复重建倒损房屋，以及采购、管理、储运救灾物资等项支出。

收到自然灾害生活救助资金拨款，财务会计借记"银行存款"科目，贷记"非同级财政拨款收入——非本级财政拨款——暂收自然灾害救助资金"科目；预算会计借记"资金结存——货币资金"科目，贷记"非同级财政拨款预算收入——专项资金收入"科目。支付时，财务会计借记"业务活动费用——对个人和家庭的补助费用"科目，贷记"银行存款"科目；预算会计借记"行政支出——非财政专项资金支出——自然灾害救助资金"科目，贷记"资金结存——货币资金"科目。

【例 3 - 5】某镇办财政所收到市应急管理局拨 2019 年自然灾害生活救助资金 500 000 元。

财务会计：

借：银行存款 500 000

　　贷：非同级财政拨款收入——非本级财政拨款 500 000

预算会计：

借：资金结存——货币资金 500 000

　　贷：非同级财政拨款预算收入——专项资金收入——暂收自然灾害救助资金

500 000

【例 3 - 6】某镇办财政所支付台风受灾群众过渡期生活救助资金 81 060 元，银行存款支付。

财务会计：

借：业务活动费用——对个人和家庭补助费用——自然灾害救助资金

81 060

　　贷：银行存款 81 060

预算会计：

借：行政支出——非财政专项资金支出——自然灾害救助资金 81 060

　　贷：资金结存——货币资金 81 060

【例 3 - 7】某镇办财政所支付因台风倒塌损坏村民住房恢复重建补助资金 418 940 元，银行存款支付。

财务会计：

借：业务活动费用——对个人和家庭补助费用——救济费——自然灾害救助资金

418 940

　　贷：银行存款 418 940

预算会计：

借：行政支出——非财政专项资金支出——自然灾害救助资金　418 940

　　贷：资金结存——货币资金　　　　　　　　　　　　　　　　418 940

四、山区综合治理补助款

收到山区综合治理补助款，财务会计借记"银行存款"科目，贷记"非同级财政拨款收入——非本级财政拨款"科目；预算会计借记"资金结存——货币资金"科目，贷记"非同级财政拨款预算收入——专项资金收入"科目。支付时，财务会计借记"业务活动费用"科目，贷记"银行存款"科目；预算会计借记"行政支出——非财政专项资金支出"科目，贷记"资金结存——货币资金"科目。

若将山区综合治理补助资金投入符合资本化条件的维修，批复开始动工时，财务会计借记"在建工程"科目，贷记"公共基础设施"等科目；预算会计不作处理。验收合格付款时，财务会计借记"在建工程"科目，贷记"银行存款"科目；预算会计借记"行政支出——非财政专项资金支出"科目，贷记"资金结存——货币资金"科目。转公共基础设施时，财务会计借记"公共基础设施"科目，贷记"在建工程"科目；预算会计不作处理。

【例3-8】某镇办财政所收市水利局山区综合治理补助215 000元，次月支付两个村山区综合治理补助215 000元，银行存款专款支付。

（1）收到。

财务会计：

借：银行存款　　　　　　　　　　　　　　　　　　　　215 000

　　贷：非同级财政拨款收入——非本级财政拨款　　　　　　　215 000

预算会计：

借：资金结存——货币资金　　　　　　　　　　　　　　215 000

　　贷：非同级财政拨款预算收入——专项资金收入——山区综合治理补助

　　　　　　　　　　　　　　　　　　　　　　　　　　　215 000

（2）支付。

财务会计：

借：业务活动费用——商品和服务费用——对村补助　　　215 000

　　贷：银行存款　　　　　　　　　　　　　　　　　　　　215 000

预算会计：

借：行政支出——非财政专项资金支出——项目支出——其他支出——对村补助

　　　　　　　　　　　　　　　　　　　　　　　　　　　215 000

| 贷：资金结存——货币资金 | 215 000 |

该资金用于维修未计入镇政府公共基础设施的塘坝、水渠。

【例3-9】某镇办财政所收到市水利局山区综合治理补助 215 000 元，该笔资金用于修水库（水库原值 100 000 元），验收合格后支付某工程建筑公司维修款 215 000元，银行存款专款支付。该维修投入资金符合资本化条件。

（1）收到。

财务会计：

| 借：银行存款 | 215 000 |
| 贷：非同级财政拨款收入——非本级财政拨款 | 215 000 |

预算会计：

| 借：资金结存——货币资金 | 215 000 |
| 贷：非同级财政拨款预算收入——专项资金收入 | 215 000 |

（2）批复开始动工时，符合资本化条件，转在建工程。

财务会计：

| 借：在建工程 | 100 000 |
| 贷：公共基础设施 | 100 000 |

预算会计不作处理。

（3）验收合格，付款。

财务会计：

| 借：在建工程 | 215 000 |
| 贷：银行存款 | 215 000 |

预算会计：

| 借：行政支出——非财政专项资金支出 | 215 000 |
| 贷：资金结存——货币资金 | 215 000 |

（4）转公共基础设施。

财务会计：

| 借：公共基础设施 | 315 000 |
| 贷：在建工程 | 315 000 |

预算会计不作处理。

该资金用于维修计入镇政府公共基础设施的水库，增加水库使用寿命，原水库账面价为 100 000 元。

五、美丽乡村建设补助

支付美丽乡村建设补助款，财务会计借记"业务活动费用"科目，贷记"财政拨款收入"等科目；预算会计借记"行政支出——财政拨款支出——项目支出"科目，贷记"财政拨款预算收入"等科目。

【例3-10】某镇办财政所支付美丽乡村建设补助款306 000元，财政直接支付。（不形成公共基础设施，对村里的补助）

财务会计：

借：业务活动费用——商品和服务费用　　　　　　　　　306 000

　　贷：财政拨款收入　　　　　　　　　　　　　　　　　　306 000

预算会计：

借：行政支出——财政拨款支出——项目支出——其他支出——对村补助

　　　　　　　　　　　　　　　　　　　　　　　　　　306 000

　　贷：财政拨款预算收入　　　　　　　　　　　　　　　306 000

【例3-11】某街道财政所预支付美丽乡村工程款570 000元，财政直接支付。

财务会计：

借：预付账款　　　　　　　　　　　　　　　　　　　　570 000

　　贷：财政拨款收入　　　　　　　　　　　　　　　　　　570 000

预算会计：

借：行政支出——财政拨款支出——项目支出——其他支出——对村补助

　　　　　　　　　　　　　　　　　　　　　　　　　　570 000

　　贷：财政拨款预算收入——项目支出　　　　　　　　　570 000

六、植树造林专项资金

按植树造林专项资金指标文件规定使用该专项资金，如果镇政府用来种植的是景观用途的林木，可列公共基础设施；如果林木长大后可以成材收回一定的经济收入，经济效益大于观赏效益，可列固定资产；如购置苗木转补贴村里，由村最终维护实施，可列对村补助费用。目前政府会计准则无此生物类资产相关准则，均不需要计提相关折旧。

收到植树造林专项资金，财务会计借记"银行存款"科目，贷记"非同级财政拨款收入——非本级财政拨款"科目；预算会计借记"资金结存——货币资金"科目，贷记"非同级财政拨款预算收入——专项资金收入"科目。支付时，财务会计按资金用途，借记相关科目，贷记"银行存款"科目；预算会计借记"行政支出——非财政专项资金支出"科目，贷记"资金结存——货币资金"科目。

【例3-12】某镇办财政所收到市自然资源和规划局植树造林专项资金101 000元。

财务会计：

借：银行存款   101 000

  贷：非同级财政拨款收入——非本级财政拨款   101 000

预算会计：

借：资金结存——货币资金   101 000

  贷：非同级财政拨款预算收入——专项资金收入——植树造林补贴

                     101 000

【例 3 – 13】某镇办财政所收市自然资源和规划局拨来 2018 年度省级植树造林补贴 34 000 元。

财务会计：

借：银行存款   34 000

  贷：非同级财政拨款收入——非本级财政拨款   34 000

预算会计：

借：资金结存——货币资金   34 000

  贷：非同级财政拨款预算收入——专项资金收入——植树造林补贴

                     34 000

【例 3 – 14】某镇办购置银杏树种植在镇政府公园周边空地上，支付 108 162.60 元。其中 2018 年市自然资源和规划局拨付的植树造林专款余额支付 101 000 元，剩余不足部分暂用银行存款支付，后续用 2019 年植树造林专款归还。

（1）购置银杏树并种植完毕（绿化用树）。

财务会计：

借：公共基础设施   108 162.60

  贷：银行存款——植树造林专款   101 000

     ——自有资金   7 162.60

预算会计：

借：行政支出——非财政专项资金支出——资本性支出——项目支出——植树造林补贴   101 000

  贷：资金结存——货币资金   101 000

（2）后续专款到位归还。

财务会计：

借：银行存款——自有资金   7 162.60

  贷：非同级财政拨款收入——非本级财政拨款   7 162.60

预算会计：

借：行政支出——非财政专项资金支出——植树造林补贴 7 162.60

  贷：非同级财政拨款预算收入   7 162.60

【例3−15】某镇办购置杨树种植在镇政府闲置空地上，杨树已种植完成，支付108 162.60元。用2018年市自然资源和规划局拨付的植树造林专款余额支付。（形成镇政府资产）

财务会计：

借：固定资产——动植物   108 162.60

    贷：银行存款——植树造林专款   108 162.60

预算会计：

借：行政支出——非财政专项资金支出——资本性支出——植树造林补贴

                                                    108 162.60

    贷：资金结存——货币资金   108 162.60

【例3−16】某镇办购置并种植枣树花费108 162.60元，种植在村农户种植土地田畦间隙，打造美丽乡村风景。用银行存款植树造林专款支付。（补贴给村级、农户）

财务会计：

借：业务活动费用——商品和服务费用——对村补助   108 162.60

    贷：银行存款——植树造林专款   108 162.60

预算会计：

借：行政支出——非财政专项资金支出——项目支出——植树造林补贴

                                                    108 162.60

    贷：资金结存——货币资金   108 162.60

第二节 扶贫类资产

一、扶贫项目资金

收到扶贫项目分红资金及收益分配时，财务会计借记"银行存款"科目，贷记"其他应付款"科目；预算会计不作处理。支付时，财务会计借记"其他应付款"科目，贷记"银行存款"科目；预算会计不作处理。

收到扶贫开发办公室拨入的特困基金，财务会计借记"银行存款"科目，贷记"非同级财政拨款收入——非本级财政拨款"科目；预算会计借记"资金结存——货币资金"科目，贷记"非同级财政拨款预算收入——专项资金收入"科目。支付时，财务会计借记"业务活动费用——对个人和家庭的补助费用"科目，贷记"银行存款"科目；预算会计借记"行政支出——非财政专项资金支出"科目，贷记"资金结存——货币资金"科目。

【例3-17】某街道财政所收到企业扶贫项目分红资金44 000元。（按扶贫办协议分红给个人）

财务会计：

借：银行存款　　　　　　　　　　　　　　　　　　　44 000

　　贷：其他应付款——个人　　　　　　　　　　　　　　　44 000

预算会计不作处理。

【例3-18】某街道财政所支付给个人扶贫项目分红资金40 000元。

财务会计：

借：其他应付款　　　　　　　　　　　　　　　　　　40 000

　　贷：银行存款　　　　　　　　　　　　　　　　　　　　40 000

预算会计不作处理。

【例3-19】某街道财政所收到其他镇政府八方产业扶贫项目收益分配37 500元，后支付给贫困户。

财务会计：

借：银行存款　　　　　　　　　　　　　　　　　　　37 500

　　贷：其他应付款——个人　　　　　　　　　　　　　　　37 500

预算会计不作处理。

【例3-20】某街道财政所收到市扶贫开发办公室拨入2019年度特困基金24 300元，该笔资金用于支付建档立卡特困人口脱贫帮扶金。

（1）收到。

财务会计：

借：银行存款　　　　　　　　　　　　　　　　　　　24 300

　　贷：非同级财政拨款收入——非本级财政拨款　　　　　　24 300

预算会计：

借：资金结存　　　　　　　　　　　　　　　　　　　24 300

　　贷：非同级财政拨款预算收入——专项资金收入——市扶贫开发办公室特困

　　　　基金　　　　　　　　　　　　　　　　　　　　　　24 300

（2）支付。

财务会计：

借：业务活动费用——对个人和家庭的补助费用——生活补助　24 300

　　贷：银行存款　　　　　　　　　　　　　　　　　　　　24 300

预算会计：

借：行政支出——非财政专项资金支出　　　　　　　　　24 300

　　贷：资金结存——货币资金　　　　　　　　　　　　　　24 300

二、种植农户补助款

发生种植农户补助相关支出，财务会计借记"业务活动费用——对个人和家庭的补助费用"科目，贷记"财政拨款收入"等科目；预算会计借记"行政支出"科目，贷记"财政拨款预算收入"等科目。

【例3-21】某镇办财政对辖区种植户进行补贴，费用为242 463元，财政直接支付，以代发工资的形式分发给内韭菜扩种的种植户。

财务会计：

借：业务活动费用——对个人和家庭的补助　　　　　　242 463

　　贷：财政拨款收入　　　　　　　　　　　　　　　　　242 463

预算会计：

借：行政支出——财政拨款支出——项目支出　　　　　242 463

　　贷：财政拨款预算收入　　　　　　　　　　　　　　　242 463

第三节　土地搬迁类

一、土地流转补偿（土地所有权未更改，使用权更改）

土地流转补偿是镇政府为鼓励土地流转给村里的补助，镇级自己承担。

支付土地流转补偿，财务会计借记"业务活动费用——商品和服务费用"科目，贷记"财政拨款收入"等科目；预算会计借记"行政支出——财政拨款支出——项目支出"科目，贷记"财政拨款预算收入"等科目。

【例3-22】某镇办财政所支付土地流转补偿款63 680元，财政直接支付。（按土地流转实施方案支付给村或村民）

财务会计：

借：业务活动费用——商品和服务　　　　　　　　　　63 680

　　贷：财政拨款收入　　　　　　　　　　　　　　　　　63 680

预算会计：

借：行政支出——财政拨款支出——项目支出　　　　　63 680

　　贷：财政拨款预算收入　　　　　　　　　　　　　　　63 680

【例3-23】某镇办财政所支付村里土地流转奖补资金38 291元，直接支付。

财务会计：

借：业务活动费用——商品和服务费用   38 291

     贷：财政拨款收入   38 291

预算会计：

借：行政支出——财政拨款支出——项目支出   38 291

     贷：财政拨款预算收入   38 291

二、土地增减挂钩（搬迁置换耕地）

土地增减挂钩资金公司先拨付到镇政府，镇政府再拨到增减挂钩单位。

土地增减挂钩，即城镇建设用地增加与农村建设用地减少相挂钩。

支付土地增减挂钩款，财务会计借记"其他应付款"科目，贷记"银行存款"等科目。

【例3-24】某镇办财政所收到××村土地增减挂钩项目资金1 700 000元，此笔资金为县城镇化建设开发有限公司支付给各村的拆迁款，镇办财政所代收。

财务会计：

借：银行存款   1 700 000

     贷：其他应付款——村拆迁款   1 700 000

预算会计不作处理。

【例3-25】某镇办财政所支付土地增减挂钩指标款6 840 600元，银行存款支付。（拆迁款）

财务会计：

借：其他应付款——村拆迁款   6 840 600

     贷：银行存款   6 840 600

预算会计不作处理。

三、占地补偿款（土地使用权变更，大多租赁形式）

镇政府和村签租赁合同，企业和镇政府签租赁合同（镇政府只起中间作用，所有权仍属于村）。

支付占地补偿款时，财务会计借记"其他应付款"科目，贷记"库存现金"等科目；预算会计不作处理。村付其他村收取时，财务会计借记"库存现金"科目，贷记"其他应付款"科目，预算会计不作处理。

【例3-26】某街道财政所支占地补偿款现金79 712元。

财务会计：

借：其他应付款——××村   79 712

贷：库存现金 79 712

预算会计不作处理。

【例3-27】某街道财政所收村占地补偿款现金 79 712 元。(村付其他村)

财务会计：

借：库存现金 79 712

　　贷：其他应付款——××村 79 712

预算会计不作处理。

四、征地补偿费（土地所有权变更）

政府买地，变更国有土地手续，一次性缴纳地上附属物和征地款。

征地补偿费是指国家建设征用土地时，按照被征用土地的原用途给予被征地单位的补偿各项费用，是指土地补偿费、安置补助费、地上附着物和青苗补偿费的总和。

代收征地补偿款，财务会计借记"银行存款"科目，贷记"其他应付款"科目；预算会计不作处理。支付时，按代收部分，财务会计借记"其他应付款"科目，按规定由镇政府承担部分，借记"业务活动费用"科目，贷记"银行存款"等科目；预算会计借记"行政支出——财政拨款支出——项目支出"科目，贷记"资金结存——货币资金"等科目。

【例3-28】某街道财政所收山东××置业有限公司征地补偿费预存款 4 385 701 元，将该笔款项缴存市自然资源和规划局。

（1）收到。

财务会计：

借：银行存款 4 385 701

　　贷：其他应付款——自然资源和规划局 4 385 701

预算会计不作处理。

（2）缴存。

财务会计：

借：其他应付款——自然资源和规划局 4 385 701

　　贷：银行存款 4 385 701

预算会计不作处理。

【例3-29】某镇办财政所 2019 年 12 月代收企业占地补偿 1 974 889.56 元，支付占地补偿 20 126 603.97 元。(18 151 714.41 元为镇政府承担部分)

（1）收到。

财务会计：

借：银行存款   1 974 889.56

  贷：其他应付款   1 974 889.56

预算会计不作处理。

（2）支付。

财务会计：

借：其他应付款   1 974 889.56

  业务活动费用——商品和服务费用——土地补偿 18 151 714.41

  贷：银行存款   20 126 603.97

预算会计：

借：行政支出——财政拨款支出——项目支出 18 151 714.41

  贷：资金结存——货币资金   18 151 714.41

五、土地租赁费（一般是租赁形式）

按照租赁合同，通常金额较小，按年兑付，镇政府占地。

支付土地租赁费，财务会计借记"业务活动费用——商品和服务费用"科目，贷记"财政拨款收入""银行存款"等科目；预算会计借记"行政支出"科目，贷记"财政拨款预算收入""资金结存——货币资金"等科目。收到企业土地租赁费，财务会计借记"银行存款"科目，贷记"应缴财政款"科目；预算会计不作处理。

【例 3 - 30】某镇办财政所支付好临路占地补偿款 2 457 元，财政直接支付。（镇政府承担）

财务会计：

借：业务活动费用——商品和服务费用   2 457

  贷：财政拨款收入   2 457

预算会计：

借：行政支出——财政拨款支出——项目支出 2 457

  贷：财政拨款预算收入   2 457

【例 3 - 31】某镇办财政所支付占地补偿款 31 000.32 元，财政直接支付。（镇政府承担）

财务会计：

借：业务活动费用——其他——对村补助   31 000.32

  贷：财政拨款收入   31 000.32

预算会计：

借：行政支出——财政拨款支出——项目支出 31 000.32

贷：财政拨款预算收入　　　　　　　　　　　　　　　31 000.32

【例 3－32】某镇办财政所支付村占地补偿款 5 429 907.99 元。（镇政府承担）

财务会计：

借：业务活动费用——商品和服务费用　　　　　　　　5 429 907.99

　　贷：银行存款　　　　　　　　　　　　　　　　　5 429 907.99

预算会计：

借：行政支出——非财政专项资金支出——项目支出　　5 429 907.99

　　贷：资金结存——货币资金　　　　　　　　　　　5 429 907.99

【例 3－33】某街道财政所支付 2018 年下半年村级占地补偿款 164 174 元。（镇政府承担）

财务会计：

借：业务活动费用——商品和服务费用　　　　　　　　　164 174

　　贷：财政拨款收入　　　　　　　　　　　　　　　　164 174

预算会计：

借：行政支出——财政拨款支出——项目支出　　　　　　164 174

　　贷：财政拨款预算收入　　　　　　　　　　　　　　164 174

【例 3－34】某镇办财政所支付 2018 年下半年土地补偿款 878 571.38 元。（镇政府承担部分，企业付钱少，且直接交给国库）

财务会计：

借：业务活动费用——商品和服务费用　　　　　　　　878 571.38

　　贷：财政拨款收入　　　　　　　　　　　　　　　878 571.38

预算会计：

借：行政支出——财政拨款支出——项目支出　　　　　878 571.38

　　贷：财政拨款预算收入——项目支出　　　　　　　878 571.38

【例 3－35】某镇办财政所收到企业土地租赁费 11 600 元，开非税收入票据。（镇政府起中转作用，建议开往来票据，应缴财政款，应在当天或 24 小时内上缴国库）

财务会计：

借：银行存款　　　　　　　　　　　　　　　　　　　11 600

　　贷：应缴财政款　　　　　　　　　　　　　　　　11 600

预算会计不作处理。

六、拆迁赔偿款

一次性支出，镇政府统一规划（地上附着物补偿，未明确到按人按月）。

拆迁赔偿款是指拆建单位依照规定标准向被拆迁房屋的所有权人或使用人支付的各种补偿金，主要包括房屋补偿费、周转补偿费和奖励性补偿费三方面。

支付拆迁赔偿款，财务会计借记"业务活动费用——其他费用"科目，贷记"银行存款"等科目；预算会计借记"行政支出——财政拨款支出——项目支出"科目，贷记"资金结存——货币资金"等科目。

【例3－36】某镇办财政所支付社区规划兴隆村大棚拆迁赔偿金419 520.6元，银行存款支付。

财务会计：

借：业务活动费用——其他费用　　　　　　　　　　419 520.6

　　贷：银行存款　　　　　　　　　　　　　　　　　419 520.6

预算会计：

借：行政支出——财政拨款支出——项目支出　　　　419 520.6

　　贷：资金结存——货币资金　　　　　　　　　　　419 520.6

第四章 镇街承担修建的工程类业务

第一节 环境综合整治类

一、绿化工程相关业务

支付绿化工程相关款项，按照金额大小和资金来源，财务会计借记相关科目，贷记"财政拨款收入""银行存款""零余额账户用款额度"等科目；预算会计借记"行政支出"科目，贷记"财政拨款预算收入""资金结存——货币资金""资金结存——零余额账户用款额度"等科目。

【例4-1】 某镇办财政所购买枣树花费 50 985 元，种植在村里，采用财政直接支付。(因金额较小，种植在村里，后续村里负责管理使用，镇政府费用化处理)

财务会计：

借：业务活动费用——商品和服务费用　　　　　　　　　50 985

　　贷：财政拨款收入　　　　　　　　　　　　　　　　　　　　50 985

预算会计：

借：行政支出——财政拨款支出——项目支出——其他商品和服务支出

　　　　　　　　　　　　　　　　　　　　　　　　　　　50 985

　　贷：财政拨款预算收入——项目支出　　　　　　　　　　　　50 985

【例4-2】 某镇办财政所支付杏花河两岸元宝湖森林小镇环境工程款 46 000 元，银行存款支付。(零星绿化镇级负担)

财务会计：

借：业务活动费用——商品和服务费用　　　　　　　　　46 000

　　贷：银行存款　　　　　　　　　　　　　　　　　　　　　46 000

预算会计：

借：行政支出——财政拨款支出——项目支出　　　　　　46 000

　　贷：资金结存——货币资金　　　　　　　　　　　　　　　46 000

【例4-3】 某街道财政所支付"脏乱差、散乱污"环境整治款 25 900 元。银行存款支付。

财务会计：

借：业务活动费用——商品和服务费用　　　　　　　　25 900

　　贷：银行存款　　　　　　　　　　　　　　　　　　　　25 900

预算会计：

借：行政支出——财政拨款支出——项目支出　　　　25 900

　　贷：资金结存——货币资金　　　　　　　　　　　　　　25 900

【例4－4】某街道财政所支付抗旱水源应急工程款1 000 000元，财政授权支付。（该基础设施为镇上所有且已验收并支付使用）

财务会计：

借：公共基础设施　　　　　　　　　　　　　　　1 000 000

　　贷：零余额账户用款额度　　　　　　　　　　　　　1 000 000

预算会计：

借：行政支出——财政拨款支出——项目支出　　　1 000 000

　　贷：资金结存——零余额账户用款额度　　　　　　　1 000 000

【例4－5】某镇办财政所支付修路工程欠款150 000元，银行存款支出。（工程还未决算）

财务会计：

借：在建工程　　　　　　　　　　　　　　　　　150 000

　　贷：银行存款　　　　　　　　　　　　　　　　　　150 000

预算会计：

借：行政支出——财政拨款支出——项目支出　　　150 000

　　贷：资金结存——货币资金　　　　　　　　　　　　150 000

实务中，镇政府一般在付款时增加在建工程。原则上，每次在结算工程进度时，应确认在建工程，未付款项计入应付账款。即：

（1）结算工程进度时。

财务会计：

借：在建工程　　　　　　　　　　　　　　　　　150 000

　　贷：应付账款——××建筑公司　　　　　　　　　　150 000

预算会计不作处理。

（2）付款时。

财务会计：

借：应付账款——××建筑公司　　　　　　　　　150 000

　　贷：银行存款　　　　　　　　　　　　　　　　　　150 000

预算会计：

借：行政支出——财政拨款支出——项目支出　　　　　　　　150 000

　　贷：资金结存——货币资金　　　　　　　　　　　　　　150 000

【例4-6】某镇办城管为绿化采购的苗木款34 980元，用银行存款支付。（绿化使用苗木单价低、成活率不确定，无法记公共基础设施）

财务会计：

借：业务活动费用——商品和服务费用　　　　　　　　　　34 980

　　贷：银行存款　　　　　　　　　　　　　　　　　　　　34 980

预算会计：

借：行政支出——财政拨款支出——项目支出　　　　　　　34 980

　　贷：资金结存——货币资金　　　　　　　　　　　　　　34 980

【例4-7】某街道财政所支付道路绿化及围堰费用162 439.8元，直接支付。（与道路一起形成公共基础设施）

财务会计：

借：公共基础设施　　　　　　　　　　　　　　　　　　162 439.8

　　贷：财政拨款收入　　　　　　　　　　　　　　　　162 439.8

预算会计：

借：行政支出——财政拨款支出——项目支出——资本性支出 162 439.8

　　贷：财政拨款预算收入　　　　　　　　　　　　　　162 439.8

【例4-8】某镇办财政所支付危废处理费81 864元，直接支付。

财务会计：

借：业务活动费用——商品和服务费用　　　　　　　　　　81 864

　　贷：财政拨款收入　　　　　　　　　　　　　　　　　　81 864

预算会计：

借：行政支出——财政拨款支出——项目支出　　　　　　　81 864

　　贷：财政拨款预算收入　　　　　　　　　　　　　　　　81 864

【例4-9】某镇办财政所翻修镇政府道路，支付挪高压线树木与麦田赔偿13 008元，财政直接支付。（金额小，费用化处理）

财务会计：

借：业务活动费用——商品和服务费用　　　　　　　　　　13 008

　　贷：财政拨款收入　　　　　　　　　　　　　　　　　　13 008

预算会计：

借：行政支出——财政拨款支出——项目支出——资本性支出　13 008

　　贷：财政拨款预算收入——项目支出　　　　　　　　　　13 008

【例4-10】某镇办财政所支付绿化费73 080元，直接支付。

财务会计:

借:业务活动费用——商品和服务费用——其他商品和服务支出 73 080

  贷:财政拨款收入   73 080

预算会计:

借:行政支出——财政拨款支出——项目支出   73 080

  贷:财政拨款预算收入   73 080

【例 4 - 11】某街道财政所支付绿化苗木养护费用 4 906.2 元，银行存款支付。

财务会计:

借:业务活动费用——商品和服务费用——其他商品和服务支出 4 906.2

  贷:银行存款   4 906.2

预算会计:

借:行政支出——财政拨款支出——基本支出——日常公用经费 4 906.2

  贷:资金结存——货币资金   4 906.2

【例 4 - 12】某街道财政所支付寿济路绿化工程款 178 633.55 元，此绿化工程为公共基础设施，目前尚未完成绿化。财政直接支付。

财务会计:

借:在建工程   178 633.55

  贷:财政拨款收入   178 633.55

预算会计:

借:行政支出——财政拨款支出——项目支出   178 633.55

  贷:财政拨款预算收入   178 633.55

可拆分的绿化工程款后期转入费用。

财务会计:

借:业务活动费用   178 633.55

  贷:在建工程   178 633.55

预算会计不作处理。

二、环境综合整治项目工程款

实务中，通常工程施工方垫资，按合同后续付款，收据发票在工程结束时一次性开具，后续镇政府按财力分批次给付。

发生环境综合整治项目工程款支出，收到专款时，财务会计借记"银行存款""其他应收款"等科目，贷记"非同级财政拨款收入——非同级财政拨款"科目；预算会计借记"资金结存——货币资金"科目，贷记"非同级财政拨款预算收入——专项资金收入"科目。支付工程款时，财务会计借记"业务活动费用——商品和服务费用"科目，贷记"银行存款"科目；预算会计借记"行政支出——非财政专项资金支出"科目，贷记"资金结存——货币资金"科目。镇街银行存款垫付，尚未收到上级专款，支付工程款时，财务会计借记"其他应收款"科目，贷记"银行存款"科目；预算会计不作处理。确认费用时，财务会计借记"业务活动费用——商品和服务费用"科目，贷记"其他应收款"科目；预算会计借记"行政支出——非财政专项资金支出"科目，贷记"资金结存——货币资金"科目。

【例 4-13】某镇办财政所 2019 年 2 月收市综合行政执法局拨济青高铁环境综合整治项目资金 600 000 元（该工程款施工方开收据 2 017 040.52 元），当月支付相关工程款 598 000 元（垃圾清运费 300 000 元、可视范围内立面喷漆 298 000 元），剩余2 000 元。2019 年 7 月街道付相关工程款 182 660 元。（此工程包含在济青高铁环境综合整治项目中，应从专款支出）

（1）收专款：

财务会计：

借：银行存款　　　　　　　　　　　　　　　　　　　　　　600 000

　　　其他应收款——市综合行政执法局济青高铁环境整治资金

　　　　　　　　　　　　　　　　　　　　　　　　　　1 417 040.52

　　贷：非同级财政拨款收入——非同级财政拨款　　　2 017 040.52

预算会计：

借：资金结存——货币资金　　　　　　　　　　　　　　　600 000

　　贷：非同级财政拨款预算收入——专项资金收入　　　　600 000

（2）付工程款 1（这部分费用为垃圾清运费 300 000 元、可视范围内立面喷漆298 000 元，工程已决算出了审计报告，有劳务费 300 000 元发票）。

财务会计：

借：业务活动费用——商品和服务费用——劳务费　　　　300 000

　　　　　　　　　　　　　　　　　——维修（护）费　　298 000

　　贷：银行存款　　　　　　　　　　　　　　　　　　　598 000

预算会计：

借：行政支出——非财政专项资金支出——商品和服务支出——劳务费

　　　　　　　　　　　　　　　　　　　　　　　　　　300 000

　　　　　　　　　　——资本性支出——维修（护）费

　　　　　　　　　　　　　　　　　　　　　　　　　　298 000

　　贷：资金结存——货币资金　　　　　　　　　　　　　598 000

（3）付工程款 2（适用准则解释 2 号）。

财务会计：

借：业务活动费用——商品和服务费用——劳务费　　　　　2 000

　　其他应收款（镇政府银行存款垫付，尚未收到上级专款，计其他应收款）

　　　　　　　　　　　　　　　　　　　　　　　　　　180 660

　　　贷：银行存款　　　　　　　　　　　　　　　　　182 660

预算会计：

借：行政支出——非财政专项资金支出——商品和服务支出——劳务费

　　　　　　　　　　　　　　　　　　　　　　　　　　2 000

　　　贷：资金结存——货币资金　　　　　　　　　　　2 000

（4）收到综合行政执法局 1 417 040.52 元。

财务会计：

借：银行存款　　　　　　　　　　　　　　　　　1 417 040.52

　　　贷：其他应收款——市综合行政执法局济青高铁环境整治资金

　　　　　　　　　　　　　　　　　　　　　　　1 417 040.52

预算会计：

借：资金结存——货币资金　　　　　　　　　　　1 417 040.52

　　　贷：非同级财政拨款预算收入——专项资金收入　1 417 040.52

（5）确认费用支出 180 660 元。

财务会计：

借：业务活动费用——商品和服务费用——劳务费　　　180 660

　　　贷：其他应收款　　　　　　　　　　　　　　　　180 660

预算会计：

借：行政支出——非财政专项资金支出——商品和服务支出——劳务费

　　　　　　　　　　　　　　　　　　　　　　　　　　180 660

　　　贷：资金结存——货币资金　　　　　　　　　　　180 660

第二节　环卫一体化

收到城乡环卫一体化运行补贴，财务会计借记"银行存款"科目，贷记"非同级财政拨款收入——非本级财政拨款"科目；预算会计借记"资金结存——货币资金"科目，贷记"非同级财政拨款预算收入——专项资金收入"科目。

购置压缩式垃圾车、垃圾桶等，按城乡环卫一体化运行文件规定，压缩式垃圾车县财政出资 60%，镇财政出资 40%；垃圾桶由市综合行政执法局统一购置，县财政出资 50%，镇财政出资 50%。

镇政府收到综合行政执法局开具的往来票据时，财务会计借记"预付账款"科目，贷记"财政拨款收入"科目；预算会计借记"行政支出——财政拨款支出"科目，贷记"财政拨款预算收入"科目。申请车辆购置税、滞纳金零余额账户用款额度时，财务会计借记"零余额账户用款额度"科目，贷记"财政拨款收入"科目；预算会计借记"资金结存——零余额账户用款额度"科目，贷记"财政拨款预算收入"科目。增加固定资产时，财务会计借记"固定资产"科目，贷记"预付账款""非同级财政拨款收入""零余额账户用款额度"等科目；预算会计借记"行政支出"科目，贷记"非同级财政拨款预算收入""资金结存——零余额账户用款额度"等科目。确认滞纳金费用时，财务会计借记"其他费用"科目，贷记"零余额账户用款额度"科目；预算会计借记"其他支出"科目，贷记"资金结存——零余额账户用款额度"科目。

垃圾桶入账时，县财政出资部分做无偿调拨净资产处理，预付垃圾桶购置款时，财务会计借记"预付账款"科目，贷记"财政拨款收入"科目；预算会计借记"行政支出"科目，贷记"财政拨款预算收入"科目。增加垃圾桶等单价金额较小的库存物品时，财务会计借记"库存物品"科目，贷记"预付账款""无偿调拨净资产"等科目；预算会计不作处理。

计提压缩式垃圾车固定资产折旧时，财务会计借记"业务活动费用"科目，贷记"固定资产累计折旧"科目；预算会计不作处理。镇街在发出库存物品时，财务会计借记"业务活动费用"科目，贷记"库存物品"科目；预算会计不作处理。

【例 4 – 14】某镇办财政所收到综合行政执法局城乡环卫一体化运行补贴 1 104 600 元。

财务会计：

借：银行存款　　　　　　　　　　　　　　　　1 104 600

　　贷：非同级财政拨款收入——非本级财政拨款　　　　　1 104 600

预算会计：

借：资金结存——货币资金　　　　　　　　　　　1 104 600

　　贷：非同级财政拨款预算收入——专项资金收入　　　　1 104 600

【例 4 –15】某街道财政所收到市综合行政执法局拨入城乡环卫一体化运行补贴 502 400 元，该笔款项用于购买压缩车、垃圾桶。

（1）收款。

财务会计：

借：银行存款　　　　　　　　　　　　　　　　502 400

　　贷：非同级财政拨款收入——非本级财政拨款——城乡环卫一体化运行补贴

　　　　　　　　　　　　　　　　　　　　　　502 400

预算会计：

借：资金结存——货币资金　　　　　　　　　　　502 400

　　贷：非同级财政拨款预算收入——专项资金收入　　　　　　502 400

（2）增加固定资产。

财务会计：

借：固定资产　　　　　　　　　　　　　　　　502 400

　　贷：银行存款　　　　　　　　　　　　　　　　　502 400

预算会计：

借：行政支出——非财政专项资金支出　　　　　502 400

　　贷：资金结存——货币资金　　　　　　　　　　　502 400

【例4－16】某镇办政府2019年5月收到市综合行政执法局4月25日开具的资金往来结算票据353 500元，其中收款项目标示：压缩式垃圾车2辆，金额184 000元（镇政府出资40%部分）；垃圾桶1 000个，金额169 500元（镇政府出资50%部分）。该笔款项已于2019年5月通过财政直接支付方式付讫。

2019年9月收到正式发票压缩式垃圾车（2辆）发票金额：460 000元，未收到其他原始票据和手续。压缩式垃圾车每辆购置税20 353.98元，滞纳金610.62元。在车辆落户镇政府时刷公务卡支付（原始发票2辆车车辆购置税40 707.96元，滞纳金1 221.24元）。后期用授权支付方式归还。

按城乡环卫一体化运行文件规定，压缩式垃圾车县财政出资60%，镇财政出资40%；垃圾桶由市综合行政执法局统一购置，县财政出资50%，镇财政出资50%。

2019年5月：

（1）收到往来票据。

财务会计：

借：预付账款——压缩车　　　　　　　　　　　184 000

　　　　　　——垃圾桶　　　　　　　　　　　169 500

　　贷：财政拨款收入　　　　　　　　　　　　　　　353 500

预算会计：

借：行政支出——财政拨款支出　　　　　　　　353 500

　　贷：财政拨款预算收入　　　　　　　　　　　　　353 500

（2）申请车辆购置税、滞纳金零余额账户用款额度。

财务会计：

借：零余额账户用款额度　　　　　　　　　　　41 929.20

　　贷：财政拨款收入　　　　　　　　　　　　　　　41 929.20

预算会计：

借：资金结存——零余额账户用款额度 41 929.20
　　贷：财政拨款预算收入 41 929.20

（3）增加固定资产。

财务会计：

借：固定资产——压缩车 500 707.96
　　贷：预付账款——压缩车 184 000
　　　　非同级财政拨款收入 276 000
　　　　零余额账户用款额度 40 707.96

预算会计：

借：行政支出——非财政专项资金支出 276 000
　　贷：非同级财政拨款预算收入 276 000

借：行政支出——日常公用经费 40 707.96
　　贷：资金结存——零余额账户用款额度 40 707.96

（4）确认滞纳金费用。

财务会计：

借：其他费用 1 221.24
　　贷：零余额账户用款额度 1 221.24

预算会计：

借：其他支出 1 221.24
　　贷：资金结存——零余额账户用款额度 1 221.24

（5）垃圾桶入账处理。

2019年5月预付垃圾桶购置款169 500元，2019年9月确认库存物品339 000元，县财政出资部分做无偿调拨净资产处理。

①预付时。

财务会计：

借：预付账款 169 500
　　贷：财政拨款收入 169 500

预算会计：

借：行政支出 169 500
　　贷：财政拨款预算收入 169 500

②增加资产时，因垃圾桶单价金额较小，建议增加库存物品。

财务会计：

借：库存物品——垃圾桶 339 000
　　贷：预付账款 169 500

无偿调拨净资产	169 500

预算会计不作处理。

（6）计提压缩式垃圾车固定资产累计折旧。

财务会计：

借：业务活动费用	5 215. 71
贷：固定资产累计折旧	5 215. 71

预算会计不作处理。

（7）镇政府在发出库存物品——垃圾桶时。

财务会计：

借：业务活动费用

    贷：库存物品

预算会计不作分录。

第三节　工程基建

一、垫付资金

收到专款时，财务会计借记"银行存款"科目，贷记"非同级财政拨款收入——非本级财政拨款"科目；预算会计借记"资金结存——货币资金"科目，贷记"非同级财政拨款预算收入——专项资金收入"科目。归还工程欠款时，财务会计借记"其他应付款"科目，贷记"银行存款"科目，预算会计借记"行政支出"科目，贷记"资金结存——货币资金"科目。

【例4-17】某镇办财政所2019年12月收到市综合行政执法局拨环卫公厕提升改造工程款550 000元。2019年12月归还××建筑公司新翻建公厕工程欠款551 180元（前期已计入其他应付款），专款付新翻建公厕工程款550 000元，财政所用实有资金账户资金支付1 180元。

（1）收到专款。

财务会计：

借：银行存款	550 000
贷：非同级财政拨款收入——非本级财政拨款	550 000

预算会计：

借：资金结存	550 000
贷：非同级财政拨款预算收入——专项资金收入	550 000

（2）付工程公司。

财务会计：

借：其他应付款——××建筑公司　　　　　　　　　　　551 180

　　贷：银行存款　　　　　　　　　　　　　　　　　　　　　551 180

预算会计：

借：行政支出——非财政专项资金支出　　　　　　　　　550 000

　　行政支出——财政拨款支出——项目支出——资本性支出　1 180

　　贷：资金结存——货币资金　　　　　　　　　　　　　　　551 180

区分专款、调度款和往来资金，550 000 元资金性质是专项资金，1 180 元是实有资金。

二、工程欠款

发生工程欠款相关费用，若前期已挂账其他应付款，2019 年以前确认费用时，借记"经费支出"科目，贷记"其他应付款"科目。2019 年初新旧衔接工作底稿，预算会计借记"资金结存"科目，贷记"财政拨款结转"科目。2019 年支付欠款时，财务会计借记"其他应付款——××建筑公司"科目，贷记"财政拨款收入"等科目；预算会计借记"行政支出——财政拨款支出——项目支出"科目，贷记"财政拨款预算收入"等科目。

工程款在 2019 年前以及年后分期支付，例如分别在 2018 年度和 2019 年度支付，2018 年支付第一笔工程款时，按行政单位会计制度，借记"在建工程"科目，贷记"资产基金——在建工程"科目，借记"经费支出"科目，贷记"银行存款"科目。2018 年出审计报告时，按照审计工程造价，借记"公共基础设施"等科目，贷记"资产基金——公共基础设施"科目，按支付的第一笔工程款，借记"资产基金——在建工程"科目，贷记"在建工程"科目；同时，按审计工程造价与第一笔工程款之间的差额，借记"待偿债净资产"科目，贷记"应付账款"科目。2019 年初新旧衔接时说明：待偿债净资产和资产基金在新旧衔接时已经转入累计盈余，2019 年度还款时，不需要考虑原制度会计科目余额问题。2019 年支付第二笔工程款时，财务会计借记"应付账款——××公司"科目，贷记"财政拨款收入"等科目；预算会计借记"行政支出——财政拨款支出——项目支出"科目，贷记"财政拨款预算收入"等科目。收到专款时，财务会计借记"银行存款"科目，贷记"非同级财政拨款收入"科目；预算会计借记"资金结存——货币资金"科目，贷记"非同级财政拨款预算收入"科目。支付给建筑公司时，财务会计借记"应付账款——××公司"科目，贷记"银行存款"科目；预算会计借记"行政支出——非财政专项资金支出——项目支出"科目，贷记"资金结存——货币资金"科目。

【例4-18】某镇办财政所2019年1月支付建筑公司原金河家具广场2017年工程欠款30 000元，前期已挂账其他应付款，通过财政直接支付。（衔接时已调增预算会计——财政拨款结转）

（1）2017年确认费用（行政单位会计制度）。

借：经费支出　　　　　　　　　　　　　　　　　　　30 000
　　贷：其他应付款　　　　　　　　　　　　　　　　　　　30 000

（2）2019年初新旧衔接工作底稿。

预算会计：

借：资金结存　　　　　　　　　　　　　　　　　　　30 000
　　贷：财政拨款结转　　　　　　　　　　　　　　　　　　30 000

（3）2019年支付欠款。

财务会计：

借：其他应付款——建筑公司　　　　　　　　　　　　30 000
　　贷：财政拨款收入　　　　　　　　　　　　　　　　　　30 000

预算会计：

借：行政支出——财政拨款支出——项目支出　　　　　30 000
　　贷：财政拨款预算收入　　　　　　　　　　　　　　　　30 000

【例4-19】某镇办财政所2019年2月通过财政直接支付××建筑公司新翻建公厕工程款100 000元，该工程于2018年7月出审计报告，审定工程造价1 213 553.97元，合同规定剩余款项一年内付清。2018年2月已付工程款200 000元，银行存款支付。2019年12月收到综合行政执法局拨入专款550 000元，当月支付给建筑公司。

（1）2018年2月付第一笔工程款（行政单位会计制度）。

借：在建工程　　　　　　　　　　　　　　　　　　200 000
　　贷：资产基金——在建工程　　　　　　　　　　　　　200 000
借：经费支出　　　　　　　　　　　　　　　　　　200 000
　　贷：银行存款　　　　　　　　　　　　　　　　　　　200 000

（2）2018年7月审定工程造价。

借：公共基础设施　　　　　　　　　　　　　　　1 213 553.97
　　资产基金——在建工程　　　　　　　　　　　　　200 000
　　贷：在建工程　　　　　　　　　　　　　　　　　　　200 000
　　　　资产基金——公共基础设施　　　　　　　　1 213 553.97

同时：

借：待偿债净资产　　　　　　　　　　　　　　　　　1 013 553.97

　　贷：应付账款　　　　　　　　　　　　　　　　　　　1 013 553.97

（3）2019 年初新旧衔接说明：待偿债净资产和资产基金在新旧衔接时已经转入累计盈余，2019 年度还款时，不需要考虑原制度会计科目余额问题。

（4）2019 年 2 月付第二笔工程款。

财务会计：

借：应付账款——××公司　　　　　　　　　　　　　100 000

　　贷：财政拨款收入　　　　　　　　　　　　　　　　　100 000

预算会计：

借：行政支出——财政拨款支出——项目支出　　　　　100 000

　　贷：财政拨款预算收入　　　　　　　　　　　　　　　100 000

（5）2019 年 12 月收执法局专款。

财务会计：

借：银行存款　　　　　　　　　　　　　　　　　　　550 000

　　贷：非同级财政拨款收入——非本级财政拨款　　　　　550 000

预算会计：

借：资金结存——货币资金　　　　　　　　　　　　　550 000

　　贷：非同级财政拨款预算收入　　　　　　　　　　　　550 000

①支付给建筑公司。

财务会计：

借：应付账款——××公司　　　　　　　　　　　　　550 000

　　贷：银行存款　　　　　　　　　　　　　　　　　　　550 000

预算会计：

借：行政支出——非财政专项资金支出——项目支出　　550 000

　　贷：资金结存——货币资金　　　　　　　　　　　　　550 000

②余 363 553.97 元后续支付。

三、工程质保金

工程质保金是指发包人与承包人在建设工程承包合同中约定，从应付的工程款中预留，用于保证承包人在缺陷责任期内对建设工程出现的缺陷进行维修的资金。

支付工程质保金，财务会计借记"其他应付款"科目，贷记"财政拨款收入"等科目；预算会计借记"行政支出——财政拨款支出——项目支出"科目，贷记"财政拨款预算收入"等科目。

【例 4 - 20】2019 年 5 月，通过财政直接支付亮化安装工程款 244 717.2 元，还欠质保金 27 190.8 元，亮化安装工程决算金额 271 908 元。

（1）付工程款。

财务会计：

借：公共基础设施　　　　　　　　　　　　　　　　271 908
　　贷：财政拨款收入　　　　　　　　　　　　　　　　244 717.2
　　　　其他应付款　　　　　　　　　　　　　　　　　27 190.8

预算会计：

借：行政支出——财政拨款支出——项目支出　　　　244 717.2
　　贷：财政拨款预算收入　　　　　　　　　　　　　244 717.2

（2）付质保金。

财务会计：

借：其他应付款　　　　　　　　　　　　　　　　　27 190.8
　　贷：财政拨款收入　　　　　　　　　　　　　　　27 190.8

预算会计：

借：行政支出——财政拨款支出——项目支出　　　　27 190.8
　　贷：财政拨款预算收入　　　　　　　　　　　　　27 190.8

四、保证金

收到保证金，财务会计借记"银行存款"科目，贷记"其他应付款"科目。此类资金的暂收暂付最终会收回或者退回，因此，不会形成收支业务，也不需要在预算会计中核算。

【例 4 - 21】某街道财政所收施工单位质保金 71 453.42 元。

财务会计：

借：银行存款　　　　　　　　　　　　　　　　　　71 453.42
　　贷：其他应付款——质保金——施工单位　　　　　71 453.42

预算会计不作处理。

【例 4 - 22】某镇办财政所收到企业环保保证金 30 000 元。

财务会计：

借：银行存款　　　　　　　　　　　　　　　　　　30 000
　　贷：其他应付款——环保保证金——企业　　　　　30 000

预算会计不作处理。

五、支付办公大楼建设款

支付办公大楼建设款，建筑尚未建造完成时，财务会计借记"在建工程"科目，贷记"零余额账户用款额度"等科目；预算会计借记"行政支出——财政拨款支出——项目支出"科目，贷记"资金结存——零余额账户用款额度"等科目。

【例 4 – 23】某街道财政所支付办公大楼建设款 156 899 元，建筑尚未建造完成，财政授权支付。

财务会计：

借：在建工程　　　　　　　　　　　　　　　　　　　156 899
　　贷：零余额账户用款额度　　　　　　　　　　　　　　　156 899

预算会计：

借：行政支出——财政拨款支出——项目支出　　　　　156 899
　　贷：资金结存——零余额账户用款额度　　　　　　　　　156 899

第四节　维修类

一、修缮

发生修缮费用相关支出，修缮工程不符合资本化条件的进行费用化，财务会计借记"业务活动费用——商品和服务费用"科目，贷记"银行存款"等科目；预算会计借记"行政支出"科目，贷记"资金结存——货币资金"等科目。

发生大型修缮，2018 年 12 月 31 日前，已支付部分款项，已支付款项及尾款均未挂账，2019 年新旧衔接时，按照已支付的金额，财务会计借记"在建工程"科目，贷记"累计盈余"科目；预算会计不作处理。2019 年工程交付使用时，按工程总造价，财务会计借记"公共基础设施"等科目，按未支付尾款，贷记"应付账款——××建筑公司"科目，按照已支付金额，贷记"在建工程"科目；预算会计不作处理。支付工程款时，财务会计借记"应付账款——××建筑公司"科目，贷记"银行存款"等科目；预算会计借记"行政支出"科目，贷记"资金结存——货币资金"等科目。

【例 4 – 24】某镇政府进行"散乱污"企业清理，工程费用 4 290 元，用银行存款中城乡社区公共设施专款支付。

财务会计：

借：业务活动费用——商品和服务费用——城乡社区公共设施——维修费

　　　　　　　　　　　　　　　　　　　　　　　　　　4 290

　　贷：银行存款——基本户　　　　　　　　　　　　　　　　4 290

预算会计：

　　借：行政支出——非财政专项资金支出——城乡社区公共设施　　4 290

　　　　贷：资金结存——货币资金　　　　　　　　　　　　　　4 290

修缮工程不符合资本化条件的进行费用化。

【例4－25】某镇办财政所进行天网提升工程大型修缮（主要各路口、村安全监控，建设维修均镇级财政负担，无相关专款），2019年1月工程已决算并交付使用，总造价1 049 940元，2018年12月31日前已支付705 640元，尾款344 300元，均未挂账。2019年5月工程方开发票344 300元（工程方发票已开全），单位通过银行存款以电汇形式汇款给工程方300 000元。

（1）2019年初新旧衔接，前期已支付的705 640元未计入资产（在建工程），将未入账的资产重新入账，调整新旧衔接底稿。

财务会计：

　　借：在建工程　　　　　　　　　　　　　　　　　　　705 640

　　　　贷：累计盈余　　　　　　　　　　　　　　　　　　705 640

（2）2019年1月工程交付使用时。

财务会计：

　　借：公共基础设施　　　　　　　　　　　　　　　　1 049 940

　　　　贷：应付账款——××建筑公司　　　　　　　　　344 300

　　　　　　在建工程　　　　　　　　　　　　　　　　705 640

预算会计不作处理。

（3）支付工程款。

财务会计：

　　借：应付账款——××建筑公司　　　　　　　　　　　300 000

　　　　贷：银行存款——基本户　　　　　　　　　　　　300 000

预算会计：

　　借：行政支出——财政拨款支出——项目支出——资本性支出——大型修缮

　　　　　　　　　　　　　　　　　　　　　　　　　　300 000

　　　　贷：资金结存——货币资金　　　　　　　　　　　300 000

余款44 300元后期支付。

二、维修工程款

支付维修工程款，财务会计借记"业务活动费用——商品和服务费用"科目，贷记"财政拨款收入"等科目；预算会计借记"行政支出——财政拨款支出——项目支出"科目，贷记"财政拨款预算收入"等科目。

【例4－26】某镇办财政所支付粪液池处理工程款265 269.99元，用银行存款实有资金支付，次月还上。

（1）银行存款自有资金支付时。

财务会计：

借：其他应收款　　　　　　　　　　　　　　　　　265 269.99

　　贷：银行存款　　　　　　　　　　　　　　　　　　265 269.99

预算会计不作处理。

（2）次月预算资金下达。

财务会计：

借：业务活动费用——商品和服务费用　　　　　　　265 269.99

　　贷：其他应收款　　　　　　　　　　　　　　　　　265 269.99

借：银行存款　　　　　　　　　　　　　　　　　　265 269.99

　　贷：财政拨款收入　　　　　　　　　　　　　　　　265 269.99

预算会计：

借：行政支出——财政拨款支出——项目支出　　　　265 269.99

　　贷：财政拨款预算收入　　　　　　　　　　　　　　265 269.99

第五章 镇街资产管理业务

第一节 存货管理业务

一、购置垃圾桶等库存物品

购置垃圾桶等库存物品，财务会计借记"库存物品"科目，贷记"财政拨款收入""零余额账户用款额度"等科目；预算会计借记"行政支出——财政拨款支出——项目支出"科目，贷记"财政拨款预算收入""资金结存——零余额账户用款额度"等科目。

【例5-1】某街道财政所购买用以分发给各村的推拉式垃圾桶150个，金额为50 850元，财政直接支付。

财务会计：

借：库存物品——垃圾桶   50 850

  贷：财政拨款收入   50 850

预算会计：

借：行政支出——财政拨款支出——项目支出   50 850

  贷：财政拨款预算收入——项目支出   50 850

【例5-2】某街道办事处4月3日向某公司购买一批推拉式垃圾桶，签订购买合同并以国库直接支付方式支付预付账款3 600元。4月10日物品验收合格入库，并以财政授权方式支付剩余价款30 000元。此业务不考虑增值税。

（1）4月3日支付预付款3 600元。

财务会计：

借：预付账款   3 600

  贷：财政拨款收入   3 600

预算会计：

借：行政支出——财政拨款支出——项目支出   3 600

  贷：财政拨款预算收入   3 600

（2）4 月 10 日验收合格入库并支付余款 30 000 元。

财务会计：

借：库存物品 33 600

　　贷：预付账款 3 600

　　　　零余额账户用款额度 30 000

预算会计：

借：行政支出——财政拨款支出——项目支出 30 000

　　贷：资金结存——零余额账户用款额度 30 000

二、发出库存物品

统一采购时，财务会计借记"库存物品"科目，贷记"银行存款"等科目；预算会计借记"行政支出——其他支出"科目，贷记"资金结存——货币资金"等科目。发出库存物品时，财务会计借记"库存现金"等科目，贷记"库存物品"科目；预算会计借记"资金结存——货币资金"等科目，贷记"行政支出——其他支出"科目。

【例 5 - 3】某镇办发出 3 个镇政府统一自行采购的推拉式垃圾桶，价值 1 008 元。前期统一采购 100 个共 33 600 元。非城乡环卫一体化项目，村级垃圾桶不够用的部分，镇政府统一代为采购。

（1）统一采购时：

财务会计：

借：库存物品——垃圾桶 33 600

　　贷：银行存款 33 600

预算会计：

借：行政支出——其他资金支出 33 600

　　贷：资金结存——货币资金 33 600

（2）发出 3 个垃圾桶时：

财务会计：

借：库存现金 1 008

　　贷：库存物品——垃圾桶 1 008

预算会计：

借：资金结存——货币资金 1 008

　　贷：行政支出——其他资金支出 1 008

第二节　固定资产管理业务

一、购置办公用电器

购置办公用电器，财务会计借记"固定资产"科目，贷记"财政拨款收入"等科目；预算会计借记"行政支出"科目，贷记"财政拨款预算收入"等科目，按资金来源列基本支出或者项目支出。

【例5-4】某镇办财政所通过政府采购形式购置笔记本电脑，费用为4 700元，财政直接支付。

财务会计：

借：固定资产——通用设备　　　　　　　　　　　　　　　4 700

　　贷：财政拨款收入　　　　　　　　　　　　　　　　　　　4 700

预算会计：

借：行政支出——财政拨款支出——基本支出/项目支出——日常公用经费

　　　　　　　　　　　　　　　　　　　　　　　　　　　4 700

　　贷：财政拨款预算收入——基本支出/项目支出——日常公用经费　4 700

按资金来源列基本支出或者项目支出。

【例5-5】某街道财政所纪委购入一台电脑3 050元，财政直接支付。

财务会计：

借：固定资产——通用设备　　　　　　　　　　　　　　　3 050

　　贷：财政拨款收入　　　　　　　　　　　　　　　　　　　3 050

预算会计：

借：行政支出——财政拨款支出——基本支出——日常公用经费　3 050

　　贷：财政拨款预算收入——基本支出——日常公用经费　　　3 050

按资金来源列基本支出或者项目支出。

【例5-6】某镇办党校购买党建现场会用电视机6 695元，财政直接支付。

财务会计：

借：固定资产——通用设备　　　　　　　　　　　　　　　6 695

　　贷：财政拨款收入　　　　　　　　　　　　　　　　　　　6 695

预算会计：

借：行政支出——财政拨款支出——基本支出——日常公用经费　6 695

　　贷：财政拨款预算收入——基本支出——日常公用经费　　　6 695

按资金来源列基本支出或者项目支出。

【例5-7】 某镇办财政所购置空调1 999元，财政直接支付。

财务会计：

借：固定资产——通用设备 1 999
　　贷：财政拨款收入 1 999

预算会计：

借：行政支出——财政拨款支出——基本支出——日常公用经费 1 999
　　贷：财政拨款预算收入——基本支出——日常公用经费 1 999

按资金来源列基本支出或者项目支出。

【例5-8】 某镇办党建办因工作需要购置一台电脑4 450元，财政直接支付。

财务会计：

借：固定资产——通用设备 4 450
　　贷：财政拨款收入 4 450

预算会计：

借：行政支出——财政拨款支出——基本支出——日常公用经费 4 450
　　贷：财政拨款预算收入——基本支出——日常公用经费 4 450

按资金来源列基本支出或者项目支出。

【例5-9】 某镇办财政所购置电暖气1 350元，财政直接支付。

财务会计：

借：固定资产——通用设备 1 350
　　贷：财政拨款收入 1 350

预算会计：

借：行政支出——财政拨款支出——基本支出——日常公用经费 1 350
　　贷：财政拨款预算收入——基本支出——日常公用经费 1 350

按资金来源列基本支出或者项目支出。

二、购置日常办公用品

购置日常办公用品，财务会计借记"固定资产"科目，贷记"零余额账户用款额度""财政拨款收入"等科目；预算会计借记"行政支出"科目，贷记"资金结存——零余额账户用款额度""财政拨款预算收入"等科目，按资金来源列基本支出或者项目支出。

【例5-10】 某镇办财政所2019年12月购买档案柜6 600元，财政授权支付。

财务会计：

借：固定资产——通用设备   6 600

  贷：零余额账户用款额度   6 600

预算会计：

借：行政支出——财政拨款支出——基本支出——日常公用经费 6 600

  贷：资金结存——零余额账户用款额度   6 600

按资金来源列基本支出或者项目支出。

【例 5 – 11】某街道财政所购置移动硬盘、台式电脑硬盘和存储卡 1 260 元，财政直接支付。

  财务会计：

  借：固定资产——通用设备   1 260

    贷：财政拨款收入   1 260

  预算收入：

  借：行政支出——财政拨款支出——基本支出——日常公用经费 1 260

    贷：财政拨款预算收入——基本支出——日常公用经费 1 260

按资金来源列基本支出或者项目支出。

三、购置监测设备

购置监测设备，财务会计借记"固定资产"科目，贷记"零余额账户用款额度""银行存款"等科目；预算会计借记"行政支出——财政拨款支出——项目支出"科目，贷记"资金结存——零余额账户用款额度""资金结存——货币资金"等科目。

【例 5 – 12】2019 年 3 月 15 日，某镇政府购入一台不需要安装的监测专用设备，设备总价 115 000 元，通过财政授权支付方式支付货款，购入设备过程中发生运杂费 5 000 元，以银行存款支付。

  财务会计：

  借：固定资产——专用设备   120 000

    贷：零余额账户用款额度   115 000

      银行存款   5 000

  预算会计：

  借：行政支出——财政拨款支出——项目支出   120 000

    贷：资金结存——零余额账户用款额度   115 000

      ——货币资金   5 000

四、购置城管用固定资产

购置城管用固定资产，财务会计借记"固定资产"科目，贷记"零余额账户用款额度""财政拨款收入"等科目；预算会计借记"行政支出——财政拨款支出——项目支出"科目，贷记"资金结存——零余额账户用款额度""财政拨款预算收入"等科目。

【例 5 – 13】某镇办镇政府购买城管办需用的绿篱机 2 台、割灌机 2 台 9 900 元，授权支付。

财务会计：

借：固定资产——专用设备　　　　　　　　　　　　　　9 900

　　贷：零余额账户用款额度　　　　　　　　　　　　　　9 900

预算会计：

借：行政支出——财政拨款支出——项目支出　　　　　　9 900

　　贷：资金结存——零余额账户用款额度　　　　　　　　9 900

【例 5 – 14】某镇办镇政府购买城管办需用的洒水车，396 000 元，财政直接支付 200 000 元，欠 196 000 元。

财务会计：

借：固定资产——通用设备　　　　　　　　　　　　　396 000

　　贷：财政拨款收入　　　　　　　　　　　　　　　　200 000

　　　　应付账款——其他——重汽济南专用车　　　　　196 000

预算会计：

借：行政支出——财政拨款支出——项目支出　　　　　200 000

　　贷：财政拨款预算收入——项目支出　　　　　　　　200 000

五、购置垃圾桶等固定资产

购置垃圾桶等固定资产，财务会计借记"固定资产"科目，贷记"财政拨款收入"等科目；预算会计借记"行政支出——财政拨款支出——项目支出"科目，贷记"财政拨款预算收入"等科目。

【例 5 – 15】某街道财政所购买自用地埋式垃圾桶一个花费 6 500 元，财政授权支付。

财务会计：

借：固定资产　　　　　　　　　　　　　　　　　　　　6 500

    贷：财政拨款收入   6 500

预算会计：

借：行政支出——财政拨款支出——项目支出——日常公用经费 6 500

    贷：财政拨款预算收入——项目支出——日常公用经费   6 500

第三节　保障性住房业务

接受无偿调入的保障性住房，按照资产的账面价值与归属于调入方的相关费用，财务会计借记"保障性住房"科目，按照归属于调入方的相关费用，贷记"零余额账户用款额度"等科目，按照资产的账面价值，贷记"无偿调拨净资产"科目；按照归属于调入方的相关费用，预算会计借记"其他支出"科目，贷记"资金结存——零余额账户用款额度"等科目。

【例5-16】某镇办接受上级单位无偿调入的保障性住房，该项资产在调出方的账面价值为1 000万元。归属于调入方的相关费用为50万元，财政授权支付完毕。

财务会计：

借：保障性住房   10 500 000

    贷：零余额账户用款额度   500 000

        无偿调拨净资产   10 000 000

预算会计：

借：其他支出   500 000

    贷：资金结存——零余额账户用款额度   500 000

第四节　无形资产

一、购置无形资产

无形资产是指镇街控制的没有实物形态的可辨认非货币性资产，如专利权、商标权、著作权、土地使用权、非专利技术等，主要通过外购、委托开发、自行开发、置换、接受、捐赠、无偿调入等方式取得。

无形资产同时满足下列条件的，应当予以确认：与该无形资产相关的服务潜力很可能实现或者经济利益很可能流入；该无形资产的成本或者价值能够可靠地计量。

购置无形资产，支付预付款时，按照合同约定，财务会计借记"预付账款"科目，贷记"零余额账户用款额度"等科目；预算会计借记"行政支出——财政拨款支出——项目支出"科目，贷记"资金结存——零余额账户用款额度"等科目。验收合格并交付使用时，按照无形资产的开发费用，财务会计借记"无形资产"科目，按照支付的预付款的金额，贷记"预付账款"科目，按照支付的尾款，贷记"零余额账户用款额度"等科目；按照支付的尾款，预算会计借记"行政支出——财政拨款支出——项目支出"科目，贷记"资金结存——零余额账户用款额度"等科目。每月摊销时，财务会计借记"业务活动费用——无形资产摊销费"科目，贷记"无形资产累计摊销"；预算会计不作处理。

【例 5 - 17】某街道财政所 2019 年委托开发数字控制系统取得无形资产，4 月财政授权支付方式预付系统开发费用 50 000 元，6 月系统开发完成，验收合格交付使用，预计使用年限 5 年。用财政授权支付方式支付尾款 150 000 元。

（1）4 月，按合同约定预付，财政授权支付时：

财务会计：

借：预付账款	50 000	
贷：零余额账户用款额度		50 000

预算会计：

借：行政支出——财政拨款支出——项目支出	50 000	
贷：资金结存——零余额账户用款额度		50 000

（2）6 月，系统开发完成，验收合格并交付使用时：

财务会计：

借：无形资产	200 000	
贷：预付账款		50 000
零余额账户用款额度		150 000

预算会计：

借：行政支出——财政拨款支出——项目支出	150 000	
贷：资金结存——零余额账户用款额度		150 000

（3）按月摊销，6 月摊销（200 000/60）。

财务会计：

借：业务活动费用——无形资产摊销费	3 333.33	
贷：无形资产累计摊销		3 333.33

预算会计不作处理。

二、无形资产后续支出

对无形资产进行升级改造，暂停摊销时，按照无形资产的账面余额，财务会计借记"在建工程"科目，按照累计摊销额，借记"无形资产累计摊销"科目，按照无形资产的账面价值，贷记"无形资产"科目；预算会计不作处理。发生无形资产改造后续支出，按照予以资本化的金额，财务会计借记"在建工程"科目，贷记"零余额账户用款额度"等科目；预算会计借记"行政支出——财政拨款支出——项目支出"科目，贷记"资金结存——零余额账户用款额度"等科目。改造完成交付使用时，财务会计借记"无形资产"科目，贷记"在建工程"科目；预算会计不作处理。

注意：无形资产后期维护升级，需区分资本化和费用化。

【例5-18】某街道财政所2月对数字控制系统无形资产进行升级改造需暂停对无形资产摊销，该无形资产账面价值200 000元，累计已摊销45 000元。3月进行升级改造，发生后续支出60 000元。4月初交付使用。（无形资产后期维护升级，需区分资本化和费用化）

（1）暂停对无形资产摊销时。

财务会计：

借：在建工程	155 000
无形资产累计摊销	45 000
贷：无形资产	200 000

预算会计不作处理。

（2）发生升级改造、扩展功能等无形资产后续支出时。

财务会计：

借：在建工程	60 000
贷：零余额账户用款额度	60 000

预算会计：

借：行政支出——财政拨款支出——项目支出	60 000
贷：资金结存——零余额账户用款额度	60 000

（3）升级改造完成交付使用时。

财务会计：

借：无形资产	215 000
贷：在建工程	215 000

预算会计不作处理。

三、符合无形资产确认条件的后续支出

注意留存验收证明、合同、发票支付申请书等。

发生不符合无形资产确认条件的后续支出，财务会计借记"业务活动费用——商

品和服务费用"科目,贷记"零余额账户用款额度"等科目;预算会计借记"行政支出"科目,贷记"资金结存——零余额账户用款额度"等科目。

【例 5 – 19】某街道发生日常维护等无形资产后续支出 6 000 元。(软件系统打补丁、技术维护)

财务会计:

借:业务活动费用——商品和服务费用——维修(护)费　　　　6 000

　　贷:零余额账户用款额度　　　　　　　　　　　　　　　　　　6 000

预算会计:

借:行政支出——财政拨款支出——项目支出——日常公用经费　6 000

　　贷:资金结存——零余额账户用款额度　　　　　　　　　　　　6 000

第五节　公共基础设施

修补道路、路灯

发生修补道路、路灯等相关支出,财务会计借记"公共基础设施"科目,贷记"银行存款""财政拨款收入"等科目;预算会计借记"行政支出——财政拨款支出——项目支出"科目,贷记"资金结存——货币资金""财政拨款预算收入"等科目。

注意:需根据金额、公共基础设施性质判断费用化或者资本化。

【例 5 – 20】某街道财政所支付镇政府路口硬化费用 11 008.23 元,用银行存款支付。

财务会计:

借:公共基础设施　　　　　　　　　　　　　　　　11 008.23

　　贷:银行存款　　　　　　　　　　　　　　　　　　11 008.23

预算会计:

借:行政支出——财政拨款支出——项目支出　　　　11 008.23

　　贷:资金结存——货币资金　　　　　　　　　　　　11 008.23

根据金额、公共基础设施性质判定费用化或者资本化。

【例 5 – 21】某街道财政所支付道路修补工程款 218 498.64 元,财政直接支付。

财务会计:

借:公共基础设施　　　　　　　　　　　　　　　　218 498.64

　　贷:财政拨款收入　　　　　　　　　　　　　　　　218 498.64

预算会计：

借：行政支出——财政拨款支出——项目支出   218 498.64

    贷：财政拨款预算收入——项目支出   218 498.64

根据金额、公共基础设施性质判定费用化或者资本化。

【例 5 – 22】某镇办财政所支付好临路路灯工程款 720 000 元，财政直接支付。

财务会计：

借：公共基础设施   720 000

    贷：财政拨款收入   720 000

预算会计：

借：行政支出——财政拨款支出——项目支出   720 000

    贷：财政拨款预算收入——项目支出   720 000

根据金额、公共基础设施性质判定费用化或者资本化。

第六节　资产折旧、摊销、报废

一、计提固定资产折旧

镇街持有的各类固定资产，按照规定均应当计提折旧，折旧年限不少于财政部门规定的年限，会计上应当按月计提固定资产折旧，相关折旧费用计入业务活动费用，预算会计不作处理。镇街会计核算的折旧费用，应当与资产管理系统计提的折旧数据保持一致，以确保固定资产的净值账账相符。已经处于可用状态暂时未投入使用的固定资产，应当正常计提折旧，已经提满折旧仍然继续使用的固定资产，不再计提折旧费用。

计提固定资产折旧，财务会计借记"业务活动费用——固定资产折旧费"科目，贷记"固定资产累计折旧"科目；预算会计不作处理。

【例 5 – 23】某街道财政所计提 4 月车辆固定资产折旧 38 768.59 元。

财务会计：

借：业务活动费用——固定资产折旧费   38 768.59

    贷：固定资产累计折旧   38 768.59

预算会计不作处理。

【例 5 – 24】某镇办财政所计提 12 月城管用车辆固定资产折旧 49 806.63 元。

财务会计：

借：业务活动费用——固定资产折旧费   49 806.63

贷：固定资产累计折旧	49 806.63

预算会计不作处理。

【例5－25】 某镇办水利站房屋建筑物计提折旧14 583.37元。

财务会计：

借：业务活动费用——固定资产折旧费	14 583.37
贷：固定资产累计折旧——房屋建筑物	14 583.37

预算会计不作处理。

二、核销固定资产

核销固定资产，按照固定资产已计提的折旧，财务会计借记"固定资产累计折旧"科目，按照固定资产的账面原值，贷记"固定资产"科目，按照借贷方的差额，借记"资产处置费用"科目；预算会计不作处理。资产清理，按照清理收入，财务会计借记"银行存款"科目，按照清理费用，贷记"银行存款"科目，按照借贷方的差额，贷记"应缴财政款"科目；预算会计不作处理。上交处置收入时，财务会计借记"应缴财政款"科目，贷记"银行存款"科目；预算会计不作处理。

【例5－26】 某街道财政所报废汽车4辆，原值353 980元，折旧已经全部计提完，未产生其他清理费用。

财务会计：

借：固定资产累计折旧	353 980
贷：固定资产	353 980

预算会计不作处理。

【例5－27】 某单位经批准将一台设备出售，原值200万元，折旧180万元。清理收入3万元，清理费用2万元，均以银行存款收付。按规定上交固定资产处置净收入1万元。

（1）核销固定资产。

财务会计：

借：固定资产累计折旧	1 800 000
资产处置费用	200 000
贷：固定资产	2 000 000

预算会计不作处理。

（2）清理收入和费用。

财务会计：

借：银行存款	30 000

| 贷：银行存款 | 20 000 |
| 应缴财政款 | 10 000 |

预算会计不作处理。

（3）上交处置收入。

财务会计：

| 借：应缴财政款 | 10 000 |
| 贷：银行存款 | 10 000 |

预算会计不作处理。

三、固定资产盘盈盘亏

盘盈固定资产，按照盘盈固定资产的重置成本，财务会计借记"固定资产"科目，贷记"待处理财产损溢"科目；预算会计不作处理。结转盘盈资产价值，财务会计借记"待处理财产损溢"科目，贷记"以前年度盈余调整"科目；预算会计不作处理。

盘亏固定资产，按照已计提的折旧额，财务会计借记"固定资产累计折旧"科目，按照固定资产原值减折旧后的余额，借记"待处理财产损溢"科目，按照固定资产的原值，贷记"固定资产"科目；预算会计不作处理。

【例5－28】某镇办财政所年末对资产进行清查，盘盈以前年度取得的电动工具两套，其重置成本为每套3 800元。

（1）将清查资产价值转入待处理财产损溢。

财务会计：

| 借：固定资产 | 7 600 |
| 贷：待处理财产损溢 | 7 600 |

预算会计不作处理。

（2）结转盘盈资产价值。

财务会计：

| 借：待处理财产损溢 | 7 600 |
| 贷：以前年度盈余调整 | 7 600 |

预算会计不作处理。

【例5－29】某镇办财政所年末对资产进行清查，盘亏一台设备，原值150 000元，已计提折旧125 000元。

财务会计：

| 借：待处理财产损溢 | 25 000 |

固定资产累计折旧	125 000
贷：固定资产	150 000

预算会计不作处理。

【例 5－30】某镇办财政所处置一台设备，取得变价收入 500 元，支付设备拆除费用 1 000 元。

（1）取得变价收入。

财务会计：

借：库存现金	500
贷：待处理财产损溢——处理净收入	500

预算会计不作处理。

（2）支付拆除费用。

财务会计：

借：待处理财产损溢——处理净收入	1 000
贷：银行存款	1 000

预算会计不作处理。

（3）结转处理净收益。

财务会计：

借：资产处置费用	500
贷：待处理财产损溢——处理净收入	500

预算会计：

借：其他支出	500
贷：资金结存——货币资金	500

第六章 镇街总预算会计相关业务

第一节 拨付经费相关业务

一、拨镇卫生院经费

总预算会计记账，政府会计无须记账。总预算会计借记"一般公共预算支出"科目，贷记"与上往来"科目。

【例6-1】某镇办财政所拨付给卫生院公共卫生间工程款100 000元，直接支付。（镇办卫生院记公共基础设施，镇办卫生院决算报卫生系统）

总预算会计记账，政府会计无须记账。

借：一般公共预算支出——乡镇卫生院   100 000

  贷：与上往来   100 000

【例6-2】某镇办财政所拨付卫生院由镇财政负担的补偿款10 500元，财政直接支付。

总预算会计记账，政府会计无须记账。

借：一般公共预算支出——乡镇卫生院   10 500

  贷：与上往来   10 500

二、拨教委经费

拨教委经费，收到往来票据，总预算会计借记"一般公共预算支出"科目，贷记"与上往来"科目。无往来结算收据，财务会计借记"业务活动费用"科目，贷记"零余额账户用款额度"等科目；预算会计借记"行政支出"科目，贷记"资金结存——零余额账户用款额度"等科目。

【例6-3】某街道财政所拨付镇上小学经费426 809.5元，用于发放幼师工资，该部分教师为临时用工人员。收到各小学开具的往来票据，银行存款支付。

总预算会计：

借：一般公共预算支出——小学教育   426 809.5

  贷：与上往来   426 809.5

【例6-4】某街道财政所拨付镇小学18 800元用于购买固定资产，收到往来票据，财政直接支付。

总预算会计：

借：一般公共预算支出——小学教育　　　　　　　　　　　18 800

　　贷：与上往来　　　　　　　　　　　　　　　　　　　　18 800

【例6-5】某镇办财政所支付小学保安工资幼师工资 50 000 元，授权支付。（无教委开具的往来结算收据，镇政府直接发至个人账户，可按镇政府招聘用工人员）

财务会计：

借：业务活动费用——商品和服务费用——劳务费　　　　　50 000

　　贷：零余额账户用款额度　　　　　　　　　　　　　　　50 000

预算会计：

借：行政支出——财政拨款支出——基本支出——日常公用经费 50 000

　　贷：资金结存——零余额账户用款额度　　　　　　　　　50 000

第二节　预算经费相关业务

派出所经费

派出所联防队员镇上统一管理发放工资，镇政府直接列支。

拨付工资，财务会计借记"业务活动费用"科目，贷记"财政拨款收入"等科目；预算会计借记"行政支出"科目，贷记"财政拨款预算收入"等科目。拨付办公经费，总预算会计借记"一般公共预算支出"科目，贷记"与上往来"科目。

【例6-6】某街道财政所拨付派出所联防队员工资 426 315.46 元，直接支付。

财务会计：

借：业务活动费用——商品和服务费用　　　　　　　　　426 315.46

　　贷：财政拨款收入　　　　　　　　　　　　　　　　　426 315.46

预算会计：

借：行政支出——财政拨款支出——基本支出——日常公用经费

　　　　　　　　　　　　　　　　　　　　　　　　　426 315.46

　　贷：财政拨款预算收入　　　　　　　　　　　　　　　426 315.46

【例6-7】某镇办拨付派出所办公经费 100 000 元，直接支付。

总预算会计：

借：一般公共预算支出　　　　　　　　　　　　　　　　100 000

　　贷：与上往来　　　　　　　　　　　　　　　　　　　100 000

第七章　镇街往来收付款相关业务

第一节　收付款相关业务

一、企业帮扶资金

【例 7 - 1】某街道财政所收到××生物科技有限公司 2018 年秸秆综合利用帮扶资金 24 674 元，将该笔资金支付给贫困户，企业与镇政府有相关协议。

（1）收到。

财务会计：

借：银行存款　　　　　　　　　　　　　　　　　　24 674

　　贷：其他应付款　　　　　　　　　　　　　　　　　　24 674

预算会计不作处理。

（2）支付。

财务会计：

借：其他应付款　　　　　　　　　　　　　　　　　　24 674

　　贷：银行存款　　　　　　　　　　　　　　　　　　24 674

预算会计不作处理。

注：此业务不用受托代理资产处理。

"受托代理资产"科目核算单位接受委托方委托管理的各项资产（应当按照资产的种类和委托人的不同进行明细核算），包括受托指定转赠的物资、受托存储保管的物资等的成本。

单位管理的罚没物资也应当通过"受托代理资产"科目核算。

单位收到的受托代理资产为现金和银行存款的，不通过"受托代理资产"科目核算，应当通过"库存现金""银行存款"科目进行核算。

二、收企业土地有偿使用费

收取企业土地有偿费，财务会计借记"银行存款"科目，贷记"应缴财政款"科目；预算会计不作处理。

【例7-2】某镇办财政所收取企业土地有偿使用费65 000元。（开非税收入票据）

财务会计：

借：银行存款 65 000

　　贷：应缴财政款 65 000

预算会计不作处理。

三、收土地承包费

收取摊位设施费、土地承包费，财务会计借记"银行存款"科目，贷记"应缴财政款"科目；预算会计不作处理。

【例7-3】某镇办财政所收取摊位设施费/土地承包费52 675元。（开非税收入票据）

财务会计：

借：银行存款 52 675

　　贷：应缴财政款 52 675

预算会计不作处理。

四、收赔偿款

收取赔偿费，财务会计借记"银行存款"科目，贷记"应缴财政款"科目；预算会计不作处理。

【例7-4】某街道财政所收西外环法桐赔偿款1 200元。（开非税收入票据）

财务会计：

借：银行存款 1 200

　　贷：应缴财政款 1 200

预算会计不作处理。

五、收利息

按照财政部门国有资产管理要求，镇街产生的银行存款利息，应当及时足额上缴国库的，不确认本单位利息收入。

收到存款利息，若国库没有规定，财务会计借记"银行存款"科目，贷记"利息收入"科目；预算会计借记"资金结存——货币资金"科目，贷记"其他预算收入——利息收入"科目。若国库规定利息需上缴,财务会计借记"银行存款"科目,贷记"应缴财政款";预算会计不作处理。

【例7-5】某镇办财政所收到存款利息 12.03 元。

(1)若国库没有规定。

财务会计:

借:银行存款		12.03
贷:利息收入		12.03

预算会计:

借:资金结存		12.03
贷:其他预算收入——利息收入		12.03

(2)若国库规定利息需上缴。

财务会计:

借:银行存款		12.03
贷:应缴财政款		12.03

预算会计不作处理。

收到往来款项,财务会计借记"银行存款"科目,贷记"其他应付款"科目;预算会计不作处理。支付时,财务会计借记"其他应付款"科目,贷记"银行存款"科目;预算会计不作处理。

第八章 货币资金、授权额度相关业务

第一节 现金相关业务

一、现金短款

发现现金短款，财务会计借记"待处理财产损溢"科目，贷记"库存现金"科目；预算会计借记"其他支出——财政拨款支出"科目，贷记"资金结存——货币资金"科目。

【例8-1】某镇办财政所期末现金盘点，发现现金短款300元。

财务会计：

借：待处理财产损溢		300
贷：库存现金		300

预算会计：

借：其他支出——财政拨款支出		300
贷：资金结存——货币资金		300

二、现金溢余

发现现金溢余，财务会计借记"库存现金"科目，贷记"待处理财产损溢"科目；预算会计借记"资金结存——货币资金"科目，贷记"其他预算收入"科目。经查明原因，财务会计借记"待处理财产损溢"科目，贷记"其他应付款"科目；预算会计不作处理。若需支付给职工，报经批准后，财务会计借记"其他应付款"科目，贷记"库存现金"科目；预算会计借记"其他预算收入"科目，贷记"资金结存——货币资金"科目。

【例8-2】某镇办财政所5月8日进行现金盘点时，发生现金溢余600元，5月9日查明原因是应付给某职工的金额，报经批准后，5月10日将溢余现金支付给职工。

（1）发生现金溢余。

财务会计：

借：库存现金　　　　　　　　　　　　　　　　　　　600
　　贷：待处理财产损溢　　　　　　　　　　　　　　　　　　600
预算会计：
借：资金结存——货币资金　　　　　　　　　　　　　600
　　贷：其他预算收入　　　　　　　　　　　　　　　　　　　600
（2）查明原因。
财务会计：
借：待处理财产损溢　　　　　　　　　　　　　　　　600
　　贷：其他应付款　　　　　　　　　　　　　　　　　　　　600
预算会计不作处理。
（3）支付给某职工。
财务会计：
借：其他应付款　　　　　　　　　　　　　　　　　　600
　　贷：库存现金　　　　　　　　　　　　　　　　　　　　　600
预算会计：
借：其他预算收入　　　　　　　　　　　　　　　　　600
　　贷：资金结存——货币资金　　　　　　　　　　　　　　　600

第二节　授权支付额度退回

一、提取零余额账户用款额度

提取零余额账户用款额度，财务会计借记"零余额账户用款额度"科目，贷记"财政拨款收入"科目；预算会计借记"资金结存——零余额账户用款额度"科目，贷记"财政拨款预算收入"科目。

【例 8-3】某镇办财政所提取授权支付额度 15 219.5 元。
财务会计：
借：零余额账户用款额度　　　　　　　　　　　　　15 219.5
　　贷：财政拨款收入　　　　　　　　　　　　　　　　　15 219.5
预算会计：
借：资金结存——零余额账户用款额度　　　　　　　15 219.5
　　贷：财政拨款预算收入　　　　　　　　　　　　　　　15 219.5

二、授权支付额度退回

发生授权支付额度退回相关业务，财务会计借记"零余额账户用款额度"科目，按经济业务贷记相关科目；预算会计借记"资金结存——零余额账户用款额度"科目，贷记"财政拨款结余——年初余额调整"科目。

【例 8 – 4】某街道上年 12 月购入办公用品打印纸 40 箱 5 200 元，财政授权支付。因质量问题退货，发生财政授权支付额度退回。

财务会计：

借：零余额账户用款额度　　　　　　　　　　　　　　　　　　5 200

　　贷：库存物品　　　　　　　　　　　　　　　　　　　　　　　　5 200

预算会计：

借：资金结存——零余额账户用款额度　　　　　　　　　　　　5 200

　　贷：财政拨款结余—年初余额调整　　　　　　　　　　　　　　5 200

第三节　借款利息

支付借款利息，财务会计借记"其他费用——利息费用"科目，贷记"财政拨款收入"等科目；预算会计借记"其他支出"科目，贷记"财政拨款预算收入"等科目。

【例 8 – 5】某镇办财政所支付 1 月借款利息 132 513 元，政府直接支付。

财务会计：

借：其他费用——利息费用　　　　　　　　　　　　　　　　132 513

　　贷：财政拨款收入　　　　　　　　　　　　　　　　　　　　132 513

预算会计：

借：其他支出——财政拨款支出　　　　　　　　　　　　　　132 513

　　贷：财政拨款预算收入　　　　　　　　　　　　　　　　　　132 513

第四节　财政应返还额度

注销额度，财务会计借记"财政应返还额度——财政授权支付"科目，贷记"零余额账户用款额度"科目；预算会计借记"资金结存——财政应返还额度"科目，贷记"资金结存——零余额账户用款额度"科目。注销额度恢复到账时，作相反方向的会计处理。

【例8-6】年末，某镇办财政所根据代理银行提供的对账单作注销额度的相关账务处理。

财务会计：

借：财政应返还额度——财政授权支付

　　贷：零余额账户用款额度

预算会计：

借：资金结存——财政应返还额度

　　贷：资金结存——零余额账户用款额度

【例8-7】下年年初，某镇办财政所根据代理银行提供的上年度注销额度恢复到账通知书。

财务会计：

借：零余额账户用款额度

　　贷：财政应返还额度——财政授权支付

预算会计：

借：资金结存——零余额账户用款额度

　　贷：资金结存——财政应返还额度

第五节　滞纳金

缴纳滞纳金，财务会计借记"其他费用"科目，贷记"财政拨款收入"等科目；预算会计借记"其他支出"科目，贷记"财政拨款预算收入"等科目。

【例8-8】某镇办财政所缴纳3月社保12 328元，其中，7 500元为单位负担的部分、4 500元为个人负担部分、328元为滞纳金费用，财政直接支付。

财务会计：

借：应付职工薪酬——社保（单位）　　　　　　　　　　　7 500

　　　　　　　　　——社保（个人）　　　　　　　　　　4 500

　　其他费用　　　　　　　　　　　　　　　　　　　　　328

　　贷：财政拨款收入　　　　　　　　　　　　　　　　　12 328

预算会计：

借：行政支出——财政拨款支出——基本支出——人员经费　12 000

　　其他支出——财政拨款支出　　　　　　　　　　　　　328

贷：财政拨款预算收入	12 328

【例8-9】某镇办财政所缴纳3月个税164.5元，其中滞纳金4.5元。

财务会计：

借：其他应交税费——个人所得税	160	
其他费用	4.5	
贷：银行存款		164.5

预算会计：

借：行政支出——财政拨款支出——基本支出——人员经费	160	
其他支出——财政拨款支出	4.5	
贷：财政拨款预算收入		164.5

第九章　新旧衔接相关业务

新旧衔接部分涉及的经济业务类型较多，本部分以举例的形式进行介绍。

关于电费的新旧衔接，例如，2018 年分管电费职工以借条形式申请充值电费，供电所 2019 年开具发票，收到发票时，应先查看在新旧制度衔接的底稿中所对应的其他应收款预算会计是否有调减财政拨款结转，若没有调整，则 2019 年记账中需记预算会计，财务会计借记"业务活动费用"科目，贷记"其他应收款"科目；预算会计借记"行政支出"科目，贷记"财政拨款结转——年初余额调整"科目，若已调整，则不需要记预算会计。后国库支付给基本户电费借款时，财务会计借记"银行存款"科目，贷记"财政拨款收入"科目；预算会计借记"资金结存"科目，贷记"财政拨款预算收入"科目。

关于固定资产折旧的新旧衔接，新旧会计制度衔接时，单位以前未计提折旧，本次补提固定资产折旧，财务会计借记"累计盈余"科目，贷记"固定资产累计折旧"科目；预算会计不作处理。

关于应付职工薪酬的新旧衔接，单位在新旧制度转换时，应当将 2018 年 12 月 31 日前未入账的应付未付职工以及应为职工支付但尚未支付的有关薪酬记入新账，按照确定的应付未付金额，财务会计借记"累计盈余"科目，贷记"应付职工薪酬"科目；预算会计不作处理。

关于受托代理物资的新旧衔接，单位在新旧制度转换时，应当将 2018 年 12 月 31 日前未入账的受托代理物资按照新制度规定记入新账。登记新账时，按照确定的受托代理物资成本，财务会计借记"受托代理资产"科目，贷记"受托代理负债"科目；预算会计不作处理。

【例 9 - 1】 2018 年 12 月分管电费职工以借条形式申请充值电费 20 000 元，单位从基本户中通过转账支票支付电费 20 000 元，供电所 2019 年 1 月开发票 20 000 元，2 月又通过国库支付给基本户 20 000 元。

（1）1 月收到电费发票时，此笔业务核算时应先查看在新旧制度衔接的底稿中所对应的其他应收款预算会计是否有调减财政拨款结转，若没有调整，则 2019 年记账中需记预算会计，若已调整，则不需要记预算会计。

财务会计：

借：业务活动费用 20 000

　　贷：其他应收款 20 000

预算会计：

借：行政支出　　　　　　　　　　　　　　　　　　　20 000

　　贷：财政拨款结转——年初余额调整　　　　　　　　　　20 000

（2）2月国库支付给基本户电费借款时：

财务会计：

借：银行存款　　　　　　　　　　　　　　　　　　　20 000

　　贷：财政拨款收入　　　　　　　　　　　　　　　　　　20 000

预算会计：

借：资金结存　　　　　　　　　　　　　　　　　　　20 000

　　贷：财政拨款预算收入　　　　　　　　　　　　　　　　20 000

（3）新旧会计制度衔接时，单位以前未计提折旧，本次补提固定资产折旧。

财务会计：

借：累计盈余

　　贷：固定资产累计折旧

预算会计不作处理。

（4）单位在新旧制度转换时，应当将2018年12月31日前未入账的应付未付职工以及应为职工支付但尚未支付的有关薪酬记入新账，按照确定的应付未付金额。

财务会计：

借：累计盈余

　　贷：应付职工薪酬

预算会计不作处理。

（5）单位在新旧制度转换时，应当将2018年12月31日前未入账的受托代理物资按照新制度规定记入新账。登记新账时，按照确定的受托代理物资成本。

财务会计：

借：受托代理资产

　　贷：受托代理负债

预算会计不作处理。

（6）某镇办对往来进行清理，经批准按规定核销无法收回的其他应收款15 000元。（往来款项核销经财政批准）

财务会计：

借：资产处置费用　　　　　　　　　　　　　　　　　15 000

　　贷：其他应收款　　　　　　　　　　　　　　　　　　　15 000

预算会计不作处理。

后续设置备查登记簿，附件核销批准等。

第十章 市直单位行政运行管理维护业务

第一节 市直单位行政运维业务

一、三公经费管理

(一) 公务交通补贴

《中央和国家机关公务公车制度改革方案》明确,改革后行政区域内公务出行方式由公务人员自行选择,实行社会化提供,适度发放公务交通补贴。按照节约成本、保证公务、便于操作、简化档次的要求,合理确定各职级工作人员公务交通补贴。公务交通补贴属于改革性补贴,列入财政预算,在交通费中列支、按月发放,用于保障在职公务人员普通公务出行。

发生公务交通补贴支出,财务会计借记"业务活动费用——商品和服务费用"科目或"单位管理费用——商品和服务费用"科目,贷记"财政拨款收入""零余额账户用款额度"等科目;预算会计借记"行政支出"或"事业支出"科目,贷记"财政拨款预算收入""资金结存——零余额账户用款额度"等科目。

【例10-1】2019年2月1日,某市直行政单位发放2019年1月公务交通补贴8 150元,财政直接支付。

财务会计:

借:业务活动费用——商品和服务费用(公车改革补贴)　　　　8 150

　　贷:财政拨款收入　　　　　　　　　　　　　　　　　　　　　　8 150

预算会计:

借:行政支出——财政拨款支出——基本支出——其他交通费　　8 150

　　贷:财政拨款预算收入　　　　　　　　　　　　　　　　　　　　8 150

【例10-2】2020年1月22日,某市直事业单位支付1月行政人员、非统发事业人员公务交通补贴(经批准)9 650元,使用日常公用经费支付6 600元,使用人员经费列支3 050元,财政直接支付。

财务会计:

借：单位管理费用——商品和服务费用（公车改革补贴）　　　　6 600

　　　　　　——商品和服务费用——非统发事业人员工资　　3 050

　　贷：财政拨款收入　　　　　　　　　　　　　　　　　　9 650

预算会计：

借：事业支出——财政拨款支出——基本支出——日常公用经费——行政运行
——其他交通费用　　　　　　　　　　　　　　　　　6 600

　　　　　——财政拨款支出——基本支出——人员经费——行政运行——其
他交通费用　　　　　　　　　　　　　　　　　　　3 050

　　贷：财政拨款预算收入——日常公用经费——行政运行　　6 600

　　　　　　——人员经费——行政运行　　　　　　　　　　3 050

【例 10 - 3】2020 年 3 月 10 日，某市直行政单位支付 2020 年 1～3 月公车改革补贴 19 530 元，其中使用日常公用经费支付 780 元，财政直接支付。

财务会计：

借：业务活动费用——商品和服务费用（公车改革补贴）　　18 750

　　　　　——商品和服务费用（日常公用经费）　　　　　780

　　贷：财政拨款收入　　　　　　　　　　　　　　　　　19 530

预算会计：

借：行政支出——财政拨款支出——基本支出——日常公用经费——行政运行
——其他交通费用　　　　　　　　　　　　　　　　18 750

——其他商品和服务支出　　　　　　　　　　　　　780

　　贷：财政拨款预算收入——日常公用经费——行政运行　　19 530

【例 10 - 4】2020 年 12 月 16 日，某市直行政单位支付 12 月公车改革补贴 6 600 元，使用日常公用经费，财政授权支付。

财务会计：

借：业务活动费用——商品和服务费用（公车改革补贴）　　6 600

　　贷：零余额账户用款额度　　　　　　　　　　　　　　6 600

预算会计：

借：行政支出——财政拨款支出——基本支出——日常公用经费——行政运行
——其他交通费用　　　　　　　　　　　　　　　　6 600

　　贷：资金结存——零余额账户用款额度　　　　　　　　6 600

【例 10 - 5】2020 年 2 月 20 日，某市直行政单位使用日常公用经费支付公务员车补 20 080 元，财政授权支付。

财务会计：

借：业务活动费用——商品和服务费用（公车改革补贴）　　20 080

　　贷：零余额账户用款额度　　　　　　　　　　　　　　　　20 080

预算会计：

　　借：行政支出——财政拨款支出——基本支出——日常公用经费——行政运行
　　　　——其他交通费用　　　　　　　　　　　　　　　　　20 080

　　　　贷：资金结存——零余额账户用款额度　　　　　　　　20 080

（二）公务用车相关业务

　　公务用车的燃油费、保险费、装具费、维修费、牌照费、检测费、年审费、过路过桥费等都在此核算。单位发生直接支付的公务用车费用，财务会计直接计入业务活动费用，预算会计同时登记公务用车运行维护支出。单位可参照以往年度日常燃油消耗量制定每月正常消耗标准，以日常月用量标准作为每月充值加油卡的依据，每月充值，当月消耗，以简化财务会计核算。

　　发生公务用车相关费用支出，或者加油卡充值等业务，财务会计借记"预付账款""业务活动费用——商品和服务费用——公务用车运行维护费"科目，贷记"财政拨款收入""银行存款""零余额账户用款额度"等科目；预算会计借记"行政支出——财政拨款支出——基本支出"科目，贷记"财政拨款预算收入""资金结存——货币资金""资金结存——零余额账户用款额度"等科目。

　　【例10-6】2019年2月28日，某市直行政单位支付保留公务用车车辆保险费3 739.55元，财政直接支付。

　　财务会计：

　　借：业务活动费用——商品和服务费用——公务用车运行维护费

　　　　　　　　　　　　　　　　　　　　　　　　　　　　3 739.55

　　　　贷：财政拨款收入　　　　　　　　　　　　　　　　3 739.55

预算会计：

　　借：行政支出——财政拨款支出——基本支出——日常公用经费——公务用车运
　　　　行维护费　　　　　　　　　　　　　　　　　　　　3 739.55

　　　　贷：财政拨款预算收入——日常公用经费　　　　　　　3 739.55

　　【例10-7】2020年3月5日，某市直行政单位缴纳车辆保险2 748.57元，使用公务卡授权支付。

　　财务会计：

　　借：业务活动费用——商品和服务费用——公务用车运行维护费

　　　　　　　　　　　　　　　　　　　　　　　　　　　　2 748.57

　　　　贷：零余额账户用款额度——一般商品和服务支出（日常公用）——行政运

行　　　　　　　　　　　　　　　　　　　　　　2 748.57

预算会计：

借：行政支出——财政拨款支出——基本支出——日常公用经费——行政运行
　　——公务用车运行维护费　　　　　　　　　　2 748.57
　　贷：资金结存——零余额账户用款额度　　　　　2 748.57

【例 10 - 8】2020 年 2 月 29 日，某市直行政单位支付公务用车加油费 2 000 元，使用日常公用经费，财政授权支付。

财务会计：

借：业务活动费用——商品和服务费用——公务用车运行维护费　2 000
　　贷：零余额账户用款额度　　　　　　　　　　2 000

预算会计：

借：行政支出——财政拨款支出——基本支出——日常公用经费——行政运行
　　——公务用车运行维护费　　　　　　　　　　2 000
　　贷：资金结存——零余额账户用款额度　　　　　2 000

【例 10 - 9】某市直行政单位公车加油卡充值 5 000 元，使用日常公用经费，财政授权支付。

财务会计：

借：预付账款　　　　　　　　　　　　　　　　　5 000
　　贷：零余额账户用款额度　　　　　　　　　　5 000

预算会计：

借：行政支出——财政拨款支出——基本支出——日常公用经费——行政运行
　　——公务用车运行维护费　　　　　　　　　　5 000
　　贷：资金结存——零余额账户用款额度　　　　　5 000

加油卡用完时：

财务会计：

借：业务活动费用——商品和服务费用——公务用车运行维护费　5 000
　　贷：预付账款　　　　　　　　　　　　　　　5 000

预算会计不作处理。

【例 10 - 10】2021 年 3 月 16 日，某市直行政单位付 ETC 卡充值 5 000 元，使用日常公用经费，财政授权支付。

充值时：

财务会计：

借：预付账款——××公司　　　　　　　　　　　5 000
　　贷：零余额账户用款额度　　　　　　　　　　5 000

预算会计：

借：行政支出——日常公用经费——行政运行——公务用车运行维护费

    5 000

  贷：资金结存——零余额账户用款额度   5 000

收到发票时：

财务会计：

借：业务活动费用——商品和服务费用——公务用车运行维护费 5 000

  贷：预付账款   5 000

预算会计不作处理。

（三）差旅费

差旅费是行政事业单位一项重要的经常性支出项目，它是指出差期间因办理公务而产生的交通费、住宿费、伙食补助费等各项费用。市外的发生的差旅费包含城市间交通费、市内交通费、住宿费、伙食补助费等。

单位发生差旅费相关支出，财务会计借记"业务活动费用——商品和服务费用——差旅费"或"单位管理费用——商品和服务费用——差旅费"科目，贷记"财政拨款收入""零余额账户用款额度"等科目；预算会计借记"行政支出——财政拨款支出——基本支出"或"事业支出"科目，贷记"财政拨款预算收入""资金结存——零余额账户用款额度"等科目。

【例10-11】2019年3月18日，某市直行政单位报销差旅费3 383元，财政授权支付。

财务会计：

借：业务活动费用——商品和服务费用——差旅费   3 383

  贷：零余额账户用款额度   3 383

预算会计：

借：行政支出——财政拨款支出——基本支出——日常公用经费——差旅费

    3 383

  贷：资金结存——零余额账户用款额度   3 383

【例10-12】2020年9月，某市直事业单位支付演员乐队赴广饶参赛差旅费支出5 318元，使用项目资金列支，财政授权支付。

财务会计：

借：业务活动费用——商品和服务费用——差旅费   5 318

  贷：零余额账户用款额度   5 318

预算会计：

借：事业支出——财政拨款支出——项目支出——非税有偿演出补助——艺术表
　　演团体——差旅费　　　　　　　　　　　　　　　　　　　　　5 318

　　贷：资金结存——零余额账户用款额度　　　　　　　　　　　　　　5 318

【例 10 – 13】2020 年 5 月 31 日，某市直行政单位支付职工外出差旅费 2 451 元，
使用项目资金列支，财政授权支付。

财务会计：

借：业务活动费用——商品和服务费用——差旅费　　　　　　　　　2 451

　　贷：零余额账户用款额度　　　　　　　　　　　　　　　　　　　2 451

预算会计：

借：行政支出——财政拨款支出——项目支出——招商引资专项——招商引资
　　——差旅费　　　　　　　　　　　　　　　　　　　　　　　　　2 451

　　贷：资金结存——零余额账户用款额度　　　　　　　　　　　　　2 451

【例 10 – 14】2020 年 9 月 30 日，某市直行政单位报销职工参加科技创新质量发展
培训班差旅费 2 329 元，使用日常公用经费，财政授权支付。

财务会计：

借：业务活动费用——商品和服务费用——差旅费　　　　　　　　　2 329

　　贷：零余额账户用款额度　　　　　　　　　　　　　　　　　　　2 329

预算会计：

借：行政支出——财政拨款支出——基本支出——日常公用经费——行政运行
　　——差旅费　　　　　　　　　　　　　　　　　　　　　　　　　2 329

　　贷：资金结存——零余额账户用款额度　　　　　　　　　　　　　2 329

【例 10 – 15】2020 年 5 月 25 日，某市直行政单位使用日常公用经费支付疫情期间
督导市内交通费 13 020 元，财政授权支付。

财务会计：

借：业务活动费用——商品和服务费用——差旅费　　　　　　　　13 020

　　贷：零余额账户用款额度　　　　　　　　　　　　　　　　　　13 020

预算会计：

借：行政支出——财政拨款支出——基本支出——日常公用经费——行政运行
　　——差旅费　　　　　　　　　　　　　　　　　　　　　　　　13 020

　　贷：资金结存——零余额账户用款额度　　　　　　　　　　　　13 020

（四）公务接待费

公务接待费是指单位按规定开支的各类公务接待活动（包括接待人员考察调研、执

行任务、学习交流、检查指导工作以及邀请专家参加会议等公务活动）发生的接待费用。

单位发生公务接待费支出时，财务会计借记"业务活动费用——商品和服务费用"科目，贷记"财政拨款收入""零余额账户用款额度"等科目；预算会计借记"行政支出""事业支出"科目，贷记"财政拨款预算收入""资金结存——零余额账户用款额度"等科目。

【例 10 – 16】2020 年 4 月 9 日，某市直行政单位使用日常公用经费支付公务接待费 626 元，财政授权支付。

财务会计：

借：业务活动费用——商品和服务费用——公务接待费　　　　　626

　　贷：零余额账户用款额度　　　　　626

预算会计：

借：行政支出——财政拨款支出——基本支出——日常公用经费——行政运行
　　——公务接待费　　　　　626

　　贷：资金结存——零余额账户用款额度　　　　　626

【例 10 – 17】2021 年 1 月 18 日，某市直行政单位使用公务卡支付公务接待费 390 元，使用项目资金列支，财政授权支付。

财务会计：

借：业务活动费用——商品和服务费用——公务接待费　　　　　390

　　贷：零余额账户用款额度　　　　　390

预算会计：

借：行政支出——财政拨款支出——项目支出——自然资源综合管理业务类支出
　　——其他自然资源事务支出——缴入国库的非税收费资金——公务接待费
　　　　　390

　　贷：资金结存——零余额账户用款额度　　　　　390

【例 10 – 18】2020 年 9 月 30 日，某市直行政单位支付省驻欧洲代表处来洽谈考察接待费 1 350 元，使用项目资金列支，直接支付。

财务会计：

借：业务活动费用——商品和服务费用——公务接待费　　　　　1 350

　　贷：财政拨款收入——一般预算支出　　　　　1 350

预算会计：

借：行政支出——财政拨款支出——项目支出——招商引资专项——招商引资
　　——公务接待费　　　　　1 350

　　贷：财政拨款预算收入——项目支出——招商引资专项——一般预算支出
　　　　　1 350

【例 10-19】2020 年 10 月 21 日，某市直行政单位使用日常公用经费支付市××局联系全市研发统计工作接待费 816 元，财政授权支付。

财务会计：

借：业务活动费用——商品和服务费用——公务接待费　　　　　816

　　贷：零余额账户用款额度　　　　　　　　　　　　　　　　　　816

预算会计：

借：行政支出——财政拨款支出——基本支出——日常公用经费——行政运行

　　——公务接待费　　　　　　　　　　　　　　　　　　　　816

　　贷：资金结存——零余额账户用款额度　　　　　　　　　　　　816

【例 10-20】2020 年 7 月 9 日，某市直行政单位支付边界实地抽检及地名普查验收接待费 1 189 元，使用项目资金列支，财政授权支付。

财务会计：

借：业务活动费用——商品和服务费用——公务接待费　　　　　1 189

　　贷：零余额账户用款额度　　　　　　　　　　　　　　　　　　1 189

预算会计：

借：行政支出——财政拨款支出——项目支出——民政社会服务资金——其他民

　　政管理事务支出——公务接待费　　　　　　　　　　　　1 189

　　贷：资金结存——零余额账户用款额度　　　　　　　　　　　　1 189

【例 10-21】2021 年 2 月 24 日，某市直行政单位支付市救助管理站开展流浪乞讨滞留人员寻亲活动接待费 606 元，使用项目资金列支，财政授权支付。

财务会计：

借：业务活动费用——商品和服务费用——公务接待费　　　　　606

　　贷：零余额账户用款额度　　　　　　　　　　　　　　　　　　606

预算会计：

借：行政支出——财政拨款支出——项目支出——民政社会服务资金——其他民

　　政管理事务支出——公务接待费　　　　　　　　　　　　606

　　贷：资金结存——零余额账户用款额度　　　　　　　　　　　　606

【例 10-22】2019 年 11 月 27 日，某市直行政单位使用日常公用经费支付市局督查联系人居环境整改落实情况的公务接待费 600 元，财政授权支付。

财务会计：

借：业务活动费用——商品和服务费用——公务接待费　　　　　600

　　贷：零余额账户用款额度　　　　　　　　　　　　　　　　　　600

预算会计：

借：行政支出——财政拨款支出——基本支出——日常公用经费——行政运行

——公务接待费 600

    贷：资金结存——零余额账户用款额度 600

【例10-23】2020年10月27日，某市直行政单位付5月13日公务接待费700元，使用项目资金列支，直接支付。

财务会计：

借：业务活动费用——商品和服务费用——公务接待费 700

    贷：财政拨款收入 700

预算会计：

借：行政支出——财政拨款支出——项目支出——统计业务专项补助——一般行政管理事务——公务接待费 700

    贷：财政拨款预算收入——项目支出——统计业务专项补助——一般行政管理事务 700

二、机关日常运行

（一）邮电费

邮电费是各单位为保证日常工作的正常运行所支付的通信费、电话费、网络维护费、宽带费用以及其他邮电服务费用等。

单位通过零余额账户支付广播影视收视费、材料邮寄费以及办公电话费等，属于直接列入费用的情况，财务会计应当直接计入业务活动费用，预算会计直接列入支出。注意日常公共网络通信费用按照邮电通信费处理；专线网络和专线电话的网络租赁和运行维护费分别计入租赁费和维修（护）费，不在"邮电费"科目核算（注意与发票项目匹配）。

发生邮电费支出，财务会计借记"业务活动费用——商品和服务费用——邮电费"科目，贷记"财政拨款收入""零余额账户用款额度""银行存款"等科目；预算会计借记"行政支出"科目，贷记"财政拨款预算收入""资金结存——零余额账户用款额度""资金结存——货币资金"等科目。

【例10-24】2019年3月7日，某市直行政单位支付通信费2 972元，财政授权支付。

财务会计：

借：业务活动费用——商品和服务费用——邮电费 2 972

    贷：零余额账户用款额度 2 972

预算会计：

借：行政支出——财政拨款支出——基本支出——日常公用经费　2 972

　　贷：资金结存——零余额账户用款额度　　　　　　　　　　　　2 972

【例10 -25】2021 年1 月18 日，某市直行政单位支付电话费6 341.16 元，使用项目资金列支，财政授权支付。

财务会计：

借：业务活动费用——商品和服务费用——邮电费　　　　　　6 341.16

　　贷：零余额账户用款额度　　　　　　　　　　　　　　　　　6 341.16

预算会计：

借：行政支出——财政拨款支出——项目支出——自然资源综合管理业务类支出

　　——其他自然资源事务支出——缴入国库的非税收费资金——邮电费

　　　　　　　　　　　　　　　　　　　　　　　　　　　　　6 341.16

　　贷：资金结存——零余额账户用款额度　　　　　　　　　　　6 341.16

【例10 -26】2020 年2 月29 日，某市直行政单位使用日常公用经费支付电话费550 元，财政授权支付。

财务会计：

借：业务活动费用——商品和服务费用——邮电费　　　　　　　550

　　贷：零余额账户用款额度　　　　　　　　　　　　　　　　　　550

预算会计：

借：行政支出——财政拨款支出——基本支出——日常公用经费——行政运行

　　——邮电费　　　　　　　　　　　　　　　　　　　　　　　550

　　贷：资金结存——零余额账户用款额度　　　　　　　　　　　　550

【例10 -27】2019 年2 月12 日，某市直行政单位交电话费960 元，使用项目资金列支，财政授权支付。

财务会计：

借：业务活动费用——商品和服务费用——邮电费　　　　　　　960

　　贷：零余额账户用款额度　　　　　　　　　　　　　　　　　　960

预算会计：

借：行政支出——财政拨款支出——项目支出——××项目——邮电费

　　　　　　　　　　　　　　　　　　　　　　　　　　　　　960

　　贷：资金结存——零余额账户用款额度　　　　　　　　　　　　960

【例10 -28】2021 年3 月18 日，某市直行政单位支付创城彩铃费1 440 元，使用日常公用经费，财政授权支付。

财务会计：

借：业务活动费用——商品和服务费用——邮电费　　　　　　　1 440

　　贷：零余额账户用款额度　　　　　　　　　　　　　　　　　1 440

　　预算会计：

　　借：行政支出——财政拨款支出——基本支出——日常公用经费——一般商品和
　　　　服务支出（日常公用）——行政运行——邮电费　　　　1 440

　　　　贷：资金结存——零余额账户用款额度　　　　　　　　　1 440

【例 10 - 29】2020 年 1 月 2 日，某市直行政单位支付 2021 年电梯年检合格证快递
费 20 元，使用日常公用经费，财政授权支付。

　　财务会计：

　　借：业务活动费用——商品和服务费用——邮电费　　　　　　20

　　　　贷：零余额账户用款额度　　　　　　　　　　　　　　　20

　　预算会计：

　　借：行政支出——财政拨款支出——基本支出——日常公用经费——行政运行
　　　　——邮电费　　　　　　　　　　　　　　　　　　　　　20

　　　　贷：资金结存——零余额账户用款额度　　　　　　　　　20

【例 10 - 30】2020 年 1 月 20 日，某市直行政单位支付人才档案邮寄费 576.40 元，
财政授权支付。

　　财务会计：

　　借：业务活动费用——商品和服务费用——邮电费　　　　　　576.40

　　　　贷：零余额账户用款额度　　　　　　　　　　　　　　　576.40

　　预算会计：

　　借：行政支出——财政拨款支出——基本支出——日常公用经费——邮电费
　　　　　　　　　　　　　　　　　　　　　　　　　　　　　576.40

　　　　贷：资金结存——零余额账户用款额度　　　　　　　　　576.40

（二）　租车费

　　租车费是指因公外出参加活动及执行其他公务所支付的汽车租赁费、加油费、过
路过桥费等相关费用。

　　租车费要有租车合同或租车协议、租车费用详单、租车行程详单。一般租用车辆
加油费过路费都应租赁公司承担，合同另有约定者参考当地租车管理办法。

　　单位发生租车费支出，财务会计借记"业务活动费用——商品和服务费用——其
他交通费用"或"单位管理费用——商品和服务费用——其他交通费用"科目，贷记
"财政拨款收入""零余额账户用款额度"等科目；预算会计借记"行政支出——财政
拨款支出——基本支出"或"事业支出"科目，贷记"财政拨款预算收入""资金结

存——零余额账户用款额度"等科目。

【例10-31】2019年4月2日，某市直行政单位支付汽车租赁费1 500元，财政直接支付。

财务会计：

借：业务活动费用——商品和服务费用——其他交通费用　　　1 500

　　贷：财政拨款收入　　　　　　　　　　　　　　　　　　　　　　1 500

预算会计：

借：行政支出——财政拨款支出——基本支出——日常公用经费——其他交通费用　　　　　　　　　　　　　　　　　　　　　　　　　　　　　　1 500

　　贷：财政拨款预算收入——日常公用经费——行政运行　　　　　1 500

【例10-32】2021年7月5日，某市直行政单位与××大学对接实践基地事宜，支付给市汽车出租公司租车费700元，使用日常公用经费，财政直接支付。

财务会计：

借：业务活动费用——商品和服务费用——其他交通费用　　　700

　　贷：财政拨款收入　　　　　　　　　　　　　　　　　　　　　700

预算会计：

借：行政支出——财政拨款支出——基本支出——日常公用经费——其他交通费用　　　　　　　　　　　　　　　　　　　　　　　　　　　　　　700

　　贷：财政拨款预算收入——日常公用经费——行政运行　　　　　700

（三）报刊费

报刊费是指单位为满足日常办公需求，提高单位工作人员的思想水平以及专业胜任能力，所订阅的阅读刊物的费用支出。

发生报刊费支出，财务会计借记"业务活动费用——商品和服务费用"科目，贷记"财政拨款收入""零余额账户用款额度"等科目；预算会计借记"行政支出""事业支出"科目，贷记"财政拨款预算收入""资金结存——零余额账户用款额度"等科目。

"待摊费用"核算单位已经支付，但应当由本期和以后各期分别负担的分摊期在1年以内（含1年）的各项费用。发生待摊费用时，按照实际预付的金额，财务会计借记"待摊费用"科目，贷记"财政拨款收入""零余额账户用款额度""银行存款"等科目；预算会计借记"行政支出"或"事业支出"科目，贷记"财政拨款预算收入""资金结存——零余额账户用款额度""资金结存——货币资金"等科目。按照受益期限分期平均摊销时，按照摊销金额，借记"业务活动费用""单位管理费用"等科目，贷记"待摊费用"科目；预算会计不作处理。

按照受益期限分期平均摊销时，按照摊销金额，借记"业务活动费用""单位管理费用"等科目，贷记"待摊费用"科目。如某项待摊费用已经不能使单位受益，应当将其摊余金额一次全部转入当期费用。按照摊销金额，借记"业务活动费用""单位管理费用"等科目，贷记"待摊费用"科目。

【例 10 - 33】2020 年 12 月 7 日，某市直行政单位使用日常公用经费支付报刊《内参选编》订阅费 1 794 元，2021 年 1 月收到发票，财政授权支付。

（1）2020 年 12 月，付款时：

财务会计：

借：其他应收款——报刊订阅　　　　　　　　　　　　　　　　　　1 794

　　贷：零余额账户用款额度　　　　　　　　　　　　　　　　　　　1 794

预算会计：

借：行政支出——日常公用经费——行政运行——办公费　　　　　　1 794

　　贷：资金结存——零余额账户用款额度　　　　　　　　　　　　　1 794

（2）2021 年 1 月收发票，因本业务数额不大，不进行摊销。

财务会计：

借：业务活动费用——商品和服务费用——办公费　　　　　　　　　1 794

　　贷：其他应收款——报刊订阅　　　　　　　　　　　　　　　　　1 794

预算会计不作处理。

【例 10 - 34】2020 年 2 月 29 日，某市直行政单位使用日常公用经费支付报刊费 630 元，财政授权支付。

财务会计：

借：业务活动费用——商品和服务费用——办公费　　　　　　　　　　630

　　贷：零余额账户用款额度　　　　　　　　　　　　　　　　　　　　630

预算会计：

借：行政支出——财政拨款支出——基本支出——日常公用经费——行政运行
　　——办公费　　　　　　　　　　　　　　　　　　　　　　　　　630

　　贷：资金结存——零余额账户用款额度　　　　　　　　　　　　　　630

【例 10 - 35】2020 年 12 月 1 日，某市直行政单位付党报党刊费 39 923 元及 12 月 4 日付《习近平谈治国理政》第三卷购买费 640 元共计 40 563 元，授权支付。

（1）2020 年 12 月，暂付 2021 年报刊费，暂时未收到发票。

财务会计：

借：其他应收款——报刊订阅　　　　　　　　　　　　　　　　　　39 923

　　业务活动费用——商品和服务费用——办公费　　　　　　　　　　640

　　　贷：零余额账户用款额度——一般商品和服务支出——行政运行　40 563

预算会计：

借：行政支出——财政拨款支出——基本支出——日常公用经费——行政运行
　　——报刊费 40 563

　　贷：资金结存——零余额账户用款额度 40 563

（2）2021 年 1 月，因党报党刊费数额较大计入待摊费用按月进行摊销（月摊销额
3 326.92 元 = 39 923/12）

财务会计：

借：待摊费用 39 923

　　贷：其他应收款——报刊订阅 39 923

预算会计不作处理。

1 月摊销时：

财务会计：

借：业务活动费用——商品和服务费用——办公费 3 326.92

　　贷：待摊费用 3 326.92

【例 10－36】某市直行政单位支付订阅自然资源报、绿色时报、矿业报以及生态
文明世界、山东国土、不动产、中国土地等费用 51 772.80 元。2020 年 12 月 23 日付
12 960 元，12 月 24 日付 36 868.80 元，2021 年 1 月 5 日付 1 944 元，使用项目资金列
支，财政授权支付。

（1）2020 年 12 月付款订阅时，已收到发票 49 828.80 元。

财务会计：

借：待摊费用 49 828.80

　　贷：零余额账户用款额度 49 828.80

预算会计：

借：行政支出——财政拨款支出——项目支出——自然资源综合管理事务支出
　　——一般行政管理事务——办公费 49 828.80

　　贷：资金结存——零余额账户用款额度 49 828.80

（2）2021 年 1 月，付 1 944 元。

财务会计：

借：待摊费用 1 944

　　贷：零余额账户用款额度——自然资源综合管理事务支出——一般行政管理
　　事务 1 944

预算会计：

借：行政支出——财政拨款支出——项目支出——自然资源综合管理事务支出
　　——一般行政管理事务——办公费 1 944

  贷：资金结存——零余额账户用款额度   1 944

（3）合并摊销，月摊销额 4 314.4 元（51 772.8/12）。

财务会计：

  借：业务活动费用——商品和服务费用——办公费   314.4

    贷：待摊费用   4 314.4

预算会计不作处理。

【例 10－37】 2020 年 4 月 1 日，某市直行政单位支付图书费 222 元，财政授权支付。

财务会计：

  借：业务活动费用——商品和服务费用——办公费   222

    贷：零余额账户用款额度   222

预算会计：

  借：行政支出——财政拨款支出——基本支出——日常公用经费——一般公共服

    务支出——行政运行——商品和服务支出——办公费   222

    贷：资金结存——零余额账户用款额度   222

【例 10－38】 2020 年 12 月 31 日，某市直行政单位摊销订阅刊物费用××期刊一年费用 150 元，每月摊销 12.5 元；《××日报》一年费用 480 元，每月摊销 40 元；《××周末》一年费用 200 元，每月摊销 16.67 元；《××幸福》一年费用 600 元，每月摊销 50 元；××期刊一年费用 36 元，每月摊销 3 元；《××城市管理》一年费用 375 元，每期摊销 62.5 元，共计 184.63 元。

财务会计：

  借：业务活动费用——商品和服务费用——办公费   184.63

    贷：待摊费用   184.63

预算会计不作处理。

【例 10－39】 2020 年 12 月 8 日，某市直事业单位支付 2021 年度报刊费 15 963.60 元，使用日常公用经费，财政授权支付。

财务会计：

  借：待摊费用   15 963.60

    贷：零余额账户用款额度   15 963.60

预算会计：

  借：事业支出——财政拨款支出——基本支出——日常公用经费——一般商品和

    服务支出（日常公用）——干部教育——办公费   15 963.60

    贷：资金结存——零余额账户用款额度   15 963.60

【例 10－40】 某市直行政单位摊销报纸杂志费 15 674.17 元。

财务会计：

借：业务活动费用——商品和服务费用——办公费　　　　　　15 674.17

　　　贷：待摊费用　　　　　　　　　　　　　　　　　　　　　　15 674.17

预算会计不作处理。

【例 10-41】2020 年 12 月 1 日，某市直行政单位支付《××日报》党报党刊等报刊费总计 10 006 元，使用日常公用经费授权支付 1 200 元，剩余 8 806 元使用项目资金列支，财政授权支付。

财务会计：

借：待摊费用　　　　　　　　　　　　　　　　　　　　　　10 006

　　　贷：零余额账户用款额度　　　　　　　　　　　　　　　　　10 006

预算会计：

借：行政支出——财政拨款支出——基本支出——日常公用经费——行政运行

　　　——其他商品和服务支出　　　　　　　　　　　　　　　　1 200

　　　贷：资金结存——零余额账户用款额度　　　　　　　　　　　1 200

借：行政支出——财政拨款支出——项目支出——离退休干部党组织建设——其

　　　他共产党事务支出——办公费　　　　　　　　　　　　　　8 806

　　　贷：资金结存——零余额账户用款额度　　　　　　　　　　　8 806

【例 10-42】2020 年 12 月 31 日，某市直行政单位摊销 12 月《关爱》《中国火炬》等报纸杂志费共计 1 110.53 元。

财务会计：

借：业务活动费用——商品和服务费用——办公费　　　　　　1 110.53

　　　贷：待摊费用——报纸杂志　　　　　　　　　　　　　　　　1 110.53

预算会计不作处理。

（四）办公费

发生办公费相关支出时，财务会计借记"业务活动费用——商品和服务费用""单位管理费用——商品和服务费用"科目，贷记"零余额账户用款额度""财政拨款收入"等科目；预算会计借记"行政支出""事业支出"科目，贷记"资金结存——零余额账户用款额度""财政拨款预算收入"等科目。

【例 10-43】2020 年 9 月 30 日，某市直行政单位使用日常公用经费报销××小区的工具费 565.5 元、购买办公室风扇款 147 元，财政授权支付。

财务会计：

借：业务活动费用——商品和服务费用——办公费　　　　　　712.50

　　　贷：零余额账户用款额度　　　　　　　　　　　　　　　　712.50

预算会计：

借：行政支出——财政拨款支出——基本支出——日常公用经费——行政运行
　　——办公费　　　　　　　　　　　　　　　　　　　　　　712.50

　　贷：资金结存——零余额账户用款额度　　　　　　　　　712.50

【例 10－44】2020 年 12 月 14 日，某市直事业单位支付单位微信公众号开发服务费 300 元，使用日常公用经费授权支付。

财务会计：

借：单位管理费用——商品和服务费用——办公费　　　　　　300

　　贷：零余额账户用款额度　　　　　　　　　　　　　　　　300

预算会计：

借：事业支出——财政拨款支出——基本支出——日常公用经费——事业运行
　　——办公费　　　　　　　　　　　　　　　　　　　　　　300

　　贷：资金结存——零余额账户用款额度　　　　　　　　　　300

【例 10－45】2019 年 12 月 26 日，某市直行政单位支付人才市场三支一扶人员慰问品费 5 000 元，使用项目资金列支，财政授权支付。

财务会计：

借：业务活动费用——商品和服务费用——办公费　　　　　5 000

　　贷：零余额账户用款额度　　　　　　　　　　　　　　　5 000

预算会计：

借：行政支出——财政拨款支出——项目支出——人力资源综合业务补助——其
　　他人力资源和社会保障管理事务支出——办公费　　　　5 000

　　贷：资金结存——零余额账户用款额度　　　　　　　　　5 000

【例 10－46】2020 年 7 月 20 日，某市直行政单位支付给保险公司实习生团体意外伤害保险 125 元，使用项目资金列支，财政授权支付。

财务会计：

借：业务活动费用——商品和服务费用——办公费　　　　　　125

　　贷：零余额账户用款额度　　　　　　　　　　　　　　　　125

预算会计：

借：行政支出——财政拨款支出——项目支出——人力资源综合业务补助——其
　　他人力资源和社会保障管理事务支出——办公费　　　　　125

　　贷：资金结存——零余额账户用款额度　　　　　　　　　　125

【例 10－47】2020 年 8 月 15 日，某市直行政单位支付 2020 年大学生应召入伍招聘工作人员笔试、面试考务费共计 7 950 元，使用日常公用经费财政授权支付。

财务会计：

借：业务活动费用——商品和服务费用——办公费　　　　　　　　7 950

　　贷：零余额账户用款额度　　　　　　　　　　　　　　　　　　　7 950

预算会计：

借：行政支出——财政拨款支出——日常公用经费——行政运行——办公费——

　　一般预算支出　　　　　　　　　　　　　　　　　　　　　　7 950

　　贷：资金结存——零余额账户用款额度　　　　　　　　　　　　　7 950

【例 10 - 48】2020 年 10 月 21 日，某市直行政单位支付引进人才业务相关住宿费 1 908 元、工作餐费 1 767 元、场租费 1 659 元，共计 5 334 元，使用项目资金列支，财政授权支付。

财务会计：

借：业务活动费用——商品和服务费用——办公费　　　　　　　　5 334

　　贷：零余额账户用款额度　　　　　　　　　　　　　　　　　　　5 334

预算会计：

借：行政支出——财政拨款支出——项目支出——2020 年秋冬季引才、专家服务

　　基层活动经费——其他人力资源和社会保障管理事务支出——办公费

　　　　　　　　　　　　　　　　　　　　　　　　　　　　　　5 334

　　贷：资金结存——零余额账户用款额度　　　　　　　　　　　　　5 334

【例 10 - 49】2020 年 12 月 1 日，某市直行政单位付职业技能鉴定考试中心鉴定费 53 420.40 元，使用项目资金列支，财政授权支付。

财务会计：

借：业务活动费用——商品和服务费用——办公费　　　　　　　53 420.40

　　贷：零余额账户用款额度　　　　　　　　　　　　　　　　　53 420.40

预算会计：

借：行政支出——财政拨款支出——项目支出——人力资源综合业务补助——一

　　般行政管理事务——办公费　　　　　　　　　　　　　　　23 420.40

　　行政支出——财政拨款支出——项目支出——人力资源综合业务补助——公

　　共就业服务和职业技能鉴定机构——办公费　　　　　　　　14 140

　　行政支出——财政拨款支出——项目支出——人力资源综合业务补助——一

　　般行政管理事务——办公费——缴入国库的非税收费资金　　15 860

　　贷：资金结存——零余额账户用款额度　　　　　　　　　　　53 420.40

【例 10 - 50】2020 年 12 月 24 日，某市直行政单位付老干支部工作经费 2 000 元，财政授权支付。

财务会计：

借：业务活动费用——商品和服务费用——办公费　　　　　　　　2 000

  贷：零余额账户用款额度——其他基本支出——离退休党组织班子成员工作

经费及补助——行政运行   2 000

预算会计：

  借：行政支出——财政拨款支出——人员经费——行政运行——办公费——一般

预算支出   2 000

    贷：资金结存——零余额账户用款额度   2 000

【例 10 – 51】2020 年 1 月 14 日，某市直行政单位支付给××网络科技有限公司网络技术服务费 24 180 元，财政授权支付。

  财务会计：

    借：业务活动费用——商品和服务费用——办公费   24 180

      贷：零余额账户用款额度   24 180

  预算会计：

    借：行政支出——财政拨款支出——基本支出——商品和服务支出——办公费

                        24 180

      贷：资金结存——零余额账户用款额度   24 180

【例 10 – 52】2020 年 12 月 9 日，某市直行政单位支付不动产消费券办公室耗材购置费 6 865 元，使用项目资金列支，财政授权支付。

  财务会计：

    借：业务活动费用——商品和服务费用——办公费   6 865

      贷：零余额账户用款额度   6 865

  预算会计：

    借：行政支出——财政拨款支出——项目支出——追加"不动产消费券"活动配备

    人员及设备追加预算——其他自然资源事务支出——办公费 6 865

      贷：资金结存——零余额账户用款额度   6 865

（五）印 刷 费

  印刷费是指单位为满足日常办公的需要，所支付的材料印刷费用，例如凭证封面印刷费、调查问卷印刷费以及复印费等。

  单位发生日常办公中印刷费用，按照实际支付的金额，财务会计借记"业务活动费用——商品和服务费用——印刷费"科目，贷记"零余额账户用款额度""财政拨款收入"等科目；预算会计借记"行政支出"科目，贷记"资金结存——零余额账户用款额度""财政拨款预算收入"等科目。

  【例 10 – 53】2020 年 4 月 28 日，某市直行政单位使用日常公用经费支付印刷费

10 080 元，财政授权支付。

财务会计：

借：业务活动费用——商品和服务费用——印刷费   10 080

　　贷：零余额账户用款额度   10 080

预算会计：

借：行政支出——财政拨款支出——基本支出——日常公用经费——行政运行

　　——印刷费   10 080

　　贷：资金结存——零余额账户用款额度   10 080

（六）交工会经费

工会经费是指工会组织开展各项活动所需要的费用。工会经费来源有：一是会员按照中华全国总工会的规定交纳的会费；二是工会举办的事业的收入；三是行政方面根据工会法的规定拨交的经费；四是各级政府和企业、事业单位行政的补助。

按照规定，基层工会应该独立核算，开设独立的银行结算账户，不允许与单位资金混用，工会财务可以委托单位财务部门代理做账。工会经费由单位按规定比例拨缴，工会会费按规定向工会会员收取，单位也可以依法对工会组织给予经费补助。

缴纳工会经费，财务会计借记"业务活动费用——商品和服务费用——工会经费"科目，贷记"零余额账户用款额度"等科目；预算会计借记"行政支出"科目，贷记"资金结存——零余额账户用款额度"等科目。

【例 10 – 54】2020 年 10 月某市直行政单位使用日常公用经费支付 2020 年上半年工会经费 119 930 元，授权支付。

财务会计：

借：业务活动费用——商品和服务费用——工会经费   119 930

　　贷：零余额账户用款额度   119 930

预算会计：

借：行政支出——财政拨款支出——基本支出——日常公用经费——行政运行

　　——工会经费——一般预算支出   119 930

　　贷：资金结存——零余额账户用款额度   119 930

（七）网络租赁费

网络租赁费反映租赁专用通信网等方面的费用。支付网络租赁费，财务会计借记"业务活动费用——商品和服务费用"科目，贷记"财政拨款收入"等科目；预算会计借记"行政支出"科目，贷记"财政拨款预算收入"等科目。

【例10－55】某市直行政单位支付政务外网互联网出口租赁费191 592元，使用项目资金列支，财政直接支付。

财务会计：

借：业务活动费用——商品和服务费用——租赁费 191 592

　　贷：财政拨款收入 191 592

预算会计：

借：行政支出——财政拨款支出——基本支出——项目支出——市信息化发展专项经费——一般行政管理事务——租赁费 191 592

　　贷：财政拨款预算收入——项目支出——市信息化发展专项经费——一般行政管理事务 191 592

（八）日常维修费用

单位发生的日常维修费用，如办公室维修费、路灯零星维修费、维修器材采购款等，应当在发生时计入财务会计的业务活动费用，如果直接发生预算资金流出的，还应当同时在预算会计中列支。

发生日常维修费用相关支出，财务会计借记"业务活动费用——商品和服务费用——维修（护）费"科目，贷记"银行存款""零余额账户用款额度""财政拨款收入"等科目；预算会计借记"行政支出"科目，贷记"资金结存——货币资金""资金结存——零余额账户用款额度""财政拨款预算收入"等科目。

【例10－56】2020年6月10日，某市直行政单位使用日常公用经费支付办公室地面维修费10 420元，财政授权支付。

财务会计：

借：业务活动费用——商品和服务费用——维修（护）费 10 420

　　贷：零余额账户用款额度 10 420

预算会计：

借：行政支出——财政拨款支出——基本支出——日常公用经费——行政运行——维修（护）费 10 420

　　贷：资金结存——零余额账户用款额度 10 420

【例10－57】2020年12月29日，某市直行政单位支付装修改造费21 000元，使用项目资金列支，财政授权支付。

财务会计：

借：业务活动费用——商品和服务费用——维修（护）费 21 000

　　贷：零余额账户用款额度 21 000

预算会计：

借：行政支出——财政拨款支出——项目支出——社会服务资金——其他管理事
　　务支出——维修（护）费　　　　　　　　　　　　　　　21 000
　　贷：资金结存——零余额账户用款额度　　　　　　　　　　　21 000

【例 10 - 58】2019 年 1 月 22 日，某市直行政单位使用日常公用经费支付老局办公
楼维修费 4 261 元，财政授权支付。

财务会计：

借：业务活动费用——商品和服务费用——维修（护）费　　　4 261
　　贷：零余额账户用款额度　　　　　　　　　　　　　　　　　4 261

预算会计：

借：行政支出——财政拨款支出——日常公用经费——行政运行——维修（护）
　　费　　　　　　　　　　　　　　　　　　　　　　　　　4 261
　　贷：资金结存——零余额账户用款额度　　　　　　　　　　4 261

（九）咨询费

咨询费是指为保证业务活动顺利进行，单位就相关事项从咨询人员或公司获得意
见或建议而支付的费用，例如工程造价咨询费、消防工程造价咨询费、法律顾问费等。

发生咨询费相关支出，财务会计借记"业务活动费用——商品和服务费用——咨
询费"科目，贷记"财政拨款收入""零余额账户用款额度"等科目；预算会计借记
"行政支出""事业支出"等科目，贷记"财政拨款预算收入""资金结存——零余额
账户用款额度"等科目。

【例 10 - 59】2021 年 2 月 10 日，某市直行政单位支付给山东××工程咨询管理有
限公司咨询费 3 100 元，使用项目资金列支，直接支付。

财务会计：

借：业务活动费用——商品和服务费用——咨询费　　　　　　3 100
　　贷：财政拨款收入　　　　　　　　　　　　　　　　　　　3 100

预算会计：

借：行政支出——财政拨款支出——项目支出——市政管理经费——其他城乡社
　　区公共设施支出——咨询费　　　　　　　　　　　　　　3 100
　　贷：财政拨款预算收入——项目支出——市政管理经费——其他城乡社区公
　　　　共设施支出　　　　　　　　　　　　　　　　　　　　3 100

【例 10 - 60】2021 年 2 月 10 日，某市直行政单位支付××勘察测绘院城区××一
路西段、××二路南段人行道改造项目设计费 48 800 元（前期已挂账），使用项目资

金列支，财政直接支付。

财务会计：

借：其他应付款——××勘察测绘院 48 800

　　贷：财政拨款收入 48 800

预算会计：

借：行政支出——财政拨款支出——项目支出——市政管理经费——其他城乡社

区公共设施支出——咨询费 48 800

　　贷：财政拨款预算收入——项目支出——市政管理经费——其他城乡社区公

　　　　共设施支出 48 800

【例 10 - 61】2021 年 1 月 18 日，某市直行政单位支付××工程项目管理有限公司
工程造价咨询费 4 000 元，使用项目资金列支，直接支付。

财务会计：

借：业务活动费用——商品和服务费用——咨询费 4 000

　　贷：财政拨款收入 4 000

预算会计：

借：行政支出——财政拨款支出——项目支出——市政管理经费——其他城乡社

区公共设施支出——咨询费 4 000

　　贷：财政拨款预算收入——项目支出——市政管理经费——其他城乡社区公

　　　　共设施支出 4 000

【例 10 - 62】2020 年 6 月 16 日，某市直行政单位支付给山东××律师事务所法律
服务费 10 000 元，使用项目资金列支，财政直接支付。

财务会计：

借：业务活动费用——商品和服务费用——咨询费 10 000

　　贷：财政拨款收入 10 000

预算会计：

借：行政支出——财政拨款支出——项目支出——优抚安置资金——其他退役军

人事务管理支出——咨询费 10 000

　　贷：财政拨款预算收入——项目支出——优抚安置资金——其他退役军人事

　　　　务管理支出 10 000

三、会议费、培训费、宣传费

（一）会议费

会议费是指因公务召开会议时所发生的合理费用，包括代表证、会议资料费、租

车费、餐费等。按照经过批复年度会议计划举行的各类会议，报销要件齐全的情况下，按照实际发生的会议费，财务会计计入业务活动费用，预算会计计入当期支出。

发生会议费相关支出，财务会计借记"业务活动费用——商品和服务费用"科目，贷记"财政拨款收入""零余额账户用款额度"等科目；预算会计借记"行政支出"科目，贷记"财政拨款预算收入""资金结存——零余额账户用款额度"等科目。

【例 10-63】2020 年 12 月 1 日，某市直行政单位支付重点企业座谈会会议费 1 059 元，使用项目资金列支，财政授权支付。

财务会计：

借：业务活动费用——商品和服务费用——会议费　　　　　　　1 059
　　贷：零余额账户用款额度　　　　　　　　　　　　　　　　　　1 059

预算会计：

借：行政支出——财政拨款支出——项目支出——产学研合作经费——行政运行
　　——会议费　　　　　　　　　　　　　　　　　　　　　　　1 059
　　贷：资金结存——零余额账户用款额度　　　　　　　　　　　　1 059

（二）培训费

培训费反映除因公出国（境）培训费以外的，在培训期间发生的师资费、住宿费、伙食费、培训场地费、培训资料费、交通费等各类培训费用。发生培训费相关支出，财务会计借记"业务活动费用——商品和服务费用"科目，贷记"银行存款""零余额账户用款额度"等科目；预算会计借记"行政支出——财政拨款支出"科目，贷记"资金结存——货币资金""资金结存——零余额账户用款额度"等科目，财政直接支付方式下，贷记"财政拨款预算收入"科目。

【例 10-64】2020 年 12 月 28 日，某市直行政单位支付老干支部书记培训费 9 700 元、培训租车费 2 700 元、培训材料费 1 074.75 元、培训费 2 565 元，共计 16 039.75 元，使用项目资金列支，财政授权支付。

财务会计：

借：业务活动费用——商品和服务费用——培训费　　　　　　16 039.75
　　贷：零余额账户用款额度　　　　　　　　　　　　　　　　16 039.75

预算会计：

借：行政支出——财政拨款支出——项目支出——离退休干部党组织建设——其
　　他共产党事务支出——培训费　　　　　　　　　　　　　16 039.75
　　贷：资金结存——零余额账户用款额度　　　　　　　　　　16 039.75

（三）宣传费

广告宣传费用包含广告制作费、媒介发布费等费用，支出时列入"其他商品和服务支出"。支付广告宣传费，财务会计借记"业务活动费用——商品和服务费用"科目，贷记"零余额账户用款额度"等科目；预算会计借记"行政支出"科目，贷记"资金结存——零余额账户用款额度"等科目。

【例 10－65】2020 年 4 月 29 日，某市直行政单位使用日常公用经费支付给××商行广告费制作费 7 360 元，财政授权支付。

财务会计：

借：业务活动费用——商品和服务费用　　　　　　　　　　　　7 360
　　贷：零余额账户用款额度　　　　　　　　　　　　　　　　　　7 360

预算会计：

借：行政支出——财政拨款支出——基本支出——日常公用经费——行政运行
　　——其他商品和服务支出　　　　　　　　　　　　　　　　7 360
　　贷：资金结存——零余额账户用款额度　　　　　　　　　　　　7 360

第二节　市直单位保障管理业务

一、水电气暖业务

（一）水电费

预存水电费时，根据合同或协议规定的款项，按照预付金额，财务会计借记"预付账款"科目，贷记"财政拨款收入""零余额账户用款额度""银行存款"等科目；预算会计借记"行政支出""事业支出"科目，贷记"财政拨款预算收入""资金结存——零余额账户用款额度"等科目。发生水电费时，按期结算水电费时，借记"业务活动费用——商品和服务费用"科目，贷记"预付账款"科目；预算会计不作处理。

水电费不需预存时，发生水电费支出，财务会计借记"业务活动费用——商品和服务费用"科目，贷记"财政拨款收入""零余额账户用款额度"等科目；预算会计借记"行政支出""事业支出"科目，贷记"资金结存——零余额账户用款额度""财政拨款预算收入""资金结存——货币资金"等科目。

【例 10－66】2020 年 3 月 31 日，某市直行政单位收到物业公司 1 月水费单据 1 285.2 元，1 月电费单据 59 003 元，暂未支付。5 月支付到账，用项目资金列支。财政直接支付。

（1）收到单据时：

财务会计：

借：业务活动费用——商品和服务费用——水费　　　　　1 285.20

　　　　　　　　　　　　　　　——电费　　　　　　　　59 003

　　贷：应付账款——物业公司　　　　　　　　　　　　　　60 288.2

预算会计不作处理。

（2）支付时：

财务会计：

借：应付账款——物业公司　　　　　　　　　　　　60 288.20

　　贷：财政拨款收入　　　　　　　　　　　　　　　　60 288.20

预算会计：

借：行政支出——财政拨款支出——项目支出——商品和服务支出——水费

　　　　　　　　　　　　　　　　　　　　　　　　1 285.20

　　　　　　　　　　　　　　　　——电费

　　　　　　　　　　　　　　　　　　　　　　　　59 003

　　贷：财政拨款预算收入　　　　　　　　　　　　　　60 288.20

【例 10 - 67】2020 年 6 月 5 日，某市直行政单位使用日常公用经费缴纳 5 月水费 2 294.25 元，使用公务卡支付。

财务会计：

借：业务活动费用——商品和服务费用——水费　　　　　2 294.25

　　贷：零余额账户用款额度　　　　　　　　　　　　　　2 294.25

预算会计：

借：行政支出——财政拨款支出——基本支出——日常公用经费——行政运行

　　——水费　　　　　　　　　　　　　　　　　　　2 294.25

　　贷：资金结存——零余额账户用款额度　　　　　　　　2 294.25

【例 10 - 68】2020 年 12 月 10 日，某市直行政单位使用日常公用经费授权支付电费 17 000.23 元。

财务会计：

借：业务活动费用——商品和服务费用——电费　　　　　17 000.23

　　贷：零余额账户用款额度　　　　　　　　　　　　　　17 000.23

预算会计：

借：行政支出——财政拨款支出——基本支出——日常公用经费——行政运行

　　——电费　　　　　　　　　　　　　　　　　　　17 000.23

贷：资金结存——零余额账户用款额度 17 000.23

【例 10 - 69】2020 年 2 月 29 日，某市直行政单位使用日常公用经费授权支付电费 10 000 元。

财务会计：

借：业务活动费用——商品和服务费用——电费 10 000

　　贷：零余额账户用款额度 10 000

预算会计：

借：行政支出——财政拨款支出——基本支出——日常公用经费——行政运行
　　——电费 10 000

　　贷：资金结存——零余额账户用款额度 10 000

【例 10 - 70】2020 年 1 月 16 日，某市直行政单位收到 1 月电费发票 3 401.29 元，该发票是物业管理及设施维护用电，前期已充值。

财务会计：

借：业务活动费用——商品和服务费用——电费 3 401.29

　　贷：预付账款——××市供电所 3 401.29

预算会计不作处理。

【例 10 - 71】2020 年 5 月 12 日，某市直行政单位支付给自来水公司水费 1 068.75 元，使用项目资金列支，财政直接支付。

财务会计：

借：业务活动费用——商品和服务费用——水费 1 068.75

　　贷：财政拨款收入 1 068.75

预算会计：

借：行政支出——财政拨款支出——项目支出——水电、物业管理及设施维护费
　　——一般公共服务支出——一般行政管理事务——商品和服务支出——水费
　　　　　　　　　　　　　　　　　　　　　　　　　　　　　　1 068.75

　　贷：财政拨款预算收入——项目支出——水电、物业管理及设施维护费
　　　　　　　　　　　　　　　　　　　　　　　　　　　　　　1 068.75

【例 10 - 72】2019 年 9 月 27 日，某市直事业单位预交电费 5 000 元，使用项目资金列支，财政授权支付。

财务会计：

借：预付账款——市供电公司 5 000

　　贷：零余额账户用款额度 5 000

预算会计：

借：事业支出——财政拨款支出——项目支出——博物馆运行及老馆维护费——

　　文化旅游体育与传媒支出——博物馆——商品和服务支出——电费

　　　　　　　　　　　　　　　　　　　　　　　　　　　　　5 000

　　　　贷：资金结存——零余额账户用款额度　　　　　　　　5 000

【例10 - 73】2020 年 4 月 10 日，某市直行政单位支付给××市供电公司办公大楼电费80 000 元，使用日常公用经费授权支付。

（1）充值：

财务会计：

　　借：预付账款——××市供电公司　　　　　　　　　　　80 000

　　　　贷：零余额账户用款额度　　　　　　　　　　　　　80 000

预算会计：

　　借：行政支出——财政拨款支出——基本支出——日常公用经费——行政运行

　　　　——电费——一般预算支出　　　　　　　　　　　　80 000

　　　　贷：资金结存——零余额账户用款额度　　　　　　　80 000

（2）后期收发票（按实际发票金额）

财务会计：

　　借：业务活动费用——商品和服务费用——电费　　　　　80 000

　　　　贷：预付账款——××市供电公司　　　　　　　　　80 000

预算会计不作处理。

【例10 - 74】2020 年 3 月 11 日，某市直行政单位预交电费15 000 元，使用项目资金列支，其中5 000 元财政授权支付，剩余部分财政直接支付。

财务会计：

　　借：预付账款——其他——××市供电所　　　　　　　　15 000

　　　　贷：零余额账户用款额度　　　　　　　　　　　　　5 000

　　　　　　财政拨款收入　　　　　　　　　　　　　　　10 000

预算会计：

　　借：行政支出——财政拨款支出——项目支出——老干部活动、老年教育及日常

　　　　费用——一般公共服务支出——其他——一般公共服务支出——商品和服务

　　　　支出——电费　　　　　　　　　　　　　　　　　　15 000

　　　　贷：资金结存——零余额账户用款额度　　　　　　　　5 000

　　　　　　财政拨款预算收入——项目支出——老干部活动、老年教育及日常费用

　　　　　　——一般公共服务支出——其他——一般公共服务支出　　10 000

（二）暖气费

【例10 - 75】2019 年 1 月 14 日，代收取暖费3 600 元存入财政往来资金账户，

2019 年 3 月 14 日，某市直事业单位将收取的老旧小区水电费共 7 449 元（水费 1 936.10 元、电费 5 512.90 元）存入国库往来资金专户。3 月 14 日申请授权支付额度到账，后代支付水电取暖费。

代收水电费时：

财务会计：

借：其他应收款——水费   1 936.10

     ——电费   5 512.90

     ——取暖费   3 600

  贷：其他应付款——自来水公司   1 936.10

       ——供电公司   5 512.90

       ——供热公司   3 600

预算会计不作处理。

申请授权支付额度时：

财务会计：

借：零余额账户用款额度   11 049

  贷：其他应收款——水费   1 936.10

       ——电费   5 512.90

       ——取暖费   3 600

预算会计不作处理。

支付时：

借：其他应付款——自来水公司   1 936.10

     ——供电公司   5 512.90

     ——供热公司   3 600

  贷：零余额账户用款额度   11 049

预算会计不作处理。

二、勤务保障业务

（一）物业费

物业费是物业产权人、使用人委托物业管理单位对房屋公共建筑及其设备、公用设施、绿化、卫生、交通、治安和环境等项目进行日常维护、修缮、整治及提供其他与居民生活相关的服务所收取的费用。

单位发生物业费相关的支出，支付物业费时，财务会计借记"业务活动费用——

商品和服务费用"科目，贷记"零余额账户用款额度""财政拨款收入"等科目；预算会计借记"行政支出""事业支出"科目，贷记"资金结存——零余额账户用款额度""财政拨款预算收入"等科目。

【例10－76】2020年12月25日，某市直行政单位使用综合业务费支付物业费62 700元，使用项目资金列支，财政授权支付。

财务会计：

借：业务活动费用——商品和服务费用——物业管理费　　　　　62 700
　　贷：零余额账户用款额度　　　　　　　　　　　　　　　　　　62 700

预算会计：

借：行政支出——财政拨款支出——项目支出——自然资源综合管理业务类支出
　　——一般行政管理事务——物业管理费　　　　　　　　　　62 700
　　贷：资金结存——零余额账户用款额度　　　　　　　　　　　　62 700

【例10－77】2020年12月7日，某市直行政单位支付政务大楼物业类物品配备费用15 923元，使用项目资金列支，财政授权支付。

财务会计：

借：业务活动费用——商品和服务费用——物业管理费　　　　　15 923
　　贷：零余额账户用款额度　　　　　　　　　　　　　　　　　　15 923

预算会计：

借：事业支出——财政拨款支出——项目支出——政务大楼及规划馆运行费——
　　其他政府办公厅（室）及相关机构事务支出——物业管理费 15 923
　　贷：资金结存——零余额账户用款额度　　　　　　　　　　　　15 923

【例10－78】2020年12月25日，某市直机关事务中心支付××养护公司2020年度绿植管理费20 000元、支付五一绿植费13 270元，共33 270元，使用项目资金列支，财政授权支付。

财务会计：

借：业务活动费用——商品和服务费用——物业管理费　　　　　33 270
　　贷：零余额账户用款额度　　　　　　　　　　　　　　　　　　33 270

预算会计：

借：事业支出——财政拨款支出——项目支出——政务大楼及规划馆运行费——
　　其他政府办公厅（室）及相关机构事务支出——物业管理费 33 270
　　贷：资金结存——零余额账户用款额度　　　　　　　　　　　　33 270

【例10－79】2020年2月24日，某市直行政单位支付2019年8月26日至2019年11月25日办公大楼物业费24 839.77元，使用日常公用经费授权支付。

财务会计：

借：业务活动费用——商品和服务费用——物业管理费　　　　24 839.77

　　贷：零余额账户用款额度　　　　　　　　　　　　　　　　24 839.77

预算会计：

借：行政支出——财政拨款支出——基本支出——日常公用经费——行政运行

　　——物业管理费　　　　　　　　　　　　　　　　　　　24 839.77

　　贷：资金结存——零余额账户用款额度　　　　　　　　　　24 839.77

（二）卫生保洁费用

单位卫生保洁费用的产生主要包括两种形式：办公楼保洁费用、城乡环卫一体化保洁费支出。如果负担的是办公楼保洁费用，聘请物业公司管理的，可列物业管理费；签订委托业务合同的，可列委托业务费，列基本支出——城乡环卫一体化保洁费支出等，列项目支出。

发生卫生保洁费用相关支出，根据费用产生的形式，财务会计借记"业务活动费用——商品和服务费用"科目，贷记"财政拨款收入"等科目；预算会计借记"行政支出"，贷记"财政拨款预算收入"等科目。

【例 10 -80】2020 年 8 月 25 日，某市直行政单位支付给××环卫集团保洁有限公司××分公司 6 月环卫保洁费 464 715.80 元；支付给××环境工程有限公司××分公司 6 月环卫保洁费 294 994.80 元，共计 759 710.60 元，使用项目资金列支，财政直接支付。

财务会计：

借：业务活动费用——商品和服务费用——委托业务费　　　759 710.60

　　贷：财政拨款收入　　　　　　　　　　　　　　　　　　759 710.60

预算会计：

借：行政支出——财政拨款支出——项目支出——环卫经费——城乡社区环境卫

　　生——委托业务费　　　　　　　　　　　　　　　　　　759 710.60

　　贷：财政拨款预算收入——项目支出——环卫经费——城乡社区环境卫生

　　　　　　　　　　　　　　　　　　　　　　　　　　　　759 710.60

三、职工用餐、加班餐

（一）加班餐费是工作人员确因工作需要，经批准在正常工作时间外连续加班工作 4 小时及以上情况的加班餐费，标准按当地规定执行

【例 10 -81】2020 年 10 月 23 日，某市直行政单位使用日常公用经费支付××2

人加班餐费 218 元，授权支付。

财务会计：

借：业务活动费用——商品和服务费用　　　　　　　　　　　218

　　贷：零余额账户用款额度　　　　　　　　　　　　　　　　218

预算会计：

借：行政支出——财政拨款支出——基本支出——日常公用经费——行政运行

　　——其他商品和服务支出　　　　　　　　　　　　　　　218

　　贷：资金结存——零余额账户用款额度　　　　　　　　　　218

（二）职工用餐补助

支付职工用餐补助费，财务会计借记"业务活动费用——商品和服务费用"科目，贷记"零余额账户用款额度""财政拨款收入"等科目；预算会计借记"行政支出"科目，贷记"资金结存——零余额账户用款额度""财政拨款预算收入"等科目。

【例 10 - 82】2020 年 1 月 2 日某市直行政单位使用日常公用经费支付给××酒店 2019 年 12 月人才市场用餐补助 505 元，财政授权支付。

财务会计：

借：业务活动费用——商品和服务费用　　　　　　　　　　　505

　　贷：零余额账户用款额度　　　　　　　　　　　　　　　　505

预算会计：

借：行政支出——财政拨款支出——基本支出——日常公用经费——行政运行

　　——其他商品和服务支出　　　　　　　　　　　　　　　505

　　贷：资金结存——零余额账户用款额度　　　　　　　　　　505

【例 10 - 83】2020 年 10 月 23 日，某市直行政单位支付给××餐饮管理有限公司 9 月工作日用餐补助费 2 290 元，使用项目资金列支，直接支付。

财务会计：

借：业务活动费用——商品和服务费用　　　　　　　　　　　2 290

　　贷：财政拨款收入　　　　　　　　　　　　　　　　　　　2 290

预算会计：

借：行政支出——财政拨款支出——项目支出——行政运行——其他商品和服务

支出　　　　　　　　　　　　　　　　　　　　　　　　2 290

　　贷：财政拨款预算收入——项目支出——行政运行　　　　　　2 290

【例 10 - 84】2020 年 12 月 11 日，某市直行政单位使用日常公用经费支付给××

酒店 11 月职工就餐补助 304 元，授权支付。

财务会计：

借：业务活动费用——商品和服务费用　　　　　　　　　　　304

　　贷：零余额账户用款额度　　　　　　　　　　　　　　　304

预算会计：

借：行政支出——财政拨款支出——基本支出——日常公用经费——行政运行

　　——其他商品和服务支出　　　　　　　　　　　　　　304

　　贷：资金结存——零余额账户用款额度　　　　　　　　304

【例 10 - 85】2020 年 2 月某市直行政单位使用日常公用经费支付 2019 年 12 月餐费补助共计 1 543.60 元，授权支付。

财务会计：

借：业务活动费用——商品和服务费用　　　　　　　　1 543.60

　　贷：零余额账户用款额度　　　　　　　　　　　　1 543.60

预算会计：

借：行政支出——财政拨款支出——基本支出——日常公用经费——行政运行

　　——其他商品和服务支出　　　　　　　　　　　1 543.60

　　贷：资金结存——零余额账户用款额度　　　　　　1 543.60

（三）食堂

支付食堂饭费，财务会计借记"业务活动费用——商品和服务费用"科目，贷记"财政拨款收入"等科目；预算会计借记"行政支出"科目，贷记"财政拨款预算收入"等科目。

【例 10 - 86】2020 年 10 月 29 日，某市直行政单位使用日常公用经费支付给××公司 6 月食堂费用 39 360.90 元，直接支付。

财务会计：

借：业务活动费用——商品和服务费用　　　　　　　　39 360.90

　　贷：财政拨款收入　　　　　　　　　　　　　　　39 360.90

预算会计：

借：行政支出——财政拨款支出——基本支出——日常公用经费——行政运行

　　——其他商品和服务支出　　　　　　　　　　　39 360.90

　　贷：财政拨款预算收入——日常公用经费——行政运行　　39 360.90

第三节　市直单位慰问帮扶相关业务

一、帮扶类业务

（一）帮扶款

支付帮扶款及帮扶物资购置费，财务会计借记"业务活动费用——商品和服务费用"科目，贷记"财政拨款收入""零余额账户用款额度"等科目；预算会计借记"行政支出"科目，贷记"财政拨款预算收入""资金结存——零余额账户用款额度"等科目。

【例 10 - 87】2020 年 12 月 25 日，某市直行政单位支付给××镇便民服务中心西韩村帮扶款 2 万元，使用项目资金列支，直接支付。

财务会计：

借：业务活动费用——商品和服务费用　　　　　　　　　　　20 000

　　贷：财政拨款收入　　　　　　　　　　　　　　　　　　　　20 000

预算会计：

借：行政支出——项目支出——城乡社区业务运行资金——其他城乡社区管理事

　　务支出——其他商品和服务支出　　　　　　　　　　　　20 000

　　贷：财政拨款预算收入——项目支出——城乡社区业务运行资金——其他城

　　　　乡社区管理事务支出　　　　　　　　　　　　　　　　20 000

【例 10 - 88】2021 年 4 月 2 日，某市直行政单位支付给××劳保用品经营部流浪乞讨人员购买物资费 2 850 元，使用项目资金列支，财政授权支付。

财务会计：

借：业务活动费用——商品和服务费用　　　　　　　　　　　2 850

　　贷：零余额账户用款额度　　　　　　　　　　　　　　　　　2 850

预算会计：

借：行政支出——财政拨款支出——项目支出——社会福利和救助项目——流浪

　　乞讨人员救助支出——其他商品和服务支出　　　　　　　2 850

　　贷：资金结存——零余额账户用款额度　　　　　　　　　　　2 850

【例 10 - 89】2020 年 1 月 20 日，某市直行政单位使用办公经费付 6 名低保户春节走访慰问金 1 800 元，财政授权支付。

财务会计：

借：业务活动费用——商品和服务费用——办公费　　　　　　　　1 800
　　贷：零余额账户用款额度　　　　　　　　　　　　　　　　　　　　1 800

预算会计：

借：行政支出——财政拨款支出——基本支出——日常公用经费　　1 800
　　贷：资金结存——零余额账户用款额度　　　　　　　　　　　　　　1 800

【例 10 - 90】2020 年 7 月 3 日，某市直行政单位使用日常公用经费支付给贫困群众春节慰问品走访费 3 399.99 元，财政授权支付。

财务会计：

借：业务活动费用——商品和服务费用——办公费　　　　　　　　3 399.99
　　贷：零余额账户用款额度　　　　　　　　　　　　　　　　　　　　3 399.99

预算会计：

借：行政支出——财政拨款支出——基本支出——日常公用经费——行政运行
——办公费　　　　　　　　　　　　　　　　　　　　　　　　　3 399.99
　　贷：资金结存——零余额账户用款额度　　　　　　　　　　　　　　3 399.99

（二）困难企业相关业务

国有企业历史遗留问题，破产企业、困难企业留守人员的业务经费及保险、部分基本生活费等业务。有往来债务的剩余款项经核实不再支付时，调整挂账金额。按未支付金额，财务会计借记"其他应付款——××公司"科目，贷记"以前年度盈余调整"科目；若属于无法偿付或债权人豁免偿还的款项，财务会计借记"其他应付款——××公司"科目，贷记"其他收入"科目；预算会计不作处理。财务会计年末转入累计盈余预算会计不作处理。

【例 10 - 91】某市直行政单位支付给生活垃圾厂留守人员工作经费，2019 年预算金额 60 万元，实际拨付 20 万元，经核对，挂账金额不准确，余 40 万元不再拨付。

财务会计：

借：其他应付款——县生活垃圾处置有限公司　　　　　　　　　400 000
　　贷：以前年度盈余调整　　　　　　　　　　　　　　　　　　　　400 000

预算会计不作处理。

财务会计：

借：以前年度盈余调整　　　　　　　　　　　　　　　　　　　400 000
　　贷：累计盈余——以前年度盈余调整　　　　　　　　　　　　　　400 000

预算会计不作处理。

【例 10 - 92】某市直行政单位支付困难企业退役人员养老保险和医疗保险单位部

分，共计 4 554.13 元，使用项目资金列支，直接支付。

财务会计：

借：业务活动费用——对企业补助——费用补贴　　　　　　4 554.13

　　贷：财政拨款收入　　　　　　　　　　　　　　　　　4 554.13

预算会计：

借：行政支出——财政拨款支出——项目支出——优抚安置资金——其他退役军

人事务管理支出——对企业补助——费用补贴　　　　　4 554.13

　　贷：财政拨款预算收入——项目支出——优抚安置资金——其他退役军人事

　　　　务管理支出　　　　　　　　　　　　　　　　　4 554.13

二、活动慰问类业务

（一）老干部活动费用

老干部活动费用是指单位为走访慰问退休老干部支付的福利费以及支付的老干支部成员工作补助费等其他与老干部活动相关的费用。

发生老干部活动费用支出，财务会计借记"业务活动费用——商品和服务费用——其他商品和服务支出"科目，贷记"零余额账户用款额度""财政拨款收入"等科目；预算会计借记"行政支出"科目，贷记"资金结存——零余额账户用款额度""财政拨款预算收入"等科目。

【例 10 - 93】2020 年 12 月 7 日，某市直行政单位支付离休干部生日蛋糕、鲜花1 032 元，使用项目资金列支，财政授权支付。

财务会计：

借：业务活动费用——商品和服务费用　　　　　　　　　1 032

　　贷：零余额账户用款额度　　　　　　　　　　　　　1 032

预算会计：

借：行政支出——项目支出——老干部局业务经费——其他共产党事务支出——

其他商品和服务支出　　　　　　　　　　　　　　　1 032

　　贷：资金结存——零余额账户用款额度　　　　　　　1 032

（二）走访慰问相关业务

支付走访费等，财务会计借记"业务活动费用——商品和服务费用"科目，贷记"财政拨款收入""零余额账户用款额度"等科目；预算会计借记"行政支出"科目，贷记"财政拨款预算收入""资金结存——零余额账户用款额度"等科目。

【例 10 - 94】2020 年 6 月 10 日，某市直行政单位支付走访慰问 ×× 部队的毛巾礼盒费。毛巾礼盒单价 299 元，共 170 套，总计 50 830 元，使用项目资金列支，直接支付。

财务会计：

借：业务活动费用——商品和服务费用   50 830

  贷：财政拨款收入   50 830

预算会计：

借：行政支出——财政拨款支出——项目支出——其他退役军人事务管理支出

  ——商品和服务支出——其他商品和服务支出   50 830

  贷：财政拨款预算收入——项目支出——其他退役军人事务管理支出

                  50 830

第四节 市直单位委托业务、专用材料相关业务

一、委托业务费

委托业务一般是指单位不具备相应专业技术能力等条件下，通过购买服务的方式委托第三方协助完成工作任务，应当有合同或协议。预算会计是否用基本支出核算，取决于经费来源。

单位发生委托业务费时，财务会计借记"业务活动费用""单位管理费用"科目，贷记"财政拨款收入""零余额账户用款额度"等科目；有质保金的业务，可以列"应付账款""其他应付款"科目。预算会计借记"行政支出""事业支出"科目，贷记"财政拨款预算收入""资金结存——零余额账户用款额度"等科目。

【例 10 - 95】2020 年 8 月 26 日，某市直预算单位预付 ×× 公司北外环路面、护栏等损失鉴定费、诉讼费等 5 000 元，使用项目资金列支，直接支付。

（1）预付时。

财务会计：

借：预付账款——××公司   5 000

  贷：财政拨款收入   5 000

预算会计：

借：事业支出——财政拨款支出——项目支出——预付北外环路面、栏杆等损失

  鉴定费、诉讼费——委托业务费   5 000

贷：财政拨款预算收入　　　　　　　　　　　　　　　　　　5 000

（2）后期收到发票冲预付账款。

财务会计：

借：业务活动费用——商品和服务费用——委托业务费　　　5 000

　　贷：预付账款　　　　　　　　　　　　　　　　　　　　5 000

预算会计不作处理。

【例 10 – 96】2020 年 10 月 31 日，某市直行政单位委托××公司承办第十七届铸造铝合金产业链发展论坛，委托业务费 1 135 522.71 元，本期使用项目资金列支 300 000 元，财政直接支付。

财务会计：

借：业务活动费用——商品和服务费用——委托业务费　　1 135 522.71

　　贷：应付账款——其他——××公司　　　　　　　　　835 522.71

　　　　财政拨款收入——一般预算支出　　　　　　　　　300 000

预算会计：

借：行政支出——财政拨款支出——项目支出——招商引资专项——招商引资

　　——委托业务费　　　　　　　　　　　　　　　　　300 000

　　贷：财政拨款预算收入——项目支出——招商引资专项　　300 000

【例 10 – 97】2020 年 7 月 20 日，某市直事业单位使用日常公用经费支付危房报告鉴定委托业务费 9 900 元，财政授权支付。

财务会计：

借：单位管理费用——商品和服务费用——委托业务费　　　9 900

　　贷：零余额账户用款额度　　　　　　　　　　　　　　9 900

预算会计：

借：事业支出——财政拨款支出——基本支出——日常公用经费——行政运行

　　——委托业务费　　　　　　　　　　　　　　　　　9 900

　　贷：资金结存——零余额账户用款额度　　　　　　　　9 900

【例 10 – 98】2020 年 12 月 23 日，某市直行政单位支付市融媒体公司慰问××部队军民联欢会费用 120 000 元，使用项目资金列支，直接支付。

财务会计：

借：业务活动费用——商品和服务费用——委托业务费　　　120 000

　　贷：财政拨款收入　　　　　　　　　　　　　　　　　120 000

预算会计：

借：行政支出——财政拨款支出——项目支出——优抚安置资金——拥军优属

　　——委托业务费　　　　　　　　　　　　　　　　　120 000

贷：财政拨款预算收入——项目支出——优抚安置资金——拥军优属

120 000

【例 10－99】2020 年 11 月 26 日，某市直行政单位支付给××环保能源有限公司生活垃圾焚烧发电款 1 003 529.30 元，使用项目资金列支，直接支付。剩余 235 775.80 元，尚未支付。

财务会计：

借：业务活动费用——商品和服务费用——委托业务费　　　1 239 305.10

　　贷：财政拨款收入　　　　　　　　　　　　　　　　　　1 003 529.30

　　　　其他应付款——××环保能源有限公司　　　　　　　　235 775.80

预算会计：

借：行政支出——财政拨款支出——项目支出——生活垃圾焚烧发电项目——其他城乡社区公共设施支出——委托业务费　　　1 003 529.30

　　贷：财政拨款预算收入——项目支出——生活垃圾焚烧发电项目——其他城乡社区公共设施支出　　　　　　　　　　　　　　1 003 529.30

【例 10－100】2020 年 1 月 22 日，某市直行政单位支付给山东××地理信息科技有限公司第三次国土调查项目款 100 000 元（前期已挂账）、山东××勘察测绘有限公司 500 000 元（前期已挂账）、山东××科遥信息技术有限公司 600 000 元（前期已挂账）、第三次国土调查项目款 500 000 元（收到发票直接支付）、××科遥第三次国土调查项目款 300 000 元（收到发票直接支付），共计 2 000 000 元，使用项目资金列支，直接支付。

财务会计：

借：应付账款——山东××地理信息科技有限公司　　　　　　100 000

　　应付账款——山东××勘察测绘有限公司　　　　　　　　500 000

　　应付账款——山东××科遥信息技术有限公司　　　　　　600 000

　　业务活动费用——商品和服务费用——委托业务费　　　　800 000

　　贷：财政拨款收入　　　　　　　　　　　　　　　　　2 000 000

预算会计：

借：行政支出——财政拨款支出——项目支出——第三次全国土地调查——自然资源调查与确权登记——委托业务费　　　2 000 000

　　贷：财政拨款预算收入——项目支出——第三次全国土地调查——自然资源调查与确权登记　　　　　　　　　　　　　　　2 000 000

【例 10－101】2020 年 7 月 31 日，某市直行政单位支付给××人力资源有限公司事业招考面试命题费 6 000 元、阅卷费 940 元、印刷封装费 470 元、运输押送费 1 200 元、面试费 3 000 元，总计 11 610 元，使用项目资金列支，财政授权支付。

财务会计：

借：业务活动费用——商品和服务费用——委托业务费　　　　　　11 610

　　贷：零余额账户用款额度　　　　　　　　　　　　　　　　　　11 610

预算会计：

借：行政支出——财政拨款支出——项目支出——事业单位公开招聘笔试、面试、

体检考察经费——其他人力资源和社会保障管理事务支出——委托业务费

——一般预算支出　　　　　　　　　　　　　　　　　　　　11 610

　　贷：资金结存——零余额账户用款额度　　　　　　　　　　　　11 610

二、专用燃料费

专用燃料费反映用作业务工作设备的车（不含公务用车）、船设施等的油料支出。支付专用燃料费，例如环卫车辆燃油费，财务会计借记"业务活动费用——商品和服务费用"科目，贷记"财政拨款收入"等科目；预算会计借记"行政支出"科目，贷记"财政拨款预算收入"等科目。

【例 10 -102】2020 年 4 月 24 日，某市直行政单位支付给中国石化销售股份有限公司山东××石油分公司环卫车辆燃油费 145 040 元，使用项目资金列支，直接支付。

财务会计：

借：业务活动费用——商品和服务费用——专用燃料费　　　　　145 040

　　贷：财政拨款收入　　　　　　　　　　　　　　　　　　　　145 040

预算会计：

借：行政支出——财政拨款支出——项目支出——环卫经费——城乡社区环境卫

生——专用燃料费　　　　　　　　　　　　　　　　　　　145 040

　　贷：财政拨款预算收入——项目支出——环卫经费——城乡社区环境卫生

145 040

【例 10 -103】2021 年 4 月 26 日，某市直行政单位支付山东××有限公司加油站（招标用加油站）充值环卫车辆加油卡 4 000 元，使用项目资金列支，财政授权支付。

财务会计：

借：预付账款——其他——山东××有限公司加油站　　　　　　　4 000

　　贷：零余额账户用款额度　　　　　　　　　　　　　　　　　　4 000

预算会计：

借：行政支出——财政拨款支出——项目支出——环卫经费——城乡社区环境卫

生——专用燃料费　　　　　　　　　　　　　　　　　　　　4 000

　　贷：资金结存——零余额账户用款额度　　　　　　　　　　　　4 000

【例 10 – 104】2021 年 4 月 26 日，某市直行政单位充值山东××有限公司加油站公务执法车辆加油卡 6 000 元，使用日常公用经费支付 5 771 元，剩余 229 元使用项目资金列支，财政授权支付。

预付时：

财务会计：

借：预付账款——其他——山东××有限公司加油站　　　　　　　6 000

　　贷：零余额账户用款额度　　　　　　　　　　　　　　　　　　　6 000

预算会计：

借：行政支出——财政拨款支出——基本支出——日常公用经费——公务用车运

　　行维护费　　　　　　　　　　　　　　　　　　　　　　　　　5 771

　　　　　　——财政拨款支出——项目支出——机关和综合执法保障经费——

　　一般行政管理事务——专用燃料费　　　　　　　　　　　　　　　229

　　贷：资金结存——零余额账户用款额度　　　　　　　　　　　　　6 000

报销时：

财务会计：

借：业务活动费用——商品和服务费用——公务用车运行维护费　　5 771

　　　　　　　　　　　　　　　　——专用燃料费　　　　　　　　　229

　　贷：预付账款　　　　　　　　　　　　　　　　　　　　　　　　6 000

预算会计不作处理。

三、专用材料费

专用材料费反映单位购买日常专用材料的支出。包括药品及医疗耗材，农用材料，兽医用品，实验室用品，专用服装，消耗性体育用品，专用工具和仪器，艺术部门专用材料和用品，广播电视台发射台发射机的电力、材料等方面的支出。支付演出及防疫等专用材料费，财务会计借记"业务活动费用——商品和服务费用"科目，贷记"财政拨款收入""零余额账户用款额度"等科目；预算会计借记"行政支出"科目，贷记"财政拨款预算收入""资金结存——零余额账户用款额度"等科目。

【例 10 – 105】2020 年 2 月 4 日，某市直行政单位使用项目资金支付春晚演出服装道具费 12 797.75 元、工作餐 469 元，共计 13 266.75 元。其中 12 850.75 元申请指标授权支付，剩余部分 416 元财政直接支付。

财务会计：

借：业务活动费用——商品和服务费用——其他商品和服务费用　　469

　　　　　　　　　　　　　　　　——专用材料费　　　　　　12 797.75

  贷：财政拨款收入　　　　　　　　　　　　　　　　　　416

    零余额账户用款额度　　　　　　　　　　　　12 850.75

预算会计：

借：行政支出——财政拨款支出——项目支出——老年教育、老干部活动及其他
  支出（非税收入老年大学学费）——一般公共服务支出——商品和服务支出
  ——其他商品和服务支出　　　　　　　　　　　　　　469

  ——专用材料费　　　　　　　　　　　　　　12 797.75

贷：财政拨款预算收入——项目支出——老年教育、老干部活动及其他支出
  （非税收入老年大学学费）——一般公共服务支出　　　　416

  资金结存——零余额账户用款额度　　　　　　12 850.75

【例 10 - 106】2020 年 4 月 2 日，某市直行政单位支付给××印务商行老年大学教材费 3 200 元、支付给山东新华书店集团有限公司 13 830 元，共计 17 030 元，使用项目资金列支，财政直接支付。

  财务会计：

  借：业务活动费用——商品和服务费用——专用材料费　　　17 030

    贷：财政拨款收入　　　　　　　　　　　　　　　17 030

预算会计：

借：行政支出——财政拨款支出——基本支出——党建、宣传、老年大学管理、
  教材等——一般公共服务支出——其他——一般公共服务支出——商品和服
  务支出——专用材料费　　　　　　　　　　　　　17 030

贷：财政拨款预算收入——项目支出——党建、宣传、老年大学管理、教材
  等——一般公共服务支出——其他　　　　　　　　17 030

四、工程审计费

  工程审计费反映工程跟踪审计、工程竣工决算审计等审计费用，应根据工程性质、施工进度等进行资本化或费用化账务处理。支付工程审计费，财务会计借记"在建工程""业务活动费用"等科目，贷记"财政拨款收入"等科目；预算会计借记"行政支出"科目，贷记"财政拨款预算收入"等科目。

  【例 10 - 107】2020 年 1 月 23 日，某市直预算单位支付给××公司 2019 年农村公路养护审计费 40 000 元，使用项目资金列支，财政直接支付。

  财务会计：

  借：业务活动费用——商品和服务费用——咨询费　　　40 000

    贷：财政拨款收入　　　　　　　　　　　　　　40 000

预算会计：

借：事业支出——财政拨款支出——项目支出——交通基础设施建设工程欠款

——其他城乡社区公共设施支出——基础设施建设　　　　40 000

贷：财政拨款预算收入——项目支出——交通基础设施建设工程欠款——其

他城乡社区公共设施支出　　　　　　　　　　　　　40 000

第五节　租赁类相关业务

一、土地租赁费

租赁费反映租赁土地、办公用房、宿舍以及其他设备等方面的费用。支付土地租赁费，财务会计借记"业务活动费用""单位管理费用"科目，贷记"财政拨款收入"等科目；预算会计借记"行政支出"科目，贷记"财政拨款预算收入"等科目。

【例 10 - 108】2020 年 9 月 29 日，某市直预算单位支付××街道财经综合服务中心土地租赁费 26 000 元，使用项目资金列支，直接支付。

财务会计：

借：单位管理费用——商品和服务费用——租赁费　　　　26 000

贷：财政拨款收入　　　　　　　　　　　　　26 000

预算会计：

借：事业支出——财政拨款支出——项目支出——××租赁费——一般行政管理

事务——租赁费　　　　　　　　　　　　　26 000

贷：财政拨款预算收入——项目支出——××租赁费——一般行政管理事务

26 000

二、公共租赁住房相关业务

公共租赁住房在对外出租收到租金时，直接交入非税专户。

发生个人未到期房租退还业务，财务会计借记"业务活动费用"科目，贷记"财政拨款收入"等科目；预算会计借记"行政支出"科目，贷记"财政拨款预算收入"等科目。

【例 10 - 109】某市直行政单位退给张某未到期房租 11 711.34 元，使用项目资金列支，财政直接支付。

财务会计：

借：业务活动费用——商品和服务费用　　　　　　　　11 711.34

　　贷：财政拨款收入　　　　　　　　　　　　　　　　11 711.34

预算会计：

借：行政支出——财政拨款支出——项目支出——城乡社区业务运行资金——商
　　品和服务支出——其他商品和服务支出　　　　　11 711.34

　　贷：财政拨款预算收入——项目支出——城乡社区业务运行资金——公共租
　　　　赁住房　　　　　　　　　　　　　　　　　　11 711.34

三、房屋租赁费

房屋租赁费，是指承租人因使用房屋而向出租人交付的价金，是租赁合同中最主要的内容之一。

发生房屋租赁费支出，财务会计借记"业务活动费用——商品和服务费用"科目，贷记"财政拨款收入"等科目；预算会计借记"行政支出"科目，贷记"财政拨款预算收入"等科目。

"预提费用"核算单位预先提取的已经发生但尚未支付的费用，如预提租金费用等。按期预提租金等费用时，按照预提的金额，财务会计借记"业务活动费用""单位管理费用"等科目，贷记"预提费用"科目；预算会计不作处理。实际支付款项时，按照支付金额，财务会计借记"预提费用"科目，贷记"零余额账户用款额度""银行存款"等科目；预算会计借记"行政支出"或"事业支出"科目，贷记"资金结存——零余额账户用款额度"等科目。

【例 10 - 110】某市直事业单位办公租用某镇政府的办公楼，年租金 1 300 000 元，租金视财力情况结算，租金 2020 年开始按月计提或者摊销。2020 年 1 月 31 日，该事业单位每月预提房屋租赁费 108 333.33 元。2020 年 7 月 13 日，该事业单位支付 2019 年 4 月 ~2020 年 3 月办公楼租赁费 1 300 000 元，使用项目资金列支，财政授权支付。2020 年 12 月 18 日，支付镇政府 2020 年 4 月 ~2021 年 3 月租赁费 1 300 000 元，使用项目资金列支，财政授权支付。

（1）2020 年 1 月 31 日，按月预提。

财务会计：

借：业务活动费用——商品和服务费用——租赁费　　　108 333.33

　　贷：预提费用　　　　　　　　　　　　　　　　　　108 333.33

预算会计不作处理。

2020 年 2 月 28 日，按月预提。

财务会计：

借：业务活动费用——商品和服务费用——办公楼租赁费及水电物业费等——干
　　部教育——租赁费　　　　　　　　　　　　　108 333.33
　　贷：预提费用　　　　　　　　　　　　　　　　　　108 333.33

预算会计不作处理。

2020 年 3 月 31 日，按月预提。

财务会计：

借：业务活动费用——商品和服务费用——租赁费　　108 333.33
　　贷：预提费用　　　　　　　　　　　　　　　　　　108 333.33

预算会计不作处理。

（2）2020 年 7 月 13 日，支付一年房租（2019 年 4 月 ~ 2020 年 3 月）。

财务会计：

借：业务活动费用——商品和服务费用——租赁费（2019 年 4 月 ~ 2019 年 12 月）
　　　　　　　　　　　　　　　　　　　　　　974 999.97
　　预提费用（2020 年 1 月 ~ 2020 年 3 月）　　325 000.03
　　贷：零余额账户用款额度　　　　　　　　　　　1 300 000

预算会计：

借：事业支出——财政拨款支出——项目支出——办公楼租赁费及水电物业费等
　　——干部教育——租赁费　　　　　　　　　　1 300 000
　　贷：资金结存——零余额账户用款额度　　　　　1 300 000

（3）2020 年 12 月 18 日，支付 2020 年 4 月 ~ 2020 年 12 月房租，及预付 2021 年 1
月 ~ 2021 年 3 月房租。

支付已经产生的房租时：

财务会计：

借：预提费用（4 ~ 12 月）　　　　　　　　　　974 999.97
　　贷：零余额账户用款额度　　　　　　　　　　　974 999.97

预算会计：

借：事业支出——财政拨款支出——项目支出——追加校舍租赁资金——干部教
　　育——租赁费　　　　　　　　　　　　　　974 999.97
　　贷：资金结存——零余额账户用款额度　　　　　974 999.97

预付 2021 年 1 ~ 3 月房租：

财务会计：

借：待摊费用（1 ~ 3 月）　　　　　　　　　　325 000.03
　　贷：零余额账户用款额度　　　　　　　　　　　325 000.03

预算会计：

借：事业支出——财政拨款支出——项目支出——追加校舍租赁资金——干部教
　　育——租赁费　　　　　　　　　　　　　　　　325 000.03
　　　贷：零余额账户用款额度　　　　　　　　　　　　325 000.03

（4）2021 年 1 月，冲待摊费用。

财务会计：

借：业务活动费用——商品和服务费用——租赁费　　108 333.33
　　　贷：待摊费用　　　　　　　　　　　　　　　　　108 333.33

预算会计不作处理。

第十一章　市直单位人员经费相关业务

第一节　工资奖金及缴纳社会保险费业务

一、工资、奖金类业务

(一) 工资发放相关业务

市直单位发生的在编在岗人员（含公务员、行政机关工人、事业管理、事业专业技术、事业工人……）工资，应采用先计提后发放的方式进行账务处理。其中，发放的基本工资（含职务工资、级别档次工资、岗位工资、薪级工资……），津贴补贴（含工作性津贴、生活性补贴……），奖金（……），伙食补助费（含……），绩效工资（……），机关事业单位基本养老保险缴费（单位负担部分），职业年金缴费（……），职工基本医疗保险缴费（单位负担），公务员医疗补助缴费，其他社会保障缴费（单位缴纳的失业保险、工伤保险、生育保险、大病统筹等），住房公积金（单位按规定交纳的部分），医疗费（未参加医疗保险单位的医疗经费以及单位按规定为职工支出的其他医疗费用），以及加班工资、病假两个月以上期间的人员工资、职工探亲旅费、困难职工生活补助、长期聘用的非在编人员劳动报酬和社保缴费等，均在"基本支出——工资福利支出"科目核算。

计提基本工资、国家统一津贴、补贴、单位负担的社保、公积金、职业年金、代扣个人部分时，财务会计借记"业务活动费用"科目，贷记"应付职工薪酬——×××""其他应交税费——应交个税""其他应付款"等科目；预算会计不作处理。

发放工资、补贴以及上交社保、公积金、个税时，财务会计借记"应付职工薪酬——×××""其他应交税费——应交个税""其他应付款"等科目，贷记"财政拨款收入"等科目；预算会计借记"行政支出"科目，贷记"财政拨款预算收入"等科目。

【例 11 –1】2019 年 2 月 1 日，某市直行政单位计提、发放一月工资。

(1) 计提：

①计提基本工资。

财务会计：

借：业务活动费用——工资及福利费　　　　　　　　　　129 752

　　贷：应付职工薪酬——基本工资、津贴等　　　　　　　　　129 752

预算会计不作处理。

②计提单位负担的社保、公积金。

财务会计：

借：业务活动费用——工资及福利费　　　　　　　　　46 277.40

　　贷：应付职工薪酬——社保、公积金、职业年金等　　　　46 277.40

预算会计不作处理。

③计提代扣个人部分。

财务会计：

借：应付职工薪酬——基本工资　　　　　　　　　　　32 228.19

　　贷：应付职工薪酬——社保、公积金、年金等（个人部分）　32 060.74

　　　　应交税费——应交个人所得税　　　　　　　　　　　167.45

预算会计不作处理。

（2）发放：

①发工资。

财务会计：

借：应付职工薪酬——基本工资、津贴等　　　　　　　97 523.81

　　贷：财政拨款收入　　　　　　　　　　　　　　　　　97 523.81

预算会计：

借：行政支出——人员经费——行政运行——基本工资、津贴等

　　　　　　　　　　　　　　　　　　　　　　　　　97 523.81

　　贷：财政拨款预算收入——人员经费——行政运行　　97 523.81

②上缴社保、公积金。

财务会计：

借：应付职工薪酬——社保、公积金（单位部分）　　　46 277.40

　　　　　　　　——社保、公积金（个人部分）　　　32 060.74

　　贷：财政拨款收入　　　　　　　　　　　　　　　　　78 338.14

预算会计：

借：行政支出——财政拨款支出——基本支出——人员经费——行政运行——基

本工资　　　　　　　　　　　　　　　　　　　　　32 060.74

　　　　　　　　　　　　　　　　　　　　　　　　　　——社

　保、公积金　　　　　　　　　　　　　　　　　　46 277.40

　　贷：财政拨款预算收入　　　　　　　　　　　　　　78 338.14

③缴纳个人所得税。

财务会计：

借：其他应交税费——应交个人所得税　　　　　　　　167.45

　　贷：财政拨款收入　　　　　　　　　　　　　　　　167.45

预算会计：

借：行政支出——财政拨款支出——基本支出——人员经费——行政运行——基本工资　　　　　　　　　　　　　　　　　　　167.45

　　贷：财政拨款预算收入　　　　　　　　　　　　　　167.45

【例 11-2】 某市直行政单位计提、发放 1 月工资。

（1）计提 1 月工资、津贴补贴；计提单位负担的社保、公积金等。

财务会计：

借：业务活动费用——工资福利费用——工资支出——基本工资　88 810

　　　　　　　　　　　　　　　　　　　　——津贴补贴 111 176

　　　　　　　　　——养老保险——机关事业单位基本养老保险缴费　　30 264.20

　　　　　　　　　——医疗保险——职工基本医疗保险缴费

　　　　　　　　　　　　　　　　　　　　　13 618.89

　　　　　　　　　——住房公积金——住房公积金

　　　　　　　　　　　　　　　　　　　　　28 966.92

　　　　　　　　　——工伤保险——其他社会保障缴费

　　　　　　　　　　　　　　　　　　　　　151.33

　　贷：应付职工薪酬——基本工资（含离退休费）　　　88 810

　　　　——国家统一规定的津贴补贴、规范性津补贴　59 665

　　　　——改革性补贴　　　　　　　　　　　　　　51 511

　　　　——养老保险——单位　　　　　　　　　　　30 264.20

　　　　——医疗保险——单位　　　　　　　　　　　13 618.89

　　　　——工伤保险——单位　　　　　　　　　　　151.33

　　　　——住房公积金——单位　　　　　　　　　　28 966.92

预算会计不作处理。

（2）代扣 1 月个人所得税、社保、职业基金、公积金。

财务会计：

借：应付职工薪酬——基本工资（含离退休费）　　　　612.34

　　贷：其他应交税费——应交个人所得税　　　　　　　612.34

借：应付职工薪酬——基本工资（含离退休费）　　　　　12 105.68
　　贷：应付职工薪酬——养老保险——个人　　　　　　　　 12 105.68
借：应付职工薪酬——基本工资（含离退休费）　　　　　 3 151.42
　　贷：应付职工薪酬——医疗保险——个人　　　　　　　　　 3 151.42
借：应付职工薪酬——基本工资（含离退休费）　　　　　 6 052.82
　　贷：应付职工薪酬——职业年金——个人　　　　　　　　　 6 052.82
借：应付职工薪酬——基本工资（含离退休费）　　　　　28 966.92
　　贷：应付职工薪酬——住房公积金——个人　　　　　　　　28 966.92

预算会计不作处理。

（3）支付 1 月工资。

财务会计：

借：应付职工薪酬——基本工资（含离退休费）　　　　　88 197.66
　　贷：财政拨款收入　　　　　　　　　　　　　　　　　　 88 197.66
借：应付职工薪酬——国家统一规定的津贴补贴、规范性津补贴　59 665
　　贷：财政拨款收入　　　　　　　　　　　　　　　　　　　 59 665
借：应付职工薪酬——改革性补贴　　　　　　　　　　　 51 511
　　贷：财政拨款收入　　　　　　　　　　　　　　　　　　　 51 511
借：应付职工薪酬——工伤保险——单位　　　　　　　　　 151.33
　　贷：财政拨款收入　　　　　　　　　　　　　　　　　　　　 151.33
借：应付职工薪酬——住房公积金——单位　　　　　　　 28 966.92
　　贷：财政拨款收入　　　　　　　　　　　　　　　　　　　28 966.92
借：应付职工薪酬——养老保险——单位　　　　　　　　 30 264.20
　　贷：财政拨款收入　　　　　　　　　　　　　　　　　　　30 264.20
借：应付职工薪酬——医疗保险——单位　　　　　　　　　 2 705.58
　　贷：财政拨款收入　　　　　　　　　　　　　　　　　　　 2 705.28
借：应付职工薪酬——医疗保险——单位　　　　　　　　 10 913.31
　　贷：财政拨款收入　　　　　　　　　　　　　　　　　　　10 913.21
借：应付职工薪酬——养老保险——个人　　　　　　　　 12 105.68
　　　　　　　　　　——医疗保险——个人　　　　　　　 3 151.42
　　　　　　　　　　——职业年金——个人　　　　　　　 6 052.82
　　　　　　　　　　——住房公积金——个人　　　　　　28 966.92
　　贷：财政拨款收入　　　　　　　　　　　　　　　　　　　50 276.84

预算会计：

借：行政支出——财政拨款支出——基本支出——人员经费——工资支出——行

政运行——基本工资   88 197.66

  贷：财政拨款预算收入——人员经费——工资支出——行政运行

                88 197.66

借：行政支出——人员经费——工资支出——行政运行——津贴补贴

                59 665

  贷：财政拨款预算收入——人员经费——工资支出——行政运行 59 665

借：行政支出——人员经费——工资支出——行政运行——津贴补贴

                51 511

  贷：财政拨款预算收入——人员经费——工资支出——行政运行 51 511

借：行政支出——人员经费——工伤保险——其他社会保障和就业支出——其他
社会保障缴费   151.33

  贷：财政拨款预算收入——人员经费——工伤保险——其他社会保障就业支
   出   151.33

借：行政支出——人员经费——住房公积金——住房公积金——住房公积金

                28 966.92

  贷：财政拨款预算收入——人员经费——住房公积金——住房公积金

                28 966.92

借：行政支出——人员经费——养老保险——机关事业单位基本养老保险缴费支
出——机关事业单位基本养老保险缴费   30 264.20

  贷：财政拨款预算收入——人员经费——养老保险——机关事业单位基本养
   老保险缴费支出   30 264.20

借：行政支出——人员经费——医疗保险——事业单位医疗——职工基本医疗保
险缴费   2 705.58

  贷：财政拨款预算收入——人员经费——医疗保险——事业单位医疗

                2 705.58

借：行政支出——人员经费——医疗保险——行政单位医疗——职工基本医疗保
险缴费   10 913.31

  贷：财政拨款预算收入——人员经费——医疗保险——行政单位医疗

                10 913.31

（二）年终一次性奖金

【例 11 - 3】2020 年 5 月，某市直行政单位发放 2019 年全年考核一次性奖金（13
个月工资），共计 166 180.67 元，财政直接支付。

（1）2019 年 12 月，根据工资计提。

财务会计：

借：业务活动费用——工资福利费用——资金　　　　166 180.67
　　贷：应付职工薪酬——奖金　　　　　　　　　　　166 180.67

预算会计不作处理。

（2）2020 年 5 月发放（有考核不合格未发放奖金的将费用冲回）。

财务会计：

借：应付职工薪酬——奖金　　　　　　　　　　　　166 180.67
　　贷：财政拨款收入　　　　　　　　　　　　　　　166 180.67

预算会计：

借：行政支出——财政拨款支出——基本支出——人员经费——行政运行——工
　　资福利支出——资金　　　　　　　　　　　　　166 180.67
　　贷：财政拨款预算收入　　　　　　　　　　　　　166 180.67

（三）绩效考核奖励

【例 11 - 4】2020 年 12 月 21 日，某市直行政单位发放派驻镇街机构镇街工作人员绩效工资，财政授权支付，共计 29 227.56 元。

财务会计：

借：业务活动费用——工资福利费用——绩效工资　　29 227.56
　　贷：零余额账户用款额度　　　　　　　　　　　　 29 227.56

预算会计：

借：行政支出——财政拨款支出——基本支出——人员经费——行政运行——工
　　资福利支出——绩效工资　　　　　　　　　　　 29 227.56
　　贷：资金结存——零余额账户用款额度　　　　　　 29 227.56

【例 11 - 5】2020 年 6 月 24 日，某市直行政单位支付镇街工作人员绩效考核奖励共计 32 321.77 元，财政直接支付。

财务会计：

借：业务活动费用——工资福利费用——奖金　　　　32 321.77
　　贷：财政拨款收入　　　　　　　　　　　　　　　 32 321.77

预算会计：

借：行政支出——财政拨款支出——基本支出——人员经费——行政运行——工
　　资福利支出——奖金　　　　　　　　　　　　　 32 321.77
　　贷：财政拨款预算收入——人员经费——行政运行　 32 321.77

【例 11－6】2020 年 12 月 18 日，某市直行政单位支付吕××等被派驻镇办工作人员 11 月和 12 月绩效工资，共计 15 964 元，授权支付。

财务会计：

借：业务活动费用——工资福利费用——绩效工资   15 964

    贷：零余额账户用款额度   15 964

预算会计：

借：行政支出——财政拨款支出——基本支出——人员经费——行政运行——绩效工资   15 964

    贷：资金结存——零余额账户用款额度   15 964

（四）雇员制、公益岗等工资发放业务

【例 11－7】2021 年 2 月 20 日，某市直行政单位授权支付公益岗人员工资 74 592.18 元，雇员工资 35 822.80 元。

单位未计提：

公益岗：

财务会计：

借：业务活动费用——工资福利费用——其他工资福利费用   74 592.18

    贷：零余额账户用款额度   74 592.18

预算会计：

借：行政支出——财政拨款支出——基本支出——人员经费——退役士兵专项公益岗位工资和保险——工资福利支出——其他工资福利支出

        74 592.18

    贷：资金结存——零余额账户用款额度   74 592.18

雇员制：

财务会计：

借：业务活动费用——工资福利费用——其他工资福利费用   35 822.80

    贷：零余额账户用款额度   35 822.80

预算会计：

借：行政支出——财政拨款支出——基本支出——人员经费—雇员制岗位工资和保险——工资福利支出——其他工资福利支出   35 822.80

    贷：资金结存——零余额账户用款额度   35 822.80

【例 11－8】1 月 22 日，某市直单位提取、发放退役士兵 1 月工资。

（1）计提 1 月退役士兵工资、津贴补贴。

财务会计：

借：业务活动费用——工资福利费用——公益性岗位专项——基本工资

10 380

——绩效工资

9 000

贷：应付职工薪酬——基本工资（含离退休费）　　 10 380

——津贴补贴（绩效工资）　　 9 000

预算会计不作处理。

（2）代扣 1 月退役士兵保险。

财务会计：

借：应付职工薪酬——基本工资（含离退休费）　　 2 007.60

贷：应付职工薪酬——养老保险　　 1 536

——医疗保险　　 414

——失业保险　　 57.60

预算会计不作处理。

（3）发放退役士兵 1 月工资。

财务会计：

借：应付职工薪酬——基本工资（含离退休费）　　 8 372.40

——津贴补贴（绩效工资）　　 9 000

贷：财政拨款收入　　 17 372.40

预算会计：

借：事业支出——财政拨款支出——基本支出——人员经费——行政运行——基
本工资

8 372.40

——绩
效工资

9 000

贷：财政拨款预算收入——人员经费——行政运行　　 17 372.40

【例 11-9】2020 年 2 月，某市直行政单位支付 2020 年 1 月雇员制工作人员工资、
社保、公积金等。

财务会计：

借：业务活动费用——工资福利费用——其他工资福利费用　　 46 988.10

贷：其他应付款——雇员养老保险　　 3 186

——雇员医疗大额医疗救助　　 841.50

——雇员公积金　　 3 557.70

——雇员失业保险　　 119.52

零余额账户用款额度　　　　　　　　　　39 283.38

预算会计：

借：行政支出——财政拨款支出——基本支出——人员经费——其他人力资源和

社会保障管理事务支出——工资福利支出——其他工资福利支出

39 283.38

贷：资金结存——零余额账户用款额度　　　　39 283.38

（五）精神文明奖

精神文明奖是各级精神文明建设委员会考核评比各机关单位、社会团体等的公民道德文明建设和科学文化建设等方面的突出表现。不同单位的精神文明奖的发放标准不同，奖金的发放应符合单位标准。

发放精神文明奖金，财务会计借记"业务活动费用——工资福利费用"科目，贷记"零余额账户用款额度"等科目；预算会计借记"行政支出"科目，贷记"资金结存——零余额账户用款额度"等科目。

【例 11 – 10】2020 年 9 月，某市直行政单位发放 2019 年精神文明奖共计 2 067 720.75 元，财政授权支付。

财务会计：

借：业务活动费用——工资福利费用——奖金　　　　2 112 820.31

贷：其他应交税费——应交个人所得税　　　　　45 099.56

零余额账户用款额度　　　　　　　　　2 067 720.75

预算会计：

借：行政支出——财政拨款支出——基本支出——人员经费——工资福利支出

——资金　　　　　　　　　　　　　2 067 720.75

贷：资金结存——零余额账户用款额度　　　　2 067 720.75

（六）下属单位工资相关业务

【例 11 – 11】2020 年 12 月 25 日，某市直行政单位付浮桥人员 10 ~ 11 月工资 10 022.96 元。（该部分资金按规定从汽车站交来的款项中支付）

财务会计：

借：其他应付款——汽车站、浮桥工资　　　　10 022.96

贷：其他应收款——财政往来专户存款　　　　10 022.96

预算会计不作处理。

【例 11 - 12】2020 年 10 月 28 日，某市直行政单位代收汽车站交来的 10 月人员工资及保险等 17 307.84 元。（该部分资金按规定用来发放汽车站和浮桥人员工资）

财务会计：

借：其他应收款——财政往来专户存款　　　　　　　　17 307.84

　　贷：其他应付款——汽车站、浮桥工资　　　　　　　　17 307.84

预算会计不作处理。

（七）交个人所得税

个人所得税的缴纳由单位进行核算，并在发放给职工前进行代扣代缴，再统一进行申报缴纳。

缴纳个人所得税，财务会计借记"其他应交税费——应交个人所得税"科目，贷记"零余额账户用款额度"等科目；预算会计借记"行政支出"科目，贷记"资金结存——零余额账户用款额度"等科目。

【例 11 - 13】2020 年 1 月 21 日，某市直预算单位支付非统发事业人员 12 月个人所得税共计 731.88 元，授权支付。

财务会计：

借：其他应交税费——应交个人所得税　　　　　　　　731.88

　　贷：零余额账户用款额度　　　　　　　　　　　　731.88

预算会计：

借：事业支出——财政拨款支出——基本支出——人员经费——行政运行——其他工资福利支出　　　　　　　　731.88

　　贷：资金结存——零余额账户用款额度　　　　　　　　731.88

【例 11 - 14】2020 年 1 月 22 日某市直预算单位支付统发人员 12 月个人所得税共计 627.86 元，授权支付。

财务会计：

借：其他应交税费——应交个人所得税　　　　　　　　627.86

　　贷：零余额账户用款额度　　　　　　　　　　　　627.86

预算会计：

借：事业支出——财政拨款支出——基本支出——人员经费——行政运行——工资福利支出——基本工资　　　　　　　　627.86

　　贷：资金结存——零余额账户用款额度　　　　　　　　627.86

【例 11 - 15】2021 年 2 月 2 日，某市直行政单位缴纳个人所得税 2 007.34 元，授权支付。

财务会计：

借：其他应交税费——应交个人所得税　　　　　　　　2 007.34

　　贷：零余额账户用款额度——工资支出——行政运行　　2 007.34

预算会计：

借：行政支出——财政拨款支出——基本支出——人员经费——行政运行——工资福利支出——基本工资　　　　　　　　2 007.34

　　贷：资金结存——零余额账户用款额度　　　　　　　2 007.34

（八）交住房公积金

住房公积金是指国家机关和事业单位、国有企业、城镇集体企业、外商投资企业、城镇私营企业及其他城镇企业和事业单位、民办非企业单位、社会团体及其在职职工，对等缴存的长期住房储蓄。公积金个人部分和单位缴存部分按各地规定计算。

计提住房公积金时，按照单位应负担的部分，财务会计借记"业务活动费用——工资福利费用"科目，贷记"应付职工薪酬——住房公积金（单位）"科目；预算会计不作处理。

缴存住房公积金，按照由单位负担的部分，财务会计借记"应付职工薪酬——住房公积金（单位）"科目；按照由个人负担的部分，借记"应付职工薪酬——住房公积金（个人）"科目；贷记"财政拨款收入"等科目；预算会计借记"行政支出——财政拨款支出——人员经费"科目，贷记"财政拨款预算收入"等科目。

【例11-16】2020年5月，某市直行政单位计提、缴纳4月事业人员公积金。

财务会计：

借：业务活动费用——工资福利费用　　　　　　　　19 279.92

　　贷：应付职工薪酬——住房公积金——单位　　　　　19 279.92

预算会计不作处理。

财务会计：

借：应付职工薪酬——住房公积金——单位　　　　　　19 279.92

　　　　　　　　　　　　　　　　——个人　　　　　19 279.92

　　贷：财政拨款收入　　　　　　　　　　　　　　　38 559.84

预算会计：

借：行政支出——财政拨款支出——基本支出——基本工资　19 279.92

　　　　　　　　　　　　　　　　——单位住房公积金

　　　　　　　　　　　　　　　　　　　　　　　　19 279.92

　　贷：财政拨款预算收入——基本支出——人员经费　　38 559.84

（九）万名干部下基层补助

支付干部下基层差旅费用，按规定予以报销。相关工作补贴按国家规定执行。财务会计借记"业务活动费用——对个人和家庭的补助费用"科目，贷记"零余额账户用款额度""财政拨款收入"等科目；预算会计借记"行政支出"科目，贷记"资金结存——零余额账户用款额度""财政拨款预算收入"等科目。

【例 11-17】2020 年 12 月 23 日，某市直行政单位支付干部下基层工作经费 2020 年第四季度驻村补贴 8 640 元，授权支付。

财务会计：

借：业务活动费用——对个人和家庭的补助费用——生活补助　　8 640
　　贷：零余额账户用款额度　　　　　　　　　　　　　　　　　　8 640

预算会计：

借：行政支出——财政拨款支出——项目支出——对个人和家庭的补助——生活补助　　8 640
　　贷：资金结存——零余额账户用款额度　　　　　　　　　　　　8 640

【例 11-18】2020 年 3 月 31 日，某市直行政单位支付万名干部下基层补助 4 000 元，财政直接支付。

财务会计：

借：业务活动费用——对个人和家庭的补助费用——生活补助　　4 000
　　贷：财政拨款收入　　　　　　　　　　　　　　　　　　　　　4 000

预算会计：

借：行政支出——财政拨款支出——基本支出——人员经费——对个人和家庭的补助——生活补助　　4 000
　　贷：财政拨款预算收入——人员经费——对个人和家庭的补助——其他对个人和家庭的补助　　4 000

【例 11-19】2020 年 9 月 23 日，某市直行政单位支付乡村振兴服务队 2019 年 11 月~2020 年 8 月乡村振兴服务工作补助每月 800 元，计 8 000 元，根据文件每月可报销 4 次加油费，30 元/次，每月 120 元，共报销差旅费 1 200 元。财政授权支付。

财务会计：

借：业务活动费用——对个人和家庭的补助费用——生活补助　　8 000
　　　　　　　　　　——商品和服务费用——差旅费　　　　　　1 200
　　贷：零余额账户用款额度　　　　　　　　　　　　　　　　　　9 200

预算会计：

借：行政支出——财政拨款支出——基本支出——人员经费——对个人和家庭的
　　补助——生活补助　　　　　　　　　　　　　　　　　　　　　　8 000
　　　　　　——办公经费——商品和服务支出——差旅费　　　　　　1 200
　　贷：资金结存——零余额账户用款额度　　　　　　　　　　　　　9 200

【例 11 - 20】2020 年 9 月 30 日，某市直行政单位支付 2019 年 11 月 ~ 2020 年 4 月
共计 6 个月第一书记补助 5 520 元，财政授权支付。

财务会计：

借：业务活动费用——对个人和家庭的补助费用——生活补助　　　　5 520
　　贷：零余额账户用款额度　　　　　　　　　　　　　　　　　　　5 520

预算会计：

借：行政支出——财政拨款支出——基本支出——人员经费——对个人和家庭的
　　补助——生活补助　　　　　　　　　　　　　　　　　　　　　　5 520
　　贷：资金结存——零余额账户用款额度　　　　　　　　　　　　　5 520

（十）仲裁办案补助

【例 11 - 21】2020 年 4 月，某市直行政单位付 2019 年第四季度剩余的 50% 劳动仲
裁办案补助（按文件根据案件办理数量补贴到个人），共计 12 000 元，使用项目资金
列支，授权支付。

财务会计：

借：业务活动费用——对个人和家庭的补助费用　　　　　　　　　12 000
　　贷：零余额账户用款额度　　　　　　　　　　　　　　　　　12 000

预算会计：

借：行政支出——财政拨款支出——项目支出——人力资源综合业务补助——劳
　　动人事争议调解仲裁——其他对个人和家庭的补助　　　　　　12 000
　　贷：资金结存——零余额账户用款额度　　　　　　　　　　　12 000

二、社会保险缴纳及福利相关业务

缴纳社会保险费

缴纳的社会保险费一般特指社会统筹的养老保险、医疗保险、失业保险、工伤保
险、生育保险的缴费。

缴纳雇员制保险费及公益岗保险费时，财务会计借记"业务活动费用"科目，贷

记"零余额账户用款额度"等科目；预算会计借记"行政支出"科目，贷记"资金结存——零余额账户用款额度"等科目。

【例 11－22】2021 年 2 月 20 日，某市直行政单位授权支付缴纳公益岗养老医疗保险 31 718.67 元，雇员养老医疗保险 15 755.53 元。

公益岗：

财务会计：

借：业务活动费用——工资福利费用——其他工资福利费用　　31 718.67
　　贷：零余额账户用款额度　　　　　　　　　　　　　　　　　31 718.67

预算会计：

借：行政支出——财政拨款支出——基本支出——人员经费——其他工资福利支出——一般预算支出　　　　　　　　　　　　　　　31 718.67
　　贷：资金结存——零余额账户用款额度　　　　　　　　　　　31 718.67

雇员制：

财务会计：

借：业务活动费用——工资福利费用——其他工资福利费用　　15 755.53
　　贷：零余额账户用款额度——雇员工资及保险——行政运行　　15 755.53

预算会计：

借：行政支出——财政拨款支出——基本支出——人员经费——其他工资福利支出——一般预算支出　　　　　　　　　　　　　　　15 755.53
　　贷：资金结存——零余额账户用款额度　　　　　　　　　　　15 755.53

【例 11－23】2020 年 10 月 31 日，某市直行政单位支付公益岗 10 月保险费共计 4 485.84 元，财政授权支付。

财务会计：

借：业务活动费用——工资福利费用——其他工资福利费用　　4 485.84
　　贷：零余额账户用款额度　　　　　　　　　　　　　　　　　4 485.84

预算会计：

借：行政支出——财政拨款支出——基本支出——人员经费——行政运行——其他工资福利支出——一般预算支出　　　　　　　　　4 485.84
　　贷：资金结存——零余额账户用款额度　　　　　　　　　　　4 485.84

【例 11－24】2020 年 7 月 24 日，某市直行政单位付临时工 1～7 月保险费 50 231.37 元，支付工资 110 848.08 元，使用项目资金列支，财政授权支付。

财务会计

借：其他应付款——临时工保险个人部分　　　　　　　　　　　50 231.37
　　业务活动费用——商品和服务费用——劳务费　　　　　　110 848.08

贷：零余额账户用款额度   161 079.45

预算会计：

借：行政支出——财政拨款支出——项目支出——人力资源综合业务补助——一

 般行政管理事务——劳务费   161 079.45

 贷：资金结存——零余额账户用款额度   161 079.45

第二节 各类临时用工人员薪酬业务

劳务费是指个人独立从事各种非雇佣的劳务所获得的报酬，主要包括临时聘用人员工资、劳务派遣人员工资、有劳务公司开具的劳务费发票的保安费、支付的公司劳务费等。

发生劳务费相关支出，计提劳务费时，财务会计借记"业务活动费用——商品和服务费用""单位管理费用——商品和服务费用"科目，贷记"其他应付款"科目；预算会计不作处理。发放劳务费时，财务会计借记"业务活动费用——商品和服务费用""单位管理费用——商品和服务费用""其他应付款"等科目，贷记"财政拨款收入""零余额账户用款额度""银行存款"等科目；预算会计借记"行政支出""事业支出"科目，贷记"财政拨款预算收入""资金结存——零余额账户用款额度""资金结存——货币资金"等科目。

【例 11 - 25】2020 年 1 月 22 日，某市直行政单位支付 1 月临时人员工资 161 724.86元，使用项目资金列支，财政直接支付。

财务会计：

借：业务活动费用——商品和服务费用——劳务费 161 724.86

 贷：财政拨款收入   161 724.86

预算会计：

借：事业支出——其他资金支出——项目支出——综合执法业务费——其他公路

 水路运输支出——劳务费   161 724.86

 贷：财政拨款预算收入——项目支出——综合执法业务费——其他公路水路

  运输支出   161 724.86

【例 11 - 26】2020 年 10 月，某市直事业单位支付临时工劳务费 140 600.94 元，代扣个税 80.23 元，使用项目资金列支，财政直接支付。

财务会计：

借：业务活动费用——商品和服务费用——劳务费 140 681.17

 贷：其他应交税费——个人所得税   80.23

財政拨款收入 140 600.94

预算会计：

借：事业支出——其他资金支出——项目支出——综合执法业务费——其他公路
水路运输支出——劳务费 140 600.94

贷：财政拨款预算收入——项目支出——综合执法业务费——其他公路水路
运输支出 140 600.94

【例 11 - 27】2020 年 12 月 2 日，某市直行政单位使用上级生态效益管护补偿资金
授权支付护林员工资 192 200 元，使用项目资金列支。

财务会计：

借：业务活动费用——商品和服务费用——劳务费 192 200

贷：财政拨款收入 192 200

预算会计：

借：行政支出——非财政专项资金支出——项目支出——劳务费 192 200

贷：财政拨款预算收入——项目支出 192 200

【例 11 - 28】2019 年 12 月 25 日，某市直事业单位支付《身边好人》小戏创作费
41 869.97 元，使用项目资金列支，财政授权支付。

财务会计：

借：单位管理费用——商品和服务费用——劳务费 41 869.97

贷：零余额账户用款额度 41 869.97

预算会计：

借：事业支出——财政拨款支出——项目支出——公益演出补助——劳务费
41 869.97

贷：资金结存——零余额账户用款额度 41 869.97

【例 11 - 29】2020 年 4 月 9 日，某市直行政单位支付老年大学辅导员工资 8 059.50
元，使用项目资金列支，直接支付。

财务会计：

借：业务活动费用——商品和服务费用——劳务费 8 059.50

贷：财政拨款收入 8 059.50

预算会计：

借：行政支出——财政拨款支出——项目支出——老年大学教师及辅导员工资、
培训班（会）、教学服务及其他支出——劳务费 8 059.50

贷：财政拨款预算收入——项目支出——老年大学教师及辅导员工资、培训
班（会）、教学服务及其他支出 8 059.50

【例 11 - 30】2020 年 5 月 12 日，某市直行政单位支付 1 ~ 4 月门卫保洁工资

15 200 元，使用项目资金列支，财政直接支付。

财务会计：

借：业务活动费用——商品和服务费用——劳务费　　　　　　　15 200

　　贷：财政拨款收入　　　　　　　　　　　　　　　　　　　　15 200

预算会计：

借：行政支出——财政拨款支出——项目支出——水电、物业管理及设施维护费

　　——一般公共服务支出——一般行政管理事务——商品和服务支出——劳务

　　费　　　　　　　　　　　　　　　　　　　　　　　　　　　　15 200

　　贷：财政拨款预算收入——项目支出——水电、物业管理及设施维护费——

　　　　一般公共服务支出——一般行政管理事务　　　　　　　　　15 200

【例 11-31】2020 年 5 月 12 日，某市直行政单位支付给老年大学外聘教师 2020 年上半年讲课费共计 8 760 元，使用项目资金列支，直接支付。

财务会计：

借：业务活动费用——商品和服务费用——劳务费　　　　　　　8 760

　　贷：财政拨款收入　　　　　　　　　　　　　　　　　　　　8 760

预算会计：

借：行政支出——其他资金支出——项目支出——老年教育、老干部活动及其他

　　支出（非税收入老年大学学费）——一般公共服务支出——一般行政管理事

　　务——商品和服务支出——劳务费　　　　　　　　　　　　　8 760

　　贷：财政拨款预算收入——项目支出——老年教育、老干部活动及其他支出

　　　　（非税收入老年大学学费）——一般公共服务支出——一般行政管理事务

　　　　　　　　　　　　　　　　　　　　　　　　　　　　　　8 760

【例 11-32】2020 年 6 月，某市直行政单位付养老服务中心技术人员劳务费 22 520 元，使用项目资金列支，财政授权支付。

财务会计：

借：业务活动费用——商品和服务费用——劳务费　　　　　　　22 520

　　贷：零余额账户用款额度　　　　　　　　　　　　　　　　　22 520

预算会计：

借：行政支出——其他资金支出——项目支出——民政社会服务项目——其他民

　　政管理事务支出——劳务费　　　　　　　　　　　　　　　　22 520

　　贷：资金结存——零余额账户用款额度　　　　　　　　　　　22 520

【例 11-33】某市直行政单位支付 2020 年 6 月 20 日和 7 月 7 日付劳务派遣员工 6 月、7 月工资、保险管理费共 19 520 元，使用项目资金列支，授权支付。

财务会计：

借：业务活动费用——商品和服务费用——劳务费   19 520

    贷：零余额账户用款额度   19 520

预算会计：

借：行政支出——其他资金支出——项目支出——民政社会服务项目——其他民

    政管理事务支出——劳务费   19 520

    贷：资金结存——零余额账户用款额度   19 520

【例 11 - 34】2020 年 8 月 27 日，某市直行政单位使用日常公用经费支付给保安服务有限公司 4 ~ 6 月保安费 10 200 元，直接支付。

财务会计：

借：业务活动费用——商品和服务费用——劳务费   10 200

    贷：财政拨款收入   10 200

预算会计：

借：行政支出——财政拨款支出——基本支出——日常公用经费——行政运行

    ——劳务费   10 200

    贷：财政拨款预算收入——日常公用经费——行政运行   10 200

【例 11 - 35】2020 年 11 月 2 日，某市直行政单位支付给山东××人力资源服务有限公司 9 月的劳务派遣费 105 410 元，使用项目资金列支，财政直接支付。

财务会计：

借：业务活动费用——商品和服务费用——劳务费   105 410

    贷：财政拨款收入   105 410

预算会计：

借：行政支出——财政拨款支出——项目支出——市政、园林、环卫等管理经费

    ——城乡社区环境卫生——劳务费   105 410

    贷：财政拨款预算收入——项目支出——市政、园林环卫等管理经费——城

    乡社区环境卫生   105 410

【例 11 - 36】2020 年 12 月 24 日，某市直行政单位付慢性病鉴定医疗专家劳务费 1 500 元，使用项目资金列支，财政授权支付。

财务会计：

借：业务活动费用——商品和服务费用——劳务费   1 500

    贷：零余额账户用款额度   1 500

预算会计：

借：行政支出——财政拨款支出——项目支出——医疗保障监管经费——医疗保

    障经办事务——劳务费   1 500

    贷：资金结存——零余额账户用款额度   1 500

【例11-37】2020年2月4日，某市直行政单位支付张××、许××等临时用工人员1月工资，共计66 430元，使用项目资金列支，授权支付。

财务会计：

借：业务活动费用——商品和服务费用——劳务费　　　　　66 430
　　贷：零余额账户用款额度　　　　　　　　　　　　　　　　66 430

预算会计：

借：行政支出——财政拨款支出——项目支出——人力资源综合业务补助——机
　　关服务——商品和服务支出——劳务费　　　　　　　　　66 430
　　贷：资金结存——零余额账户用款额度　　　　　　　　　　66 430

【例11-38】2020年2月4日，某市直行政单位支付人事代理人员工资5 473.13元，使用项目资金列支，财政授权支付，相关各类保险暂未支付。

财务会计：

借：业务活动费用——商品和服务费用——劳务费　　　　　5 473.13
　　贷：零余额账户用款额度　　　　　　　　　　　　　　　4 359.47
　　　　其他应付款——人事代理养老保险　　　　　　　　　　　376
　　　　　　　　　——人事代理职业年金　　　　　　　　　　　188
　　　　　　　　　——人事代理医疗大额　　　　　　　　　　　　99
　　　　　　　　　——人事代理失业保险　　　　　　　　　　14.10
　　　　　　　　　——人事代理公积金　　　　　　　　　　436.56

预算会计：

借：行政支出——财政拨款支出——项目支出——人力资源综合业务补助——机
　　关服务——商品和服务支出——劳务费　　　　　　　　4 359.47
　　贷：资金结存——零余额账户用款额度　　　　　　　　　4 359.47

第三节　对个人和家庭生活补助类业务

一、殡葬、抚恤、遗属补助类

（一）遗属补助

市直单位支付遗属补助，财务会计借记"单位管理费用——对个人和家庭的补助费用"或"业务活动费用——对个人和家庭的补助费用"科目，贷记"财政拨款收入""零余额账户用款额度"等科目；预算会计借记"事业支出"或"行政支出"科目，贷记"财政拨款预算收入""资金结存——零余额账户用款额度"等科目。

【例 11 – 39】2020 年 1 月，某市直预算单位支付 1 月在职去世职工的遗属补助 900 元，财政直接支付。

财务会计：

借：单位管理费用——对个人和家庭的补助费用——生活补助　　900

　　贷：财政拨款收入　　　　　　　　　　　　　　　　　　　　　　900

预算会计：

借：事业支出——财政拨款支出——基本支出——人员经费——行政运行——生活补助　　　　　　　　　　　　　　　　　　　　　　　　　　900

　　贷：财政拨款预算收入——人员经费——行政运行　　　　　　　　900

【例 11 – 40】2021 年 2 月 20 日，某市直行政单位支付 2 月遗属补助 1 800 元，财政授权支付。

财务会计：

借：业务活动费用——对个人和家庭的补助费用——生活补助　　1 800

　　贷：零余额账户用款额度　　　　　　　　　　　　　　　　　　　1 800

预算会计：

借：行政支出——财政拨款支出——基本支出——人员经费——行政运行——生活补助　　　　　　　　　　　　　　　　　　　　　　　　　1 800

　　贷：资金结存——零余额账户用款额度　　　　　　　　　　　　　1 800

【例 11 – 41】2020 年 10 月 29 日，某市直行政单位支付王某、李某 10 月遗属补助各 915 元，共计 1 830 元，财政直接支付。

财务会计：

借：业务活动费用——对个人和家庭的补助费用——生活补助　　1 830

　　贷：财政拨款收入　　　　　　　　　　　　　　　　　　　　　　1 830

预算会计：

借：行政支出——财政拨款支出——基本支出——人员经费——行政运行——生活补助　　　　　　　　　　　　　　　　　　　　　　　　　1 830

　　贷：财政拨款预算收入——人员经费——行政运行　　　　　　　　1 830

【例 11 – 42】2020 年 12 月 8 日，某市直行政单位支付张某、张某等离休干部及遗属困难救助共计 131 000 元，使用项目资金列支，财政授权支付。

财务会计：

借：业务活动费用——对个人和家庭的补助费用——生活补助　131 000

　　贷：零余额账户用款额度　　　　　　　　　　　　　　　　　　131 000

预算会计：

借：行政支出——财政拨款支出——项目支出——老干部局业务经费——其他共

产党事务支出——生活补助   131 000

贷：资金结存—零余额账户用款额度   131 000

（二）殡葬费

支付殡葬费，财务会计借记"业务活动费用——对个人和家庭的补助费用"科目，贷记"财政拨款收入"等科目；预算会计借记"行政支出"科目，贷记"财政拨款预算收入"等科目。

【例11-43】2020年11月17日，某市直行政单位支付给市殡仪馆1 000 000元，用作殡仪馆运行专项资金，使用项目资金列支，财政直接支付。

按决算填报单位列收入支出。

财务会计：

借：业务活动费用（殡仪馆）——商品和服务费用   1 000 000

贷：财政拨款收入   1 000 000

预算会计：

借：行政支出——其他资金支出——项目支出——社会福利和救助项目——商品

和服务支出   1 000 000

贷：财政拨款预算收入——项目支出——社会福利和救助项目——商品和服

务支出   1 000 000

【例11-44】2021年4月2日，某市直行政单位支付给××市殡仪馆500 000元，用以免除2019年本市户籍殡葬服务费用（惠民殡葬补助政策），使用项目资金列支，财政直接支付。

财务会计：

借：业务活动费用——对个人和家庭的补助费用——其他对个人和家庭的补助

      500 000

贷：财政拨款收入   500 000

预算会计：

借：行政支出——财政拨款支出——项目支出——社会福利和救助项目——对个

人和家庭的补助——其他对个人和家庭的补助   500 000

贷：财政拨款预算收入——项目支出——社会福利和救助项目   500 000

二、伤残补助费

支付伤残补助费，财务会计借记"单位管理费用"或"业务活动费用"科目，贷记"财政拨款收入""零余额账户用款额度"等科目；预算会计借记"行政支出"或"事业支出"科目，贷记"财政拨款预算收入""资金结存——零余额账户用款额度"等科目。

【例 11 - 45】2020 年 1 月 29 日，某市直行政单位支付 1 月市残疾人两项补贴（困难残疾人生活补贴、重度残疾人护理补贴）共计 1 341 900 元，使用项目资金列支，财政直接支付。

财务会计：

借：业务活动费用——对个人和家庭的补助费用——生活补助 1 341 900
　　贷：财政拨款收入　　　　　　　　　　　　　　　　 1 341 900

预算会计：

借：行政支出——财政拨款支出——项目支出——其他社会保障和就业支出——生活补助　　　　　　　　　　　　　　　　　　 1 341 900
　　贷：财政拨款预算收入——项目支出——其他社会保障和就业支出
　　　　　　　　　　　　　　　　　　　　　　　　　 1 341 900

【例 11 - 46】2020 年 12 月 11 日，某市直预算单位支付给贺某伤残补助费 1 800 元，使用项目资金列支，财政直接支付。

财务会计：

借：单位管理费用——对个人和家庭的补助费用——生活补助　 1 800
　　贷：财政拨款收入　　　　　　　　　　　　　　　　　 1 800

预算会计：

借：事业支出——财政拨款支出——项目支出——伤残民工补助——生活补助
　　　　　　　　　　　　　　　　　　　　　　　　　　 1 800
　　贷：财政拨款预算收入——项目支出——伤残民工补助　　 1 800

【例 11 - 47】2020 年 7 月 22 日，某市直行政单位支付王某等 3 人 2020 年工伤补助，共计 33 750 元，使用项目资金列支，财政授权支付。

财务会计：

借：业务活动费用——对个人和家庭的补助费用——其他对个人和家庭的补助
　　　　　　　　　　　　　　　　　　　　　　　　　　 33 750
　　贷：零余额账户用款额度　　　　　　　　　　　　　　 33 750

预算会计：

借：行政支出——财政拨款支出——项目支出——工伤补助——其他人力资源和社会保障管理事务支出——其他对个人和家庭的补助　 33 750
　　贷：资金结存——零余额账户用款额度　　　　　　　　 33 750

三、退休人员补助

（一）退休人员补贴

支付退休人员一次性补贴等，财务会计借记"业务活动费用"科目，贷记"财政拨款收入""零余额账户用款额度"等科目；预算会计借记"行政支出"科目，贷记"财政拨款预算收入""资金结存——零余额账户用款额度"等科目。

【例 11 - 48】2020 年 3 月，某市直行政单位支付某职工退休一次性补贴 39 933 元，其中某退休人员独生子女一次性奖励金 34 533 元，××遗属补助 5 400 元，直接支付。（此类业务需分别记账）

（1）支付某职工退休独生子女一次性奖励金：

财务会计：

借：业务活动费用——对个人和家庭的补助费用——奖励金　　　　 34 533

　　贷：财政拨款收入　　　　　　　　　　　　　　　　　　　　　 34 533

预算会计：

借：行政支出——财政拨款支出——基本支出——人员经费——对个人和家庭的

　　补助——奖励金　　　　　　　　　　　　　　　　　　　　　 34 533

　　贷：财政拨款预算收入——人员经费——其他行政事业单位养老支出

　　　　　　　　　　　　　　　　　　　　　　　　　　　　　　 34 533

（2）支付××遗属补助：

财务会计：

借：业务活动费用——对个人和家庭的补助费用——生活补助　　　 5 400

　　贷：财政拨款收入　　　　　　　　　　　　　　　　　　　　　 5 400

预算会计：

借：行政支出——财政拨款支出——基本支出——人员经费——行政运行——对

　　个人和家庭的补助——生活补助　　　　　　　　　　　　　　 5 400

　　贷：财政拨款预算收入——人员经费——行政运行　　　　　　　 5 400

【例 11 - 49】2020 年 6 月 18 日，某市直行政单位支付刘某离退休支部委员 2020 年上半年工作补助（支部书记 200 元/月，有专项预算），共计 1 200 元，授权支付。

财务会计：

借：业务活动费用——对个人和家庭补助费用——其他对个人和家庭的补助

　　　　　　　　　　　　　　　　　　　　　　　　　　　　　　 1 200

　　贷：零余额账户用款额度　　　　　　　　　　　　　　　　　　 1 200

预算会计：

借：行政支出——财政拨款支出——基本支出——人员经费——行政运行——其

他对个人和家庭的补助——一般预算支出 　　　　　　　　　1 200

　　贷：资金结存——零余额账户用款额度　　　　　　　　　　　1 200

（二）退休人员福利相关业务

支付退休人员春节福利及走访费等，财务会计借记"业务活动费用——商品和服务费用"科目，贷记"财政拨款收入""零余额账户用款额度"等科目；预算会计借记"行政支出"科目，贷记"财政拨款预算收入""资金结存——零余额账户用款额度"等科目。

【例11 - 50】2020年3月5日某市直行政单位使用日常公用经费支付给××联华超市有限责任公司春节走访退休人员费用3 900元，直接支付。

财务会计：

借：业务活动费用——商品和服务费用 　　　　　　　　　　　3 900

　　贷：财政拨款收入 　　　　　　　　　　　　　　　　　　　3 900

预算会计：

借：行政支出——财政拨款支出——基本支出——日常公用经费——一般公共服

务支出——行政运行——商品和服务支出——其他商品和服务支出

3 900

　　贷：财政拨款预算收入——基本支出——日常公用经费——一般公共服务支

出　　　　　　　　　　　　　　　　　　　　　　　　　　3 900

【例11 - 51】2020年12月15日，某市直行政单位使用退休公用经费授权支付退休人员春节福利费42 500元。

财务会计：

借：业务活动费用——商品和服务费用 　　　　　　　　　　　42 500

　　贷：零余额账户用款额度 　　　　　　　　　　　　　　　　42 500

预算会计：

借：行政支出——财政拨款支出——基本支出——日常公用经费——行政运行

——其他商品和服务支出 　　　　　　　　　　　　　　　　42 500

　　贷：资金结存——零余额账户用款额度 　　　　　　　　　　42 500

【例11 - 52】2020年2月，某市直行政单位使用日常公用经费支付老干部过节福利费共计4 000元，直接支付。

财务会计：

借：业务活动费用——商品和服务费用　　　　　　　　　　　　4 000

　　贷：财政拨款收入　　　　　　　　　　　　　　　　　　　　　4 000

预算会计：

借：行政支出——财政拨款支出——基本支出——日常公用经费——行政运行

　　——其他商品和服务支出　　　　　　　　　　　　　　　　　4 000

　　贷：财政拨款预算收入——日常公用经费——行政运行　　　　　4 000

四、保教、查体类业务

（一）职工保教费（幼儿入托费）

支付职工保教费，财务会计借记"业务活动费用——对个人和家庭的补助费用"科目，贷记"财政拨款收入""零余额账户用款额度"等科目；预算会计借记"行政支出——财政拨款支出——基本支出"科目，贷记"财政拨款预算收入""资金结存——零余额账户用款额度"等科目。

发生职工保教费不符合报销规定退回相关业务，若为本年度退回，财务会计借记"财政拨款收入"等科目，贷记"业务活动费用"科目；预算会计借记"财政拨款预算收入"等科目，贷记"行政支出"科目。若发生以前年度保教费退回时，财务会计借记"其他应收款——某人"科目，贷记"以前年度盈余调整——业务活动费用"科目；交钱时，财务会计借记"其他应收款——财政往来资金户"科目，贷记"其他应收款——某人"科目；入国库时，财务会计借记"以前年度盈余调整——财政拨款收入"科目，贷记"其他应收款——财政往来资金户"科目。

【例 11 - 53】 2020 年 4 月 30 日，某市直行政单位使用日常公用经费支付职工子女保教费补助 555 元，财政直接支付。

财务会计：

借：业务活动费用——对个人和家庭的补助费用　　　　　　　　555

　　贷：财政拨款收入　　　　　　　　　　　　　　　　　　　　　555

预算会计：

借：行政支出——财政拨款支出——基本支出——日常公用经费——对个人和家

　　庭的补助——其他对个人和家庭的补助　　　　　　　　　　555

　　贷：财政拨款预算收入　　　　　　　　　　　　　　　　　　　555

【例 11 - 54】 2020 年 8 月 7 日，某市直行政单位使用日常公用经费支付职工保教费 370 元，财政授权支付。

财务会计：

借：业务活动费用——对个人和家庭的补助费用　　　　　　　　370

　　贷：零余额账户用款额度　　　　　　　　　　　　　　　　　　370

预算会计：

借：行政支出——财政拨款支出——基本支出——日常公用经费——对个人和家庭补助——其他对个人和家庭的补助　　　　　　　　370

　　贷：资金结存——零余额账户用款额度　　　　　　　　　　　370

【例 11 –55】2020 年 11 月 23 日，某市直行政单位支付职工子女入托费 925 元，因不符合相关规定，职工缴款退回国库。

本月：

财务会计：

借：其他应收款——财政往来资金　　　　　　　　　　　　925

　　贷：应缴财政款——托育费　　　　　　　　　　　　　　　925

预算会计不作处理。

次月：

财务会计：

借：零余额账户用款额度　　　　　　　　　　　　　　　　925

　　贷：其他应收款——财政往来资金　　　　　　　　　　　　925

预算会计不作处理。

次月：

财务会计：

借：应缴财政款——托育费　　　　　　　　　　　　　　　　925

　　贷：零余额账户用款额度　　　　　　　　　　　　　　　　925

预算会计不作处理。

【例 11 –56】2020 年 12 月 16 日，某市直行政单位使用日常公用经费支付职工 2020 年下半年保育费共计 24 605 元，财政授权支付。

财务会计：

借：业务活动费用——对个人和家庭补助费用　　　　　　24 605

　　贷：零余额账户用款额度　　　　　　　　　　　　　　　24 605

预算会计：

借：行政支出——财政拨款支出——基本支出——日常公用经费——对个人和家庭补助——其他对个人和家庭的补助　　　　　　24 605

　　贷：资金结存——零余额账户用款额度　　　　　　　　　24 605

【例 11 –57】2020 年 4 月，某市直行政单位使用日常公用经费支付职工保教费 1 110 元，财政直接支付。

财务会计：

借：业务活动费用——对个人和家庭补助费用　　　　　　　　1 110

贷：财政拨款收入　　　　　　　　　　　　　　　　　　　1 110

预算会计：

借：行政支出——财政拨款支出——基本支出——日常公用经费——对个人和家
庭补助——其他对个人和家庭的补助　　　　　　　　　　1 110

贷：财政拨款预算收入——日常公用经费——行政运行　　　　1 110

【例 11 - 58】2020 年 11 月 2 日，某市直行政单位使用日常公用经费支付职工张某
幼教补助费 1 110 元、支付职工成某幼教补助 1 110 元，财政直接支付。

财务会计：

借：业务活动费用——对个人和家庭补助费用　　　　　　　　2 220

贷：财政拨款收入　　　　　　　　　　　　　　　　　　　2 220

预算会计：

借：行政支出——财政拨款支出——基本支出——日常公用经费——对个人和家
庭补助——其他对个人和家庭的补助　　　　　　　　　　2 220

贷：财政拨款预算收入——日常公用经费——行政运行　　　　2 220

【例 11 - 59】2020 年 12 月 10 日，某市直行政单位使用日常公用经费授权支付幼
儿园学费补助 39 960 元。

财务会计：

借：业务活动费用——对个人和家庭补助费用　　　　　　　　39 960

贷：零余额账户用款额度　　　　　　　　　　　　　　　　39 960

预算会计：

借：行政支出——财政拨款支出——基本支出——日常公用经费——对个人和家
庭补助——其他对个人和家庭的补助　　　　　　　　　　39 960

贷：资金结存——零余额账户用款额度　　　　　　　　　　39 960

（二）职工查体费

支付职工查体费，财务会计借记"业务活动费用"科目，贷记"财政拨款收入"
"零余额账户用款额度"等科目；预算会计借记"行政支出"科目，贷记"财政拨款
预算收入""资金结存——零余额账户用款额度"等科目。

【例 11 - 60】2019 年 3 月 18 日，某市直行政单位支付给市人民医院××等职工三
八节妇女查体费共计 4 200 元，使用项目资金列支，财政直接支付。

财务会计：

借：业务活动费用——商品和服务费用　　　　　　　　　　　　　　4 200
　　贷：财政拨款收入　　　　　　　　　　　　　　　　　　　　　　　　4 200

预算会计：

借：行政支出——财政拨款支出——项目支出——商品和服务支出——其他商品
和服务支出　　　　　　　　　　　　　　　　　　　　　　　　4 200
　　贷：财政拨款预算收入——项目支出　　　　　　　　　　　　　　　　4 200

【例 11 -61】2020 年 12 月 25 日，某市直行政单位支付市人民医院职工查体费，共 82 400 元，使用日常公用经费支付 19 800.63 元，剩余 43 133.46 元使用项目资金列支，合计 62 934.09 元，财政直接支付。

财务会计：

借：业务活动费用——商品和服务费用　　　　　　　　　　　　　　82 400
　　贷：财政拨款收入　　　　　　　　　　　　　　　　　　　　　　62 934.09
　　　　应付账款——其他——××市人民医院　　　　　　　　　　　19 465.91

预算会计：

借：行政支出——财政拨款支出——项目支出——其他城乡社区管理事务支出
——其他商品和服务支出　　　　　　　　　　　　　　　　　43 133.46
　　行政支出——财政拨款支出——基本支出——日常公用经费——行政运行
——商品和服务支出——其他商品和服务支出　　　　　　　　19 800.63
　　贷：财政拨款预算收入——项目支出——其他城乡社区管理事务支出
　　　　　　　　　　　　　　　　　　　　　　　　　　　　　　43 133.46
　　　　　　——日常公用经费——行政运行　　　　　　　　　　　19 800.63

【例 11 -62】2020 年 11 月 5 日，某市直行政单位使用日常公用经费支付市人民医院退休干部查体费 30 800 元，财政授权支付。

财务会计：

借：业务活动费用——商品和服务费用　　　　　　　　　　　　　　30 800
　　贷：零余额账户用款额度　　　　　　　　　　　　　　　　　　　30 800

预算会计：

借：行政支出——财政拨款支出——基本支出——日常公用经费——行政运行
——商品和服务支出——其他商品和服务支出　　　　　　　　30 800
　　贷：资金结存——零余额账户用款额度　　　　　　　　　　　　　30 800

【例 11 -63】2020 年 12 月 18 日，某市直行政单位支付职工体检费 18 900 元，使用项目资金列支，财政授权支付。

财务会计：

借：业务活动费用——商品和服务费用　　　　　　　　　　　　　　18 900

    贷：零余额账户用款额度   18 900

预算会计：

  借：行政支出——财政拨款支出——项目支出——行政运行——商品和服务支出

  ——其他商品和服务支出   18 900

    贷：资金结存——零余额账户用款额度   18 900

五、义务献血补助

义务献血补助，财务会计借记"业务活动费用——对个人和家庭的补助费用"科目，贷记"零余额账户用款额度""财政拨款收入"等科目；预算会计借记"行政支出"科目，贷记"资金结存——零余额账户用款额度""财政拨款预算收入"等科目。

【例11－64】某市直行政单位使用日常公用经费支付义务献血补助3 500元，财政授权支付。

财务会计：

  借：业务活动费用——对个人和家庭补助费用——其他对个人和家庭的补助

                                                3 500

    贷：零余额账户用款额度   3 500

预算会计：

  借：行政支出——财政拨款支出——基本支出——日常公用经费——对个人和家庭补助——其他对个人和家庭的补助   3 500

    贷：资金结存——零余额账户用款额度   3 500

第四节　市直单位承担发放的补助类业务

一、对个人补助相关业务

（一）经济困难人员补助

支付经济困难人员补贴津贴等费用，财务会计借记"业务活动费用——对个人和家庭的补助费用"科目，贷记"财政拨款收入"等科目；预算会计借记"行政支出"科目，贷记"财政拨款预算收入"等科目。

【例11－65】2021年3月2日，某市直行政单位支付2月××市经济困难失能老年人补贴共计240元，使用项目资金列支，财政直接支付。

财务会计：

借：业务活动费用——对个人和家庭的补助费用——生活补助　　　240

　　贷：财政拨款收入　　　　　　　　　　　　　　　　　　240

预算会计：

借：行政支出——财政拨款支出——项目支出——对个人和家庭的补助——生活

　　补助　　　　　　　　　　　　　　　　　　　　　　　　240

　　贷：财政拨款预算收入——项目支出——其他社会保障和就业支出　240

【例 11-66】2021 年 3 月 2 日，某市直行政单位支付 2021 年 2 月 60~99 周岁经济困难高龄津贴共计 218 320 元，使用项目资金列支，财政直接支付。

财务会计：

借：业务活动费用——对个人和家庭的补助费用——生活补助　218 320

　　贷：财政拨款收入　　　　　　　　　　　　　　　　　　218 320

预算会计：

借：行政支出——财政拨款支出——项目支出——对个人和家庭的补助——生活

　　补助　　　　　　　　　　　　　　　　　　　　　　　218 320

　　贷：财政拨款预算收入——项目支出——其他社会保障和就业支出

　　　　　　　　　　　　　　　　　　　　　　　　　218 320

（二）自主择业军队转业干部补贴

单位支付自主择业军队转业干部医疗保险费、生活补助等，财务会计借记"业务活动费用——对个人和家庭的补助费用"科目，贷记"零余额账户用款额度""财政拨款收入"等科目；预算会计借记"行政支出"科目，贷记"资金结存——零余额账户用款额度""财政拨款预算收入"等科目。

【例 11-67】某市退役军人事务局支付夏某等 35 人自主择业军转干部 2020 年 12 月医疗保险费，共计 34 156.10 元，使用项目资金列支，财政授权支付。

财务会计：

借：业务活动费用——对个人和家庭的补助费用　　　　　　34 156.10

　　贷：零余额账户用款额度　　　　　　　　　　　　　　34 156.10

预算会计：

借：行政支出——财政拨款支出——项目支出——自主择业军队转业干部住房补

　　贴、医疗保险经费——其他优抚支出——代缴社会保险——退职（退役）费

　　　　　　　　　　　　　　　　　　　　　　　　　34 156.10

　　贷：资金结存——零余额账户用款额度　　　　　　　　34 156.10

【例 11 - 68】2020 年 12 月 13 日，某市退役军人事务局支付自主择业军转干部补贴共计 321 842.10 元，项目资金列支，财政直接支付。

财务会计：

借：业务活动费用——对个人和家庭的补助费用——退职（退役）费

125 842.10

——优抚安置资金

196 000.00

贷：财政拨款收入 321 842.10

预算会计：

借：行政支出——财政拨款支出——项目支出——自主择业军队转业干部住房补贴、医疗保险经费——对个人和家庭的补助费用——退职（退役）费

125 842.10

行政支出——财政拨款支出——项目支出——优抚安置资金——退役士兵安置——对个人和家庭的补助费用——退职（退役）费 196 000

贷：财政拨款预算收入——项目支出——自主择业军队转业干部住房补贴、医疗保险经费 125 842.10

财政拨款预算收入——项目支出——优抚安置资金——退役士兵安置

196 000

（三）退役军人生活补助

支付抚恤金、转业士官待安置期间生活费等，财务会计借记"业务活动费用——对个人和家庭的补助费用"科目，贷记"财政拨款收入"等科目；预算会计借记"行政支出"科目，贷记"财政拨款预算收入"等科目。

【例 11 - 69】某市直行政单位支付各镇街第四季度抚恤款共计 13 387 301.66 元，使用项目资金列支，财政直接支付。

财务会计：

借：业务活动费用——对个人和家庭的补助费用——抚恤金

13 387 301.66

贷：财政拨款收入 13 387 301.66

预算会计：

借：行政支出——财政拨款支出——项目支出——其他优抚支出——抚恤金

12 364 534.62

——在乡复员、退伍军人生活补助

  ——抚恤金   755 000

       ——其他优抚支出——抚恤金

                  267 767.04

  贷：财政拨款预算收入——项目支出——其他优抚支出   12 364 534.62

       ——在乡复员、退伍军人生活补助

                  755 000

       ——其他优抚支出   267 767.04

【例 11 -70】2020 年 11 月 13 日，某市退役军人事务局支付 2020 年转业士官待安置期间生活费共计 60 247.76 元，使用项目资金列支，财政直接支付。

财务会计：

借：业务活动费用——对个人和家庭的补助费用——生活补助 60 247.76

  贷：财政拨款收入   60 247.76

预算会计：

借：行政支出——财政拨款支出——项目支出——优抚安置资金——其他退役安

  置支出——生活补助   60 247.76

  贷：财政拨款预算收入——项目支出——优抚安置资金——其他退役安置支

    出   60 247.76

【例 11 -71】2020 年 12 月 13 日，某市退役军人事务局支付孙 × × 等共 141 个人军转干部一次性生活补助共计 141 000 元，使用项目资金列支，财政直接支付。

财务会计：

借：业务活动费用——对个人和家庭的补助费用——生活补助   141 000

  贷：财政拨款收入   141 000

预算会计：

借：行政支出——财政拨款支出——项目支出——自主择业军队转业干部住房补

  贴、医疗保险经费——其他优抚支出——生活补助   128 499.50

  行政支出——财政拨款支出——项目支出——其他退役安置支出——生活

  补助   12 500.50

  贷：财政拨款预算收入——项目支出——自主择业军队转业干部住房补贴、

    医疗保险经费——其他优抚支出   128 499.50

    财政拨款预算收入——项目支出——其他退役安置支出   12 500.50

（四）穆斯林补贴

支付穆斯林补贴，财务会计借记"业务活动费用"科目，贷记"财政拨款收入"

等科目；预算会计借记"行政支出"科目，贷记"财政拨款预算收入"等科目。

【例 11 -72】2019 年 2 月 23 日，某市直行政单位支付给朱某穆斯林补贴 800 元，使用项目资金列支，财政直接支付。

财务会计：

借：业务活动费用——对个人和家庭的补助费用——其他对个人和家庭的补助

                       800

  贷：财政拨款收入   800

预算会计：

借：行政支出——财政拨款支出——项目支出——其他民族事务支出——穆斯林

  补贴   800

  贷：财政拨款预算收入   800

（五）困难归侨补助

支付困难归侨补助，财务会计借记"业务活动费用"科目，贷记"财政拨款收入"等科目；预算会计借记"行政支出"科目，贷记"财政拨款预算收入"等科目。

【例 11 -73】2019 年 4 月 30 日，某市直行政单位支付给张××等 4 人 2018 年度困难归侨补助，发放标准为每人 150 元/月，每年 7200 元，使用项目资金列支，财政直接支付。

财务会计：

借：业务活动费用——对个人和家庭的补助费用——救济费   7 200

  贷：财政拨款收入   7 200

预算会计：

借：行政支出——财政拨款支出——项目支出——困难归侨补助——对个人和家

  庭的补助——救济费   7 200

  贷：财政拨款预算收入   7 200

（六）创业贷款贴息

财务会计借记"业务活动费用——对个人和家庭的补助费用"科目，贷记"零余额账户用款额度""财政拨款收入"等科目；预算会计借记"行政支出"科目，贷记"资金结存——零余额账户用款额度""财政拨款预算收入"等科目。

【例 11 -74】市退役军人事务局支付退役军人创业贷款贴息 56 188.91 元，使用项目资金列支，财政直接支付。

财务会计：

借：业务活动费用——对个人和家庭的补助费用——其他对个人和家庭补助

56 188.91

贷：财政拨款收入 56 188.91

预算会计：

借：行政支出——财政拨款支出——项目支出——其他退役军人事务管理支出

——其他对个人和家庭的补助 56 188.91

贷：财政拨款预算收入——项目支出——其他退役军人事务管理支出

56 188.91

（七）廉租房补贴

财务会计借记"业务活动费用——对个人和家庭的补助费用"科目，贷记"零余额账户用款额度""财政拨款收入"等科目；预算会计借记"行政支出"科目，贷记"资金结存——零余额账户用款额度""财政拨款预算收入"等科目。

【例 11 - 75】2020 年 12 月 9 日，某市直行政单位支付闫某、李某等人 2020 年第四季度廉租住房补贴共计 22 860 元，使用项目资金列支，财政授权支付。

财务会计：

借：业务活动费用——对个人和家庭补助费用——其他对个人和家庭的补助

22 860

贷：零余额账户用款额度 22 860

预算会计：

借：行政支出——财政拨款支出——项目支出——城乡社区业务运行资金——公共租赁住房——对个人和家庭补助——其他对个人和家庭的补助

22 860

贷：资金结存——零余额账户用款额度 22 860

（八）贫困学生慰问补助

贫困学生慰问费等，财务会计借记"业务活动费用——对个人和家庭的补助费用"科目，贷记"零余额账户用款额度""财政拨款收入"等科目；预算会计借记"行政支出"科目，贷记"资金结存——零余额账户用款额度""财政拨款预算收入"等科目。

【例 11 - 76】2020 年 12 月 28 日，某市直行政单位支付××镇贫困学生慰问补助

17 680 元、支付给××镇贫困学生慰问补助 6 320 元，共计 24 000 元，使用项目资金列支，财政授权支付。

财务会计：

借：业务活动费用——对个人和家庭的补助费用——其他对个人和家庭补助

24 000

贷：零余额账户用款额度 24 000

预算会计：

借：行政支出——财政拨款支出——项目支出——关心下一代工作——其他共产党事务支出——对个人和家庭的补助——其他对个人和家庭补助

24 000

贷：资金结存——零余额账户用款额度 24 000

（九）养老保险改革个人退费

【例 11 – 77】2020 年 12 月 7 日，某市直行政单位付养老保险改革个人退费 15 285.06 元。

财务会计：

借：其他应付款——养老金退休人员个人部分退费 15 285.06

贷：银行存款——其他存款户——财政已下达指标 15 285.06

预算会计不作处理。

【例 11 – 78】2020 年 12 月 11 日某市直行政单位付去世退休人员养老金个人部分退费 8 145.78 元，授权支付。

财务会计：

借：其他应付款——养老金退休人员个人部分退费 8 145.78

贷：零余额账户用款额度——往来资金支出——代收款 8 145.78

预算会计不作处理。

（十）不动产消费券补贴资金

【例 11 – 79】某市直行政单位（政府）2020 年 11 月 17 日支付给××大数据有限公司不动产消费券补贴资金（第一次）20 万元，使用项目资金列支，财政直接支付。

财务会计：

借：预付账款 200 000

贷：财政拨款收入 200 000

预算会计：

借：行政支出——财政拨款支出——项目支出——消费券补贴专项资金——其他
　　政府办公厅（室）及相关机构事务支出——其他支出　　　　200 000

　　贷：财政拨款预算收入——项目支出——消费券补贴专项资金——其他政府
　　　　办公厅（室）及相关机构事务支出　　　　　　　　　　　　200 000

待大数据有限公司返回客户消费明细后确认"业务活动费用——对个人和家庭的
补助费用"。

【例 11－80】某市直行政单位（政府）2020 年 12 月 17 日支付给××大数据有限
公司不动产消费券补贴资金（第二次）120 000 元，使用项目资金列支，财政直接支
付。同时收到上次支付的 180 000 元消费明细。

（1）支付时：

财务会计：

借：预付账款　　　　　　　　　　　　　　　　　　　　　　　　120 000

　　贷：财政拨款收入　　　　　　　　　　　　　　　　　　　　　120 000

预算会计：

借：行政支出——财政拨款支出——项目支出——消费券补贴专项资金——其他
　　政府办公厅（室）及相关机构事务支出——其他支出　　　　120 000

　　贷：财政拨款预算收入——项目支出——消费券补贴专项资金——其他政府
　　　　办公厅（室）及相关机构事务支出　　　　　　　　　　　　120 000

（2）确认消费明细：

财务会计：

借：业务活动费用——对个人和家庭的补助费用　　　　　　　　　180 000

　　贷：预付账款　　　　　　　　　　　　　　　　　　　　　　　180 000

预算会计不作处理。

（十一）生活救济

支付农村低保、救助金等费用，财务会计借记"业务活动费用——对个人和家庭
的补助费用"科目，贷记"财政拨款收入"等科目；预算会计借记"行政支出"科
目，贷记"财政拨款预算收入"等科目。

【例 11－81】2021 年 3 月 2 日，某市直行政单位支付 2021 年 2 月孤困儿童救助金
共计 331 614.10 元，使用项目资金列支，财政直接支付。

财务会计：

借：业务活动费用——对个人和家庭的补助费用——儿童福利——对个人和家庭

  的补助——救济费   331 614.10

    贷：财政拨款收入   331 614.10

  预算会计：

    借：行政支出——财政拨款支出——项目支出——儿童福利——救济费

                        331 614.10

      贷：财政拨款预算收入——项目支出——儿童福利 331 614.10

  【例 11 – 82】 2021 年 3 月 2 日，某市直行政单位支付 2021 年 2 月农村低保资金共计 2 463 911 元，使用项目资金列支，财政直接支付。

  财务会计：

    借：业务活动费用——对个人和家庭的补助费用——救济费 2 463 911

      贷：财政拨款收入   2 463 911

  预算会计：

    借：行政支出——项目支出——农村最低生活保障金支出——对个人和家庭的补助——救济费   2 463 911

      贷：财政拨款预算收入——项目支出——农村最低生活保障金支出

                        2 463 911

  【例 11 – 83】 2021 年 3 月 2 日，某市直行政单位支付 2021 年 2 月分散供养特困供养人员资金共计 934 520 元，使用项目资金列支，财政直接支付。

  财务会计：

    借：业务活动费用——对个人和家庭的补助费用——对个人和家庭的补助——救济费   934 520

      贷：财政拨款收入   934 520

  预算会计：

    借：行政支出——财政拨款支出——项目支出——农村特困人员救助供养支出——救济费   934 520

      贷：财政拨款预算收入——项目支出——农村特困人员救助供养支出

                        934 520

  【例 11 – 84】 2021 年 3 月 24 日，某市直行政单位支付 2021 年 3 月城市特困人员供养金 9 594 元，使用项目资金列支，财政直接支付。

  财务会计：

    借：业务活动费用——对个人和家庭的补助——救济费   9 594

      贷：财政拨款收入   9 594

  预算会计：

    借：行政支出——财政拨款支出——项目支出——城市特困人员救助供养支出

　　　　——对个人和家庭的补助——救济费　　　　　　　　　　　9 594

　　　贷：财政拨款预算收入——项目支出——城市特困人员救助供养支出

　　　　　　　　　　　　　　　　　　　　　　　　　　　　　　　　9 594

【例11-85】2021年3月29日，某市直行政单位开展向困难群众送温暖活动，支付困难群众张××10 500元，使用项目资金列支，财政直接支付。

　　财务会计：

　　　借：业务活动费用——对个人和家庭的补助费用——救济费　　10 500

　　　　贷：财政拨款收入　　　　　　　　　　　　　　　　　　　10 500

　　预算会计：

　　　借：行政支出——财政拨款支出——项目支出——社会福利和救助项目——其他民政管理事务支出——对个人和家庭的补助——救济费　　10 500

　　　　贷：财政拨款预算收入——项目支出——社会福利和救助项目——其他民政管理事务支出　　　　　　　　　　　　　　　　　　10 500

二、对企业补助相关业务

（一）公交枢纽站、车辆燃油补贴

　　反映政府对各类企业的补助支出，包含资本金注入、政府投资基金股权投资、费用补贴、利息补贴、其他对企业补助等。偿还贷款及支付贷款贴息时，财务会计借记"业务活动费用——对企业补助"科目，贷记"财政拨款收入""零余额账户用款额度"等科目；预算会计借记"行政支出"科目，贷记"财政拨款预算收入""资金结存——零余额账户用款额度"等科目。

【例11-86】2020年1月9日，某市直预算单位支付公交枢纽站车辆购置税补助资金2 400 000元，使用项目资金列支，直接支付。

　　财务会计：

　　　借：业务活动费用——对企业补助——费用补贴　　　　　　2 400 000

　　　贷：财政拨款收入　　　　　　　　　　　　　　　　　　　2 400 000

　　预算会计：

　　　借：事业支出——财政拨款支出——项目支出——车辆购置税用于公路等基础设施建设支出——对企业补助——费用补贴　　2 400 000

　　　　贷：财政拨款预算收入——项目支出——车辆购置税用于公路等基础设施建设支出　　　　　　　　　　　　　　　　　　　2 400 000

【例11-87】2020年1月，某市直预算单位收到财政下达××号指标文件，2019

年城市公交车成品油价格补贴预算资金 452 万元，作为项目资金列支，财政直接支付。支付申请批复后于 1 月 13 日支付到相应单位。

财务会计：

借：业务活动费用——对企业补助——费用补贴　　　　　4 520 000

　　贷：财政拨款收入　　　　　　　　　　　　　　　　　　4 520 000

预算会计：

借：事业支出——财政拨款支出——项目支出——对城市公交的补贴——费用
　　补贴　　　　　　　　　　　　　　　　　　　　　　　4 520 000

　　贷：财政拨款预算收入——项目支出——对城市公交的补贴　4 520 000

【例 11－88】2020 年 11 月，某市直预算单位支付国三及以下营运柴油货车淘汰补贴共计 305 000 元，使用项目资金列支，直接支付。

财务会计：

借：业务活动费用——对企业的补助——其他对企业补助　　305 000

　　贷：财政拨款收入　　　　　　　　　　　　　　　　　　　305 000

预算会计：

借：事业支出——财政拨款支出——项目支出——国三及以下柴油货车淘汰——
　　其他公路水路运输支出——对企业的补助——其他对企业补助

　　　　　　　　　　　　　　　　　　　　　　　　　　　　305 000

　　贷：财政拨款预算收入——项目支出——国三及以下柴油货车淘汰——其他
　　　　公路水路运输支出　　　　　　　　　　　　　　　305 000

（二）贴息、利息补贴相关业务

【例 11－89】2020 年 7 月 3 日，某市直行政单位支付市财政局专项资金管理 2 695 069.17 元用以偿还垃圾厂亚行贷款利息，使用项目资金列支，财政直接支付。

财务会计：

借：业务活动费用——对企业补助——利息补贴　　　　2 695 069.17

　　贷：财政拨款收入　　　　　　　　　　　　　　　　　2 695 069.17

预算会计：

借：行政支出——财政拨款支出——项目支出——偿还垃圾厂亚行贷款项目——
　　其他城乡社区公共设施支出——对企业补助——利息补贴

　　　　　　　　　　　　　　　　　　　　　　　　　　2 695 069.17

　　贷：财政拨款预算收入——项目支出——偿还垃圾厂亚行贷款项目——其他
　　　　城乡社区公共设施支出　　　　　　　　　　　　2 695 069.17

【例 11 – 90】2020 年 4 月，某市直行政单位支付给山东××有限公司外经贸发展专项资金贷款贴息 1 895 000 元，使用项目资金列支，财政直接支付。

财务会计：

借：业务活动费用——对企业补助——利息补贴　　　　　　1 895 000

　　贷：财政拨款收入——一般预算支出　　　　　　　　　　　　1 895 000

预算会计：

借：行政支出——财政拨款支出——项目支出——其他涉外发展服务支出——对企业补助——利息补贴　　　　　　　　　　1 895 000

　　贷：财政拨款预算收入——项目支出——其他涉外发展服务支出——一般预算支出　　　　　　　　　　　　　　　　　　1 895 000

第十二章　市直单位资产管理业务

第一节　固定资产

一、固定资产管理业务

（一）有质保金资产业务

购入固定资产扣留质量保证金的，应当在取得固定资产时，按照确定的固定资产成本，借记"固定资产"（不需安装）或"在建工程"（需要安装）、"预付账款"科目，按照实际支付或应付的金额，贷记"财政拨款收入""零余额账户用款额度""银行存款""应付账款"等科目，按照扣留的质量保证金数额，贷记"其他应付款"［扣留期在 1 年以内（含 1 年）］或"长期应付款"［扣留期超过 1 年］等科目。

质保期满支付质量保证金时，借记"其他应付款""长期应付款"科目，贷记"财政拨款收入""零余额账户用款额度""银行存款"等科目。

【例 12－1】2020 年 12 月 7 日，某市直事业单位支付国防应急指挥系统专用车款26 695 元，使用项目资金列支，财政授权支付。该车辆总价款 622 550 元，发票已收到，本月增加固定资产。其中 2020 年 4 月付款 183 600 元，记入预付账款，11 月付款350 000 元，记入预付账款。剩余 10% 的质保金 62 255 元尚未支付。

财务会计：

借：固定资产　　　　　　　　　　　　　　　　　　　　　622 550
　　贷：零余额账户用款额度　　　　　　　　　　　　　　　　　26 695
　　　　预付账款——其他——××通信工程有限公司　　　　　533 600
　　　　其他应付款——其他（质保金）——××通信工程有限公司　62 255

预算会计：

借：事业支出——财政拨款支出——项目支出——一般公共服务支出——资本性
　　支出——公务用车购置　　　　　　　　　　　　　　　　　26 695
　　贷：资金结存——零余额账户用款额度　　　　　　　　　　　26 695

（二）固定资产购置

市直单位购置固定资产业务，主要涉及零余额账户用款额度、预付账款等的管理与核算。需区分用款来源及用款去向。主要包含购置办公家具、电脑、复印机、打印机、扫雪机等固定资产。

购入不需安装的固定资产验收合格时，按照确定的固定资产成本，财务会计借记"固定资产"科目，贷记"零余额账户用款额度""财政拨款收入""预付账款"等科目；预算会计借记"行政支出"或"事业支出"科目，贷记"资金结存——零余额账户用款额度""财政拨款预算收入"等科目。购入需要安装的固定资产，在安装完毕交付使用前通过"在建工程"科目核算，安装完毕交付使用时转入"固定资产"科目。

【例 12 – 2】2020 年 4 月 20 日，某市直事业单位为××支部购入办公桌椅，价值 2 175 元，计入固定资产，用日常公用经费授权支付。

财务会计：

借：固定资产　　　　　　　　　　　　　　　　　　　　2 175

　　贷：零余额账户用款额度　　　　　　　　　　　　　　2 175

预算会计：

借：事业支出——财政拨款支出——基本支出——日常公用经费——行政运行
　　——资本性支出——办公设备购置　　　　　　　　　　2 175

　　贷：资金结存——零余额账户用款额度　　　　　　　　2 175

【例 12 – 3】2020 年 12 月 5 日，某市直行政单位购买藤椅价值 1 450 元，使用项目资金列支，财政授权支付，将其计入固定资产。

财务会计：

借：固定资产——家具、用具、装具　　　　　　　　　　1 450

　　贷：零余额账户用款额度　　　　　　　　　　　　　　1 450

预算会计：

借：行政支出——财政拨款支出——项目支出——一般行政事务管理——资本性
　　支出——办公设备购置　　　　　　　　　　　　　　　1 450

　　贷：资金结存——零余额账户用款额度　　　　　　　　1 450

【例 12 – 4】2019 年 9 月 17 日，某事业单位（剧团）支付排演服装制作费 199 800 元，因演出服装相对金额较大，专业性较强，本单位常用，计入固定资产。其中 100 000 元已预先支付给山东××服饰有限公司，剩余 99 800 元使用项目资金列支，财政授权支付。

财务会计:

借: 固定资产——家具、用具、装具　　　　　　　　　　199 800

　　贷: 零余额账户用款额度　　　　　　　　　　　　　99 800

　　　　预付账款——山东××服饰有限公司　　　　　100 000

预算会计:

借: 事业支出——财政拨款支出——项目支出——开展文化活动专项经费——文
化活动——资本性支出——专用设备购置　　　　99 800

　　贷: 资金结存——零余额账户用款额度　　　　　　　99 800

【例 12-5】2020 年 9 月 21 日,某市直行政单位购置电脑桌、方几、弓形椅等办公家具,价值 1 529 元,计入固定资产,使用日常公用经费授权支付。

财务会计:

借: 固定资产——家具、用具、装具　　　　　　　　　　1 529

　　贷: 零余额账户用款额度　　　　　　　　　　　　　1 529

预算会计:

借: 行政支出——财政拨款支出——基本支出——日常公用经费——行政运行
——资本性支出——办公设备购置　　　　　　　1 529

　　贷: 资金结存——零余额账户用款额度　　　　　　　1 529

【例 12-6】2020 年 11 月 16 日,某市直行政单位购置 2 台扫雪机,价值 17 500 元,计入固定资产,使用项目资金列支,财政直接支付。

财务会计:

借: 固定资产——专用设备　　　　　　　　　　　　　　17 500

　　贷: 财政拨款收入　　　　　　　　　　　　　　　　17 500

预算会计:

借: 行政支出——财政拨款支出——项目支出——环卫经费——城乡社区环境卫
生——资本性支出——专用设备购置　　　　　　17 500

　　贷: 财政拨款预算收入——项目支出——环卫经费——城乡社区环境卫生
　　　　　　　　　　　　　　　　　　　　　　　　　17 500

【例 12-7】2020 年 12 月 7 日,某市直行政单位支付不动产管理中心值班台电脑、打印机、高拍仪等设备购置款项共计 43 500 元,计入固定资产,使用项目资金列支,财政授权支付。

财务会计:

借: 固定资产——通用设备　　　　　　　　　　　　　　43 500

　　贷: 零余额账户用款额度　　　　　　　　　　　　　43 500

预算会计:

借：行政支出——财政拨款支出——项目支出——其他自然资源事务支出——资
　本性支出——办公设备购置　　　　　　　　　　　　　　　43 500
　贷：资金结存——零余额账户用款额度　　　　　　　　　　　43 500

【例12-8】2019年11月15日，某市直行政单位购置打印机一台价值1 500元，
计入固定资产，使用日常公用经费列支，财政授权支付。

财务会计：

借：固定资产——通用设备　　　　　　　　　　　　　　　　1 500
　贷：零余额账户用款额度　　　　　　　　　　　　　　　　1 500

预算会计：

借：行政支出——财政拨款支出——基本支出——日常公用经费——行政运行
　——资本性支出——办公设备购置　　　　　　　　　　　　1 500
　贷：资金结存——零余额账户用款额度　　　　　　　　　　　1 500

【例12-9】2021年5月14日，某市直行政单位增加一批固定资产（其中包括一
台数码相机，价值11 800元；一台触控一体机，价值26 900元；两台台式电脑，一台
价值4 850元，另一台价值4 900元；一台平板电脑，价值2 850元；一支录音笔，价
值460元；一个硬盘塔，价值3 840元；一个移动硬盘，价值570元；一台彩色喷墨
打印机，价值980元），价值总计57 720元。财政直接支付。

财务会计：

借：固定资产——通用设备　　　　　　　　　　　　　　　　57 720
　贷：财政拨款收入　　　　　　　　　　　　　　　　　　　57 720

预算会计：

借：行政支出——财政拨款支出——基本支出——日常公用经费——资本性支出
　——办公设备购置　　　　　　　　　　　　　　　　　　　57 720
　贷：财政拨款预算收入　　　　　　　　　　　　　　　　　57 720

【例12-10】2021年3月30日，某市直行政单位支付给新奥燃气公司燃气管道安
装费45 147.02元，使用环卫项目资金列支，财政直接支付。该笔燃气管道安装费应
与燃气设施同时入账，属于以前漏记，应调增固定资产。

财务会计：

借：固定资产——调增资产　　　　　　　　　　　　　　　　45 147.02
　贷：财政拨款收入　　　　　　　　　　　　　　　　　　　45 147.02

预算会计：

借：行政支出——财政拨款支出——项目支出——环卫经费——资本性支出——
　办公设备购置　　　　　　　　　　　　　　　　　　　　45 147.02
　贷：财政拨款预算收入——项目支出——环卫经费　　　　　45 147.02

【例 12－11】2020 年 7 月 8 日某市直行政单位支付给××光电有限公司路灯日常维修器材采购款 103 800 元，使用项目资金列支，直接支付。

财务会计：

借：固定资产——专用设备　　　　　　　　　　　　　　103 800

　　贷：财政拨款收入　　　　　　　　　　　　　　　　103 800

预算会计：

借：行政支出——项目支出——市政、园林、环卫等管理经费——城乡社区环境
卫生——资本性支出——专用设备购置　　　　　　　103 800

　　贷：财政拨款预算收入——项目支出——市政、园林、环卫等管理经费——
城乡社区环境卫生　　　　　　　　　　　　　　103 800

【例 12－12】2019 年 6 月 10 日，山东××建设有限公司承接的政务中心车棚工程已竣工交付使用，并开具政务中心车棚工程款发票，发票金额 270 076.95 元。市机关事务管理局收讫后将其中 23 698.84 元扣做质保押金，剩余款项使用项目资金列支，财政直接支付。

财务会计：

借：固定资产——房屋及构筑物　　　　　　　　　　　270 076.95

　　贷：其他应付款　　　　　　　　　　　　　　　　23 698.84

　　　　财政拨款收入　　　　　　　　　　　　　　　246 378.11

预算会计：

借：行政支出——财政拨款支出——项目支出——资本性支出——房屋建筑物
购建　　　　　　　　　　　　　　　　　　　246 378.11

　　贷：财政拨款预算收入——项目支出　　　　　　　　246 378.11

【例 12－13】2020 年 12 月 21 日，某市直事业单位支付安装监控摄像机款项（智维）14 360 元，支付监控摄像头款项 7 080 元，支付安装摄像头材料费 24 620 元（安装地点线路布置，作耗材不计入资产，具体按各地标准），使用项目资金列支，财政授权支付。

财务会计：

借：固定资产——通用设备　　　　　　　　　　　　　21 440

　　业务活动费用——商品和服务费用　　　　　　　　24 620

　　贷：零余额账户用款额度　　　　　　　　　　　　46 060

预算会计：

借：事业支出——财政拨款支出——项目支出——政务大楼及规划馆运行费——
其他政务办公厅（室）及相关机构事务支出——资本性支出——办公设备
购置　　　　　　　　　　　　　　　　　　　21 440

事业支出——财政拨款支出——项目支出——政务大楼及规划馆运行费——
其他政务办公厅（室）及相关机构事务支出——商品和服务支出——办公费
　　　　　　　　　　　　　　　　　　　　　24 620
　　贷：资金结存——零余额账户用款额度　　　　　　　46 060

（三）购置固定资产有欠款

购置固定资产有欠款时，按照确定的固定资产成本，财务会计借记"固定资产"
科目，贷记"应付账款"［偿还期限在1年以内（含1年）］或"长期应付款"［偿还
期限超过1年（不含1年）］科目。预算会计不作处理。

偿付应付账款时，按照实际支付的金额，借记"应付账款"或"长期应付款"科
目，贷记"财政拨款收入""零余额账户用款额度""银行存款"等科目。预算会计借
记"行政支出"或"事业支出"科目，贷记"财政拨款预算收入""资金结存——零
余额账户用款额度"等科目。

【例12-14】2019年1月10日，某市直行政单位购买保险柜，价值1 850元，计
入固定资产，款项未支付。

财务会计：
借：固定资产　　　　　　　　　　　　　　　　　1 850
　　贷：应付账款——欠款单位　　　　　　　　　　　1 850
预算会计不作处理。

【例12-15】2021年3月11日，某市直行政单位支付2019年以前购置的环卫融
雪撒布机尾款2 580元，使用项目资金列支，财政直接支付。

经查询供货合同、已开发票（以前年度按实际付款开具）和资产管理系统（已按
实际付款增加资产），按准则制度，该设备尾款2018年底应增加固定资产和应付账款，
并根据资产已使用年限补提折旧。

（1）2018年底。
借：固定资产　　　　　　　　　　　　　　　　　2 580
　　贷：资产基金　　　　　　　　　　　　　　　　2 580
借：待偿债净资产　　　　　　　　　　　　　　　2 580
　　贷：应付账款——××公司　　　　　　　　　　2 580
（2）2021年付尾款。
财务会计：
借：应付账款——××公司　　　　　　　　　　　2 580
　　贷：财政拨款收入　　　　　　　　　　　　　　2 580

预算会计：

借：行政支出——财政拨款支出——项目支出——环卫经费——资本性支出——
办公设备购置　　　　　　　　　　　　　　　　　　　　　　　　2 580

　　贷：财政拨款预算收入——项目支出——环卫经费　　　　　　2 580

【例 12 –16】2019 年 3 月 19 日，某市直行政单位支付给山东××工贸有限公司购
买保险柜欠款 1 850 元，使用项目资金列支，财政直接支付。前期已计入应付账款。

财务会计：

借：应付账款——山东××工贸有限公司　　　　　　　　　　　　1 850

　　贷：财政拨款收入　　　　　　　　　　　　　　　　　　　　1 850

预算会计：

借：行政支出——财政拨款支出——项目支出——资本性支出——办公设备购置
　　　　　　　　　　　　　　　　　　　　　　　　　　　　　　1 850

　　贷：财政拨款预算收入——项目支出　　　　　　　　　　　　1 850

二、固定资产折旧、摊销类业务

（一）计提固定资产折旧

市直单位持有的各类固定资产（不包含生物资产），按照规定均应当计提折旧，
折旧年限不少于财政部门规定的年限，会计上应当按月计提固定资产折旧，相关折旧
费用计入业务活动费用，预算会计不作处理。市直单位会计核算的折旧费用，应当与
资产管理系统计提的折旧数据保持一致，以确保固定资产的净值账账相符。已经处于
可用状态暂时未投入使用的固定资产，应当正常计提折旧，已经提满折旧仍然继续使
用的固定资产，不再计提折旧费用。

计提固定资产折旧，财务会计借记"业务活动费用——固定资产折旧费"科目，
贷记"固定资产累计折旧"科目；预算会计不作处理。

【例 12 –17】某市直行政单位计提 2019 年 1 月固定资产折旧费共计 4 478.26 元，
其中通用设备折旧费 4 252.14 元，家具用具装具折旧费 226.12 元。

财务会计：

借：业务活动费用——固定资产折旧费　　　　　　　　　　　　4 478.26

　　贷：固定资产累计折旧——通用设备　　　　　　　　　　　4 252.14

　　　　　　　　　　　　——家具用具装具　　　　　　　　　　226.12

预算会计不作处理。

【例 12 –18】2020 年 1 月 30 日，某市直行政单位计提 2020 年 1 月固定资产折旧

83.32 元，补提以前年度固定资产折旧 120 120.66 元。

财务会计：

借：业务活动费用——固定资产折旧费   83.32

    以前年度盈余调整   120 120.66

    贷：固定资产累计折旧   120 203.98

预算会计不作处理。

【例 12-19】2021 年 2 月 26 日，某市直行政单位计提固定资产折旧。土地房屋建筑物 62 803.43 元，通用设备 42 633.68 元，专用设备 46 054.02 元，家具用具 2 842.89 元。

财务会计：

借：业务活动费用——固定资产折旧费   154 334.02

    贷：固定资产累计折旧——土地、房屋及构筑物   62 803.43

        ——通用设备   42 633.68

        ——专用设备   46 054.02

        ——家具、用具、装具   2 842.89

预算会计不作处理。

【例 12-20】某市直行政单位计提 2020 年 12 月固定资产折旧和无形资产摊销共计 172 931.67 元。其中土地、房屋及构筑物折旧 26 622.37 元（土地不单独计量）；通用设备折旧费 128 567.91 元；专用设备折旧费 7 089.22 元；家具、用具、装具折旧费 10 498.01 元；无形资产（其他计算机软件）摊销 154.16 元。

（1）计提固定资产折旧。

财务会计：

借：业务活动费用——固定资产折旧费   172 777.51

    贷：固定资产累计折旧——土地、房屋及构筑物   26 622.37

        ——通用设备   128 567.91

        ——专用设备   7 089.22

        ——家具、用具、装具   10 498.01

预算会计不作处理。

（2）无形资产（计算机软件摊销）。

财务会计：

借：业务活动费用——无形资产摊销费   154.16

    贷：无形资产累计摊销   154.16

预算会计不作处理。

（二）补录以前年度固定资产

补录以前年度固定资产时，财务会计借记"固定资产"科目，贷记"以前年度盈余调整"科目。预算会计不作处理。"以前年度盈余调整"科目核算单位本年度发生的调整以前年度盈余的事项，包括本年度发生的重要前期差错更正涉及调整以前年度盈余的事项。

经上述调整后，应将"以前年度盈余调整"科目的余额转入累计盈余，借记或贷记"累计盈余"科目，贷记或借记"以前年度盈余调整"科目，结转后无余额。

【例 12 - 21】2019 年 4 月 8 日，某市直行政单位增加垃圾桶、移动硬盘、考勤机、电脑等固定资产，价值 859 318.62 元。其中补录以前年度资产，账面价值总计 729 209 元。补提以前年度折旧 218 762.70 元（可附资产分类明细）。同时该市直单位收到其他单位调入的资产（明细如下），价值总计 130 109.62 元，已提足折旧可继续使用（可附明细）。

（1）补录资产、补提折旧。

财务会计：

借：固定资产　　　　　　　　　　　　　　　　　729 209

　　贷：固定资产累计折旧　　　　　　　　　　　　218 762.70

　　　　以前年度盈余调整　　　　　　　　　　　　510 446.30

预算会计不作处理。

12 月 31 日，财务会计：

借：以前年度盈余调整　　　　　　　　　　　　　510 446.30

　　贷：累计盈余　　　　　　　　　　　　　　　　510 446.30

预算会计不作处理。

（2）调入已经提足折旧可继续使用的资产。

财务会计：

借：固定资产　　　　　　　　　　　　　　　　　130 109.62

　　贷：固定资产累计折旧　　　　　　　　　　　　130 109.62

预算会计不作处理。

（三）固定资产核销、处置

按照规定经批准处置固定资产、核销固定资产，按照固定资产已计提的折旧，财务会计借记"固定资产累计折旧"科目，按照固定资产的账面原值，贷记"固定资产"科目，按照借贷方的差额，借记"资产处置费用"或"待处理财产损溢"（将"待处理财产损溢"科目转入"资产处置费用"科目）；预算会计不作处理。

"资产处置费用"科目核算单位经批准处置资产时发生的费用，包括转销的被处置资产价值，以及在处置过程中发生的相关费用或者处置收入小于相关费用形成的净支出。资产处置的形式按照规定包括无偿调拨、出售、出让、转让、置换、对外捐赠、报废、毁损以及货币性资产损失核销等。

单位在资产清查过程中查明的资产盘亏、毁损以及资产报废等，应当先通过"待处理财产损益"科目进行核算，再将处理资产价值和处理净支出记入"资产处置费用"科目。

1. 固定资产报废无资产净值。按规定经批准处置的固定资产，不产生资产处置费用，不通过"待处理财产损溢"科目核算。

【例 12 – 22】2020 年 4 月 1 日，某市直行政单位报废电脑、打印机一批，价值76 960 元，已提足折旧。

财务会计：

借：固定资产累计折旧　　　　　　　　　　　　　　　76 960
　　贷：固定资产　　　　　　　　　　　　　　　　　　　　76 960

预算会计不作处理。

2. 固定资产报废有资产净值。

单位资产清查过程中盘亏或者毁损、报废的存货、固定资产、无形资产、公共基础设施、政府储备物资、文物文化资产、公共基础设施、保障性住房等，报经批准处理时，按照处理资产价值，借记"资产处置费用"科目，贷记"待处理财产损溢——待处理财产价值"科目。

处理收支结清时，处理过程中所取得收入小于所发生相关费用的，按照相关费用减去处理后的净支出，借记"资产处置费用"科目，贷记"待处理财产损溢——处理净收入"科目。

期末，将本科目本期发生额转入本期盈余，借记"本期盈余"科目，贷记"资产处置费用"科目。期末结转后，本科目无余额。

实务中需要注意提供盘亏、毁损报废等证据，如车辆等资产购置日期、使用年限，已计提折旧，报废时点，调拨过程，注意规避本单位的风险。

（1）通过"待处理财产损溢"科目核算。

【例 12 – 23】2020 年 5 月 8 日，某市直行政单位资产清查中报废沙发、保险柜各一件，原值 2 360 元，资产净值 66.72 元，已计提折旧 2 293.28 元，未发生其他费用。

a. 资产清查中报废固定资产。

财务会计：

借：固定资产累计折旧　　　　　　　　　　　　　　　2 293. 28

　　待处理财产损溢——待处理财产价值　　　　　　　66. 72

　　贷：固定资产　　　　　　　　　　　　　　　　　　　　2 360

预算会计不作处理。

b. 报经批准处理。

财务会计：

借：资产处置费用——固定资产　　　　　　　　　　66. 72

　　贷：待处理财产损溢——待处理财产价值　　　　　　66. 72

预算会计不作处理。

c. 期末结转。

财务会计：

借：本期盈余　　　　　　　　　　　　　　　　　　66. 72

　　贷：资产处置费用——固定资产　　　　　　　　　　66. 72

【例 12 - 24】2019 年 4 月 9 日，某市直事业单位按规定报废处置大型普通客车一辆，原值 385 341 元，折旧 160 558. 75 元，未产生清理费用，按规定上交固定资产处置净收入 2 130 元。

a. 报废固定资产。

财务会计：

借：固定资产累计折旧　　　　　　　　　　　　　160 558. 75

　　待处理财产损溢——待处理财产价值　　　　　　224 782. 25

　　贷：固定资产　　　　　　　　　　　　　　　　　　385 341

b. 报经批准，处置固定资产。

借：资产处置费用——固定资产　　　　　　　　　224 782. 25

　　贷：待处理财产损溢——待处理财产价值　　　　　224 782. 25

预算会计不作处理。

c. 处置收入。

财务会计：

借：库存现金——库存现金　　　　　　　　　　　　2 130

　　贷：待处理财产损溢——处理净收入　　　　　　　　2 130

借：待处理财产损溢——处理净收入　　　　　　　　2 130

　　贷：应缴财政款——应缴国库款　　　　　　　　　　2 130

预算会计不作处理。

d. 上交处置收入。

财务会计：

借：应缴财政款——应缴国库款 　　　　　　　　　　　2 130
　　贷：库存现金——库存现金 　　　　　　　　　　　　　　　2 130
预算会计不作处理。

e. 期末结转。

财务会计：

借：本期盈余 　　　　　　　　　　　　　　　　　224 782. 25
　　贷：资产处置费用——待处理财产价值 　　　　　　　　224 782. 25
预算会计不作处理。

（2）不通过"待处理财产损溢"科目核算。

【例 12 – 25】2020 年 12 月 31 日某市直行政单位经批准处置家具一批，该资产原值 16 160 元，计提折旧 10 600. 68 元。

财务会计：

借：固定资产累计折旧 　　　　　　　　　　　　　　10 600. 68
　　资产处置费用 　　　　　　　　　　　　　　　　　5 559. 32
　　贷：固定资产 　　　　　　　　　　　　　　　　　　　16 160
预算会计不作处理。

（四）固定资产、政府储备物资调拨

按照规定取得无偿调入的固定资产，按照确定的成本，财务会计借记"固定资产"科目，按照调入过程中发生的归属于调入方的相关费用，贷记"零余额账户用款额度""银行存款"等科目，按照其差额，贷记"无偿调拨净资产"科目。

按照规定经批准无偿调出固定资产、政府储备物资等，按照调出资产的账面余额或账面价值，财务会计借记"无偿调拨净资产"，按照固定资产累计折旧，借记"固定资产累计折旧"科目，按照调出资产的账面余额，贷记"固定资产"或"政府储备物资"，过程中发生的归属于调出方的相关费用，借记"资产处置费用"科目，贷记"零余额账户用款额度""银行存款"等科目。

实务中资产调拨时应写清楚固定资产原值和折旧，原值大于折旧，差额计入无偿调拨净资产。应确定原单位是否提足折旧，若已过报废期，原单位提足折旧可借记"固定资产"科目，贷记"固定资产累计折旧"科目。

调出单位补提以前年度折旧财务会计借以前年度盈余调整贷固定资产累计折旧；调出时财务会计借无偿调拨净资产（账面价值）、固定资产累计折旧贷固定资产。调入单位财务会计借固定资产（原值）贷无偿调拨净资产（账面价值）、固定资产累计折旧。

【例 12 – 26】2021 年 4 月 28 日，某市直行政单位无偿调入消毒柜、开门书橱、茶水柜、办公桌、职工椅等办公家具（行管处调拨）。固定资产原值共计 123 038 元，已计提折旧 85 592.62 元。

财务会计：

借：固定资产——家具、用具、装具　　　　　　　　　123 038

　　贷：无偿调拨净资产　　　　　　　　　　　　　　　37 445.38

　　　　固定资产累计折旧　　　　　　　　　　　　　　85 592.62

预算会计不作处理。

【例 12 – 27】2021 年 4 月 13 日，某市直行政单位无偿调拨给文体旅游局办公椅子、会议椅子等资产，资产原值 11 400 元，计提折旧 3 937.44 元。

财务会计：

借：无偿调拨净资产　　　　　　　　　　　　　　　　7 462.56

　　固定资产累计折旧　　　　　　　　　　　　　　　3 937.44

　　贷：固定资产　　　　　　　　　　　　　　　　　　11 400

预算会计不作处理。

【例 12 – 28】2020 年 10 月 28 日，经过国有资产部门批准，某市直行政单位增加一辆由市机关事务服务中心调拨的公车，该公车的账面原值 179 800 元，增加一台由市场监督管理局调拨的账面原值为 3 729 元的台式电脑，车辆和电脑原单位已经提足折旧。

财务会计：

借：固定资产——车辆　　　　　　　　　　　　　　　179 800

　　　　　　　——通用设备　　　　　　　　　　　　　3 729

　　贷：固定资产累计折旧　　　　　　　　　　　　　　183 529

预算会计不作处理。

【例 12 – 29】2021 年 2 月 26 日，某市直行政单位根据应急局要求，经过国有资产部门批准，把防火储备物资 511 100 元调拨给消防大队。

财务会计：

借：无偿调拨净资产　　　　　　　　　　　　　　　　511 100

　　贷：政府储备物资——抢险抗灾救灾物资　　　　　　511 100

预算会计不作处理。

（五）固定资产盘盈盘亏

盘盈固定资产，按照盘盈固定资产的重置成本，财务会计借记"固定资产"科目，贷记"待处理财产损溢"科目；预算会计不作处理。结转盘盈资产价值，财务会计借记"待处理财产损溢"科目，贷记"以前年度盈余调整"科目；预算会计不作处理。

盘亏固定资产，按照已计提的折旧额，财务会计借记"固定资产累计折旧"科目，按照固定资产原值减折旧后的余额，借记"待处理财产损溢"科目，按照固定资产的原值，贷记"固定资产"科目；预算会计不作处理。

实务中需要注意提供盘亏、毁损报废的判断，提供证据，如资产购置日期、使用年限，已计提折旧，报废时点，注意规避本单位的风险。对于账面无余额的固定资产可做好记录备查。实务操作中固定资产净值数值大，检查是否存在累计折旧计提不够，是否存在提前报废问题，资产净值过多，需要查明原因。

【例 12－30】2020 年 12 月 14 日，某市直事业单位资产清查盘点对讲机、照相机及器材、转椅、录音设备等 18 件资产，其中通用设备 42 223 元已提足折旧经批准报废，盘亏装具用具 1 795 元已提折旧 1 462.86 元。资产价值合计 44 018 元。

（1）将清查盘亏资产价值转入待处理财产损溢。

财务会计：

借：待处理财产损溢——待处理财产价值　　　　　　　　332.14

　　　固定资产累计折旧——家具、用具、装具　　　　　1 462.86

　　贷：固定资产——家具、用具、装具　　　　　　　　　　　　　1 795

预算会计不作处理。

（2）报废通用设备。

财务会计：

借：固定资产累计折旧——通用设备　　　　　　　　　42 223

　　贷：固定资产——通用设备　　　　　　　　　　　　　　　　42 223

预算会计不作处理。

（3）经批准后结转处理。

财务会计：

借：资产处置费用　　　　　　　　　　　　　　　　　332.14

　　贷：待处理财产损溢——待处理财产价值　　　　　　　　　332.14

预算会计不作处理。

【例 12－31】某市直行政单位经批准提前报废固定资产，原值 247 800 元，已提折旧 82 478.98 元，固定资产净值 165 321.02 元。

财务会计：

借：待处理财产损溢——待处理财产价值　　　　　　165 321.02

　　　固定资产累计折旧　　　　　　　　　　　　　　82 478.98

贷：固定资产	247 800

预算会计不作处理。

经批准后结转处理。

财务会计：

借：资产处置费用	165 321. 02
贷：待处理财产损溢——待处理财产价值	165 321. 02

预算会计不作处理。

第二节　无形资产

软件公司开发软件，视同外购无形资产进行处理。软件开发完成交付使用时，按照确定的成本，财务会计借记"无形资产"科目，贷记"财政拨款收入""零余额账户用款额度""银行存款"等科目；预算会计借记"行政支出"科目，贷记"财政拨款预算收入""资金结存——零余额账户用款额度""资金结存——货币资金"等科目。

按月对无形资产进行摊销时，按照应摊销金额，财务会计借记"业务活动费用"（行政单位）、"单位管理费用"（事业单位）科目，贷记"无形资产"等科目；预算会计不作处理。

【例 12 – 32】 2021 年 5 月 8 日，某市直行政单位支付微信小程序开发费 30 400 元，该系统当月已经投入使用。使用日常公用经费，财政直接支付。

（1）当月增加无形资产。

财务会计：

借：无形资产——提案程序	30 400
贷：财政拨款收入	30 400

预算会计：

借：行政支出——财政拨款支出——基本支出——日常公用经费——资本性支出——信息网络及软件购置更新	30 400
贷：财政拨款预算收入——日常公用经费——资本性支出——信息网络及软件购置更新	30 400

（2）当月摊销，按 5 年摊销（30 400/60 个月）。

财务会计：

借：业务活动费用——无形资产摊销费	506. 67
贷：无形资产累计摊销	506. 67

预算会计不作处理。

第十三章　市直单位工程款相关业务

第一节　维修管理相关业务

一、修缮

修缮反映按制度规定允许资本化的各类设备、建筑物、公共基础设施等大型修缮的支出。支付大型修缮费用，财务会计借记"在建工程""业务活动费用——资本性支出——大型修缮"科目，贷记"财政拨款收入"等科目；预算会计借记"行政支出——项目支出"科目，贷记"财政拨款预算收入"等科目。

【例13－1】2020年6月24日，某市直行政单位支付市××河治理工程指挥部××河治理经费300 000元，使用项目资金列支，财政直接支付。

因工程庞大，多用于修缮、维护，达不到资本化条件，因此，费用化处理。

财务会计：

借：业务活动费用——资本性支出——大型修缮　　　　　　　300 000

　　贷：财政拨款收入　　　　　　　　　　　　　　　　　　　300 000

预算会计：

借：行政支出——财政拨款支出——项目支出——××治理工程经费——其他城

　　乡社区公共设施支出——资本性支出——大型修缮　　　　300 000

　　贷：财政拨款预算收入——项目支出——××治理工程经费——其他城乡社

　　区公共设施支出　　　　　　　　　　　　　　　　　　　300 000

二、办公楼维修费

办公楼维修费反映单位日常开支达不到资本化条件的办公用房修理和维护费用。支付办公楼以及办公楼电梯等维修费，财务会计借记"业务活动费用——商品和服务费用"科目，贷记"零余额账户用款额度"等科目；预算会计借记"行政支出"或"事业支出"科目，贷记"资金结存——零余额账户用款额度"等科目。

【例13－2】2019年12月26日，某市直行政单位付办公楼电梯检测费3 725元，财政授权支付。

财务会计：

借：业务活动费用——商品和服务费用——维修（护）费　　　3 725

　　贷：零余额账户用款额度　　　　　　　　　　　　　　　　3 725

预算会计：

借：行政支出——财政拨款支出——基本支出——商品和服务支出——维修（护）费　　　3 725

　　贷：资金结存——零余额账户用款额度　　　　　　　　　　3 725

【例13－3】2020年12月25日，某市直机关事务中心支付给××电梯工程有限公司政务中心电梯钢丝绳更换费用33 000元，使用项目资金列支，授权支付。

财务会计：

借：业务活动费用——商品和服务费用——维修（护）费　　　33 000

　　贷：零余额账户用款额度　　　　　　　　　　　　　　　　33 000

预算会计：

借：事业支出——财政拨款支出——项目支出——市直机关办公楼维修费——其他政府办公厅（室）及相关机构事务支出——维修（护）费 33 000

　　贷：资金结存——零余额账户用款额度　　　　　　　　　　33 000

【例13－4】2020年11月3日，某市直机关事务中心支付给××建筑装饰材料有限公司政务大楼办公室改造费13 596元、组织部套装门费用1 600元，共计15 196元，使用项目资金列支，财政授权支付。

财务会计：

借：业务活动费用——商品和服务费用——市直机关办公楼维修费——维修（护）费　　　15 196

　　贷：零余额账户用款额度　　　　　　　　　　　　　　　　15 196

预算会计：

借：事业支出——财政拨款支出——项目支出——市直机关办公楼维修费——其他政府办公厅（室）及相关机构事务支出——维修（护）费 15 196

　　贷：资金结存——零余额账户用款额度　　　　　　　　　　15 196

【例13－5】2020年11月18日，某市直机关事务中心支付给××建筑工程有限公司政务大楼更换广场大理石费用54 055元，本次支付34 299.84元，剩余19 755.16元挂应付账款，使用项目资金列支，财政授权支付。

财务会计：

借：业务活动费用——商品和服务费用——维修（护）费　　　54 055

　　贷：零余额账户用款额度　　　　　　　　　　　　　　　　34 299.84

应付账款——××建筑工程有限公司   19 755.16

预算会计:

借: 事业支出——财政拨款支出——项目支出——市直机关办公楼维修费——其
　　他政府办公厅(室)及相关机构事务支出——维修(护)费

34 299.84

　　贷: 资金结存——零余额账户用款额度   34 299.84

【例 13 - 6】2020 年 12 月 25 日,某市直机关事务中心支付给××环境科技有限公
司政务大楼中央空调消毒清洗费用 98 280 元,使用项目资金列支,财政授权支付。

财务会计:

借: 业务活动费用——商品和服务费用——维修(护)费   98 280

　　贷: 零余额账户用款额度   98 280

预算会计:

借: 事业支出——财政拨款支出——项目支出——市直机关办公楼维修费——其
　　他政府办公厅(室)及相关机构事务支出——维修(护)费 98 280

　　贷: 资金结存——零余额账户用款额度   98 280

【例 13 - 7】2021 年 2 月 18 日,某市直行政单位支付××六路、××四路及规划
展览馆周边树池箅采购及安装款,使用项目欠款和市政管理经费项目资金列支,财政
直接支付。

财务会计:

借: 业务活动费用——商品和服务费用——维修(护)费   127 208.40

　　贷: 财政拨款收入   127 208.40

预算会计:

借: 行政支出——财政拨款支出——项目支出——项目欠款——其他城乡社区公
　　共设施支出——维修(护)费   114 914.21

　　行政支出——财政拨款支出——项目支出——市政管理经费——其他城乡社
　　区公共设施支出——维修(护)费   12 294.19

　　贷: 财政拨款预算收入   127 208.40

【例 13 - 8】2020 年 12 月 25 日,某市直事业单位支付给××建筑工程有限公司
××办公大楼会议室改造欠款 60 000 元,使用项目资金列支,财政授权支付。

财务会计:

借: 其他应付款——××建筑有限公司   60 000

　　贷: 零余额账户用款额度   60 000

预算会计:

借: 事业支出——财政拨款支出——项目支出——市直机关办公楼维修费——其

他政府办公厅（室）及相关机构事务支出——维修（护）费 60 000

    贷：资金结存——零余额账户用款额度   60 000

三、道路、路灯电缆更换

【例 13 – 9】2021 年 2 月 3 日，某市直行政单位付给××园林绿化公司承接的城区路灯地埋电缆灌胶式防水接线及路灯电缆更换费共计 203 293.75 元（前期已挂账），使用项目资金列支，直接支付。

    财务会计：

    借：其他应付款——××园林绿化公司   203 293.75

        贷：财政拨款收入   203 293.75

    预算会计：

    借：行政支出——财政拨款支出——项目支出——市政管理经费——其他城乡社区公共设施支出——维修（护）费   203 293.75

        贷：财政拨款预算收入——项目支出——市政管理经费——其他城乡社区公共设施支出   203 293.75

【例 13 – 10】2020 年 8 月 21 日，某市直行政单位支付给××安装工程有限公司路灯维修费 25 220 元，使用项目资金列支，直接支付。

    财务会计：

    借：业务活动费用——商品和服务费用——维修（护）费   25 220

        贷：财政拨款收入   25 220

    预算会计：

    借：行政支出——财政拨款支出——项目支出——路灯维护费——其他城乡社区公共设施支出——维修（护）费   25 220

        贷：财政拨款预算收入——项目支出——路灯维护费——其他城乡社区公共设施支出   25 220

【例 13 – 11】2019 年 1 月 2 日，某市直行政单位支付路灯零星维修费 3 720 元，使用项目资金列支，财政直接支付。

    财务会计：

    借：业务活动费用——商品和服务费用——维修（护）费   3 720

        贷：财政拨款收入   3 720

    预算会计：

    借：行政支出——财政拨款支出——项目支出——路灯维护费——其他城乡社区公共设施支出——维修（护）费   3 720

　　　贷：财政拨款预算收入　　　　　　　　　　　　　　　　　　　　3 720

四、市政、园林、环卫等

　　【例 13 - 12】2021 年 2 月 5 日，某市直行政单位支付创城户外公益广告维修费
49 825 元，使用项目资金列支，财政直接支付。
　　财务会计：
　　　借：业务活动费用——商品和服务费用——维修（护）费　　　49 825
　　　　贷：财政拨款收入　　　　　　　　　　　　　　　　　　　　49 825
　　预算会计：
　　　借：行政支出——财政拨款支出——项目支出——综合执法保障经费——一般行
　　　政管理事务——维修（护）费　　　　　　　　　　　　　　　49 825
　　　　贷：财政拨款预算收入　　　　　　　　　　　　　　　　　　49 825

　　【例 13 - 13】2020 年 12 月 10 日，某市直行政单位支付给 × × 街道财经综合服务
中心高铁沿线环境综合整治款 199 480 元，使用项目资金列支，财政直接支付。
　　财务会计：
　　　借：业务活动费用——商品和服务费用——维修（护）费　　　199 480
　　　　贷：财政拨款收入　　　　　　　　　　　　　　　　　　　　199 480
　　预算会计：
　　　借：行政支出——财政拨款支出——项目支出——其他城乡社区管理事务支出
　　　——维修（护）费　　　　　　　　　　　　　　　　　　　　199 480
　　　　贷：财政拨款预算收入——项目支出——其他城乡社区管理事务支出
　　　　　　　　　　　　　　　　　　　　　　　　　　　　　　　199 480

　　【例 13 - 14】2020 年 8 月 27 日，某市直行政单位支付给 × × 园林绿化工程有限公
司城东片区园林养护农药款 29 200 元，使用项目资金列支，财政直接支付。
　　财务会计：
　　　借：业务活动费用——商品和服务费用——维修（护）费　　　29 200
　　　　贷：财政拨款收入　　　　　　　　　　　　　　　　　　　　29 200
　　预算会计：
　　　借：行政支出——财政拨款支出——项目支出——市政、园林、环卫等管理经费
　　　——城乡社区环境卫生——维修（护）费　　　　　　　　　　29 200
　　　　贷：财政拨款预算收入　　　　　　　　　　　　　　　　　　29 200

　　【例 13 - 15】2020 年 11 月 2 日，某市直行政单位支付给山东 × × 安装工程有限公
司城东片区变压器维修费 9 706 元，使用项目资金列支，财政直接支付。

财务会计：

借：业务活动费用——商品和服务费用——维修（护）费   9 706

    贷：财政拨款收入   9 706

预算会计：

借：行政支出——财政拨款支出——项目支出——市政、园林、环卫等管理经费

    ——城乡社区环境卫生——维修（护）费   9 706

    贷：财政拨款预算收入   9 706

第二节　基础设施建设、维护

发生公共基础设施相关支出，按管理维护单位，财务会计借记"公共基础设施"科目，贷记"财政拨款收入"等科目；预算会计借记"行政支出"或"事业支出"科目，贷记"财政拨款预算收入"等科目。

发生在建工程转公共基础设施相关业务，财务会计借记"公共基础设施"科目，贷记"在建工程"科目；预算会计不作处理。

按资产产权或管理权确定登记公共基础设施的权属单位。

一、基础设施运行维护

支付基础设施运行维护经费等，财务会计借记"公共基础设施""在建工程"科目，贷记"财政拨款收入"等科目；预算会计借记"行政支出""事业支出"科目，贷记"财政拨款预算收入"等科目。

【例 13 - 16】2020 年 12 月 3 日，某市直事业单位支付给市引黄灌溉服务中心小清河扬水站抗旱经费 100 000 元，使用项目资金列支，直接支付。

财务会计：

借：业务活动费用——商品和服务费用——维修（护）费   100 000

    贷：财政拨款收入   100 000

预算会计：

借：事业支出——财政拨款支出——项目支出——小清河扬水站抗旱运行经费

    ——一般行政管理事务——基础设施建设   100 000

    贷：财政拨款预算收入——项目支出——小清河扬水站抗旱运行经费

                                           100 000

【例 13 - 17】2020 年 12 月 25 日，某市直预算单位支付给××工程服务有限公司

21 座小型水库维护保养费 68 000 元,使用项目资金列支,直接支付。

财务会计:

借:业务活动费用——商品和服务费用——维修(护)费 68 000

贷:财政拨款收入 68 000

预算会计:

借:事业支出——财政拨款支出——项目支出——小型水库管理运行费——水利

工程运行与维护——基础设施建设 68 000

贷:财政拨款预算收入——项目支出——小型水库管理运行费——水利工程

运行与维护 68 000

【例 13 – 18】2020 年 9 月 29 日,某市直预算单位支付给××灌溉服务中心灌区运行管理维护经费 100 000 元,使用项目资金列支,直接支付。

财务会计:

借:业务活动费用——商品和服务费用——维修(护)费 100 000

贷:财政拨款收入 100 000

预算会计:

借:事业支出——财政拨款支出——项目支出——引黄水费——一般行政管理事

务——维修(护)费 100 000

贷:财政拨款预算收入——项目支出——引黄水费——一般行政管理事务

100 000

【例 13 – 19】2020 年 10 月 9 日,某市直预算单位支付给王××水库维修费 9 860 元,使用项目资金列支,财政直接支付。

财务会计:

借:业务活动费用——商品和服务费用——维修(护)费 9 860

贷:财政拨款收入 9 860

预算会计:

借:事业支出——财政拨款支出——项目支出——水利工程运行与维护——维修

(护)费 9 860

贷:财政拨款预算收入——项目支出——水利工程运行与维护 9 860

【例 13 – 20】2020 年 10 月 9 日,某市直预算单位支付给王××2019 年水库看护费 5 000 元,使用项目资金列支,财政直接支付。

财务会计:

借:业务活动费用——商品和服务费用——劳务费 5 000

贷:财政拨款收入 5 000

预算会计:

借：事业支出——财政拨款支出——项目支出——水利工程运行与维护——劳
务费   5 000
    贷：财政拨款预算收入——项目支出——水利工程运行与维护   5 000

【例 13 - 21】2021 年 1 月 29 日，某市直行政单位支付给市××河治理工程指挥部
××湖管护经费 500 000 元，使用项目资金列支，财政直接支付。

财务会计：

借：业务活动费用——商品和服务费用——维修（护）费   500 000
    贷：财政拨款收入   500 000

预算会计：

借：行政支出——财政拨款支出——项目支出——黛溪湖治理工程经费——其他
城乡社区管理事务支出——维修（护）费   500 000
    贷：财政拨款预算收入——黛溪湖治理工程经费——其他城乡社区管理事务
支出   500 000

【例 13 - 22】2021 年 3 月 30 日，某市直行政单位支付自来水公司环卫公厕水费充
值卡 30 000 元，使用项目资金列支，财政直接支付。

（1）充值。

财务会计：

借：预付账款——××自来水公司   30 000
    贷：财政拨款收入   30 000

预算会计：

借：行政支出——财政拨款支出——项目支出——环卫经费——城乡社区环境卫
生——水费   30 000
    贷：财政拨款预算收入——项目支出——环卫经费——城乡社区环境卫生
    30 000

（2）确认收到发票时（按发票实际金额）。

财务会计：

借：业务活动费用——商品和服务费用——水费   30 000
    贷：预付账款——××自来水公司   30 000

预算会计不作处理。

【例 13 - 23】2020 年 4 月 30 日，某市直行政单位支付给××市供电有限公司 4 月
城区路灯电费 155 382.14 元、4 月××路灯电费 6 734.59 元、4 月叁××路灯电费
7 657.24 元、4 月韩××路灯电费 3 833.63 元，共计 173 607.60 元，使用项目资金列
支，财政直接支付。

财务会计：

借：业务活动费用——商品和服务费用——电费　　　　　173 607.60
　　贷：财政拨款收入　　　　　　　　　　　　　　　　　173 607.60
预算会计：
借：行政支出——财政拨款支出——项目支出——路灯电费——其他城乡公
　　共设施支出——电费　　　　　　　　　　　　　　　173 607.60
　　贷：财政拨款预算收入——项目支出——路灯电费——其他城乡社区公共设
　　　　施支出　　　　　　　　　　　　　　　　　　　　173 607.60

【例 13－24】2021 年 2 月 18 日某市直行政单位支付山东××文化传媒有限公司老
城区道路改造名牌灯欠款 100 000 元，使用项目资金列支，财政直接支付。
　　财务会计：
借：其他应付款——山东××文化传媒有限公司　　　　　100 000
　　贷：财政拨款收入　　　　　　　　　　　　　　　　　100 000
预算会计：
借：行政支出——财政拨款支出——项目支出——其他城乡社区公共设施支出
　　——维修（护）费　　　　　　　　　　　　　　　　　100 000
　　贷：财政拨款预算收入——项目支出——其他城乡社区公共设施支出
　　　　　　　　　　　　　　　　　　　　　　　　　　　100 000

二、公共道路相关业务

【例 13－25】2020 年 1 月 30 日，某市直行政单位把北环外非现场执法项目在建工
程转公共基础设施。
　　财务会计：
借：公共基础设施——非现场执法项目　　　　　　　　　10 225 629
　　贷：在建工程——设备投资——北外环非现场执法　　　10 225 629
预算会计不作处理。

【例 13－26】2020 年 7 月 16 日，某市直预算单位支付县××路（国防公路）拓宽
改建工程款 3 552.40 万元，使用上级专款资金列支，直接支付。并将其计入公共基础设施。
　　财务会计：
借：公共基础设施——县××路（国防公路）拓宽改建工程　35 524 000
　　贷：财政拨款收入　　　　　　　　　　　　　　　　　35 524 000
预算会计：
借：事业支出——非财政专项资金支出——项目支出——县××路（国防公路）
　　拓宽改建工程——交通基础设施建设——基础设施建设　35 524 000

　　　　贷：财政拨款预算收入——项目支出——县××路（国防公路）拓宽改建工
　　　　　　程——交通基础设施建设　　　　　　　　　　　35 524 000

【例13-27】2020年10月19日，某市直预算单位将山东泰和××路东外环至
××段大修工程款记入公共基础设施，款项使用项目资金列支，直接支付。

　　财务会计：

　　　　借：公共基础设施——××路东外环至××段大修工程款　　3 000 000

　　　　　　贷：财政拨款收入　　　　　　　　　　　　　　　3 000 000

　　预算会计：

　　　　借：事业支出——财政拨款支出——项目支出——××路东外环至××段大修工
　　　　　　程款——其他公路水路运输支出——基础设施建设　　3 000 000

　　　　　　贷：财政拨款预算收入——项目支出——××路东外环至××段大修工程款
　　　　　　　　——其他公路水路运输支出　　　　　　　　　3 000 000

【例13-28】2020年12月23日，某市直行政单位付防火隔离带工程款48 000元，
使用项目资金列支，财政授权支付。

　　财务会计：

　　　　借：公共基础设施——防火隔离带　　　　　　　　　　48 000

　　　　　　贷：零余额账户用款额度　　　　　　　　　　　　48 000

　　预算会计：

　　　　借：行政支出——财政拨款支出——项目支出——市生态文明治理项目——林业
　　　　　　草原防灾减灾——基础设施建设　　　　　　　　　48 000

　　　　　　贷：资金结存——零余额账户用款额度　　　　　　　48 000

三、水利设施工程相关业务

【例13-29】某市直预算单位支付××河、××河等引调水工程款两千万元，使
用项目资金列支，财政直接支付。

　　财务会计：

　　　　借：公共基础设施——××河　　　　　　　　　　　　20 000 000

　　　　　　贷：财政拨款收入　　　　　　　　　　　　　　20 000 000

　　预算会计：

　　　　借：事业支出——财政拨款支出——项目支出——××河引调水工程、××河引
　　　　　　调水工程、引黄灌区农业节水工程专项债券资金——其他地方自行试点项目
　　　　　　收益专项债券收入安排的支出——基础设施建设　　20 000 000

贷：财政拨款预算收入——项目支出——××河引调水工程、××河引调水

工程、引黄灌区农业节水工程专项债券资金——其他地方自行试点项目

收益专项债券收入安排的支出　　　　　　　　　　　　20 000 000

【例 13 – 30】2020 年 12 月 25 日，某市直事业单位支付给山东××水利工程处南
洞小流域工程质保金 114 987.83 元，已记账资产总额中未包含该笔质保金，使用项目
资金列支，财政直接支付。

财务会计：

借：公共基础设施——南洞小流域工程　　　　　　　　114 987.83

贷：财政拨款收入　　　　　　　　　　　　　114 987.83

预算会计：

借：事业支出——财政拨款支出——项目支出——××治理工程质保金——水利

工程建设——基础设施建设　　　　　　　　114 987.83

贷：财政拨款预算收入——项目支出——南洞治理工程质保金——水利工程

建设　　　　　　　　　　　　　　　　114 987.83

四、政府和社会资本合作

PPP 项目，又称 PPP 模式，即政府和社会资本合作，是公共基础设施中的一种项
目运作模式。是指在公共服务领域，政府采取竞争性方式选择具有投资、运营管理能
力的社会资本，双方按照平等协商原则订立合同，由社会资本提供公共服务，政府依
据公共服务绩效评价结果向社会资本支付对价。在该模式下，鼓励私营企业、民营资
本与政府进行合作，参与公共基础设施的建设。

发生 PPP 项目相关支出，财务会计借记“业务活动费用——商品和服务费用”科
目，贷记“财政拨款收入”等科目；预算会计借记“行政支出——项目支出”科目，
贷记“财政拨款预算收入”等科目。

【例 13 – 31】2020 年 8 月 27 日某市直行政单位支付给××投资发展有限公司 PPP
项目养护费 2 000 000 元，使用项目资金列支，直接支付。

财务会计：

借：业务活动费用——商品和服务费用——维修（护）费　　2 000 000

贷：财政拨款收入　　　　　　　　　　　　　　　　2 000 000

预算会计：

借：行政支出——财政拨款支出——项目支出——园林景观绿化工程 PPP 项目

——其他城乡社区公共设施支出——维修（护）费　　2 000 000

贷：财政拨款预算收入　　　　　　　　　　　　　　　2 000 000

【例13－32】2020年8月27日某市直行政单位支付给××投资发展有限公司园林景观绿化提升工程款PPP共1 000 000元，使用项目资金列支，直接支付。

财务会计：

借：业务活动费用——商品和服务费用——维修（护）费　　1 000 000

　　贷：财政拨款收入　　　　　　　　　　　　　　　1 000 000

预算会计：

借：行政支出——财政拨款支出——项目支出——园林景观绿化工程PPP项目
　　——其他城乡社区公共设施支出——维修（护）费　　1 000 000

　　贷：财政拨款预算收入——项目支出——园林景观绿化工程PPP项目——其
　　　　他城乡社区公共设施支出　　　　　　　　　　1 000 000

【例13－33】2019年11月1日某市直行政单位支付给市××有限公司园林绿化PPPX项目公司注册资本金7 351 100元，使用项目资金列支，直接支付。

财务会计：

借：业务活动费用——对企业补助费用——资本金注入　　7 351 100

　　贷：财政拨款收入　　　　　　　　　　　　　　　7 351 100

预算会计：

借：行政支出——财政拨款支出——项目支出——园林绿化PPPX项目公司注册
　　资本金——其他城乡社区公共设施支出——对企业补助——资本金注入
　　　　　　　　　　　　　　　　　　　　　　　　7 351 100

　　贷：财政拨款预算收入——项目支出——园林绿化PPPX项目公司注册资本
　　　　金——其他城乡社区公共设施支出　　　　　　7 351 100

【例13－34】2019年11月1日某市直行政单位支付给市××有限公司园林景观绿化工程PPP项目注册资本金25 000 000元，使用项目资金列支，直接支付。

财务会计：

借：业务活动费用——对企业补助费用——资本金注入　　25 000 000

　　贷：财政拨款收入　　　　　　　　　　　　　　　25 000 000

预算会计：

借：行政支出——财政拨款支出——项目支出——园林景观绿化工程PPP项目
　　——其他城乡社区公共设施支出——对企业补助——资本金注入
　　　　　　　　　　　　　　　　　　　　　　　　25 000 000

　　贷：财政拨款预算收入——项目支出——园林景观绿化工程PPP项目——其
　　　　他城乡社区公共设施支出　　　　　　　　　　25 000 000

【例13－35】2020年1月17日某市直行政单位支付给市××有限公司PPP项目拆

迁补偿款 2 000 万元，2020 年 1 月 28 日支付 2 000 万元，共计 4 000 万元，使用项目资金列支，直接支付。

财务会计：

借：在建工程——待摊投资——拆迁补偿　　　　　　　 40 000 000

　　贷：财政拨款收入　　　　　　　　　　　　　　　　　 40 000 000

预算会计：

借：行政支出——财政拨款支出——项目支出——邹周路绿化占地补偿——征地和拆迁补偿支出——拆迁补偿　　　　　　　　 40 000 000

　　贷：财政拨款预算收入——项目支出——邹周路绿化占地补偿——征地和拆迁补偿支出　　　　　　　　　　　　　　　 40 000 000

第三节　工程管理业务

一、基础设施建设欠款相关业务

发生基础设施建设工程欠款相关业务，财务会计借记"公共基础设施"等科目，按已支付金额，贷记"财政拨款收入"等科目，按未支付金额，贷记"应付账款"科目；按已支付金额，预算会计借记"行政支出"或"事业支出"科目，贷记"财政拨款预算收入"等科目。

支付工程欠款，财务会计借记"应付账款"科目，贷记"财政拨款收入"等科目；预算会计借记"行政支出"或"事业支出"科目，贷记"财政拨款预算收入"等科目。

【例 13 – 36】2020 年 1 月 23 日，某市直预算单位支付 ×× 筑路公司新北环提升工程欠款 1 500 000 元，前期挂账。使用项目资金列支，财政直接支付。

财务会计：

借：应付账款——应付工程款—— ×× 筑路公司　　　　 1 500 000

　　贷：财政拨款收入　　　　　　　　　　　　　　　　　 1 500 000

预算会计：

借：事业支出——财政拨款支出——项目支出——交通基础设施建设工程欠款——其他城乡社区公共设施支出——基础设施建设　　 1 500 000

　　贷：财政拨款预算收入——项目支出——交通基础设施建设工程欠款——其他城乡社区公共设施支出　　　　　　　　　　　 1 500 000

【例 13 – 37】2020 年 1 月 23 日，某市直预算单位支付 ×× 公司 ×× 一路非现场执法项目工程款 6 798 500 元，使用项目资金列支，财政直接支付 600 000 元。

财务会计：

借：公共基础设施——交通基础设施建设工程欠款 6 798 500

贷：应付账款——应付工程款——交通基础设施建设工程欠款——××公司

6 198 500

财政拨款收入 600 000

预算会计：

借：事业支出——财政拨款支出——项目支出——交通基础设施建设工程欠款

——其他城乡社区公共设施支出——基础设施建设 600 000

贷：财政拨款预算收入——项目支出——交通基础设施建设工程欠款——其

他城乡社区公共设施支出 600 000

二、工程欠款

【例 13 - 38】2021 年 2 月 4 日，某市直行政单位支付给××通用航空公司飞防工程款 500 000 元，前期已挂账，使用项目资金列支，财政直接支付。

财务会计：

借：其他应付款——其他——林业有害生物防治——××通用航空公司

500 000

贷：财政拨款收入 500 000

预算会计：

借：行政支出——财政拨款支出——项目支出——以前年度欠款——其他自然资

源海洋气象等支出——委托业务费 500 000

贷：财政拨款预算收入——项目支出——以前年度欠款——其他自然资源海

洋气象等支出 500 000

【例 13 - 39】2021 年 2 月 18 日，某市直行政单位付城区部分路段人行道盲道、缘石坡、路口改造及维修和沥青路面常规养护项目监理费欠款 14 800 元，使用项目资金列支，财政直接支付。

财务会计：

借：其他应付款——山东××建设 14 800

贷：财政拨款收入 14 800

预算会计：

借：行政支出——财政拨款支出——项目支出——项目欠款——其他城乡社

区公共设施支出——咨询费 14 800

　　贷：财政拨款预算收入——项目支出——项目欠款——其他城乡社区公共设
　　　　施支出　　　　　　　　　　　　　　　　　　　　　　　14 800

　　【例 13 - 40】 2021 年 2 月 18 日某市直行政单位付 2017 年创城间市政道路零星维修费 30 000 元，使用项目资金列支，财政直接支付。

　　财务会计：

　　借：其他应付款——××市政公司　　　　　　　　　　　30 000

　　　　贷：财政拨款收入　　　　　　　　　　　　　　　　　30 000

　　预算会计：

　　借：行政支出——财政拨款支出——项目支出——项目欠款——其他城乡社区公
　　　　共设施支出——维修（护）费　　　　　　　　　　　　30 000

　　　　贷：财政拨款预算收入——项目支出——项目欠款——其他城乡社区公共设
　　　　　　施支出　　　　　　　　　　　　　　　　　　　　30 000

　　【例 13 - 41】 某市直行政单位支付城区违规建设广告牌拆除及清理费共计 110 000 元。使用项目资金列支，财政直接支付。

　　财务会计：

　　借：其他应付款——××广告传媒有限公司　　　　　　　110 000

　　　　贷：财政拨款收入　　　　　　　　　　　　　　　　　110 000

　　预算会计：

　　借：行政支出——财政拨款支出——项目支出——项目欠款——其他城乡社区公
　　　　共设施支出——维修（护）费　　　　　　　　　　　　110 000

　　　　贷：财政拨款预算收入——项目支出——项目欠款——其他城乡社区公共设
　　　　　　施支出　　　　　　　　　　　　　　　　　　　　110 000

　　【例 13 - 42】 2021 年 2 月 8 日，某市直行政单位××湖西侧排污管道工程款 20 万元，××苗木有限公司发票已收到，资金尚未支付。

　　财务会计：

　　借：在建工程　　　　　　　　　　　　　　　　　　　　200 000

　　　　贷：其他应付款——××苗木有限公司　　　　　　　　200 000

　　预算会计不作处理。

　　【例 13 - 43】 2020 年 12 月 7 日，某市直行政单位用往来款支付应急度汛工程款 89 473.68 元。用银行存款支付。（有下属事业单位实有资金账户）

　　财务会计：

　　借：其他应付款——防汛经费　　　　　　　　　　　　　89 473.68

　　　　贷：银行存款——基本户　　　　　　　　　　　　　　89 473.68

　　预算会计不作处理。

三、工程质保金

工程质保金是发包人与承包人在建设工程承包合同中约定，从应付的工程款中预留，以保证承包人在缺陷责任期内对建设工程出现的缺陷进行维修的资金。

支付工程质保金，财务会计借记"其他应付款"科目，贷记"财政拨款收入"等科目；预算会计借记"行政支出——财政拨款支出——项目支出"科目，贷记"财政拨款预算收入"等科目。

【例 13 - 44】2021 年 4 月 2 日，某市直行政单位支付××工程施工有限公司福利中心遮阳顶工程质保金 39 130.16 元，使用项目资金列支，财政直接支付。

（1）预留质保金时：

财务会计：

借：在建工程——建筑安装工程 39 130.16
　　贷：其他应付款——××工程施工有限公司 39 130.16
预算会计不作处理。

（2）支付质保金时：

财务会计：

借：其他应付款——××工程施工有限公司 39 130.16
　　贷：财政拨款收入 39 130.16
预算会计：

借：行政支出——财政拨款支出——项目支出——养老和养老服务业发展项目
　　——其他社会福利支出——房屋建筑物构建 39 130.16
　　贷：财政拨款预算收入——项目支出——养老和养老服务业发展项目——其
　　　　他社会福利支出 39 130.16

四、城乡社区煤改气工程

单位支付煤改气工程用工补贴，财务会计借记"业务活动费用"科目，贷记"财政拨款收入"等科目；预算会计借记"行政支出——项目支出"科目，贷记"财政拨款预算收入"等科目。

【例 13 - 45】2020 年 12 月 25 日，某市直行政单位支付××燃气有限责任公司等八个公司支援××煤改气工程用工补贴共计 90 646 元，使用项目资金列支，财政直接支付。

财务会计：

借：业务活动费用——对企业补助费用——费用补贴   90 646

     贷：财政拨款收入   90 646

预算会计：

借：行政支出——财政拨款支出——项目支出——城乡社区业务运行资金——小

    城镇基础设施建设——对企业补助——费用补贴   90 646

     贷：财政拨款预算收入——项目支出——城乡社区业务运行资金——小城镇

       基础设施建设   90 646

第十四章　上级专款资金、债务相关业务

第一节　上级专款

一、上级专款相关业务

收到上级专款，财务会计借记"银行存款"科目，贷记"非同级财政拨款收入"科目；预算会计借记"资金结存——货币资金"科目，贷记"非同级财政拨款预算收入"科目。

【例 14-1】2020 年 8 月，某市直行政单位收到省厅专款 20 000 元。

财务会计：

借：银行存款——其他存款户　　　　　　　　　　　　20 000

　　贷：非同级财政拨款收入——非本级财政拨款——其他单位　20 000

预算会计：

借：资金结存——货币资金　　　　　　　　　　　　　20 000

　　贷：非同级财政拨款预算收入——非本级财政拨款　　　　20 000

二、其他代收款相关业务

收到应支付给其他单位或个人的款项，财务会计借记"银行存款"科目，贷记"其他应付款"科目；预算会计不作处理。

【例 14-2】2020 年 12 月 14 日，某市直行政单位收到市××局 2020 年度地下水观测费每人 200 元/年，共 4 000 元。

财务会计：

借：银行存款——基本户　　　　　　　　　　　　　　4 000

　　贷：其他应付款　　　　　　　　　　　　　　　　　　4 000

预算会计不作处理。

三、征地补偿

征地补偿费是指国家建设征用土地时，按照被征用土地的原用途给予被征地单位

的补偿各项费用，是指土地补偿费、安置补助费、地上附着物和青苗补偿费的总和。

发生征地补偿费相关支出，财务会计借记"业务活动费用"科目，贷记"财政拨款收入"等科目；预算会计借记"行政支出"科目，贷记"财政拨款预算收入"等科目。

收到拨付的土地补偿款，存入往来资金专户时，财务会计借记"其他应收款"科目，贷记"其他应付款——土地补偿款"等科目；预算会计不作处理。

【例14－3】某市直行政单位支付给街道办事处征地补偿款（2019年省土地储备债）2 256 987元，使用项目资金列支，直接支付。

财务会计：

借：在建工程——待摊投资　　　　　　　　　　　　　　2 256 987

　　贷：财政拨款收入　　　　　　　　　　　　　　　　2 256 987

预算会计：

借：行政支出——财政拨款支出——项目支出——征地和拆迁补偿支出——土地补偿　　　　　　　　　　　　　　　　　　　　　　　2 256 987

　　贷：财政拨款预算收入——项目支出——征地和拆迁补偿支出 2 256 987

【例14－4】2020年3月23日，根据税务部门要求，某市直行政单位缴纳耕地占用税109 199 747元，使用项目资金列支，直接支付。

财务会计：

借：在建工程——待摊投资　　　　　　　　　　　　　　109 199 747

　　贷：财政拨款收入　　　　　　　　　　　　　　　　109 199 747

预算会计：

借：行政支出——财政拨款支出——项目支出——2016～2019年建设用地及农转用土地耕地占用税——土地开发支出——土地补偿——基金预算支出

　　　　　　　　　　　　　　　　　　　　　　　　　　109 199 747

　　贷：财政拨款预算收入　　　　　　　　　　　　　　109 199 747

【例14－5】2020年2月1日，某市直行政单位收到土地补偿款25 093 658元，存入往来资金专户，用于支付镇办土地补偿。

财务会计：

借：其他应收款——财政已下达指标　　　　　　　　　　25 093 658

　　贷：其他应付款——土地补偿款　　　　　　　　　　25 093 658

预算会计不作处理。

四、研发计划项目资金

发生帮扶下级专款相关业务，支付重点研发计划项目资金，财务会计借记"业务活动费用——商品和服务费用"科目，贷记"财政拨款收入"等科目；预算会计借记"行政支出"科目，贷记"财政拨款预算收入"等科目。

【例 14 – 6】2020 年 10 月 13 日，某市直行政单位支付给山东××有限公司省重点研发计划（重大科技创新）项目资金 8 000 000 元，使用项目资金列支，直接支付。

财务会计：

借：业务活动费用——对企业补助费用　　　　　　　　　　8 000 000

　　贷：财政拨款收入　　　　　　　　　　　　　　　　　　8 000 000

预算会计：

借：行政支出——非财政专项资金支出——项目支出——省级科技创新发展资金

　　——重点研发计划——费用补贴　　　　　　　　　　　8 000 000

　　贷：财政拨款预算收入——项目支出省级科技创新发展资金——重点研发

　　　　计划　　　　　　　　　　　　　　　　　　　　　　8 000 000

五、危房改造补助资金

农村危房改造补助资金，是指在农村危房改造政策实施期内，中央财政设立用于支持地方开展农村危房改造工作的转移支付资金。《中央财政农村危房改造补助资金管理办法》中明确指出了补助资金分配使用应当遵循的原则，各单位应按该《办法》科学合理地分配补助资金，充分发挥财政资金使用效益。

发生危房改造补助资金相关支出，财务会计借记"业务活动费用"科目，贷记"财政拨款收入"等科目；预算会计借记"行政支出——项目支出"科目，贷记"财政拨款预算收入"等科目。

【例 14 – 7】2020 年 12 月 4 日某市直行政单位支付危房改造补助资金（县级）28 000 元，使用项目资金列支，直接支付。

财务会计：

借：业务活动费用——商品和服务费用　　　　　　　　　　28 000

　　贷：财政拨款收入　　　　　　　　　　　　　　　　　　28 000

预算会计：

借：行政支出——财政拨款支出——项目支出——城乡建设与设施维护资金——

　　其他商品和服务支出——其他国有土地使用权出让收入安排的支出

　　　　　　　　　　　　　　　　　　　　　　　　　　　28 000

　　贷：财政拨款预算收入——项目支出——其他国有土地使用权出让收入安排

　　　　的支出　　　　　　　　　　　　　　　　　　　　　28 000

第二节 债务相关业务

一、土地储备债

土地储备债是指各地的土储中心在收储地块的过程中为解决融资需求而发行的一种债券，这是地方专项债的一种。所谓的土地储备，是指对通过收回、收购、征用或其他方式取得土地使用权的土地，进行储存或前期开发整理，并向社会提供各类建设用地的行为。

将未支付的土地储备债上缴国库时，财务会计借记"其他应付款——省级土地储备专项债券"科目，贷记"省级土地债券资金专户"等科目；预算会计不作处理。

【例14－8】2020年6月1日，某市直行政单位把下属事业单位未支付的土地储备债77 334 800元及利息65 118.12元上缴国库，发生电汇费用1元，总计77 399 919.02元。

财务会计：

借：其他应付款——省级土地储备专项债券	77 334 800
——省级土地储备专项债券	65 118.02
——省级土地储备专项债券	1
贷：银行存款——省级土地债券资金专户	77 399 919.02

预算会计不作处理。

二、土地指标款

土地指标是国家为保护耕地，对建设用地采取的控制手段，即每年度各地方建设用地面积设置最高限度，不得突破，是上级下发给下级政府单位的国有或集体所有土地转成建设用地的指标。

收回土地指标款，退回土地债券资金专户时，财务会计借记"省级土地债券资金专户"科目，贷记"其他应付款——省级土地储备专项债券"科目；预算会计不作处理。

【例14－9】2020年6月1日，某市直行政单位收回土地指标款65 173 100元，退回到土地债券资金专户。

财务会计：

借：银行存款——省级土地债券资金专户	65 173 100
贷：其他应付款——省级土地储备专项债券	65 173 100

预算会计不作处理。

第十五章　货币资金相关业务

第一节　保证金、滞纳金、押金相关业务

一、保证金

收到保证金，财务会计借记"银行存款"或"其他应收款"等科目，贷记"其他应付款"科目；此类资金的暂收暂付最终会收回或者退回，因此，不会形成收支业务，也不需要在预算会计中核算。

【例15-1】2020年6月25日，某市直行政单位收到××建筑安装工程有限公司的保证金20 000元。

财务会计：

借：库存现金——库存现金	20 000
贷：其他应付款——××建筑安装工程有限公司	20 000
借：银行存款——其他存款户	20 000
贷：库存现金——库存现金	20 000

预算会计不作处理。

二、滞纳金

因系统原因及其他原因产生的滞纳金，计入其他支出。财务会计借记"其他费用"科目，贷记"财政拨款收入"科目；预算会计借记"其他支出"科目，贷记"财政拨款预算收入"科目。

【例15-2】2021年1月25日，某市直行政单位支付给税务局2020年12月个税滞纳金0.49元，财政授权支付。

财务会计：

借：其他费用	0.49
贷：零余额账户用款额度	0.49

预算会计：

借：其他支出——财政拨款支出 0.49

　　贷：资金结存——零余额账户用款额度 0.49

三、收、退押金

【例 15 – 3】某市直事业单位实行读者押金（保证金）缴纳制度，2019 年 5 月 28 日收到读者押金（保证金）111 900 元，存入国库往来资金账户。

财务会计：

借：其他应收款——政府单位往来资金——读者押金 111 900

　　贷：其他应付款——个人——读者押金 111 900

预算会计不作处理。

【例 15 – 4】某市直事业单位实行无押金积分管理制度，2021 年 3 月 1 日退还读者押金 20 200 元，3 月 30 日退还 60 200 元。

（1）提取往来款授权额度。

财务会计：

借：零余额账户用款额度 80 400

　　贷：其他应收款——政府单位往来资金——押金 80 400

预算会计不作处理。

（2）读者押金返还。

财务会计：

借：其他应付款——个人——读者押金 80 400

　　贷：零余额账户用款额度 80 400

预算会计不作处理。

第二节　应缴财政款相关业务

应缴财政款

单位取得或应收按照规定应缴财政的款项时，借记"银行存款""应收账款""其他应收款"等科目，贷记"应缴财政款"科目。预算会计不作处理。

单位上缴应缴财政的款项时，按照实际上缴的金额，借记"应缴财政款"科目，贷记"银行存款"科目。预算会计不作处理。

单位处置资产取得的应上缴财政的处置净收入的账务处理，借记"待处理财产损溢"科目，贷记"应缴财政款"科目，上缴财政款时，借记"应缴财政款"科目，贷记"银行存款"科目。预算会计不作处理。

【例 15 – 5】2020 年 4 月 28 日，某市直行政单位收到办公室资产处置收入 400 元。

（1）计提。

财务会计：

借：待处理财产损溢——处理净收入　　　　　　　　　　　400

　　贷：应缴财政款——应缴国库款　　　　　　　　　　　　　　400

预算会计不作处理。

（2）上缴。

财务会计：

借：应缴财政款——应缴国库款　　　　　　　　　　　　　400

　　贷：库存现金——库存现金　　　　　　　　　　　　　　　　400

预算会计不作处理。

【例 15 – 6】2020 年 11 月 11 日，某市直行政单位的下属事业单位将代收的中国人民保险公司公路补偿费共计 59 238.90 元缴国库。（有实有资金账户）

财务会计：

借：应缴财政款——应缴国库款　　　　　　　　　　59 238.90

　　贷：银行存款——其他存款户　　　　　　　　　　　　59 238.90

预算会计不作处理。

【例 15 – 7】2020 年 5 月 7 日，某市直行政单位将收到的外地车撞坏交通护栏后由保险公司的隔离护栏的事故赔偿款项共计 5 294 元上缴国库。按规定 24 小时内上交。

（1）收到现金时。

财务会计：

借：现金　　　　　　　　　　　　　　　　　　　　　　5 294

　　贷：应缴财政款——应缴国库款　　　　　　　　　　　　　5 294

预算会计不作处理。

（2）5 月 7 日，上交国库：

财务会计：

借：应缴财政款——应缴国库款　　　　　　　　　　　　5 294

　　贷：库存现金——库存现金　　　　　　　　　　　　　　　5 294

预算会计不作处理。

【例 15 – 8】2020 年 12 月 10 日，某市直行政单位收到市 ×× 房地产开发有限公司所交的基础设施配套费 500 万元。

（1）办理手续时。

财务会计：

借：应收账款——××房地产开发有限公司　　　　　　　　5 000 000

　　贷：应缴财政款——基础设施配套费　　　　　　　　　　　5 000 000

预算会计不作处理。

（2）上缴国库时。

财务会计：

借：应缴财政款——基础设施配套费　　　　　　　　　　　5 000 000

　　贷：应收账款——××房地产开发有限公司　　　　　　　　5 000 000

预算会计不作处理。

【例 15 – 9】2020 年 10 月 31 日，某市直行政单位把资产处置、罚没物品处置收入共 14 300 元上缴国库款。

财务会计：

借：其他应收款　　　　　　　　　　　　　　　　　　　　14 300

　　贷：应缴财政款——应缴国库款　　　　　　　　　　　　　14 300

预算会计不作处理。

财务会计：

借：应缴财政款——应缴国库款　　　　　　　　　　　　　14 300

　　贷：其他应收款　　　　　　　　　　　　　　　　　　　　14 300

预算会计不作处理。

【例 15 – 10】2020 年 11 月 18 日，某市直行政单位进行 ETC 储值卡退费 625.20 元。

（1）收到现金。

财务会计：

借：库存现金——库存现金　　　　　　　　　　　　　　　625.20

　　贷：应缴财政款——应缴国库款　　　　　　　　　　　　　625.20

预算会计不作处理。

（2）交国库。

财务会计：

借：应缴财政款——应缴国库款　　　　　　　　　　　　　625.20

　　贷：库存现金——库存现金　　　　　　　　　　　　　　　625.20

预算会计不作处理。

第三节　提取零余额账户用款额度（额度到账）

提取零余额账户用款额度，财务会计借记"零余额账户用款额度"科目，贷记"财政拨款收入"科目；预算会计借记"资金结存——零余额账户用款额度"科目，贷记"财政拨款预算收入"科目。

【例 15－11】2019 年 2 月 1 日，某市直行政单位提取授权支付额度 503 055 元。

财务会计：

借：零余额账户用款额度　　　　　　　　　　　　　　503 055
　　贷：财政拨款收入　　　　　　　　　　　　　　　　503 055

预算会计：

借：资金结存——零余额账户用款额度　　　　　　　　503 055
　　贷：财政拨款预算收入——基本支出——人员经费　　503 055

【例 15－12】2021 年 1 月 21 日，某市直行政单位授权支付非统发事业、统发人员 2020 年 12 月个人所得税额度到账 731.88 元、627.86 元。

财务会计：

借：零余额账户用款额度　　　　　　　　　　　　　　1 359.74
　　贷：财政拨款收入　　　　　　　　　　　　　　　　1 359.74

预算会计：

借：资金结存——零余额账户用款额度　　　　　　　　1 359.74
　　贷：财政拨款预算收入——基本支出——人员经费——行政运行
　　　　　　　　　　　　　　　　　　　　　　　　　　1 359.74

【例 15－13】2020 年 10 月 21 日，某市直行政单位申请 10 月的授权支付额度到账 282 589.91 元，用于支付工资、社会保险费、公积金。

财务会计：

借：零余额账户用款额度　　　　　　　　　　　　　　282 589.91
　　贷：财政拨款收入　　　　　　　　　　　　　　　　282 589.91

预算会计：

借：资金结存——零余额账户用款额度　　　　　　　　282 589.91
　　贷：财政拨款预算收入——基本支出——人员经费——行政运行 197 249
　　　　　　　　　　　　　　　　　　　　　——行政单位医疗
　　　　　　　　　　　　　　　　　　　　　　　　　　5 729.16
　　　　　　　　　　　　　　　　　　　　　——事业单位医疗
　　　　　　　　　　　　　　　　　　　　　　　　　　3 561.76

　　　　　　　　　　　　　　　　　　——住房公积金（行政）

　　　　　　　　　　　　　　　　　　　17 339.32

　　　　　　　　　　　　　　　　　　——住房公积金（事业）

　　　　　　　　　　　　　　　　　　　29 046.92

　　　　　　　　　　　　　　　　　　——其他社会保障和就业

支出　　　　　　　　　　　　　　　　　146.39

　　　　　　　　　　　　　　　　　　——机关事业单位基本养

老保险缴费支出　　　　　　　　　　　25 151.20

　　　　　　　　　　　　　　　　　　——公务员医疗补助

　　　　　　　　　　　　　　　　　　　951.48

　　　　　　　　　　　　　　　　　　——事业单位医疗

　　　　　　　　　　　　　　　　　　　3 414.68

【例 15－14】2020 年 10 月 23 日，某市直行政单位 12 月公益岗人员工资和社保财政授权支付额度到账 10 093.14 元。

财务会计：

借：零余额账户用款额度　　　　　　　　　　　　　　　　10 093.14

　　贷：财政拨款收入　　　　　　　　　　　　　　　　　　10 093.14

预算会计：

借：资金结存——零余额账户用款额度　　　　　　　　　　10 093.14

　　贷：财政拨款预算收入——基本支出——人员经费——行政运行

　　　　　　　　　　　　　　　　　　　　　　　　　　　10 093.14

【例 15－15】2021 年 3 月 29 日，某市直行政单位公车维修、加油、过路费等授权支付额度到账 11 180 元。

财务会计：

借：零余额账户用款额度　　　　　　　　　　　　　　　　11 180

　　贷：财政拨款收入　　　　　　　　　　　　　　　　　　11 180

预算会计：

借：资金结存——零余额账户用款额度　　　　　　　　　　11 180

　　贷：财政拨款预算收入——基本支出——日常公用经费——行政运行

　　　　　　　　　　　　　　　　　　　　　　　　　　　11 180

【例 15－16】2021 年 3 月 29 日，某市直行政单位救助站救助车过路费、保养费等授权支付额度到账 2 000 元。

财务会计：

借：零余额账户用款额度　　　　　　　　　　　　　　　　2 000

    贷：财政拨款收入   2 000

  预算会计：

    借：资金结存——零余额账户用款额度   2 000

      贷：财政拨款预算收入——项目支出——社会福利和救助项目——流浪乞讨

        人员救助支出   2 000

【例 15 – 17】某市直行政单位雇员制养老失业工伤保险费 9 996.21 元、医疗大额
生育费 4 032.72 元，授权支付额度到账 14 028.93 元。

  财务会计：

    借：零余额账户用款额度   14 028.93

      贷：财政拨款收入   14 028.93

  预算会计：

    借：资金结存——零余额账户用款额度   14 028.93

      贷：财政拨款预算收入——基本支出——人员经费——雇员制工资及保险

        ——其他人力资源和社会保障管理事务支出   14 028.93

【例 15 – 18】2020 年 12 月 11 日，某市直行政单位申请购买第一书记办公用品公
务卡还款额度 500 元。

  财务会计：

    借：零余额账户用款额度   500

      贷：财政拨款收入   500

  预算会计：

    借：资金结存——零余额账户用款额度   500

      贷：财政拨款预算收入——基本支出——人员经费——第一书记（党支部书

        记）及万名干部下基层工作经费——对村民委员会和村党支部的补助

        ——生活补助   500

【例 15 – 19】某市直行政单位 2020 年 12 月 8 日调减公务卡还款额度 500 元、12
月 10 日调减公务卡还款额度 600 元。

  财务会计：

    借：零余额账户用款额度   – 1 100

      贷：财政拨款收入   – 1 100

  预算会计：

    借：资金结存——零余额账户用款额度   – 1 100

      贷：财政拨款预算收入——基本支出——人员经费——第一书记（党支部书

        记）及万名干部下基层工作经费——对村民委员会和村党支部的补助

        ——生活补助   – 1 100

【例 15－20】2020 年 11 月 3 日某市直行政单位退休人员公用经费授权支付额度到账，共计 24 600 元。（每人每年 2 000 元）

财务会计：

借：零余额账户用款额度　　　　　　　　　　　　　　　24 600

　　贷：财政拨款收入　　　　　　　　　　　　　　　　24 600

预算会计：

借：资金结存——零余额账户用款额度　　　　　　　　　24 600

　　贷：财政拨款预算收入——基本支出——日常公用经费——一般商品和服务
　　　　支出（退休日常公用）——行政运行　　　　　　24 600

第四节　代收代付业务

一、收回欠款

收回其他应收款，财务会计借记"零余额账户用款额度"等科目，贷记"其他应收款"科目；预算会计不作处理。

【例 15－21】2020 年 5 月，某市直行政单位收回分局及个人欠款，存入国库财政往来专户，计 42 000 元。

财务会计：

借：其他应收款——国库财政往来专户　　　　　　　　　42 000

　　贷：其他应收款——××1 分局　　　　　　　　　　 2 000

　　　　　　　　　　——××2 分局　　　　　　　　　15 000

　　　　　　　　　　——××3 分局　　　　　　　　　 5 000

　　　　　　　　　　——××4 分局　　　　　　　　　 5 000

　　　　　　　　　　——马××　　　　　　　　　　　 5 000

　　　　　　　　　　——夏××　　　　　　　　　　　10 000

预算会计不作处理。

二、代收公路补偿费

单位收到代收款时，财务会计借记"银行存款""零余额账户用款额度"科目，贷记"应缴财政款""其他应付款"等科目；预算会计不作处理。

单位支付所收到的代收款时，借记"其他应付款""应缴财政款"科目，贷记

"银行存款""零余额账户用款额度"等科目；预算会计不作处理。

【例 15 - 22】2020 年 11 月 11 日某市直行政单位代收中国人民保险公司赔付的公路补偿费 59 238.90 元。（新泰公司，鲁 J × × × × ×）

财务会计：

借：银行存款——其他存款户　　　　　　　　　　　　　　59 238.90

　　贷：应缴财政款——应缴国库款　　　　　　　　　　　　59 238.90

预算会计不作处理。

三、保险赔付业务

【例 15 - 23】2020 年 11 月 11 日，某市直行政单位代收中国人民保险公司负担的路赔路损鉴定费 1 500 元，经判决该鉴定费应由损坏道路的车辆投保的保险公司负担。该鉴定费上月已经由该经办行政单位人 × × 垫付。（新泰公司，鲁 J × × × × ×）

（1）职工个人垫付时。

财务会计：

借：其他应收款——保险公司　　　　　　　　　　　　　　1 500

　　贷：其他应付款——职工垫付　　　　　　　　　　　　　1 500

预算会计不作处理。

（2）收到保险公司赔付时。

财务会计：

借：其他应付款——职工垫付　　　　　　　　　　　　　　1 500

　　贷：其他应收款——保险公司　　　　　　　　　　　　　1 500

预算会计不作处理。

【例 15 - 24】2020 年 11 月 11 日，某市直行政单位收到中国人民保险公司应负担的诉讼等费用 1 695 元。（新泰公司，鲁 J × × × × ×）

（1）垫付时。

财务会计：

借：其他应收款——保险公司　　　　　　　　　　　　　　1 695

　　贷：银行存款——其他存款户　　　　　　　　　　　　　1 695

（2）收到赔偿时。

财务会计：

借：银行存款——其他存款户　　　　　　　　　　　　　　1 695

　　贷：其他应收款——保险公司　　　　　　　　　　　　　1 695

预算会计不作处理。

第十六章 市直单位盈余与结余相关业务

发生结余相关业务，业务活动费用、单位管理费用转盈余，财务会计借记"本期盈余"科目，贷记"业务活动费用""单位管理费用"科目；预算会计不作处理。财政拨款收入转盈余，财务会计借记"财政拨款收入"科目，贷记"本期盈余"科目，预算会计不作处理。关于预算会计，财政拨款预算收入——支出结转，预算会计借记"财政拨款预算收入"科目，贷记"财政拨款结转"科目。支出结转，预算会计借记"财政拨款结转"科目，贷记"事业支出——财政拨款支出""行政支出——财政拨款支出"等科目。

【例16-1】2020年1月31日，某市直预算单位财政拨款收入、业务活动费用、单位管理费用结转盈余。

（1）财政拨款收入转盈余。

财务会计：

借：财政拨款收入　　　　　　　　　　　　　　　　60 107 255.16

　　贷：本期盈余　　　　　　　　　　　　　　　　　60 107 255.16

预算会计不作处理。

（2）业务活动费用转盈余。

财务会计：

借：本期盈余　　　　　　　　　　　　　　　　　　　1 240 348

　　贷：业务活动费用——工资福利费用——公益性岗位专项——基本工资

　　　　　　　　　　　　　　　　　　　　　　　　　　　10 380

　　业务活动费用——工资福利费用——公益性岗位专项——绩效工资

　　　　　　　　　　　　　　　　　　　　　　　　　　　　9 000

　　业务活动费用——工资福利费用——非统发事业人员工资——基本工资

　　　　　　　　　　　　　　　　　　　　　　　　　　360 359.30

　　业务活动费用——工资福利费用——非统发事业人员工资——津贴补贴

　　　　　　　　　　　　　　　　　　　　　　　　　　　469 369

　　业务活动费用——工资福利费用——非统发事业人员工资——机关事业

单位基本养老保险缴费　　　　　　　　　　　　　　　104 907.20

　　业务活动费用——工资福利费用——非统发事业人员工资——职业年金

缴费   52 453.60

业务活动费用——工资福利费用——非统发事业人员工资——职工基本

医疗保险缴费   58 569.48

业务活动费用——工资福利费用——非统发事业人员工资——其他社会

保障缴费   655.66

业务活动费用——工资福利费用——非统发事业人员工资——住房公积

金   117 458.76

业务活动费用——工资福利费用——非统发事业人员工资——退休费

                                                                            57 055

业务活动费用——工资福利费用——非统发事业人员工资——奖励金

                                                                              140

借：本期盈余   161 724.86

　　贷：业务活动费用——商品和服务费用——交通综合执法业务费及票证工本

　　　　费——劳务费   161 724.86

借：本期盈余   31 583 700

　　贷：业务活动费用——对企业补助费用——费用补贴   726 600

　　　　业务活动费用——对企业补助费用——费用补贴   17 440 000

　　　　业务活动费用——对企业补助费用——费用补贴   4 520 000

　　　　业务活动费用——对企业补助费用——费用补贴   2 478 400

　　　　业务活动费用——对企业补助费用——其他对企业补助   1 418 700

　　　　业务活动费用——对企业补助费用——费用补贴   5 000 000

借：本期盈余   214 469.01

　　贷：业务活动费用——固定资产折旧费——固定资产折旧   214 469.01

借：本期盈余   8 438 800

　　贷：业务活动费用——给乡镇的公路工程配套补贴   7 938 800

　　　　业务活动费用——给乡镇的公路工程配套补贴   500 000

借：本期盈余   998 800

　　贷：业务活动费用——公路工程前期费用   998 800

借：本期盈余   6 020 100

　　贷：业务活动费用——公路工程提档升级   4 540 000

　　　　业务活动费用——公路工程提档升级   1 480 100

借：本期盈余   1 414 729

　　贷：业务活动费用   1 414 729

借：本期盈余   2 400 000

　　贷：业务活动费用　　　　　　　　　　　　　　　　　2 400 000

预算会计不作处理。

（3）单位管理费用转盈余。

财务会计：

借：本期盈余　　　　　　　　　　　　　　　　　　　211 891.01

　　贷：单位管理费用——工资福利费用——工资支出——基本工资　67 589

　　　　单位管理费用——工资福利费用——工资支出——津贴补贴　90 002

　　　　单位管理费用——工资福利费用——工资支出——机关事业单位基本养

　　　　老保险缴费　　　　　　　　　　　　　　　　　　19 992.16

　　　　单位管理费用——工资福利费用——工资支出——职工基本医疗保险缴

　　　　费　　　　　　　　　　　　　　　　　　　　　　11 245.59

　　　　单位管理费用——工资福利费用——工资支出——其他社会保障缴费

　　　　　　　　　　　　　　　　　　　　　　　　　　　124.98

　　　　单位管理费用——工资福利费用——工资支出——住房公积金

　　　　　　　　　　　　　　　　　　　　　　　　　　22 937.28

借：本期盈余　　　　　　　　　　　　　　　　　　　　9 650

　　贷：单位管理费用——商品和服务费用——其他交通费用　　6 600

　　　　单位管理费用——商品和服务费用——其他交通费用　　3 050

借：本期盈余　　　　　　　　　　　　　　　　　　　　5 020

　　贷：单位管理费用——商品和服务费用——其他商品和服务支出　520

　　　　单位管理费用——对个人和家庭的补助费用——生活补助　900

　　　　单位管理费用——对个人和家庭的补助费用——生活补助　3 600

预算会计不作处理。

【例16-2】2020年12月31日，某市直预算单位收入、支出12月结转盈余。

（1）财政拨款收入转盈余。

财务会计：

借：财政拨款收入　　　　　　　　　　　　　　　　28 668 688.54

　　贷：本期盈余　　　　　　　　　　　　　　　　　28 668 688.54

（2）业务活动费用转盈余。

借：本期盈余　　　　　　　　　　　　　　　　　　1 274 641.88

　　贷：业务活动费用——工资福利费用——公益性岗位专项——基本工资

　　　　　　　　　　　　　　　　　　　　　　　　　10 380

　　　　业务活动费用——工资福利费用——公益性岗位专项——绩效工资

　　　　　　　　　　　　　　　　　　　　　　　　　9 000

业务活动费用——工资福利费用——公益性岗位专项——机关事业单位
基本养老保险缴费   3 138.24

业务活动费用——工资福利费用——公益性岗位专项——职工基本医疗
保险缴费   1 293.42

业务活动费用——工资福利费用——公益性岗位专项——其他社会保障
缴费   156.90

业务活动费用——工资福利费用——非统发事业人员工资——基本工资
      371 959.88

业务活动费用——工资福利费用——非统发事业人员工资——津贴补贴
      471 459

业务活动费用——工资福利费用——非统发事业人员工资——机关事业
单位基本养老保险缴费   104 907.20

业务活动费用——工资福利费用——非统发事业人员工资——职业年金
缴费   52 453.60

业务活动费用——工资福利费用——非统发事业人员工资——职工基本
医疗保险缴费   66 520.46

业务活动费用——工资福利费用——非统发事业人员工资——其他社会
保障缴费   5 245.42

业务活动费用——工资福利费用——非统发事业人员工资——住房公积
金   117 458.76

业务活动费用——工资福利费用——非统发事业人员工资——退休费
      60 534

业务活动费用——工资福利费用——非统发事业人员工资——奖励金
      135

借：本期盈余   361 769.66

贷：业务活动费用——商品和服务费用——交通综合执法业务费及票证工本
费——办公费   24 863.73

业务活动费用——商品和服务费用——交通综合执法业务费及票证工本
费——水费   3 500

业务活动费用——商品和服务费用——交通综合执法业务费及票证工本
费——电费   10 000

业务活动费用——商品和服务费用——交通综合执法业务费及票证工本
费——差旅费   366

业务活动费用——商品和服务费用——交通综合执法业务费及票证工本

　　　　费——劳务费　　　　　　　　　　　　　　　　　591.25

　　业务活动费用——商品和服务费用——交通综合执法业务费及票证工本

　　费——其他商品和服务支出　　　　　　　　　　　　4 680

　　业务活动费用——商品和服务费用——交通综合执法业务费及票证工本

　　费2——办公费　　　　　　　　　　　　　　　　17 926

　　业务活动费用——商品和服务费用——交通综合执法业务费及票证工本

　　费2——水费　　　　　　　　　　　　　　　　　　300

　　业务活动费用——商品和服务费用——交通综合执法业务费及票证工本

　　费2——邮电费　　　　　　　　　　　　　　　　1 017

　　业务活动费用——商品和服务费用——交通综合执法业务费及票证工本

　　费2——差旅费　　　　　　　　　　　　　　　　　346

　　业务活动费用——商品和服务费用——交通综合执法业务费及票证工本

　　费2——维修费　　　　　　　　　　　　　　　　　380

　　业务活动费用——商品和服务费用——交通综合执法业务费及票证工本

　　费2——租赁费　　　　　　　　　　　　　　282 326.64

　　业务活动费用——商品和服务费用——交通综合执法业务费及票证工本

　　费2——劳务费　　　　　　　　　　　　　　185 929.70

　　业务活动费用——商品和服务费用——交通综合执法业务费及票证工本

　　费2——其他通费用　　　　　　　　　　　　　　5 600

　　业务活动费用——商品和服务费用——交通综合执法业务费及票证工本

　　费2——其他商品和服务支出　　　　　　　　　21 058.36

　　业务活动费用——商品和服务费用——下达往来资金——其他县级单位

　　拨入款项支出指标——劳务费　　　　　　　　-200 165.02

　　业务活动费用——商品和服务费用——非统发事业人员工资——其他交

　　通费用　　　　　　　　　　　　　　　　　　　3 050

借：本期盈余　　　　　　　　　　　　　　　　　　23 013

　　贷：业务活动费用——对个人和家庭的补助费用——绩效工资——奖励金

　　　　　　　　　　　　　　　　　　　　　　　23 013

借：本期盈余　　　　　　　　　　　　　　　　　4 000 000

　　贷：业务活动费用——对企业补助费用——费用补贴　　4 000 000

借：本期盈余　　　　　　　　　　　　　　　　　218 021.81

　　贷：业务活动费用——固定资产折旧费——固定资产折旧　218 021.81

借：本期盈余　　　　　　　　　　　　　　　　　2 265 600

　　　　贷：业务活动费用——国三营运柴油货车淘汰补贴——其他对企业补助

　　　　　　　　　　　　　　　　　　　　　　　　　　　　　35 700

　　　　　　业务活动费用——国三营运柴油货车淘汰补贴——其他对企业补助

　　　　　　　　　　　　　　　　　　　　　　　　　　　　　6 000

　　　　　　业务活动费用——国三营运柴油货车淘汰补贴——其他对个人和家庭的

　　　　　　补助　　　　　　　　　　　　　　　　　　　　　456 900

　　　　　　业务活动费用——国三营运柴油货车淘汰补贴——其他对企业补助

　　　　　　　　　　　　　　　　　　　　　　　　　　　　　1 767 000

　　借：本期盈余　　　　　　　　　　　　　　　　　　　758 167.89

　　　　贷：业务活动费用——其他——固定资产折旧　　　758 167.89

（3）单位管理费用转盈余。

　　借：本期盈余　　　　　　　　　　　　　　　　　　　217 335.33

　　　　贷：单位管理费用——工资福利费用——工资支出——基本工资　68 820

　　　　　　单位管理费用——工资福利费用——工资支出——津贴补贴　90 612

　　　　　　单位管理费用——工资福利费用——工资支出——机关事业单位基本养

　　　　　　老保险缴费　　　　　　　　　　　　　　　　20 024.96

　　　　　　单位管理费用——工资福利费用——工资支出——职工基本医疗保险缴

　　　　　　费　　　　　　　　　　　　　　　　　　　　11 899.06

　　　　　　单位管理费用——工资福利费用——工资支出——其他社会保障缴费

　　　　　　　　　　　　　　　　　　　　　　　　　　　125.19

　　　　　　单位管理费用——工资福利费用——工资支出——住房公积金

　　　　　　　　　　　　　　　　　　　　　　　　　　　22 254.12

　　　　　　单位管理费用——工资福利费用——非统发事业人员工资——生活补助

　　　　　　　　　　　　　　　　　　　　　　　　　　　3 600

　　借：本期盈余　　　　　　　　　　　　　　　　　　　665 843.50

　　　　贷：单位管理费用——商品和服务费用——交通综合执法业务费及票证工本

　　　　　　费——办公费　　　　　　　　　　　　　　　50 589

　　　　　　单位管理费用——商品和服务费用——交通综合执法业务费及票证工本

　　　　　　费——物业管理费　　　　　　　　　　　　　34 376.18

　　　　　　单位管理费用——商品和服务费用——交通综合执法业务费及票证工本

　　　　　　费——其他商品和服务支出　　　　　　　　　－740

　　　　　　单位管理费用——商品和服务费用——其他商品和服务支出　28 205

　　　　　　单位管理费用——商品和服务费用——其他对企业补助　　　－35 700

　　　　　　单位管理费用——商品和服务费用——交通综合执法业务费及票证工本

费2——办公费　　　　　　　　　　　　　　　　　50 867.50

单位管理费用——商品和服务费用——交通综合执法业务费及票证工本
费2——邮电费　　　　　　　　　　　　　　　　　4 135

单位管理费用——商品和服务费用——交通综合执法业务费及票证工本
费2——物业管理费　　　　　　　　　　　　　　265 623.82

单位管理费用——商品和服务费用——交通综合执法业务费及票证工本
费——维修（护）费　　　　　　　　　　　　　　30 060

单位管理费用——商品和服务费用——交通综合执法业务费及票证工本
费2——公务接待费　　　　　　　　　　　　　　　2 281

单位管理费用——商品和服务费用——交通综合执法业务费及票证工本
费2——其他交通费用　　　　　　　　　　　　　　2 190

单位管理费用——商品和服务费用——交通综合执法业务费及票证工本
费2——其他商品和服务支出　　　　　　　　　　182 336

单位管理费用——商品和服务费用——一般商品和服务支出（公车改革
补贴）——其他交通费用　　　　　　　　　　　　51 620

借：本期盈余　　　　　　　　　　　　　　　　　　　900

　　贷：单位管理费用——对个人和家庭的补助费用——抚恤和生活补助——生
　　　　活补助　　　　　　　　　　　　　　　　　900

预算会计不作处理。

（4）财政拨款预算收入——基本支出结转（人员经费）。

借：财政拨款预算收入——人员经费——机关事业单位基本养老保险缴费支出

　　　　　　　　　　　　　　　　121 041.36

　　财政拨款预算收入——人员经费——其他社会保障和就业支出

　　　　　　　　　　　　　　　　751.14

　　财政拨款预算收入——人员经费——行政单位医疗　51 837

　　财政拨款预算收入——人员经费——事业单位医疗　20 000

　　财政拨款预算收入——人员经费——对村民委员会和村党支部的补助

　　　　　　　　　　　　　　　　9 200

　　财政拨款预算收入——人员经费——行政运行　12 085 978.56

　　财政拨款预算收入——人员经费——其他公路水路运输支出

　　　　　　　　　　　　　　　　9 787 272.99

　　财政拨款预算收入——人员经费——住房公积金　250 308.60

　　　贷：财政拨款结转——人员经费——机关事业单位基本养老保险缴费支出

　　　　　　　　　　　　　　　　121 041.36

      财政拨款结转——人员经费——其他社会保障和就业支出   751.14

      财政拨款结转——人员经费——行政单位医疗   51 837

      财政拨款结转——人员经费——事业单位医疗   20 000

      财政拨款结转——人员经费——对村民委员会和村党支部的补助

                                             9 200

      财政拨款结转——人员经费——行政运行   12 085 978.56

      财政拨款结转——人员经费——其他公路水路运输支出 9 787 272.99

      财政拨款结转——人员经费——住房公积金   250 308.60

（5）财政拨款预算收入——基本支出结转（日常公用经费）。

借：财政拨款预算收入——日常公用经费——行政运行   1 582 970

    贷：财政拨款结转——日常公用经费——行政运行   1 582 970

（6）财政拨款预算收入——项目支出结转。

借：财政拨款预算收入——项目支出——车辆购置税用于农村公路建设支出

                                           7 938 800

    财政拨款预算收入——项目支出——其他公路水路运输支出

                                       4 540 000

    财政拨款预算收入——项目支出——其他公路水路运输支出 500 000

    财政拨款预算收入——项目支出——对城市公交的补贴   726 600

    财政拨款预算收入——项目支出——能源节约利用   17 440 000

    财政拨款预算收入——项目支出——对城市公交的补贴 4 520 000

    财政拨款预算收入——项目支出——对农村道路客运的补贴

                                       2 478 400

    财政拨款预算收入——项目支出——对出租车的补贴   1 418 700

    财政拨款预算收入——项目支出——车辆购置税用于公路等基础设施建设支出

                                       2 400 000

    财政拨款预算收入——项目支出——交通基础设施建设工程欠款——其他城乡社区公共设施支出

                                   13 830 000

    财政拨款预算收入——项目支出——交通基础设施建设工程欠款——其他公路水路运输支出

                                   23 967 500

    财政拨款预算收入——项目支出——交通综合执法业务费及票证工本费——其他公水路运输支出

                                     394 000

    财政拨款预算收入——项目支出——交通综合执法业务费及票证工本费——其他公路水路运输支出

                                   3 629 000

    财政拨款预算收入——项目支出——自然灾害后重建补助 13 450 000

财政拨款预算收入——项目支出——退回多交住房整改资金——其他公路水路运输支出　　　　2 800 000

财政拨款预算收入——项目支出——自然灾害救灾补助　　246 000

财政拨款预算收入——项目支出——高铁客运枢纽站站内电力线路迁移资金——其他铁路运输支出　　　　1 830 000

财政拨款预算收入——项目支出——车辆购置税用于公路等基础设施建设支出　　　　9 000 000

财政拨款预算收入——项目支出——拨付邹魏路和会仙一路绿化工程款——其他公路水路运输支出　　　　2 000 000

财政拨款预算收入——项目支出——2020 年创城费——其他公路水路运输支出　　　　330 386.13

财政拨款预算收入——项目支出——其他公路水路运输支出　　　　10 500 000

财政拨款预算收入——项目支出——其他公路水路运输支出　　　　10 000 000

财政拨款预算收入——项目支出——交通基础设施建设　　42 096 000

财政拨款预算收入——项目支出——县××路（国防公路）拓宽改建工程——公路建设　　　　5 510 000

财政拨款预算收入——项目支出——县××路（国防公路）拓宽改建工程——交通基础设施建设　　　　35 524 000

财政拨款预算收入——项目支出——能源节约利用　　7 300 000

财政拨款预算收入——项目支出——济青高速东出入口道路改造——其他城乡社区公共设施支出　　　　3 000 000

财政拨款预算收入——项目支出——其他公路水路运输支出 200 000

财政拨款预算收入——项目支出——其他公路水路运输支出　　　　2 100 000

财政拨款预算收入——项目支出——××路、××路工程款——其他公路水路运输支出　　　　3 000 000

财政拨款预算收入——项目支出——2020 年国三营运柴油货车淘汰补贴资金——其他公路水路运输支出　　　　418 400

财政拨款预算收入——项目支出——济青高速西出口至 308 国道隐蔽工程资金——其他公路水路运输支出　　　　2 000 000

财政拨款预算收入——项目支出——其他公路水路运输支出　　　　4 100 000

财政拨款预算收入——项目支出——交通综合执法业务费及票证工本费2——
其他公路水路运输支出   1 340 837.65

财政拨款预算收入——项目支出——交通基础设施建设   4 960 000

财政拨款预算收入——项目支出——公交票价补贴——其他公路水路运输支
出   19 960 000

财政拨款预算收入——项目支出——交通综合业务费——其他公路水路运输
支出   351 364.12

   贷：财政拨款结转——项目支出——车辆购置税用于农村公路建设支出
                        7 938 800

       财政拨款结转——项目支出——其他公路水路运输支出   4 540 000

       财政拨款结转——项目支出——其他公路水路运输支出   500 000

       财政拨款结转——项目支出——城市公交车燃油涨价补助——对城市公
   交的补贴   726 600

       财政拨款结转——项目支出——能源节约利用   17 440 000

       财政拨款结转——项目支出年城市公交车成品油价格补贴资金——对城
   市公交的补贴   4 520 000

       财政拨款结转——项目支出农村客运出租车等行业成品油价格改革补贴
   资金——对农村道路客运的补贴   2 478 400

       财政拨款结转——项目支出农村客运出租车等行业成品油价格改革补贴
   资金——对出租车的补贴   1 418 700

       财政拨款结转——项目支出国家补助 2019 年车辆购置税资金——车辆购
   置税用于公路等基础设施建设支出   2 400 000

       财政拨款结转——项目支出——交通基础设施建设工程欠款——其他城
   乡社区公共设施支出   13 830 000

       财政拨款结转——项目支出——交通基础设施建设工程欠款——其他公
   路水路运输支出   23 967 500

       财政拨款结转——项目支出——交通综合执法业务费及票证工本费——
   其他公路水路运输支出   394 000

       财政拨款结转——项目支出——交通综合执法业务费及票证工本费——
   其他公路水路运输支出   3 629 000

       财政拨款结转——项目支出交通运输局灾后重建项目——自然灾害后重
   建补助   13 450 000

       财政拨款结转——项目支出——退回多交住房整改资金——其他公路水
   路运输支出   2 800 000

财政拨款结转——项目支出——自然灾害救灾补助　　　　　　246 000

财政拨款结转——项目支出——高铁客运枢纽站站内电力线路迁移资金
——其他铁路运输支出　　　　　　　　　　　　　　　　1 830 000

财政拨款结转——项目支出国家补助 2018 年车购税补助地方资——车辆
购置税用于公路等基础设施建设支出　　　　　　　　　　9 000 000

财政拨款结转——项目支出——拨付××路和××路绿化工程款——其
他公路水路运输支出　　　　　　　　　　　　　　　　　2 000 000

财政拨款结转——项目支出——2020 年创城费——其他公路水路运输支
出　　　　　　　　　　　　　　　　　　　　　　　　330 386.13

财政拨款结转——项目支出——其他公路水路运输支出　10 500 000

财政拨款结转——项目支出——其他公路水路运输支出　10 000 000

财政拨款结转——项目支出——交通基础设施建设　　　42 096 000

财政拨款结转——项目支出——××县邹魏路（国防公路）拓宽改建工
程——公路建设　　　　　　　　　　　　　　　　　　　5 510 000

财政拨款结转——项目支出——××县邹魏路（国防公路）拓宽改建工
程——交通基础设施建设　　　　　　　　　　　　　　35 524 000

财政拨款结转——项目支出节能减排补助资金——能源节约利用
　　　　　　　　　　　　　　　　　　　　　　　　　7 300 000

财政拨款结转——项目支出——济青高速东出入口道路改造——其他城
乡社区公共设施支出　　　　　　　　　　　　　　　　　3 000 000

财政拨款结转——项目支出 2015～2016 年节能与新能源城市公交车示范
推广补贴清算资金——其他公路水路运输支出　　　　　　　200 000

财政拨款结转——项目支出 2020 年国三及以下柴油货车淘汰——其他公
路水路运输支出　　　　　　　　　　　　　　　　　　　2 100 000

财政拨款结转——项目支出——焦周路、会仙一路工程款——其他公路
水路运输支出　　　　　　　　　　　　　　　　　　　　3 000 000

财政拨款结转——项目支出——2020 年国三营运柴油货车淘汰补贴资金
——其他公路水路运输支出　　　　　　　　　　　　　　　418 400

财政拨款结转——项目支出——济青高速西出口至 308 国道隐蔽工程资
金——其他公路水路运输支出　　　　　　　　　　　　　2 000 000

财政拨款结转——项目支出调增国三指标——其他公路水路运输支出
　　　　　　　　　　　　　　　　　　　　　　　　　4 100 000

财政拨款结转——项目支出——交通综合执法业务费及票证工本费 2——
其他公路水路运输支出　　　　　　　　　　　　　　1 340 837.65

财政拨款结转——项目支出——县××路（国防公路）拓宽改建工程
——交通基础设施建设   4 960 000

财政拨款结转——项目支出——公交票价补贴——其他公路水路运输支
出   19 960 000

财政拨款结转——项目支出——交通综合业务费——其他公路水路运输
支出   351 364.12

（7）事业支出——基本支出结转（人员经费）。

借：财政拨款结转——人员经费——机关事业单位基本养老保险缴费支出
    891.60

  财政拨款结转——人员经费——行政单位医疗 442.64

  财政拨款结转——人员经费——对村民委员会和村党支部的补助
    9 200

  财政拨款结转——人员经费——行政运行 11 253 406.04

  财政拨款结转——人员经费——其他公路水路运输支出
    10 964 039.89

  财政拨款结转——人员经费——住房公积金 98 409.48

贷：事业支出——人员经费——机关事业单位基本养老保险缴费支出——机
  关事业单位基本养老保险缴费   891.60

  事业支出——人员经费——行政单位医疗——机关事业单位基本养老保
  险缴费   442.64

  事业支出——人员经费——对村民委员会和村党支部的补助——其他商
  品和服务支出   7 360

  事业支出——人员经费——对村民委员会和村党支部的补助——其他对
  个人和家庭生活的补助   1 840

  事业支出——人员经费——行政运行——基本工资 960 767.48

  事业支出——人员经费——行政运行——津贴补贴 1 104 860.50

  事业支出——人员经费——行政运行——奖金 1 020 774

  事业支出——人员经费——行政运行——绩效工资 108 000

  事业支出——人员经费——行政运行——机关事业单位基本养老保险
  缴费   282 094.56

  事业支出——人员经费——行政运行——职业年金缴费 944 164.80

  事业支出——人员经费——行政运行——职工基本医疗保险缴费
    151 594.74

事业支出——人员经费——行政运行——其他社会保障缴费

　　　　　　　　　　　　　　　　　　　　3 401.14

事业支出——人员经费——行政运行——住房公积金　3 222 555.84

事业支出——人员经费——行政运行——其他工资福利支出

　　　　　　　　　　　　　　　　　　　　60 144.57

事业支出——人员经费——行政运行——其他交通费用　　36 600

事业支出——人员经费——行政运行——其他商品和服务支出 4 400

事业支出——人员经费——行政运行——生活补助　　54 000

事业支出——人员经费——行政运行——奖励金　3 297 026.56

事业支出——人员经费——行政运行——其他支出　　3 021.85

事业支出——人员经费——其他公路水路运输支出——基本工资

　　　　　　　　　　　　　　　　　　　　4 418 896.86

事业支出——人员经费——其他公路水路运输支出——津贴补贴

　　　　　　　　　　　　　　　　　　　　5 666 498.05

事业支出——人员经费——其他公路水路运输支出——机关事业单位基
本养老保险缴费　　　　　　　　　　　　258 886.40

事业支出——人员经费——其他公路水路运输支出——职业年金缴费

　　　　　　　　　　　　　　　　　　　　314 721.60

事业支出——人员经费——其他公路水路运输支出——职工基本医疗保
险缴费　　　　　　　　　　　　　　　　500 946.72

事业支出——人员经费——其他公路水路运输支出——公务员医疗补助
缴费　　　　　　　　　　　　　　　　　211 900.08

事业支出——人员经费——其他公路水路运输支出——其他社会保障
缴费　　　　　　　　　　　　　　　　　62 944.92

事业支出——人员经费——其他公路水路运输支出——住房公积金

　　　　　　　　　　　　　　　　　　　　1 514 495.40

事业支出——人员经费——其他公路水路运输支出——其他工资福利支
出　　　　　　　　　　　　　　　　　　60 296.74

事业支出——人员经费——其他公路水路运输支出——退休费

　　　　　　　　　　　　　　　　　　　　726 391.20

事业支出——人员经费——其他公路水路运输支出——奖励金

　　　　　　　　　　　　　　　　　　　　7 089.40

事业支出——人员经费——住房公积金　　98 409.48

（8）事业支出——基本支出结转（日常公用经费）。

借：财政拨款结转——日常公用经费——行政运行　　　　　　1 582 970

　　贷：事业支出——日常公用经费——行政运行——办公费　　96 846.70

　　　　事业支出——日常公用经费——行政运行——印刷费　　　　4 870

　　　　事业支出——日常公用经费——行政运行——咨询费　　　15 000

　　　　事业支出——日常公用经费——行政运行——水费　　　16 074.95

　　　　事业支出——日常公用经费——行政运行——电费　　245 671.60

　　　　事业支出——日常公用经费——行政运行——邮电费　　25 432.96

　　　　事业支出——日常公用经费——行政运行——物业管理费　450 000

　　　　事业支出——日常公用经费——行政运行——差旅费　　　　　568

　　　　事业支出——日常公用经费——行政运行——维修（护）费　7 560

　　　　事业支出——日常公用经费——行政运行——租赁费　　46 459.44

　　　　事业支出——日常公用经费——行政运行——公务接待费　　2 938

　　　　事业支出——日常公用经费——行政运行——工会经费　　135 863

　　　　事业支出——日常公用经费——行政运行——公务用车运行维护费

　　　　　　　　　　　　　　　　　　　　　　　　　　　　　25 685

　　　　事业支出——日常公用经费——行政运行——其他交通费用 115 170

　　　　事业支出——日常公用经费——行政运行——其他商品和服务支出

　　　　　　　　　　　　　　　　　　　　　　　　　　　346 685.35

　　　　事业支出——日常公用经费——行政运行——奖励金　　　36 000

　　　　事业支出——日常公用经费——行政运行——办公设备购置　12 145

（9）事业支出——项目支出结转。

借：财政拨款结转——项目支出农村公路网化示范县补助——车辆购置税用于农

　　村公路建设支出　　　　　　　　　　　　　　　　　　　7 938 800

　　财政拨款结转——项目支出——其他公路水路运输支出　　4 540 000

　　财政拨款结转——项目支出——其他公路水路运输支出　　　500 000

　　财政拨款结转——项目支出——2017 年城市公交车燃油涨价补助——对城市

　　公交的补贴　　　　　　　　　　　　　　　　　　　　　　726 600

　　财政拨款结转——项目支出——能源节约利用　　　　　　17 440 000

　　财政拨款结转——项目支出 2019 年城市公交车成品油价格补贴资金——对城

　　市公交的补贴　　　　　　　　　　　　　　　　　　　　4 520 000

　　财政拨款结转——项目支出农村客运出租车等行业成品油价格改革补贴资金

　　　　——对农村道路客运的补贴　　　　　　　　　　　　　2 478 400

　　财政拨款结转——项目支出农村客运出租车等行业成品油价格改革补贴资金

——对出租车的补贴　　　　　　　　　　　　　　　　　　1 418 700
财政拨款结转——项目支出国家补助2019年车辆购置税资金——车辆购置税
用于公路等基础设施建设支出　　　　　　　　　　　　　2 400 000
财政拨款结转——项目支出——交通基础设施建设工程欠款——其他城乡社
区公共设施支出　　　　　　　　　　　　　　　　　　　13 830 000
财政拨款结转——项目支出——交通基础设施建设工程欠款——其他公路水
路运输支出　　　　　　　　　　　　　　　　　　　　　23 967 500
财政拨款结转——项目支出——交通综合执法业务费及票证工本费——其他
公路水路运输支出　　　　　　　　　　　　　　　　　　394 000
财政拨款结转——项目支出——交通综合执法业务费及票证工本费——其他
公路水路运输支出　　　　　　　　　　　　　　　　　　3 629 000
财政拨款结转——项目支出交通运输局灾后重建项目——自然灾害后重建补
助　　　　　　　　　　　　　　　　　　　　　　　　　13 450 000
财政拨款结转——项目支出——退回多交住房整改资金——其他公路水路运
输支出　　　　　　　　　　　　　　　　　　　　　　　2 800 000
财政拨款结转——项目支出——自然灾害救灾补助　　　　246 000
财政拨款结转——项目支出——高铁客运枢纽站内电力线路迁移资金——其
他铁路运输支出　　　　　　　　　　　　　　　　　　　1 830 000
财政拨款结转——项目支出国家补助2018年车辆购置税补助地方资金——车
辆购置税用于公路等基础设施建设支出　　　　　　　　9 000 000
财政拨款结转——项目支出——拨付××路和××路绿化工程款——其他公
路水路运输支出　　　　　　　　　　　　　　　　　　　2 000 000
财政拨款结转——项目支出——2020年创城费——其他公路水路运输支出
　　　　　　　　　　　　　　　　　　　　　　　　　　330 386.13
财政拨款结转——项目支出——其他公路水路运输支出　10 500 000
财政拨款结转——项目支出——其他公路水路运输支出　10 000 000
财政拨款结转——项目支出——交通基础设施建设　　　42 096 000
财政拨款结转——项目支出——县××路（国防公路）拓宽改建工程——公
路建设　　　　　　　　　　　　　　　　　　　　　　5 510 000
财政拨款结转——项目支出——县××路（国防公路）拓宽改建工程——交
通基础设施建设　　　　　　　　　　　　　　　　　　35 524 000
财政拨款结转——项目支出节能减排补助资金——能源节约利用
　　　　　　　　　　　　　　　　　　　　　　　　　　7 300 000
财政拨款结转——项目支出——济青高速东出入口道路改造——其他城乡社

区公共设施支出　　　　　　　　　　　　　　　3 000 000

财政拨款结转——项目支出2015～2016年节能与新能源城市公交车示范推广补贴清算资金——其他公路水路运输支出　　　　　　　200 000

财政拨款结转——项目支出2020年国三及以下柴油货车淘汰——其他公路水路运输支出　　　　　　　　　　　　　　2 100 000

财政拨款结转——项目支出——××路、××路工程款——其他公路水路运输支出　　　　　　　　　　　　　　3 000 000

财政拨款结转——项目支出——2020年国三营运柴油货车淘汰补贴资金——其他公路水路运输支出　　　　　　　　　　418 400

财政拨款结转——项目支出——济青高速西出口至308国道隐蔽工程资金——其他公路水路运输支出　　　　　　　　2 000 000

财政拨款结转——项目支出调增国三指标——其他公路水路运输支出　　　　　　　　　　　　　　　　　　　　4 100 000

财政拨款结转——项目支出——交通综合执法业务费及票证工本费2——其他公路水路运输支出　　　　　　　　　1 340 837.65

财政拨款结转——项目支出——县××路（国防公路）拓宽改建工程——交通基础设施建设　　　　　　　　　　　4 960 000

财政拨款结转——项目支出——公交票价补贴——其他公路水路运输支出　　　　　　　　　　　　　　　　19 960 000

财政拨款结转——项目支出——交通综合业务费——其他公路水路运输支出　　　　　　　　　　　　　　　　500

财政拨款结转——项目支出——交通综合业务费——其他公路水路运输支出　　　　　　　　　　　　　　350 864.12

贷：事业支出——项目支出农村公路网化示范县补助——车辆购置税用于农村公路建设支出——基础设施建设　　　　7 938 800

事业支出——项目支出——其他公路水路运输支出——基础设施建设　　　　　　　　　　　　　　　　4 540 000

事业支出——项目支出——其他公路水路运输支出——基础设施建设　　　　　　　　　　　　　　　　500 000

事业支出——项目支出——2017年城市公交车燃油涨价补助——对城市公交的补贴——费用补贴　　　　　　726 600

事业支出——项目支出——能源节约利用——费用补贴　17 440 000

事业支出——项目支出2019年城市公交车成品油价格补贴资金——对城市公交的补贴——费用补贴　　　　　　4 520 000

事业支出——项目支出农村客运出租车等行业成品油价格改革补贴资金
——对农村道路客运的补贴——费用补贴 2 478 400

事业支出——项目支出农村客运出租车等行业成品油价格改革补贴资金
——对出租车的补贴——其他对企业补助 1 418 700

事业支出——项目支出国家补助 2019 年车辆购置税资金——车辆购置税
用于公路等基础设施建设支出——基础设施建设 2 400 000

事业支出——项目支出——交通基础设施建设工程欠款——其他城乡社
区公共设施支出——基础设施建设 13 830 000

事业支出——项目支出——交通基础设施建设工程欠款——其他公路水
路运输支出——基础设施建设 23 967 500

事业支出——项目支出——交通综合执法业务费及票证工本费——其他
公路水路运输支出——办公费 22 715.89

事业支出——项目支出——交通综合执法业务费及票证工本费——其他
公路水路运输支出——办公费 108 186.34

事业支出——项目支出——交通综合执法业务费及票证工本费——其他
公路水路运输支出——印刷费 9 124

事业支出——项目支出——交通综合执法业务费及票证工本费——其他
公路水路运输支出——咨询费 2 665

事业支出——项目支出——交通综合执法业务费及票证工本费——其他
公路水路运输支出——水费 534.40

事业支出——项目支出——交通综合执法业务费及票证工本费——其他
公路水路运输支出——水费 14 332.45

事业支出——项目支出——交通综合执法业务费及票证工本费——其他
公路水路运输支出——电费 191 248.96

事业支出——项目支出——交通综合执法业务费及票证工本费——其他
公路水路运输支出——邮电费 7 652.04

事业支出——项目支出——交通综合执法业务费及票证工本费——其他
公路水路运输支出——邮电费 20 633.38

事业支出——项目支出——交通综合执法业务费及票证工本费——其他
公路水路运输支出——物业管理费 368 689.38

事业支出——项目支出——交通综合执法业务费及票证工本费——其他
公路水路运输支出——差旅费 4 211

事业支出——项目支出——交通综合执法业务费及票证工本费——其他
公路水路运输支出——差旅费 11 953

事业支出——项目支出——交通综合执法业务费及票证工本费——其他
公路水路运输支出——维修费   35 578.99

事业支出——项目支出——交通综合执法业务费及票证工本费——其他
公路水路运输支出——维护费   110 867.10

事业支出——项目支出——交通综合执法业务费及票证工本费——其他
公路水路运输支出——租赁费   23 000

事业支出——项目支出——交通综合执法业务费及票证工本费——其他
公路水路运输支出——培训费   3 000

事业支出——项目支出——交通综合执法业务费及票证工本费——其他
公路水路运输支出——培训费   3 000

事业支出——项目支出——交通综合执法业务费及票证工本费——其他
公路水路运输支出——公务接待费   16 643

事业支出——项目支出——交通综合执法业务费及票证工本费——其他
公路水路运输支出——劳务费   300 000

事业支出——项目支出——交通综合执法业务费及票证工本费——其他
公路水路运输支出——劳务费   1 515 763.28

事业支出——项目支出——交通综合执法业务费及票证工本费——其他
公路水路运输支出——委托业务费   52 600

事业支出——项目支出——交通综合执法业务费及票证工本费——其他
公路水路运输支出——公务用车运行维护费   20 590

事业支出——项目支出——交通综合执法业务费及票证工本费——其他
公路水路运输支出——公务用车运行维护费   175 606.93

事业支出——项目支出——交通综合执法业务费及票证工本费——其他
公路水路运输支出——其他交通费用   11 400

事业支出——项目支出——交通综合执法业务费及票证工本费——其他
公路水路运输支出——其他商品和服务支出   5 317.68

事业支出——项目支出——交通综合执法业务费及票证工本费——其他
公路水路运输支出——其他商品和服务支出   130 046.17

事业支出——项目支出——交通综合执法业务费及票证工本费——其他
公路水路运输支出——办公设备购置   400

事业支出——项目支出——交通综合执法业务费及票证工本费——其他
公路水路运输支出——办公设备购置   133 550

事业支出——项目支出——交通综合执法业务费及票证工本费——其他
公路水路运输支出——专用设备购置   69 691.01

事业支出——项目支出——交通综合执法业务费及票证工本费——其他公路水路运输支出——基础设施建设　　　　　　　　　600 000

事业支出——项目支出——交通综合执法业务费及票证工本费——其他公路水路运输支出——其他支出　　　　　　　　　　60 000

事业支出——项目支出交通运输局灾后重建项目——自然灾害后重建补助——基础设施建设　　　　　　　　　　　13 450 000

事业支出——项目支出——退回多交住房整改资金——其他公路水路运输支出——其他支出　　　　　　　　　　　　2 800 000

事业支出——项目支出——自然灾害救灾补助——其他对企业补助
　　　　　　　　　　　　　　　　　　　　　　　　246 000

事业支出——项目支出——高铁客运枢纽站内电力线路迁移资金——其他铁路运输支出——其他对企业补助　　　　　　　1 830 000

事业支出——项目支出国家补助 2018 年车购税补助地方资金——车辆购置税用于公路等基础设施建设支出——基础设施建设　　9 000 000

事业支出——项目支出——拨付邹魏路和会仙一路绿化工程款——其他公路水路运输支出——基础设施建设　　　　　　2 000 000

事业支出——项目支出——2020 年创城费——其他公路水路运输支出——办公费　　　　　　　　　　　　　　　　　8 612.58

事业支出——项目支出——2020 年创城费——其他公路水路运输支出——维修（护）费　　　　　　　　　　　　　　70 604.55

事业支出——项目支出——2020 年创城费——其他公路水路运输支出——其他商品和服务支出　　　　　　　　　　　　6 156

事业支出——项目支出——2020 年创城费——其他公路水路运输支出——其他资本性支出　　　　　　　　　　　　　99 973

事业支出——项目支出——2020 年创城费——其他公路水路运输支出——其他对企业补助　　　　　　　　　　　　　145 040

事业支出——项目支出—— 他公路水路运输支出——费用补贴
　　　　　　　　　　　　　　　　　　　　　　　10 500 000

事业支出——项目支出—— 其他公路水路运输支出——费用补贴
　　　　　　　　　　　　　　　　　　　　　　　10 000 000

事业支出——项目支出—— 交通基础设施建设——基础设施建设
　　　　　　　　　　　　　　　　　　　　　　　42 096 000

事业支出——项目支出——县××路（国防公路）拓宽改建工程——公路建设——基础设施建设　　　　　　　　　　　　5 510 000

事业支出——项目支出——县××路（国防公路）拓宽改建工程——交通基础设施建设——基础设施建设 35 524 000

事业支出——项目支出节能减排补助资金——能源节约利用——费用补贴 7 300 000

事业支出——项目支出——济青高速东出入口道路改造——其他城乡社区公共设施支出——基础设施建设 3 000 000

事业支出——项目支出 2015～2016 年节能与新能源城市公交车示范推广补贴清算资金——其他公路水路运输支出——费用补贴 200 000

事业支出——项目支出 2020 年国三及以下柴油货车淘汰——其他公路水路运输支出——其他对企业补助 2 100 000

事业支出——项目支出——××路、××路工程款——其他公路水路运输支出——基础设施建设 3 000 000

事业支出——项目支出——2020 年国三营运柴油货车淘汰补贴资金——其他公路水路运输支出——其他对企业补助 418 400

事业支出——项目支出——济青高速××西出口至 308 国道隐蔽工程资金——其他公路水路运输支出——基础设施建设 2 000 000

事业支出——项目支出调增国三指标——其他公路水路运输支出——其他对企业补助 4 100 000

事业支出——项目支出——交通综合执法业务费及票证工本费 2——其他公路水路运输支出——办公费 83 869.50

事业支出——项目支出——交通综合执法业务费及票证工本费 2——其他公路水路运输支出——水费 300

事业支出——项目支出——交通综合执法业务费及票证工本费 2——其他公路水路运输支出——电费 28 416.69

事业支出——项目支出——交通综合执法业务费及票证工本费 2——其他公路水路运输支出——邮电费 152

事业支出——项目支出——交通综合执法业务费及票证工本费 2——其他公路水路运输支出——物业管理费 305 182.46

事业支出——项目支出——交通综合执法业务费及票证工本费 2——其他公路水路运输支出——差旅费 1 096

事业支出——项目支出——交通综合执法业务费及票证工本费 2——其他公路水路运输支出——维修（护）费 50 841

事业支出——项目支出——交通综合执法业务费及票证工本费 2——其他公路水路运输支出——租赁费 282 326.64

事业支出——项目支出——交通综合执法业务费及票证工本费2——其他公路水路运输支出——公务接待费　　2 281

事业支出——项目支出——交通综合执法业务费及票证工本费2——其他公路水路运输支出——劳务费　　189 612.50

事业支出——项目支出——交通综合执法业务费及票证工本费2——其他公路水路运输支出——其他交通费用　　8 590

事业支出——项目支出——交通综合执法业务费及票证工本费2——其他公路水路运输支出——其他商品和服务支出　　251 169.86

事业支出——项目支出——交通综合执法业务费及票证工本费2——其他公路水路运输支出——办公设备购置　　132 000

事业支出——项目支出——县××路（国防公路）拓宽改建工程——交通基础设施建设——基础设施建设　　4 960 000

事业支出——项目支出——公交票价补贴——其他公路水路运输支出——费用补贴　　19 960 000

事业支出——项目支出——交通综合业务费——其他公路水路运输支出——办公费　　500

事业支出——项目支出——交通综合业务费——其他公路水路运输支出——办公费　　22 038.33

事业支出——项目支出——交通综合业务费——其他公路水路运输支出——水费　　300

事业支出——项目支出——交通综合业务费——其他公路水路运输支出——电费　　3 809.40

事业支出——项目支出——交通综合业务费——其他公路水路运输支出——邮电费　　1 085

事业支出——项目支出——交通综合业务费——其他公路水路运输支出——劳务费　　217 990.45

事业支出——项目支出——交通综合业务费——其他公路水路运输支出——委托业务费　　59 339

事业支出——项目支出——交通综合业务费——其他公路水路运输支出——公务用车运行维护费　　210

事业支出——项目支出——交通综合业务费——其他公路水路运输支出——其他商品和服务支出　　36 511.94

事业支出——项目支出——交通综合业务费——其他公路水路运输支出——办公设备购置　　9 580

（10）结转本期盈余。

借：本期盈余 167 970 361.63

　　贷：本年盈余分配 167 970 361.63

（11）结转本期盈余分配。

借：本年盈余分配 167 970 361.63

　　贷：累计盈余——本年盈余 167 970 361.63

【例16-3】2021年2月28日，某市直行政单位月末结转一般预算财政拨款收入30 358 511.48元，基金预算财政拨款收入35 608 922元。

财务会计：

借：财政拨款收入——一般预算支出 30 358 511.48

　　财政拨款收入——基金预算支出 35 608 922

　　贷：本期盈余 65 967 433.48

预算会计不作处理。

【例16-4】2021年2月28日，某市直行政单位月末结转业务活动费用。

财务会计：

借：本期盈余 1 891 250.41

　　贷：业务活动费用——工资福利费用——雇员工资及保险 51 578.33

　　　　业务活动费用——工资福利费用——工资支出 1 724 915.55

　　　　业务活动费用——工资福利费用——养老保险 8 445.68

　　　　业务活动费用——工资福利费用——退役士兵专项公益岗位工资和保险

　　　　 106 310.85

借：本期盈余 62 495 977.87

　　贷：业务活动费用——商品和服务费用——自然资源综合管理业务类支出

　　　　 992.80

　　　　业务活动费用——商品和服务费用——土地补偿费 2 825 422

　　　　业务活动费用——商品和服务费用——土地增减挂钩项目结余土地指标

　　　　 2 383 500

　　　　业务活动费用——商品和服务费用——退回增减挂钩指标费——××创

　　业生物 1 000 000

　　　　业务活动费用——商品和服务费用——2021年以前年度欠款

　　　　 12 845 903.07

　　　　业务活动费用——商品和服务费用——国投占补平衡 43 000 000

　　　　业务活动费用——商品和服务费用——土地补偿费——原新华书店

　　　　 400 000

业务活动费用——商品和服务费用——一般商品和服务支出（公车改革

补贴）　　　　　　　　　　　　　　　　　　　　　40 160

借：本期盈余　　　　　　　　　　　　　　　　　　3 600

　　贷：业务活动费用——对个人和家庭的补助费用——抚恤和生活补助

　　　　　　　　　　　　　　　　　　　　　　　　3 600

借：本期盈余　　　　　　　　　　　　　　　　154 334.02

　　贷：业务活动费用——固定资产折旧费　　　　154 334.02

预算会计不作处理。

【例 16 - 5】 某市直行政单位财政拨款收入转盈余。

财务会计：

借：财政拨款收入　　　　　　　　　　　　53 747 990.80

　　贷：本期盈余　　　　　　　　　　　　53 747 990.80

预算会计不作处理。

【例 16 - 6】 2020 年 10 月 31 日某市直行政单位财政拨款收入转盈余。

财务会计：

借：财政拨款收入　　　　　　　　　　　　　345 710.96

　　贷：本期盈余　　　　　　　　　　　　　　345 710.96

预算会计不作处理。

第十七章　学校日常运行维护业务

第一节　学校日常办公业务

一、购置学校日常办公用品

购置日常办公用品是指学校为保证办公工作的日常运转，所购置的辅助用品，主要包括购置办公用品、打印机耗材、电脑配件等。学校随买随用的零星办公用品购置，购买时可以直接作为业务活动费用，同时，预算会计列入支出。学校购置日常办公用品等业务，主要涉及库存现金、银行存款、零余额账户用款额度、其他货币资金等的管理与核算。需要注意区分用款来源及用款去向。

发生购置日常办公用品相关支出，财务会计借记"业务活动费用——商品和服务费用"或"单位管理费用——商品和服务费用"科目，贷记"零余额账户用款额度""财政拨款收入""事业收入"等科目；预算会计借记"事业支出"科目，贷记"资金结存——零余额账户用款额度""财政拨款预算收入""事业预算收入"等科目。

【例17-1】2020年5月31日，某小学使用日常公用经费支付鼠标、打印纸等费用1 992元，财政授权支付。

财务会计：

借：单位管理费用——商品和服务费用——办公费　　　　　　　1 992

　　贷：零余额账户用款额度　　　　　　　　　　　　　　　　　　1 992

预算会计：

借：事业支出——财政拨款支出——基本支出——日常公用经费——小学教育

　　——办公费　　　　　　　　　　　　　　　　　　　　　　　1 992

　　贷：资金结存——零余额账户用款额度　　　　　　　　　　　　1 992

【例17-2】2020年6月24日，市特殊教育学校使用日常公用经费支付山东××网络科技有限公司计算机耗材用费5 827元，财政直接支付。

财务会计：

借：业务活动费用——商品和服务费——办公费　　　　　　　　5 827

　　　　贷：财政拨款收入　　　　　　　　　　　　　　　　　　　　5 827

　　预算会计：

　　借：事业支出——财政拨款支出——基本支出——日常公用经费——特殊学校教
　　　　育——办公费　　　　　　　　　　　　　　　　　　　　　5 827

　　　　贷：财政拨款预算收入——基本支出——日常公用经费　　　　5 827

　　【例17-3】2020年3月15日，某高级中学使用缴入非税账户后返还的高中学杂
费支付给××印务商行印刷红头文件纸280元、教师工作手册1 797.60元、党员学习
笔记560元，共计2 637.60元，财政直接支付。

　　财务会计：

　　借：业务活动费用——商品和服务费用——印刷费　　　　2 637.60

　　　　贷：事业收入——其他事业收入——高中学杂费　　　　2 637.60

　　预算会计：

　　借：事业支出——非专项资金支出——高中教育——印刷费　　2 637.60

　　　　贷：事业预算收入——非专项资金收入——高中教育　　　2 637.60

　　【例17-4】2020年4月18日，某初级中学使用上级转移支付经费支付给××文
化传媒有限公司教研活动记录本等办公耗材费21 035元，财政直接支付。

　　财务会计：

　　借：业务活动费用——商品和服务费用——办公费　　　　　21 035

　　　　贷：财政拨款收入　　　　　　　　　　　　　　　　　　21 035

　　预算会计：

　　借：事业支出——财政拨款支出——基本支出——日常公用经费——初中教育
　　　　——办公费　　　　　　　　　　　　　　　　　　　　　21 035

　　　　贷：财政拨款预算收入——基本支出——日常公用经费——初中教育

　　　　　　　　　　　　　　　　　　　　　　　　　　　　　　21 035

　　【例17-5】某学校使用日常公用经费支付教室装饰墙贴6 140元，财政授权
支付。

　　财务会计：

　　借：业务活动费用——商品和服务费用——办公费　　　　　6 140

　　　　贷：零余额账户用款额度　　　　　　　　　　　　　　　6 140

　　预算会计：

　　借：事业支出——财政拨款支出——基本支出——日常公用经费——办公费

　　　　　　　　　　　　　　　　　　　　　　　　　　　　　　6 140

　　　　贷：资金结存——零余额账户用款额度　　　　　　　　　6 140

　　【例17-6】某小学使用日常公用经费支付校园安全标示牌等款18 357元，财政直

接支付。

财务会计:

借: 业务活动费用——商品和服务费用——办公费　　　　　　　18 357
　　贷: 财政拨款收入　　　　　　　　　　　　　　　　　　　　　　18 357

预算会计:

借: 事业支出——财政拨款支出——基本支出——日常公用经费——小学教育
　　——办公费　　　　　　　　　　　　　　　　　　　　　　　　18 357
　　贷: 财政拨款预算收入——基本支出——日常公用经费——小学教育
　　　　　　　　　　　　　　　　　　　　　　　　　　　　　　　18 357

【例 17-7】2019 年 9 月 30 日，某中学使用日常公用经费支付核心价值观标语款 12 600 元，文化牌制作费 20 910 元，共计 33 510 元，财政直接支付。

财务会计:

借: 业务活动费用——商品和服务费用——办公费　　　　　　　33 510
　　贷: 财政拨款收入　　　　　　　　　　　　　　　　　　　　　　33 510

预算会计:

借: 事业支出——财政拨款支出——基本支出——日常公用经费——初中教育
　　——办公费　　　　　　　　　　　　　　　　　　　　　　　　33 510
　　贷: 财政拨款预算收入——基本支出——日常公用经费——初中教育
　　　　　　　　　　　　　　　　　　　　　　　　　　　　　　　33 510

【例 17-8】2020 年 10 月 9 日某小学使用日常公用经费支付画框装裱费 1 200 元、条幅费用 2 694 元，共计 3 894 元，财政授权支付。

财务会计:

借: 业务活动费用——商品和服务费用——办公费　　　　　　　3 894
　　贷: 零余额账户用款额度　　　　　　　　　　　　　　　　　　3 894

预算会计:

借: 事业支出——财政拨款支出——基本支出——日常公用经费——小学教育
　　——办公费　　　　　　　　　　　　　　　　　　　　　　　　3 894
　　贷: 资金结存——零余额账户用款额度　　　　　　　　　　　　3 894

【例 17-9】某中学根据宣传部通知，组织党员教师看电影，共有 24 人参加，使用日常公用经费支付电影票费 1 200 元，财政直接支付。

财务会计:

借: 单位管理费用——商品和服务费用——教师工会和党团活动　　1 200
　　贷: 财政拨款收入　　　　　　　　　　　　　　　　　　　　　　1 200

预算会计:

借：事业支出——财政拨款支出——基本支出——日常公用经费——初中教育
　　——教师工会和党团活动　　　　　　　　　　　　　　　1 200
　　贷：财政拨款预算收入——基本支出——日常公用经费——初中教育
　　　　　　　　　　　　　　　　　　　　　　　　　　　1 200

【例17－10】 2019年5月13日某初中使用日常公用经费支付给××办公制品有限公司后勤老师办公用品款8 050.60元，财政直接支付。

财务会计：

借：单位管理费用——商品和服务费用——办公费　　　　　8 050.60
　　贷：财政拨款收入　　　　　　　　　　　　　　　　　　8 050.60

预算会计：

借：事业支出——财政拨款支出——基本支出——日常公用经费——初中教育
　　——办公费　　　　　　　　　　　　　　　　　　　　8 050.60
　　贷：财政拨款预算收入——基本支出——日常公用经费——初中教育
　　　　　　　　　　　　　　　　　　　　　　　　　　　8 050.60

【例17－11】 2020年10月9日某学校使用日常公用经费支付给山东××软件股份有限公司中小学资产系统服务费260元，财政直接支付。

财务会计：

借：单位管理费用——商品和服务费用——办公费　　　　　260
　　贷：财政拨款收入　　　　　　　　　　　　　　　　　　260

预算会计：

借：事业支出——财政拨款支出——基本支出——日常公用经费——小学教育
　　——办公费　　　　　　　　　　　　　　　　　　　　260
　　贷：财政拨款预算收入——基本支出——日常公用经费——小学教育
　　　　　　　　　　　　　　　　　　　　　　　　　　　260

【例17－12】 2020年7月20日某学校使用日常公用经费支付给××消防器材充粉费1 593元，财政授权支付。

财务会计：

借：单位管理费用——商品和服务费用——办公费　　　　　1 593
　　贷：零余额账户用款额度　　　　　　　　　　　　　　1 593

预算会计：

借：事业支出——财政拨款支出——基本支出——日常公用经费——小学教育
　　——办公费　　　　　　　　　　　　　　　　　　　　1 593
　　贷：资金结存——零余额账户用款额度　　　　　　　　1 593

二、学生试卷、毕业证、试题相关业务

印刷费是指学校为满足教学与学生成绩考核的需要，所支付的材料印刷费用，例如教学资料印刷费、期末试题印刷费、作业记录本印刷费等。学校发生日常教学印刷费用，按照实际支付的金额计入当期业务活动费用，按照实际支付的金额计入预算会计的支出中。

发生印刷费用相关支出，财务会计借记"业务活动费用——商品和服务费用"科目，贷记"财政拨款收入""零余额账户用款额度""事业收入"等科目；预算会计借记"事业支出"科目，贷记"财政拨款预算收入""资金结存——零余额账户用款额度""事业预算收入"等科目。

【例 17-13】2020 年 12 月 4 日，某中学使用日常公用经费支付资料印刷费 6 400 元，财政直接支付。

财务会计：

借：业务活动费用——商品和服务费用——印刷费   6 400

    贷：财政拨款收入   6 400

预算会计：

借：事业支出——财政拨款支出——基本支出——日常公用经费——印刷费——初中教育   6 400

    贷：财政拨款预算收入——基本支出——日常公用经费——初中教育

     6 400

【例 17-14】2020 年 10 月 9 日某小学使用日常公用经费支付给××参赛摄影作品打印费 48 元，财政授权支付。

财务会计：

借：业务活动费用——商品和服务费用——印刷费   48

    贷：零余额账户用款额度   48

预算会计：

借：事业支出——财政拨款支出——基本支出——日常公用经费——小学教育——印刷费   48

    贷：资金结存——零余额账户用款额度   48

【例 17-15】2020 年 7 月 20 日，某学校使用日常公用经费支付给××期末考试试题印刷款 2 922 元，财政授权支付。

财务会计：

借：业务活动费用——商品和服务费用——印刷费   2 922

借：零余额账户用款额度　　　　　　　　　　　　　　　2 922

预算会计：

借：事业支出——财政拨款支出——基本支出——日常公用经费——初中教育
　　——印刷费　　　　　　　　　　　　　　　　　　　2 922

　　贷：资金结存——零余额账户用款额度　　　　　　　2 922

【例17－16】某中学使用日常公用经费和财政返还的非税收入（高中学杂费）分别支付文印费56 513.22元、12 806.78元，财政直接支付。

财务会计：

借：业务活动费用——商品和服务费用——印刷费　　　　69 320

　　贷：财政拨款收入　　　　　　　　　　　　　　　56 513.22

　　　　事业收入——其他事业收入——高中学杂费　　12 806.78

预算会计：

借：事业支出——财政拨款支出——基本支出——日常公用经费——高中教育
　　——印刷费　　　　　　　　　　　　　　　　　56 513.22

　　事业支出——非专项资金支出——高中教育——印刷费　12 806.78

　　贷：财政拨款预算收入——基本支出——日常公用经费——高中教育
　　　　　　　　　　　　　　　　　　　　　　　　56 513.22

　　　　事业预算收入——非专项资金收入——高中教育　12 806.78

【例17－17】某高级中学用财政返还的非税收入（高中学杂费）支付文印费尾款331 379.69元，财政直接支付，前期已挂账。

财务会计：

借：其他应付款——××印刷有限公司（山南校区文印费）　331 379.6

　　贷：事业收入——其他事业收入——高中学杂费　　331 379.6

预算会计：

借：事业支出——非专项资金支出——高中教育——印刷费　331 379.6

　　贷：事业预算收入——非专项资金收入——高中教育　331 379.6

【例17－18】2020年12月，某小学支付记录本印刷费4 800元，财政直接支付。

财务会计：

借：业务活动费用——商品和服务费用——印刷费　　　　4 800

　　贷：财政拨款收入　　　　　　　　　　　　　　　　4 800

预算会计：

借：事业支出——财政拨款支出——基本支出——日常公用经费——小学教育
　　——印刷费　　　　　　　　　　　　　　　　　　　4 800

　　贷：财政拨款预算收入——基本支出——日常公用经费——小学教育
　　　　　　　　　　　　　　　　　　　　　　　　　　4 800

【例 17 – 19】2020 年 8 月 16 日某学校使用日常公用经费支付××有限公司小学毕业证印刷费 86.40 元，财政直接支付。

财务会计：

借：业务活动费用——商品和服务费用——印刷费   86.40

  贷：财政拨款收入   86.40

预算会计：

借：事业支出——财政拨款支出——基本支出——日常公用经费——小学教育—印刷费   86.40

  贷：财政拨款预算收入——基本支出——日常公用经费——小学教育

    86.40

【例 17 – 20】某小学使用上级转移支付经费支付期末考试题等费用 955 元，财政授权支付。

财务会计：

借：业务活动费用——商品和服务费用——印刷费   955

  贷：零余额账户用款额度   955

预算会计：

借：事业支出——财政拨款支出——基本支出——日常公用经费——小学教育

  ——印刷费   955

  贷：资金结存——零余额账户用款额度   955

三、购置教学用书用品、课堂录制

（一）教学用书用品相关业务

学校支付教师参考书、书法社团用材料费等与教学用品或劳动用品相关的款项时，财务会计借记"业务活动费用——商品和服务费用"科目，贷记"零余额账户用款额度""财政拨款收入""事业收入"等科目；预算会计借记"事业支出"科目，贷记"资金结存——零余额账户用款额度""财政拨款预算收入""事业预算收入"等科目。

【例 17 – 21】2020 年 4 月 29 日某学校使用日常公用经费支付压力表、IC 读写器等费 4 912 元，使用日常公用经费，财政授权支付。

财务会计：

借：业务活动费用——商品和服务费用——其他材料费   4 912

  贷：零余额账户用款额度   4 912

预算会计：

借：事业支出——财政拨款支出——基本支出——日常公用经费——其他材料费

4 912

贷：资金结存——零余额账户用款额度 4 912

【例17－22】2020年6月8日某小学使用日常公用经费支付购买额温枪、书法社团用材料等费用3 349元，财政授权支付。

财务会计：

借：业务活动费用——商品和服务费用——其他材料费 3 349

贷：零余额账户用款额度 3 349

预算会计：

借：事业支出——财政拨款支出——基本支出——日常公用经费——小学教育—其他材料费

3 349

贷：资金结存——零余额账户用款额度 3 349

【例17－23】2020年8月31日，某小学使用上级转移支付经费支付2020年春教师用书费1 284.23元，财政直接支付。

财务会计：

借：业务活动费用——商品和服务费用——其他材料费 1 284.23

贷：财政拨款收入 1 284.23

预算会计：

借：事业支出——财政拨款支出——基本支出——日常公用经费——其他材料费——办公费

1 284.23

贷：财政拨款预算收入——基本支出——日常公用经费——小学教育

1 284.23

（二）课堂录制及课程结题相关业务

支付课堂录制费或课程基地申报结题款，财务会计借记"业务活动费用——商品和服务费用"科目，贷记"财政拨款收入""零余额账户用款额度"等科目；预算会计借记"事业支出"科目，贷记"财政拨款预算收入""资金结存——零余额账户用款额度"等科目。

【例17－24】某学校使用日常公用经费支付高效课堂模式录制费2 000元，财政直接支付。

财务会计：

借：业务活动费用——商品和服务费用——委托业务费 2 000

  贷：财政拨款收入   2 000

预算会计：

  借：事业支出——财政拨款支出——基本支出——日常公用经费——小学教育

   ——委托业务费   2 000

   贷：财政拨款预算收入——基本支出——日常公用经费——小学教育

                    2 000

【例 17 - 25】 某学校使用日常公用经费支付优质课展评录制费 4 000 元，财政授权支付。

财务会计：

  借：业务活动费用——商品和服务费用——委托业务费   4 000

   贷：零余额账户用款额度   4 000

预算会计：

  借：事业支出——财政拨款支出——基本支出——日常公用经费——小学教育

   ——委托业务费   4 000

   贷：资金结存——零余额账户用款额度   4 000

【例 17 - 26】 某学校使用日常公用经费支付课程基地申报结题款 19 625.40 元，财政授权支付。

财务会计：

  借：业务活动费用——商品和服务费用——委托业务费 19 625.40

   贷：零余额账户用款额度   19 625.40

预算会计：

  借：事业支出——财政拨款支出——基本支出——日常公用经费——初中教育

   ——委托业务费   19 625.40

   贷：资金结存——零余额账户用款额度   19 625.40

【例 17 - 27】 2020 年 8 月 16 日某学校使用日常公用经费支付给××店录像课编辑费 1 300 元，财政直接支付。

财务会计：

  借：业务活动费用——商品和服务费用——委托业务费   1 300

   贷：财政拨款收入   1 300

预算会计：

  借：事业支出——财政拨款支出——基本支出——日常公用经费——初中教育

   ——委托业务费   1 300

   贷：财政拨款预算收入——基本支出——日常公用经费——初中教育

                    1 300

四、教学培训类经费

培训费是指学校组织开展、外出参加培训直接发生的各项费用支出，包括教师岗前培训、学科培训、继续教育与培训、教学研讨培训费等。

发生培训费相关支出，财务会计借记"业务活动费用——商品和服务费用"科目，贷记"零余额账户用款额度"等科目；预算会计借记"事业支出"科目，贷记"资金结存——零余额账户用款额度"等科目。

【例 17 – 28】2020 年 12 月 31 日某中学使用日常公用经费支付生物学科培训费用 1 570 元，财政授权支付。

财务会计：

借：业务活动费用——商品和服务费用——教师培训费　　　　　1 570
　　贷：零余额账户用款额度　　　　　　　　　　　　　　　　　　　　1 570

预算会计：

借：事业支出——财政拨款支出——基本支出——日常公用经费——初中教育
　　——教师培训费　　　　　　　　　　　　　　　　　　　　　　　1 570
　　贷：资金结存——零余额账户用款额度　　　　　　　　　　　　　　　1 570

【例 17 – 29】2020 年 12 月 15 日某幼儿园使用日常公用经费支付朱某非学历教育培训费 1 800 元，财政授权支付。

财务会计：

借：业务活动费用——商品和服务费用——教师培训费　　　　　1 800
　　贷：零余额账户用款额度　　　　　　　　　　　　　　　　　　　　1 800

预算会计：

借：事业支出——财政拨款支出——基本支出——日常公用经费——学前教育
　　——教师培训费　　　　　　　　　　　　　　　　　　　　　　　1 800
　　贷：资金结存——零余额账户用款额度　　　　　　　　　　　　　　　1 800

【例 17 – 30】2020 年 12 月 18 日，某幼儿园使用幼儿保教费支付园长骨干教师培训费 1 000 元，财政授权支付。

财务会计：

借：业务活动费用——商品和服务费用——教师培训费　　　　　1 000
　　贷：零余额账户用款额度　　　　　　　　　　　　　　　　　　　　1 000

预算会计：

借：事业支出——非专项资金支出——幼儿保教费——教师培训费 1 000
　　贷：资金结存——零余额账户用款额度　　　　　　　　　　　　　　　1 000

【例17-31】某小学使用日常公用经费支付少先队辅导员等培训费9 891元，财政授权支付。

财务会计：

借：业务活动费用——商品和服务费用——其他培训费　　　9 891

贷：零余额账户用款额度　　　9 891

预算会计：

借：事业支出——财政拨款支出——基本支出——日常公用经费——其他培训费

9 891

贷：资金结存——零余额账户用款额度　　　9 891

【例17-32】2020年6月30日某小学使用日常公用经费支付骨干教师跟岗培训费5 851元，财政授权支付。

财务会计：

借：业务活动费用——商品和服务费用——教师培训费　　　5 851

贷：零余额账户用款额度　　　5 851

预算会计：

借：事业支出——财政拨款支出——基本支出——日常公用经费——小学教育
——教师培训费　　　5 851

贷：资金结存——零余额账户用款额度　　　5 851

【例17-33】某中学使用日常公用经费支付教学研讨、党员红色教育培训费2 310元，财政授权支付。

财务会计：

借：业务活动费用——商品和服务费用——教师培训费　　　2 310

贷：零余额账户用款额度　　　2 310

预算会计：

借：事业支出——财政拨款支出——基本支出——日常公用经费——初中教育
——教师培训费　　　2 310

贷：资金结存——零余额账户用款额度　　　2 310

五、学校报刊、宣传经费

（一）广告宣传费

广告宣传费是指学校为满足招生的需要，在宣传过程中产生的相关费用，包括微信公众号宣传、摄影宣传及其他广告制作宣传等。

发生广告宣传费支出，财务会计借记"业务活动费用——商品和服务费用"或"单位管理费用——商品和服务费用"科目，贷记"财政拨款收入""零余额账户用款额度""事业收入"等科目；预算会计借记"事业支出"科目，贷记"财政拨款预算收入""资金结存——零余额账户用款额度""事业预算收入"等科目。

【例17－34】 2020年5月23日某小学使用日常公用经费支付给××科技有限公司学校微信公众号宣传费300元，财政授权支付。

财务会计：

借：业务活动费用——商品和服务费用 300

　　贷：零余额账户用款额度 300

预算会计：

借：事业支出——财政拨款支出——基本支出——日常公用经费——其他商品和服务支出——小学教育 300

　　贷：资金结存——零余额账户用款额度 300

【例17－35】 2020年4月3日，某幼儿园使用日常公用经费支付给市××广告经营部广告制作费13 624元，财政直接支付。

财务会计：

借：单位管理费用——商品和服务费用 13 624

　　贷：财政拨款收入 13 624

预算会计：

借：事业支出——财政拨款支出——基本支出——日常公用经费——其他商品和服务支出——学前教育 13 624

　　贷：财政拨款预算收入——基本支出——日常公用经费——学前教育

13 624

【例17－36】 2019年9月30日，某小学使用日常公用经费支付给市××摄影服务部摄影宣传费10 721元，财政直接支付。

财务会计：

借：业务活动费用——商品和服务费用 10 721

　　贷：财政拨款收入 10 721

预算会计：

借：事业支出——财政拨款支出——基本支出——日常公用经费——其他商品和服务支出——小学教育 10 721

　　贷：财政拨款预算收入——基本支出——日常公用经费——小学教育

10 721

【例17－37】 2020年9月9日，某中学使用财政返还的非税收入（高中学杂费）

支付给山东××文化科技有限公司广告宣传费 8 000 元，财政直接支付。

  财务会计：

    借：业务活动费用——商品和服务费用   8 000

      贷：事业收入   8 000

  预算会计：

    借：事业支出——非专项资金支出——高中学杂费——其他商品和服务支出

                            8 000

      贷：事业预算收入——非专项资金支出——高中学杂费 8 000

【例 17-38】2019 年 8 月 2 日，某职业学院使用日常公用经费支付给××电视台宣传费 40 000 元，财政授权支付。

  财务会计：

    借：业务活动费用——商品和服务费用   40 000

      贷：零余额账户用款额度   40 000

  预算会计：

    借：事业支出——财政拨款支出——基本支出——日常公用经费——职业教育

      ——其他商品和服务支出   40 000

      贷：资金结存——零余额账户用款额度   40 000

（二）教学、阅读报刊费

  报刊费是指学校为满足日常教学需求，提高教师的专业教学水平以及学生的阅读理解能力，所订阅的阅读刊物的费用支出。学校在处理相关业务时可参考镇街报刊业务处理方式。

  发生报刊费相关支出，支付时，按金额大小确定是否分期摊销。财务会计借记"待摊费用""业务活动费用——商品和服务费用"科目，贷记"零余额账户用款额度"等科目；预算会计借记"事业支出——日常公用经费"科目，贷记"资金结存——零余额账户用款额度"等科目。

【例 17-39】2020 年 12 月 31 日，某中学使用日常公用经费支付报刊费 6 382 元，财政授权支付。

  财务会计：

    借：业务活动费用——商品和服务费用——办公费   6 382

      贷：零余额账户用款额度   6 382

  预算会计：

    借：事业支出——财政拨款支出——基本支出——日常公用经费——初中教育

| | ——办公费 | 6 382 |
| 贷：资金结存——零余额账户用款额度 | | 6 382 |

【例 17 – 40】某小学使用日常公用经费支付党报、刊物订阅费 23 989 元，财政授权支付。

因数额较大，按月进行摊销。

财务会计：

借：待摊费用——报纸刊物　　　　　　　　　　　　　23 989

　　贷：零余额账户用款额度　　　　　　　　　　　　　　　23 989

预算会计：

借：事业支出——财政拨款支出——基本支出——日常公用经费——办公费

　　　　　　　　　　　　　　　　　　　　　　　　23 989

　　贷：资金结存——零余额账户用款额度　　　　　　　　23 989

按月摊销 1 999.09 元（23 989/12）。

财务会计：

借：业务活动费用——商品和服务费用——办公费　　　1 999.09

　　贷：待摊费用——报纸刊物　　　　　　　　　　　　　1 999.09

预算会计不作处理。

【例 17 – 41】2019 年 12 月 31 日，某小学使用日常公用经费支付 2020 年报刊费 2 110 元，财政授权支付。

财务会计：

借：业务活动费用——商品和服务费用——办公费　　　2 110

　　贷：零余额账户用款额度　　　　　　　　　　　　　　2 110

预算会计：

借：事业支出——财政拨款支出——基本支出——日常公用经费——小学教育

　　——办公费　　　　　　　　　　　　　　　　　　2 110

　　贷：资金结存——零余额账户用款额度　　　　　　　　2 110

【例 17 – 42】2020 年 7 月 20 日，某中学使用日常公用经费支付给党报党刊、少先队报刊等费 4 485.20 元，财政授权支付。

财务会计：

借：业务活动费用——商品和服务费用——办公费　　　4 485.20

　　贷：零余额账户用款额度　　　　　　　　　　　　　　4 485.20

预算会计：

借：事业支出——财政拨款支出——基本支出——日常公用经费——初中教育

　　——办公费　　　　　　　　　　　　　　　　　　4 485.20

    贷：资金结存——零余额账户用款额度   4 485.20

六、差旅、租车相关业务

（一）学校差旅费

差旅费是指因公外出而产生的交通费、住宿费、伙食补助费等各项费用，包括外出培训学习、监考阅卷、精准扶贫走访等。

发生差旅费相关支出，财务会计借记"业务活动费用——商品和服务费用"科目，贷记"零余额账户用款额度"等科目；预算会计借记"事业支出"科目，贷记"资金结存——零余额账户用款额度"等科目。

【例 17-43】2020 年 11 月 25 日，某中学使用日常公用经费支付公务外出学习培训差旅费 3 990.50 元，财政授权支付。

财务会计：

    借：业务活动费用——商品和服务费用——差旅费   3 990.50
        贷：零余额账户用款额度   3 990.50

预算会计：

    借：事业支出——财政拨款支出——基本支出——日常公用经费——初中教育
        ——差旅费   3 990.50
        贷：资金结存——零余额账户用款额度   3 990.50

【例 17-44】2021 年 6 月 17 日，某小学使用日常公用经费支付教师研讨培训差旅费 600 元、监考阅卷差旅费 900 元，共计 1 500 元，财政直接支付。

财务会计：

    借：业务活动费用——商品和服务费用——差旅费   1 500
        贷：财政拨款收入   1 500

预算会计：

    借：事业支出——财政拨款支出——基本支出——日常公用经费——小学教育
        ——差旅费   1 500
        贷：财政拨款预算收入——基本支出——日常公用经费——小学教育
                                                  1 500

【例 17-45】2020 年 9 月 30 日，某市特殊教育学校使用日常公用经费支付精准扶贫走访差旅费 239 元，财政授权支付。

财务会计：

    借：业务活动费用——商品和服务费用——差旅费   239

　　贷：零余额账户用款额度　　　　　　　　　　　　　　　239
　　预算会计：
　　借：事业支出——财政拨款支出——基本支出——日常公用经费——特殊学校教
　　　　育——差旅费　　　　　　　　　　　　　　　　　　239
　　　　贷：资金结存——零余额账户用款额度　　　　　　　239

（二）教学活动租车费

　　租车费是指因学校教师或学生外出参加活动等所支付的租车费。租车费要有租车合同或租车协议、租车费用详单、租车行程详单。一般租用车辆加油费过路费都应由租赁公司承担，合同另有约定者参考市租车管理办法。

　　发生租车费支出，财务会计借记"业务活动费用——商品和服务费用"科目，贷记"财政拨款收入""零余额账户用款额度""事业收入"等科目；预算会计借记"事业支出"科目，贷记"财政拨款预算收入""资金结存——零余额账户用款额度""事业预算收入"等科目。

　　【例17－46】2019年12月11日，某学校使用日常公用经费支付学生参加××市象棋联赛租车费1 800元，财政直接支付。
　　财务会计：
　　借：业务活动费用——商品和服务费用——差旅费　　　1 800
　　　　贷：财政拨款收入　　　　　　　　　　　　　　　1 800
　　预算会计：
　　借：事业支出——财政拨款支出——基本支出——日常公用经费——初中教育
　　　　——差旅费　　　　　　　　　　　　　　　　　　1 800
　　　　贷：财政拨款预算收入——基本支出——日常公用经费——初中教育
　　　　　　　　　　　　　　　　　　　　　　　　　　　1 800

　　【例17－47】某小学使用日常公用经费支付党员学习之路租车费用1 400元，财政直接支付。
　　财务会计：
　　借：业务活动费用——商品和服务费用——其他交通费用　　1 400
　　　　贷：财政拨款收入　　　　　　　　　　　　　　　1 400
　　预算会计：
　　借：事业支出——财政拨款支出——基本支出——日常公用经费——小学教育
　　　　——其他交通费用　　　　　　　　　　　　　　　1 400
　　　　贷：财政拨款预算收入——基本支出——日常公用经费——小学教育
　　　　　　　　　　　　　　　　　　　　　　　　　　　1 400

【例 17 – 48】2020 年 10 月 9 日，某小学使用日常公用经费支付给××讲宪法知识竞赛交通费 78.40 元，财政授权支付。

财务会计：

借：业务活动费用——商品和服务费用——其他交通费用　　　　78.40

　　贷：零余额账户用款额度　　　　　　　　　　　　　　　　　　78.40

预算会计：

借：事业支出——财政拨款支出——基本支出——日常公用经费——小学教育

　　——其他交通费用　　　　　　　　　　　　　　　　　　　　78.40

　　贷：资金结存——零余额账户用款额度　　　　　　　　　　　　78.40

【例 17 – 49】2020 年 1 月 15 日，某体育学校使用彩票公益金支付给××客运有限公司参加市足球赛租车费 600 元，财政直接支付。

财务会计：

借：业务活动费用——商品和服务费用——差旅费　　　　　　600

　　贷：财政拨款收入　　　　　　　　　　　　　　　　　　　　600

预算会计：

借：事业支出——财政拨款支出——项目支出——彩票公益金——差旅费

　　　　　　　　　　　　　　　　　　　　　　　　　　　　　600

　　贷：财政拨款预算收入——项目支出——彩票公益金　　　　600

七、学校职工、学生查体相关业务

学校支付职工或学生查体费时，财务会计借记"单位管理费用""业务活动费用"科目，贷记"财政拨款收入""零余额账户用款额度"等科目；预算会计借记"事业支出"科目，贷记"财政拨款预算收入""资金结存——零余额账户用款额度"等科目。

【例 17 – 50】2020 年 11 月 25 日，某学校使用日常公用经费支付职工查体款 6 800 元，财政直接支付。

财务会计：

借：单位管理费用——商品和服务费用　　　　　　　　　　6 800

　　贷：财政拨款收入　　　　　　　　　　　　　　　　　　　6 800

预算会计：

借：事业支出——财政拨款支出——基本支出——日常公用经费——初中教育

　　——其他商品和服务支出　　　　　　　　　　　　　　　　6 800

　　贷：财政拨款预算收入——基本支出——日常公用经费——初中教育

　　　　　　　　　　　　　　　　　　　　　　　　　　　　6 800

【例 17 - 51】2020 年 11 月 25 日，某学校使用日常公用经费支付给××卫生院 2018 年学生查体费欠款 6 897 元，财政直接支付。

财务会计：

借：其他应付款——××卫生院   6 897

    贷：财政拨款收入   6 897

预算会计：

借：事业支出——财政拨款支出——基本支出——日常公用经费——初中教育
——其他商品和服务支出   6 897

    贷：财政拨款预算收入——基本支出——日常公用经费——初中教育
     6 897

【例 17 - 52】2020 年 9 月 8 日，某学校使用日常公用经费支付给××卫生院 2019 年学生查体费 7 072 元，财政授权支付。

财务会计：

借：业务活动费用——商品和服务费用   7 072

    贷：零余额账户用款额度   7 072

预算会计：

借：事业支出——财政拨款支出——基本支出——日常公用经费——小学教育
——其他商品和服务支出   7 072

    贷：资金结存——零余额账户用款额度   7 072

八、邮电费

邮电费是指学校为保证日常教学的正常进行所支付的通信服务费、电话费、电信专线服务费以及其他邮电服务费用等。

学校通过零余额账户支付广播影视收视费、材料邮寄费以及办公电话费等，属于直接列入费用的情况，财务会计应当直接计入业务活动费用，预算会计直接列入支出。

发生邮电费支出，财务会计借记"业务活动费用——商品和服务费用"科目，贷记"财政拨款收入""零余额账户用款额度"等科目；预算会计借记"事业支出"科目，贷记"财政拨款预算收入""资金结存——零余额账户用款额度"等科目。

【例 17 - 53】某小学使用日常公用经费支付电信专线服务费 720 元，财政直接支付。

财务会计：

借：业务活动费用——商品和服务费用——邮电费   720

    贷：财政拨款收入   720

预算会计：

  借：事业支出——财政拨款支出——基本支出——财政拨款支出——基本支出
   ——日常公用经费——小学教育——邮电费   720
   贷：财政拨款预算收入——基本支出——日常公用经费——小学教育 720

【例 17 - 54】某小学使用日常公用经费支付电话费 9 378 元，财政授权支付。

财务会计：

  借：业务活动费用——商品和服务费用——邮电费   9 378
   贷：零余额账户用款额度   9 378

预算会计：

  借：事业支出——财政拨款支出——基本支出——日常公用经费——小学教育
   ——邮电费   9 378
   贷：资金结存——零余额账户用款额度   9 378

【例 17 - 55】2020 年 12 月 4 日某幼儿园使用日常公用经费支付 9 月、10 月电话费
1 759 元，财政授权支付。

  财务会计：

  借：业务活动费用——商品和服务费用——邮电费   1 759
   贷：零余额账户用款额度   1 759

  预算会计：

  借：事业支出——财政拨款支出——基本支出——日常公用经费——学前教育
   ——邮电费   1 759
   贷：资金结存——零余额账户用款额度   1 759

【例 17 - 56】2020 年 9 月 9 日某学校使用日常公用经费支付给中国移动通信集团
山东有限公司××分公司通信服务费 6 000 元，财政直接支付。

  财务会计：

  借：业务活动费用——商品和服务费用——邮电费   6 000
   贷：财政拨款收入   6 000

  预算会计：

  借：事业支出——财政拨款支出——基本支出——日常公用经费——初中教育
   ——邮电费   6 000
   贷：财政拨款预算收入——基本支出——日常公用经费——初中教育
                6 000

【例 17 - 57】某高级中学使用非税收入支付高中校本部 2021 年 3 月联通座机及专
网专线费 7 340 元，财政授权支付。

  财务会计：

借：业务活动费用——商品和服务费用——邮电费　　　　　　　7 340

　　贷：零余额账户用款额度　　　　　　　　　　　　　　　　　　7 340

预算会计：

借：事业支出——非财政专项资金支出——高中学杂费——邮电费　7 340

　　贷：资金结存——零余额账户用款额度　　　　　　　　　　　　7 340

九、学校教学专用材料费

专用材料费是反映单位购买日常专用材料的支出。包括学校实验室用品、专用服装、消耗性体育用品，专用工具和仪器等，分别在实验耗材费、体育耗材费和其他材料费中反映，学校进行某项活动所需要的专用材料费用，例如儿童户外活动专用材料、演出服装、应对疫情采购的防疫物资等在此科目反映。

发生专用材料费相关支出，财务会计借记"业务活动费用——商品和服务费用"或"单位管理费用——商品和服务费用"科目，贷记"财政拨款收入""零余额账户用款额度""事业收入"等科目；预算会计借记"事业支出"科目，贷记"财政拨款预算收入""资金结存——零余额账户用款额度""事业预算收入"等科目。

【例 17 –58】2020 年 12 月 4 日，某幼儿园使用日常公用经费支付给××设备有限公司户外玩具等专用材料款 48 570 元，财政直接支付。

财务会计：

借：业务活动费用——商品和服务费用——体育耗材费　　　　48 570

　　贷：财政拨款收入　　　　　　　　　　　　　　　　　　　　48 570

预算会计：

借：事业支出——财政拨款支出——基本支出——日常公用经费——学前教育

　　——体育耗材费　　　　　　　　　　　　　　　　　　　　48 570

　　贷：财政拨款预算收入——基本支出——日常公用经费——学前教育

　　　　　　　　　　　　　　　　　　　　　　　　　　　　　　48 570

【例 17 –59】2020 年 4 月 29 日，某小学使用日常公用经费支付防疫物资费 668元，财政授权支付。

财务会计：

借：业务活动费用——商品和服务费用——其他材料费　　　　　668

　　贷：零余额账户用款额度　　　　　　　　　　　　　　　　　　668

预算会计：

借：事业支出——财政拨款支出——基本支出——日常公用经费——其他材料费

　　　　　　　　　　　　　　　　　　　　　　　　　　　　　　668

贷：资金结存——零余额账户用款额度   668

【例 17－60】2020 年 12 月 2 日，某幼儿园使用非税收入直接支付给××商务咨询有限公司童创工坊材料款 50 000 元，支付给××文教用品有限公司食育工坊材料款 50 000 元。

财务会计：

借：业务活动费用——商品和服务费用——其他材料费   100 000

  贷：事业收入——其他事业收入——保教费   100 000

预算会计：

借：事业支出——非专项资金支出——学前教育——其他材料费 100 000

  贷：事业预算收入——非专项资金收入——学前教育   100 000

【例 17－61】2020 年 11 月，某幼儿园支付给××医疗器械贸易有限公司防疫物资等专用材料费 6 465 元，项目资金列支，财政直接支付。

财务会计：

借：单位管理费用——商品和服务费用——其他材料费   6 465

  贷：财政拨款收入   6 465

预算会计：

借：事业支出——财政拨款支出——项目支出——疫情防控能力提升项目二期
  ——重大疫情防控救治体系建设——其他材料费   6 465

  贷：财政拨款预算收入——项目支出——疫情防控能力提升项目二期——重
   大疫情防控救治体系建设   6 465

【例 17－62】2020 年 10 月 9 日，某学校使用日常公用经费支付给××服饰文化有限公司学生演出服装等专用材料费 8 064 元，财政直接支付。

财务会计：

借：业务活动费用——商品和服务费用——其他材料费   8 064

  贷：财政拨款收入   8 064

预算会计：

借：事业支出——财政拨款支出——基本支出——日常公用经费——特殊学校教
  育——其他材料费   8 064

  贷：财政拨款预算收入——基本支出——日常公用经费——特殊学校教育
                 8 064

【例 17－63】某小学用重大疫情防控救治体系建设资金支付防疫用品费 2 645 元，项目资金列支，财政直接支付。

财务会计：

借：单位管理费用——商品和服务费用——其他材料费   2 645

　　　贷：财政拨款收入　　　　　　　　　　　　　　　　　　　2 645

　　预算会计：

　　借：事业支出——财政拨款支出——项目支出——疫情防控能力提升项目——其
　　　　他材料费　　　　　　　　　　　　　　　　　　　　　　2 645

　　　贷：财政拨款预算收入——项目支出——疫情防控能力提升项目　2 645

　　【例17 -64】2020 年12 月14 日，某幼儿园支付给××医疗器械有限公司防疫物
资款31 870 元，项目资金列支，财政直接支付。

　　财务会计：

　　借：业务活动费用——商品和服务费用——其他材料费　　　　31 870

　　　贷：财政拨款收入　　　　　　　　　　　　　　　　　　　31 870

　　预算会计：

　　借：事业支出——财政拨款支出——项目支出——重大疫情防控救治体系建设
　　　　——其他材料费　　　　　　　　　　　　　　　　　　　31 870

　　　贷：财政拨款预算收入——项目支出——重大疫情防控救治体系建设

　　　　　　　　　　　　　　　　　　　　　　　　　　　　　31 870

第二节　学校后勤保障业务

一、水电暖

（一）电费

　　学校发生的日常办公电费，应当作为基本支出中的电费列支。存在与其他单位或
个人共用电表等情况的，如果采用垫付再收回的方式，垫付部分的费用应当作为往来
款计入其他应收款，如果采用代收代缴其他单位或个人电费方式的，学校应当按照实
际由本单位负担的部分，计入费用和支出。

　　发生电费支出，如单位按月预交，最终根据电费发票办理报销手续并进行费用分
摊。预交电费时，财务会计借记"预付账款"科目，贷记"财政拨款收入""银行存
款"等科目；预算会计借记"事业支出"科目，贷记"财政拨款预算收入""资金结
存——货币资金"等科目。

　　发生电费分摊，财务会计借记"业务活动费用——商品和服务费用"或"单位管
理费用——商品和服务费用"科目，贷记"预付账款"等科目；预算会计不作处理。

　　【例17 -65】2019 年3 月8 日，某小学使用日常公用经费支付给市供电公司预付

电费 30 000 元，财政直接支付。

财务会计：

借：预付账款——预付电费 30 000

贷：财政拨款收入 30 000

预算会计：

借：事业支出——财政拨款支出——基本支出——日常公用经费——小学教育
——电费 30 000

贷：财政拨款预算收入——基本支出——日常公用经费——小学教育
30 000

【例 17 - 66】某小学 2019 年 1 月 22 日，前期已经预付电费 50 000 元，收到市供电公司电费发票 36 614.58 元。

财务会计：

借：单位管理费用——商品和服务费用——电费 36 614.58

贷：预付账款——预付电费 36 614.58

预算会计不作处理。

【例 17 - 67】2019 年 9 月 1 日，某中学使用日常公用经费支付给市供电公司电费 15 658 元，采用电表计费模式，财政授权支付。

财务会计：

借：业务活动费用——商品和服务费用——电费 15 658

贷：零余额账户用款额度 15 658

预算会计：

借：事业支出——财政拨款支出——基本支出——日常公用经费——初中教育
——电费 15 658

贷：资金结存——零余额账户用款额度 15 658

【例 17 - 68】2020 年 12 月 28 日，某幼儿园直接支付给市供电有限公司××中心园预付电费 50 000 元，××乔家园电费 40 000 元，共计 90 000 元。

财务会计：

借：预付账款——预付电费 90 000

贷：事业收入——其他事业收入——保教费 90 000

预算会计：

借：事业支出——非专项资金支出——学前教育——电费 90 000

贷：事业预算收入——非专项资金收入——学前教育 90 000

【例 17 - 69】2021 年 3 月 31 日，某镇办中学为学校预付电费 20 000 元，国库集中支付。2021 年 1 ~ 3 月收学校生活区电卡充值 4 850 元，收到 3 月供电公司（学校、生活区）发票 19 800 元，生活区电费学校一季度代缴一次不确认学校业务活动费用。（充值卡方式预收生活区电费，可操作性比较强，需注意核算生活区具体电费）

（1）收生活区第一季度电费。

财务会计：

借：库存现金　　　　　　　　　　　　　　　　　　　　　　　　　4 850

　　贷：其他应付款——供电公司　　　　　　　　　　　　　　　　　4 850

预算会计不作处理。

（2）2021 年 3 月 31 日，学校预付电费 20 000 元，国库集中支付 15 150 元，现金支付 4 850 元。

财务会计：

借：预付账款——供电公司　　　　　　　　　　　　　　　　　　　20 000

　　贷：财政拨款收入　　　　　　　　　　　　　　　　　　　　　15 150

　　　　库存现金　　　　　　　　　　　　　　　　　　　　　　　　4 850

预算会计：

借：事业支出——财政拨款支出——基本支出——日常公用经费——电费

　　　　　　　　　　　　　　　　　　　　　　　　　　　　　　　15 150

　　贷：财政拨款预算收入——基本支出——日常公用经费　　　　　　15 150

（3）收到供电公司发票 19 800 元，确认学校第一季度电费 14 950 元。（发票扣减第一季度生活区充值款）

财务会计：

借：业务活动费用——商品和服务费用　　　　　　　　　　　　　　14 950

　　其他应付款——供电公司　　　　　　　　　　　　　　　　　　　4 850

　　贷：预付账款——预付电费　　　　　　　　　　　　　　　　　19 800

预算会计不作处理。

（二）水费

支付水费，财务会计借记"业务活动费用——商品和服务费用"科目，贷记"零余额账户用款额度""财政拨款收入"等科目；预算会计借记"事业支出"科目，贷记"资金结存——零余额账户用款额度""财政拨款预算收入"等科目。

【例 17 - 70】2020 年 12 月 29 日，某幼儿园使用日常公用经费支付水费 2 000 元，财政授权支付。

财务会计：

借：业务活动费用——商品和服务费用——水费　　　　　　　　　　2 000

  贷：零余额账户用款额度   2 000

预算会计：

借：事业支出——财政拨款支出——基本支出——日常公用经费——学前教育

  ——水费   2 000

  贷：资金结存——零余额账户用款额度   2 000

【例 17 -71】某小学使用日常公用经费支付大桶水款 37 946.40 元，财政直接支付。

财务会计：

借：业务活动费用——商品和服务费用——水费   37 946.40

  贷：财政拨款收入   37 946.40

预算会计：

借：事业支出——财政拨款支出——基本支出——日常公用经费——小学教育

  ——水费   37 946.40

  贷：财政拨款预算收入——基本支出——日常公用经费——小学教育

                   37 946.40

（三）取暖费

  支付教学楼取暖费（不包括教职工宿舍取暖费），财务会计借记"业务活动费用——商品和服务费用"科目，贷记"财政拨款收入"等科目；预算会计借记"事业支出"科目，贷记"财政拨款预算收入"等科目。

【例 17 -72】某小学使用日常公用经费支付 12 月取暖费 64 795.32 元，（按流量计费）财政直接支付。

财务会计：

借：业务活动费用——商品和服务费用——取暖费   64 795.32

  贷：财政拨款收入   64 795.32

预算会计：

借：事业支出——财政拨款支出——基本支出——日常公用经费——小学教育

  ——取暖费   64 795.32

  贷：财政拨款预算收入——基本支出——日常公用经费——小学教育

                   64 795.32

【例 17 -73】某小学使用日常公用经费预付暖气费 20 000 元，财政直接支付。

财务会计：

借：预付账款——预付取暖费   20 000

  贷：财政拨款收入   20 000

预算会计：

借：事业支出——财政拨款支出——基本支出——日常公用经费——小学教育
　　——取暖费　　　　　　　　　　　　　　　　　　　20 000

　　贷：财政拨款收入——基本支出——日常公用经费——小学教育　20 000

二、校园保洁费

校园保洁费是指从学校指定的堆放点运至分拣、中转场所收取的清运费用，含清扫保洁费用、垃圾清运费等。发生校园保洁费相关支出，财务会计借记"单位管理费用——商品和服务费用"科目，贷记"财政拨款收入"等科目；预算会计借记"事业支出"科目，贷记"财政拨款预算收入"等科目。

【例17-74】2020年11月26日某中学使用日常公用经费支付给××生活垃圾处置有限责任公司7~12月垃圾处置费9 000元，财政直接支付。

财务会计：

借：单位管理费用——商品和服务费用——校园保洁费　　　9 000

　　贷：财政拨款收入　　　　　　　　　　　　　　　　　　9 000

预算会计：

借：事业支出——财政拨款支出——基本支出——日常公用经费——初中教育
　　——校园保洁费　　　　　　　　　　　　　　　　　9 000

　　贷：财政拨款预算收入——基本支出——日常公用经费——初中教育

　　　　　　　　　　　　　　　　　　　　　　　　　9 000

【例17-75】某小学使用日常公用经费支付给××生活垃圾处置有限责任公司垃圾处理费7 200元，财政直接支付。

财务会计：

借：单位管理费用——商品和服务费用——校园保洁费　　　7 200

　　贷：财政拨款收入　　　　　　　　　　　　　　　　　　7 200

预算会计：

借：事业支出——财政拨款支出——基本支出——日常公用经费——小学教育
　　——校园保洁费　　　　　　　　　　　　　　　　　7 200

　　贷：财政拨款预算收入——基本支出——日常公用经费——小学教育

　　　　　　　　　　　　　　　　　　　　　　　　　7 200

【例17-76】2020年12月25日，某幼儿园支付给××家政服务中心9~11月保洁费22 200元，财政直接支付。

财务会计：

借：单位管理费用——商品和服务费用——校园保洁费   22 200

    贷：事业收入——其他事业收入——保教费   22 200

预算会计：

借：事业支出——非专项资金支出——学前教育——校园保洁费 22 200

    贷：事业预算收入——非专项资金收入——学前教育   22 200

【例 17 - 77】某小学使用日常公用经费支付第四季度保洁管理费 83 234 元，财政授权支付。

财务会计：

借：业务活动费用——商品和服务费用——校园保洁费   83 234

    贷：零余额账户用款额度   83 234

预算会计：

借：事业支出——财政拨款支出——基本支出——日常公用经费——小学教育

    ——校园保洁费   83 234

    贷：资金结存——零余额账户用款额度   83 234

【例 17 - 78】某幼儿园使用日常公用经费支付化粪池清理款 2 400 元，财政直接支付。

财务会计：

借：单位管理费用——商品和服务费用——校园保洁费   2 400

    贷：财政拨款收入   2 400

预算会计：

借：事业支出——财政拨款支出——基本支出——日常公用经费——学前教育

    ——校园保洁费   2 400

    贷：财政拨款预算收入——基本支出——日常公用经费——学前教育

    2 400

【例 17 - 79】2020 年 12 月 10 日，某幼儿园直接支付给××人力资源服务有限公司 2020 年 10 月保洁工资、服务费 4 400 元。

财务会计：

借：单位管理费用——商品和服务费用——校园保洁费   4 400

    贷：事业收入——其他事业收入——保教费   4 400

预算会计：

借：事业支出——非专项资金支出——学前教育——校园保洁费 4 400

    贷：事业预算收入——非专项资金收入——学前教育   4 400

【例 17 - 80】2020 年 11 月 30 日某小学使用日常公用经费支付 9 月、10 月保洁人员工资 1 000 元，财政直接支付。

财务会计：

借：业务活动费用——商品和服务费用——校园保洁费 1 000

　　贷：财政拨款收入 1 000

预算会计：

借：事业支出——财政拨款支出——基本支出——日常公用经费——小学教育
——校园保洁费 1 000

　　贷：财政拨款预算收入——基本支出——日常公用经费——小学教育

1 000

【例 17 – 81】2020 年 10 月 19 日某小学使用日常公用经费支付给 × × 人力资源服务有限公司保洁服务费 16 460 元，财政直接支付。

财务会计：

借：单位管理费用——商品和服务费用——校园保洁费 16 460

　　贷：财政拨款收入 16 460

预算会计：

借：事业支出——财政拨款支出——基本支出——日常公用经费——小学教育
——校园保洁费 16 460

　　贷：财政拨款预算收入——基本支出——日常公用经费——小学教育

16 460

三、其他物业管理费

根据《物业管理条例》的规定，物业管理是指物业管理企业对房屋及配套设施、设备和相关场地进行维修、养护、管理，维护相关区域内的环境卫生和秩序的活动。

支付物业费，财务会计借记"业务活动费用——商品和服务费用"或"单位管理费用——商品和服务费用"科目，贷记"财政拨款收入""事业收入"等科目；预算会计借记"事业支出"科目，贷记"财政拨款预算收入""事业预算收入"等科目。

【例 17 – 82】2020 年 12 月 31 日某中学使用日常公用经费支付第四季度物业费 62 225 元，收到物业管理费发票，财政直接支付。

财务会计：

借：单位管理费用——商品和服务费用——其他物业管理费 62 225

　　贷：财政拨款收入 62 225

预算会计：

借：事业支出——财政拨款支出——基本支出——日常公用经费——初中教育
——其他物业管理费 62 225

贷：财政拨款预算收入——基本支出——日常公用经费——初中教育

62 225

【例 17 -83】2020 年 9 月 27 日某幼儿园直接支付给市××物业管理有限公司 2020 年 6 月、7 月物业费 16 800 元。

财务会计：

借：单位管理费用——商品和服务费用——其他物业管理费　　16 800

贷：事业收入——其他事业收入——保教费　　16 800

预算会计：

借：事业支出——非专项资金支出——学前教育——其他物业管理费

16 800

贷：事业预算收入——非专项资金收入——学前教育　　16 800

【例 17 -84】某中学直接支付 2020 年 12 月、2021 年 1 月物业管理费 360 586 元，使用缴入非税账户后返还的高中阶段学杂费支付。

财务会计：

借：单位管理费用——商品和服务费用——其他物业管理费　　360 586

贷：事业收入——其他事业收入——高中学杂费　　360 586

预算会计：

借：事业支出——非专项资金支出——高中教育——其他物业管理费

360 586

贷：事业预算收入——非专项资金收入——高中教育　　360 586

四、校园绿化费

学校发生与绿化工程相关的支出时，按照金额大小和资金来源，财务会计借记"单位管理费用——商品和服务费用"科目，贷记"零余额账户用款额度"等科目；预算会计借记"事业支出"科目，贷记"资金结存——零余额账户用款额度"等科目。

【例 17 -85】某中学发生绿化养护劳务费 18 825 元，使用日常公用经费支付 5 825 元，财政直接支付，余 13 000 元暂未支付。

财务会计：

借：业务活动费用——商品和服务费用——校园绿化费　　18 825

贷：其他应付款——××公司　　13 000

财政拨款收入　　5 825

预算会计：

借：事业支出——财政拨款支出——基本支出——日常公用经费——初中教育

　　　　——校园绿化费　　　　　　　　　　　　　　　　5 825

　　　　贷：财政拨款预算收入——基本支出——日常公用经费——初中教育

　　　　　　　　　　　　　　　　　　　　　　　　　　　5 825

　　【例17 – 86】2020年12月10日某学校支付给××装饰工程有限公司草坪地面工程款，发票金额为137 493.73元，实际直接支付130 618.73元，财政直接支付。

　　财务会计：

　　　　借：单位管理费用——商品和服务费用——校园绿化费　　137 493.73

　　　　　　贷：其他应付款——草坪工程　　　　　　　　　　　6 875

　　　　　　　　事业收入——其他事业收入——幼儿保教费　　130 618.73

　　预算会计：

　　　　借：事业支出——非专项资金支出——学前教育——校园绿化费

　　　　　　　　　　　　　　　　　　　　　　　　　130 618.73

　　　　　　贷：事业预算收入——非专项资金收入——学前教育　　130 618.73

　　【例17 – 87】某学校使用日常公用经费支付苗木款24 715.66元，财政授权支付。

　　财务会计：

　　　　借：单位管理费用——商品和服务费用——校园绿化费　　24 715.66

　　　　　　贷：零余额账户用款额度　　　　　　　　　　　　24 715.66

　　预算会计：

　　　　借：事业支出——财政拨款支出——基本支出——日常公用经费——校园绿化费

　　　　　　　　　　　　　　　　　　　　　　　　　24 715.66

　　　　　　贷：资金结存——零余额账户用款额度　　　　　　24 715.66

　　【例17 – 88】2019年9月30日某学校支付给××教学设备科技有限公司幼儿园环境创设铺设草皮款55 174元，财政直接支付。

　　财务会计：

　　　　借：业务活动费用——商品和服务费用——校园绿化费　　55 174

　　　　　　贷：事业收入——其他事业收入——保教费　　　　　55 174

　　预算会计：

　　　　借：事业支出——非专项资金支出——学前教育——校园绿化费　55 174

　　　　　　贷：事业预算收入——非专项资金收入——学前教育　　55 174

五、学校安保费

　　【例17 – 89】2020年11月25日某中学使用日常公用经费支付给××保安服务有限公司校园安保劳务派遣费20 450元，财政直接支付。

财务会计：

借：单位管理费用——商品和服务费用——学校安保费   20 450

    贷：财政拨款收入   20 450

预算会计：

借：事业支出——财政拨款支出——基本支出——日常公用经费——初中教育

    ——学校安保费   20 450

    贷：财政拨款预算收入——基本支出——日常公用经费——初中教育

     20 450

【例 17 - 90】2020 年 12 月 3 日某学校使用日常公用经费支付给××消防安全工程有限公司校园消防服务费 44 000 元，财政直接支付。

财务会计：

借：业务活动费用——商品和服务费用——学校安保费   44 000

    贷：财政拨款收入   44 000

预算会计：

借：事业支出——财政拨款支出——基本支出——日常公用经费——初中教育

    ——学校安保费   44 000

    贷：财政拨款预算收入——基本支出——日常公用经费——初中教育

     44 000

第三节 学校委托业务

委托业务一般是指单位不具备相应专业技术能力等条件下，通过购买服务的方式委托第三方协助完成工作任务，应当有合同或协议。学校委托业务主要包括消防技术服务、水质监测、空中课堂服务等类型。

发生委托业务费相关支出，财务会计借记"业务活动费用——商品和服务费用"科目，贷记"财政拨款收入"等科目；预算会计借记"事业支出"科目，贷记"财政拨款预算收入"等科目。预算会计是否用基本支出核算，取决于经费来源。

一、消防技术服务检测

【例 17 - 91】2020 年 12 月 24 日某小学支付给山东××公共安全文化发展有限公司消防技术服务检测费 11 000 元，项目资金列支，直接支付。

财务会计：

借：业务活动费用——商品和服务费用——委托业务费　　　　11 000
　　贷：财政拨款收入　　　　　　　　　　　　　　　　　　　11 000
预算会计：
借：事业支出——财政拨款支出——项目支出——校园消防安全资金——其他教
　　育管理事务支出——委托业务费　　　　　　　　　　　　11 000
　　贷：财政拨款预算收入——项目支出——校园消防安全资金——其他教育管
　　　　理事务支出　　　　　　　　　　　　　　　　　　　　11 000

二、水质检测费

【例 17－92】2020 年 5 月 28 日某小学使用日常公用经费支付给市××水质检测有
限公司水质检测费 743 元，财政授权支付。
　　财务会计：
借：业务活动费用——商品和服务费用——委托业务费　　　　743
　　贷：零余额账户用款额度　　　　　　　　　　　　　　　　743
　　预算会计：
借：事业支出——财政拨款支出——基本支出——日常公用经费——小学教育
　　——委托业务费　　　　　　　　　　　　　　　　　　　743
　　贷：资金结存——零余额账户用款额度　　　　　　　　　　743

三、工程测绘费

【例 17－93】2021 年 2 月 22 日某小学支付给山东××测绘有限公司消防工程测绘
费 8 422 元，项目资金列支，财政直接支付。
　　财务会计：
借：业务活动费用——商品和服务费用——委托业务费　　　　8 422
　　贷：财政拨款收入　　　　　　　　　　　　　　　　　　　8 422
预算会计：
借：事业支出——财政拨款支出——项目支出——教育系统欠款——小学教育
　　——委托业务费　　　　　　　　　　　　　　　　　　　8 422
　　贷：财政拨款预算收入——项目支出——教育系统欠款——小学教育
　　　　　　　　　　　　　　　　　　　　　　　　　　　　8 422

【例 17－94】2020 年 6 月 16 日某小学使用日常公用经费支付给山东××软件股份
有限公司 2019 年固定资产申报技术服务费 2 000 元，财政直接支付。

财务会计：

借：业务活动费用——商品和服务费用——委托业务费　　　　2 000

　　贷：财政拨款收入　　　　　　　　　　　　　　　　　　　　　　2 000

预算会计：

借：事业支出——财政拨款支出——基本支出——日常公用经费——小学教育

　　——委托业务费　　　　　　　　　　　　　　　　　　　　　　2 000

　　贷：财政拨款预算收入——基本支出——日常公用经费——小学教育

　　　　　　　　　　　　　　　　　　　　　　　　　　　　　　　2 000

【例 17 - 95】2020 年 12 月 26 日，某小学使用日常公用经费支付给××道路工程有限公司道路划线款 2 671.25 元，财政授权支付。

财务会计：

借：业务活动费用——商品和服务费用——委托业务费　　　　2 671.25

　　贷：零余额账户用款额度　　　　　　　　　　　　　　　　　　2 671.25

预算会计：

借：事业支出——财政拨款支出——基本支出——日常公用经费——小学教育

　　——委托业务费　　　　　　　　　　　　　　　　　　　　　　2 671.25

　　贷：资金结存——零余额账户用款额度　　　　　　　　　　　　2 671.25

四、空中课堂服务费

空中课堂服务费是指为保证教学活动顺利进行，学校为学生暑假或疫情等特殊时期提供的网上直播课程委托软件公司而支付的费用。

发生空中课堂服务费相关支出，财务会计借记"业务活动费用——商品和服务费用"科目，贷记"财政拨款收入""零余额账户用款额度""事业收入"等科目；预算会计借记"事业支出"科目，贷记"财政拨款预算收入""资金结存——零余额账户用款额度""事业预算收入"等科目。

【例 17 - 96】2020 年 10 月 8 日，某学校使用非税收入支付暑假空中课堂服务费 475 800 元，财政直接支付。

财务会计：

借：业务活动费用——商品和服务费用　　　　　　　　　　　　475 800

　　贷：事业收入　　　　　　　　　　　　　　　　　　　　　　　475 800

预算会计：

借：事业支出——非专项资金支出——委托业务费——高中教育　475 800

　　贷：事业预算收入——非专项资金收入——高中教育　　　　　　475 800

第四节　咨询费

咨询费是指为保证教学活动顺利进行，学校就相关事项从咨询人员或公司获得意见或建议而支付的费用，包含法律顾问费。法律顾问费是指专门的法律人员为学校提供法律咨询等方面的法律服务而收取的费用。在业务进行过程中，需要保留相关的合同和发票。

发生咨询费相关支出，财务会计借记"单位管理费用——商品和服务费用"科目，贷记"财政拨款收入""零余额账户用款额度"等科目；预算会计借记"事业支出"科目，贷记"财政拨款预算收入""资金结存——零余额账户用款额度"等科目。

【例 17－97】某学校使用日常公用经费支付鉴证服务咨询费 1 620 元，财政授权支付。

财务会计：

借：单位管理费用——商品和服务费用——咨询费　　　　　　　1 620
　　贷：零余额账户用款额度　　　　　　　　　　　　　　　　　　1 620

预算会计：

借：事业支出——财政拨款支出——基本支出——日常公用经费——学前教育
　　——咨询费　　　　　　　　　　　　　　　　　　　　　　1 620
　　贷：资金结存——零余额账户用款额度　　　　　　　　　　　　1 620

【例 17－98】2021 年 3 月 8 日，市教体局用教育费附加支付 2019～2030 年中小学幼儿园布局规划编制费 40 000 元，财政直接支付。

财务会计：

借：业务活动费用——商品和服务费用——咨询费　　　　　　40 000
　　贷：财政拨款收入　　　　　　　　　　　　　　　　　　　　40 000

预算会计：

借：事业支出——财政拨款支出——项目支出——中小学幼儿园布局规划编制费
　　——咨询费　　　　　　　　　　　　　　　　　　　　　40 000
　　贷：财政拨款预算收入——项目支出——中小学幼儿园布局规划编制费——
　　咨询费　　　　　　　　　　　　　　　　　　　　　　　40 000

【例 17－99】2020 年 10 月 23 日某学校使用日常公用经费支付给××律师事务所法律顾问费 5 000 元，财政直接支付。

财务会计：

借：业务活动费用——商品和服务费用——咨询费　　　　　　5 000

　　　　贷：财政拨款收入　　　　　　　　　　　　　　　　　　5 000

　　预算会计：

　　借：事业支出——财政拨款支出——基本支出——日常公用经费——小学教育
　　　　——咨询费　　　　　　　　　　　　　　　　　　　　5 000

　　　　贷：财政拨款预算收入——基本支出——日常公用经费——小学教育
　　　　　　　　　　　　　　　　　　　　　　　　　　　　　5 000

【例 17 –100】2020 年 3 月 15 日，某幼儿园使用非税收入直接支付给 × ×律师事务所法律顾问费 3 000 元。

　　财务会计：

　　借：业务活动费用——商品和服务费用——咨询费　　　　3 000

　　　　贷：事业收入——其他事业收入——保教费　　　　　　3 000

　　预算会计：

　　借：事业支出——非专项资金支出——学前教育——咨询费　3 000

　　　　贷：事业预算收入——非专项资金收入——学前教育　　3 000

【例 17 –101】2020 年 8 月 31 日，某中学使用缴入非税账户后返还的高中学杂费支付给 × ×律师事务所法律顾问费 6 000 元，财政授权支付。

　　财务会计：

　　借：业务活动费用——商品和服务费用——咨询费　　　　6 000

　　　　贷：零余额账户用款额度　　　　　　　　　　　　　6 000

　　预算会计：

　　借：事业支出——非专项资金支出——高中教育——咨询费　6 000

　　　　贷：资金结存——零余额账户用款额度　　　　　　　　6 000

第五节　学校维修、装修相关业务

一、仪器设备维修（护）费

【例 17 –102】某小学使用日常公用经费支付电脑维修款 13 940 元，财政直接支付。

　　财务会计：

　　借：业务活动费用——商品和服务费用——仪器设备维修（护）费

　　　　　　　　　　　　　　　　　　　　　　　　　　　13 940

　　　　贷：财政拨款收入　　　　　　　　　　　　　　　13 940

预算会计：

借：事业支出——财政拨款支出——基本支出——日常公用经费——小学教育
　　——仪器设备维修（护）费　　　　　　　　　　　　　　13 940

　　贷：财政拨款预算收入——基本支出——日常公用经费——小学教育
　　　　　　　　　　　　　　　　　　　　　　　　　　　13 940

【例 17 – 103】某学校使用日常公用经费支付取暖设备流量计及安装款 26 043.19 元，财政授权支付。

财务会计：

借：业务活动费用——商品和服务费用——仪器设备维修（护）费
　　　　　　　　　　　　　　　　　　　　　　　26 043.19

　　贷：零余额账户用款额度　　　　　　　　　　　26 043.19

预算会计：

借：事业支出——财政拨款支出——基本支出——日常公用经费——小学教育
　　——仪器设备维修（护）费　　　　　　　　　26 043.19

　　贷：资金结存——零余额账户用款额度　　　　　26 043.19

【例 17 – 104】2020 年 9 月 19 日某学校使用日常公用经费支付给 × × 经营部延时罚款 500 元，财政直接支付。

财务会计：

借：单位管理费用——商品和服务费用——仪器设备维修（护）费　500

　　贷：财政拨款收入　　　　　　　　　　　　　　500

预算会计：

借：事业支出——财政拨款支出——基本支出——日常公用经费——小学教育
　　——仪器设备维修（护）费　　　　　　　　　500

　　贷：财政拨款预算收入——基本支出——日常公用经费——小学教育　500

二、信息系统维修（护）费

【例 17 – 105】2020 年 6 月 30 日，某小学使用日常公用经费支付监控系统维修费 420 元，财政授权支付。

财务会计：

借：业务活动费用——商品和服务费用——信息系统维修（护）费　420

　　贷：零余额账户用款额度　　　　　　　　　　420

预算会计：

借：事业支出——财政拨款支出——基本支出——日常公用经费——小学教育

　　——信息系统维修（护）费　　　　　　　　　　　　　　　　420

　　　　贷：资金结存——零余额账户用款额度　　　　　　　　　420

三、房屋建筑物维修（护）费

【例 17-106】某小学使用日常公用经费支付留观室板房维修费 24 840 元，财政直接支付。

财务会计：

借：业务活动费用——商品和服务费用——房屋建筑物维修（护）费

　　　　　　　　　　　　　　　　　　　　　　　　　24 840

　　　贷：财政拨款收入　　　　　　　　　　　　　　24 840

预算会计：

借：事业支出——财政拨款支出——基本支出——日常公用经费——小学教育

　　——房屋建筑物维修（护）费　　　　　　　　　24 840

　　　贷：财政拨款预算收入——基本支出——日常公用经费——小学教育

　　　　　　　　　　　　　　　　　　　　　　　　　24 840

【例 17-107】2019 年 12 月 2 日，中学使用日常公用经费支付给山东××建筑有限公司餐厅屋面防水工程款 9 130 元，财政直接支付。

财务会计：

借：单位管理费用——商品和服务费用——房屋建筑物维修（护）费

　　　　　　　　　　　　　　　　　　　　　　　　　9 130

　　　贷：财政拨款收入　　　　　　　　　　　　　　9 130

预算会计：

借：事业支出——财政拨款支出——基本支出——日常公用经费——初中教育

　　——房屋建筑物维修（护）费　　　　　　　　　9 130

　　　贷：财政拨款预算收入——基本支出——日常公用经费——初中教育

　　　　　　　　　　　　　　　　　　　　　　　　　9 130

【例 17-108】2020 年 12 月 4 日某幼儿园使用非税收入直接支付给××装饰工程有限公司墙面乳胶漆翻新工程款 59 240 元，财政直接支付。

财务会计：

借：业务活动费用——商品和服务费用——房屋建筑物维修（护）费

　　　　　　　　　　　　　　　　　　　　　　　　　59 240

　　　贷：事业收入——其他事业收入——保教费　　　59 240

预算会计：

借：事业支出——非专项资金支出——学前教育——房屋建筑物维修（护）费

59 240

　　贷：事业预算收入——非专项资金收入——学前教育　　59 240

【例17 - 109】2021年3月某初中使用日常公用经费支付给××维修部2019年校舍维修工程欠款46 469.76元，前期已挂账，财政直接支付。

财务会计：

借：应付账款——××维修部　　　　　　　　　　　　46 469.76

　　贷：财政拨款收入　　　　　　　　　　　　　　　46 469.76

预算会计：

借：事业支出——财政拨款支出——基本支出——日常公用经费——初中教育

——房屋建筑物维修（护）费　　46 469.76

　　贷：财政拨款预算收入——基本支出——日常公用经费——初中教育

46 469.76

【例17 - 110】2020年6月16日，某小学使用日常公用经费支付多媒体教室、文化展室装修费3 240元，财政直接支付。

财务会计：

借：业务活动费用——商品和服务费用——房屋建筑物维修（护）费

3 240

　　贷：财政拨款收入　　　　　　　　　　　　　　　　　3 240

预算会计：

借：事业支出——财政拨款支出——基本支出——日常公用经费——小学教育

——房屋建筑物维修（护）费　　3 240

　　贷：财政拨款预算收入——基本支出——日常公用经费——小学教育

3 240

四、其他维修（护）费

【例17 - 111】2019年12月30日某中学收到桌椅、玻璃等零星维修款发票，共计53 243元，直接支付给××维修部6 773.24元，剩余款项暂未支付。

财务会计：

借：业务活动费用——商品和服务费用——其他维修（护）费　53 243

　　贷：财政拨款收入　　　　　　　　　　　　　　　6 773.24

　　　　应付账款——××维修部　　　　　　　　　　46 469.76

预算会计：

借：事业支出——财政拨款支出——基本支出——日常公用经费——初中教育
　　——其他维修（护）费　　　　　　　　　　　　　　　　6 773.24
　　贷：财政拨款预算收入——基本支出——日常公用经费——初中教育
　　　　　　　　　　　　　　　　　　　　　　　　　　　　6 773.24

【例 17 – 112】2020 年 12 月 25 日某小学收到××公司线路更换维修款发票 43 572
元，暂未支付。

财务会计：

借：单位管理费用——商品和服务费用——其他维修（护）费　　43 572
　　贷：应付账款——××公司　　　　　　　　　　　　　　　43 572

预算会计不作处理。

【例 17 – 113】2020 年 6 月 30 日某小学使用日常公用经费支付多媒体教室、文化
展室装修费 620 元，财政授权支付。

财务会计：

借：业务活动费用——商品和服务费用——其他维修（护）费　　620
　　贷：零余额账户用款额度　　　　　　　　　　　　　　　　620

预算会计：

借：事业支出——财政拨款支出——基本支出——日常公用经费——小学教育
　　——其他维修（护）费　　　　　　　　　　　　　　　　620
　　贷：资金结存——零余额账户用款额度　　　　　　　　　　620

【例 17 – 114】2020 年 12 月 7 日某学校支付给××启航五金综合经营部测温门通
道用铝合金款 5 800 元，项目资金列支，财政直接支付。

财务会计：

借：业务活动费用——商品和服务费用——其他维修（护）费　　5 800
　　贷：财政拨款收入　　　　　　　　　　　　　　　　　　　5 800

预算会计：

借：事业支出——财政拨款支出——项目支出——重大疫情防控救治体系建设
　　——其他维修（护）费　　　　　　　　　　　　　　　　5 800
　　贷：财政拨款预算收入——项目支出——重大疫情防控救治体系建设
　　　　　　　　　　　　　　　　　　　　　　　　　　　　5 800

第六节　学校财产和责任保险费用

校方责任险，是保险的一种，由学校作为投保人，因校方过失导致学生伤亡的事

故及财产损失，由保险公司来赔偿。学校是受益方，是一种责任保险。

学校支付校方责任险相关款项时，财务会计借记"业务活动费用——商品和服务费用"科目，贷记"财政拨款收入""事业收入"等科目；预算会计借记"事业支出"科目，贷记"财政拨款预算收入""事业预算收入"等科目。

【例 17 - 115】 2020 年 12 月 2 日，某学校使用日常公用经费支付给 ×× 保险股份有限公司校方责任险款 11 022 元，财政直接支付。

财务会计：

借：业务活动费用——商品和服务费用——学校财产和责任保险费用

　　　　　　　　　　　　　　　　　　　　　　　　　　　　11 022

　　贷：财政拨款收入　　　　　　　　　　　　　　　　　　11 022

预算会计：

借：事业支出——财政拨款支出——基本支出——日常公用经费——学前教育
　　——学校财产和责任保险费用　　　　　　　　　　　　　11 022

　　贷：财政拨款预算收入——基本支出——日常公用经费——学前教育

　　　　　　　　　　　　　　　　　　　　　　　　　　　　11 022

【例 17 - 116】 2020 年 10 月 22 日，某学校付给 ×× 保险股份有限公司校方责任险款 4 202 元，财政直接支付。

财务会计：

借：业务活动费用——商品和服务费用——学校财产和责任保险费用

　　　　　　　　　　　　　　　　　　　　　　　　　　　　4 202

　　贷：事业收入——其他事业收入——保教费　　　　　　　　4 202

预算会计：

借：事业支出——非专项资金支出——学前教育——学校财产和责任保险费用

　　　　　　　　　　　　　　　　　　　　　　　　　　　　4 202

　　贷：事业预算收入——非专项资金收入——学前教育　　　　4 202

【例 17 - 117】 2018 年 10 月 9 日某学校使用日常公用经费支付给 ×× 保险股份有限公司足球运动员保险费 2 650 元，财政授权支付。

财务会计：

借：业务活动费用——商品和服务费用——学校财产和责任保险费用

　　　　　　　　　　　　　　　　　　　　　　　　　　　　2 650

　　贷：零余额账户用款额度　　　　　　　　　　　　　　　2 650

预算会计：

借：事业支出——财政拨款支出——基本支出——日常公用经费——学校财产和
　　责任保险费用　　　　　　　　　　　　　　　　　　　　2 650

　　　　贷：资金结存——零余额账户用款额度　　　　　　　　　　　　2 650

　　【例17－118】2021年2月教体局支付义务教育学校学生校方责任险784 113元，财政直接支付。

　　财务会计：

　　借：业务活动费用——商品和服务费用——学校财产和责任保险费用

　　　　　　　　　　　　　　　　　　　　　　　　　　　784 113

　　　　贷：财政拨款收入　　　　　　　　　　　　　　　784 113

　　预算会计：

　　借：事业支出——财政拨款支出——项目支出——学校财产和责任保险费用

　　　　　　　　　　　　　　　　　　　　　　　　　　　784 113

　　　　贷：财政拨款预算收入——项目支出　　　　　　　784 113

第十八章　学校人员经费业务

第一节　教师工资性薪酬业务

一、在编在岗教师工资发放及社会保险费缴纳业务

学校发生在编在岗人员人员工资，应采用先计提后发放的方式进行账务处理。计提基本工资、国家统一的津贴补贴、单位负担的社保、公积金时，财务会计借记"业务活动费用——工资福利费用"科目，贷记"应付职工薪酬——基本工资""应付职工薪酬——国家统一的津贴补贴""应付职工薪酬——改革性补贴""应付职工薪酬——社保（养老、医疗、失业、工伤）——单位""应付职工薪酬——住房公积金"等科目；预算会计不作处理。

计提代扣个人部分时，财务会计借记"应付职工薪酬——基本工资"科目，贷记"其他应交税费——应交个税""应付职工薪酬——社保（养老、医疗、失业、工伤）——个人""应付职工薪酬——住房公积金——个人""应付职工薪酬——年金——个人"等科目；预算会计不作处理。

发放工资、补贴及上交社保、公积金、个税时，财务会计借记"应付职工薪酬"科目，贷记"零余额账户用款额度""财政拨款收入"等科目；预算会计借记"事业支出"科目，贷记"资金结存——零余额账户用款额度""财政拨款预算收入"等科目。

【例 18 - 1】计提 1 月应付职工薪酬。（××小学）

财务会计：

借：业务活动费用——工资福利费用——工资支出（基本工资）333 118

　　　　　　　　　　　　　　　——工资支出（津贴补贴等）

　　　　　　　　　　　　　　　　　　　　　　　383 463

　　　　　　　　　　——养老保险　　91 434.24

　　　　　　　　　　——医疗保险　　40 422.48

　　　　　　　　　　——工伤保险　　 2 285.85

　　　　　　　——住房公积金　　　　　　　　80 765.52

　　　　　——对个人和家庭的补助费用——工资支出　　25

　　贷：应付职工薪酬——基本工资（含离退休费）　333 118

　　　　　　　——国家统一规定的津贴补贴　　　　12 411

　　　　　　　——规范津贴补贴（绩效工资）　　　224 860

　　　　　　　——改革性补贴　　　　　　　　　146 192

　　　　　　　——养老保险（单位）　　　　　91 434.24

　　　　　　　——医疗保险（单位）　　　　　40 422.48

　　　　　　　——工伤保险　　　　　　　　　2 285.85

　　　　　　　——单位住房公积金　　　　　　80 765.52

　　　　　　　——其他个人收入　　　　　　　　　　25

预算会计不作处理。

【例18-2】代扣1月社保公积金、个税。（××小学）

财务会计：

借：应付职工薪酬——基本工资（含离退休费）　163 290.22

　　贷：应付职工薪酬——养老保险（个人）　　45 717.12

　　　　　　　——医疗保险（个人）　　　　11 849.28

　　　　　　　——职业年金　　　　　　　22 858.56

　　　　　　　——个人住房公积金　　　　80 765.52

　　　其他应交税费——个人所得税　　　　2 099.74

预算会计不作处理。

【例18-3】发放1月工资。（××小学）

财务会计：

借：应付职工薪酬——基本工资（含离退休费）　169 827.78

　　　　　　　——国家统一规定的津贴补贴　　　12 411

　　　　　　　——规范津贴补贴（绩效工资）　　201 160

　　　　　　　——改革性补贴　　　　　　　　146 192

　　　　　　　——其他个人收入　　　　　　　　　25

　　贷：零余额账户用款额度　　　　　　　529 615.78

预算会计：

借：事业支出——财政拨款支出——基本支出——人员经费——小学教育——工
　　资福利支出——基本工资　　　　　　　　169 827.78

　　　　　　　——津贴补贴　　　　　　　　　359 763

　　　　　　　　　　　　　　　　　　　　　　　——对

　　个人和家庭的补助——奖励金　　　　　　　　　　　　　　25

　　　贷：资金结存——零余额账户用款额度　　　　　　529 615.78

【例 18 – 4】 缴纳社保、公积金。（××小学）

财务会计：

借：应付职工薪酬——养老保险（个人）　　　　　　45 717.12

　　　　　　　　——医疗保险（个人）　　　　　　11 849.28

　　　　　　　　——职业年金　　　　　　　　　　22 858.56

　　　　　　　　——个人公积金　　　　　　　　　80 765.52

　　　　　　　　——养老保险（单位）　　　　　　91 434.24

　　　　　　　　——医疗保险（单位）　　　　　　40 422.48

　　　　　　　　——工伤保险　　　　　　　　　　 2 285.85

　　　　　　　　——单位住房公积金　　　　　　　80 765.52

　　　贷：零余额账户用款额度　　　　　　　　　　376 098.57

预算会计：

借：事业支出——财政拨款支出——基本支出——人员经费——小学教育——工
资福利支出——基本工资　　　　　　　　　　　　45 717.12

　　事业支出——财政拨款支出——基本支出——人员经费——小学教育——工
资福利支出——基本工资　　　　　　　　　　　　11 849.28

　　事业支出——财政拨款支出——基本支出——人员经费——小学教育——工
资福利支出——基本工资　　　　　　　　　　　　22 858.56

　　事业支出——财政拨款支出——基本支出——人员经费——小学教育——工
资福利支出——基本工资　　　　　　　　　　　　80 765.52

　　事业支出——财政拨款支出——基本支出——人员经费——机关事业单位基
本养老保险缴费支出——工资福利支出——机关事业单位养老保险缴费

　　　　　　　　　　　　　　　　　　　　　　　91 434.24

　　事业支出——财政拨款支出——基本支出——人员经费——事业单位医疗
——工资福利支出——职工基本医疗　　　　　　　40 422.48

　　事业支出——财政拨款支出——基本支出——人员经费——小学教育——工
资福利支出——其他社会保障缴费　　　　　　　　 2 285.85

　　事业支出——财政拨款支出——基本支出——人员经费——住房公积金——
工资福利支出——住房公积金　　　　　　　　　　80 765.52

　　　贷：资金结存——零余额账户用款额度　　　　376 098.57

【例 18 – 5】 计提工资、社保、津贴、补贴。（××中学）

财务会计：

借：业务活动费用——工资福利费用——工资支出 951 739.6

        ——工资支出 990 504.5

        ——养老保险 234 106.72

        ——医疗保险 132 685.03

        ——工伤保险 5 852.55

        ——住房公积金 205 676.40

    ——对个人和家庭的补助费用——工资支出 140

  贷：应付职工薪酬——基本工资（含离退休费） 951 739.60

      ——国家统一规定的津贴补贴 21 075

      ——规范津贴补贴（绩效工资） 562 329

      ——改革性补贴 407 100.50

      ——养老保险（单位） 234 106.72

      ——医疗保险（单位） 132 685.03

      ——工伤保险 5 852.55

      ——单位住房公积金 205 676.40

      ——其他个人收入 140

预算会计不作处理。

【例 18 – 6】代扣社保、公积金、个税。（××中学）

财务会计：

借：应付职工薪酬——基本工资（含离退休费） 526 799.72

  贷：应付职工薪酬——养老保险（个人） 110 803.76

      ——医疗保险（个人） 28 705.94

      ——职业年金 55 401.88

      ——住房公积金（个人） 236 679.12

    其他应交税费——个人所得税 95 209.02

预算会计不作处理。

【例 18 – 7】发放工资、津贴补贴等。（××中学）

财务会计：

借：应付职工薪酬——基本工资（含离退休费） 309 237.52

      ——国家统一规定的津贴补贴 28 285

      ——规范津贴补贴（绩效工资） 564 937

      ——改革性补贴 367 274

  应付职工薪酬——其他个人收入（独生子女费） 150

  贷：零余额账户用款额度 1 269 883.52

预算会计：

借：事业支出——财政拨款支出——基本支出——人员经费——初中教育——工
资福利支出——基本工资　　　　　　　　　　　309 237.52

　　　　　　　　——津贴补贴　　　　　　　　　　960 496

　　　　　　　　——对个人和家庭的补助——奖励金　　　150

　　贷：资金结存——零余额账户用款额度　　　　　1 269 883.52

【例 18 - 8】发放 12 月工资。（××小学）

财务会计：

借：应付职工薪酬——基本工资（含离退休费）　　　286 347.27

　　　　　　——国家统一规定的津贴补助　　　　81 876

　　　　　　——规范津贴补贴（绩效工资）　　　404 720

　　　　　　——改革性补贴　　　　　　　　　255 279

　　　　　　——其他个人收入　　　　　　　　　90

　　贷：零余额账户用款额度　　　　　　　　　1 028 312.27

预算会计：

借：事业支出——财政拨款支出——基本支出——人员经费——小学教育——工
资福利支出——基本工资　　　　　　　　　　　286 347.27

　　　　　　　　——津贴补贴　　　　　　　　　　741 875

　　　　　　　　——对个人和家庭的补助——奖励金　　　90

　　贷：资金结存——零余额账户用款额度　　　　　1 028 312.27

【例 18 - 9】计提 10 月应付职工薪酬。（××幼儿园）

财务会计：

借：业务活动费用——工资福利费用——工资支出　　　50 769

　　　　　　　　　　——工资支出　　　　　　　59 900

　　　　　　　　　　——养老保险　　　　　　14 621.12

　　　　　　　　　　——医疗保险　　　　　　8 294.38

　　　　　　　　　　——工伤保险　　　　　　182.75

　　　　　　　　　　——住房公积金　　　　　12 946.08

　　　　——对个人和家庭的补助费用——工资支出　　　5

　　贷：应付职工薪酬——基本工资（含离退休费）　　　50 769

　　　　　　　——国家统一规定的津贴补助　　　　80

　　　　　　　——规范津贴补贴（绩效工资）　　　36 998

　　　　　　　——改革性补贴　　　　　　　　22 822

　　　　　　　——养老保险（单位）　　　　　14 621.12

  ——医疗保险（单位）   8 294.38

  ——工伤保险   182.75

  ——单位住房公积金   12 946.08

  ——其他个人收入   5

预算会计不作处理。

【例 18 - 10】代扣 10 月社保、公积金、个税。（××幼儿园）

财务会计：

借：应付职工薪酬——基本工资（含离退休费） 26 164.33

  贷：应付职工薪酬——养老保险（个人） 7 310.56

    ——医疗保险（个人）   1 897.64

    ——职业年金   3 655.28

    ——个人住房公积金   12 946.08

  其他应交税费——个人所得税   354.77

预算会计不作处理。

【例 18 - 11】发放 10 月工资。（××幼儿园）

财务会计：

借：应付职工薪酬——基本工资（含离退休费） 24 604.67

  ——国家统一规定的津贴补贴   80

  ——规范津贴补贴（绩效工资）   36 998

  ——改革性补贴   22 822

  ——其他个人收入   5

  贷：零余额账户用款额度   84 509.67

预算会计：

借：事业支出——财政拨款支出——基本支出——人员经费——学前教育——工资福利支出——基本工资 24 604.67

    ——津贴补贴   59 900

    ——对个人和家庭的补助——奖励金 5

  贷：资金结存——零余额账户用款额度 84 509.67

【例 18 - 12】计提 4 月应付职工薪酬。（××中学）

财务会计：

借：业务活动费用——工资福利费用——工资支出 832 420

    ——工资支出   953 523

    ——养老保险   234 106.72

    ——医疗保险   132 685.03

	——工伤保险	2 926.33
	——住房公积金	206 482.80
	——对个人和家庭的补助费用——工资支出	140
贷：应付职工薪酬	——基本工资（含离退休费）	832 420
	——国家统一规定的津贴补贴	25 701
	——规范津贴补贴（绩效工资）	562 329
	——改革性补贴	365 493
	——养老保险（单位）	234 106.72
	——医疗保险（单位）	132 685.03
	——工伤保险	2 926.33
	——单位住房公积金	206 482.80
	——其他个人收入	140

预算会计不作处理。

【例18-13】代扣4月社保、公积金、个税。（××中学）

财务会计：

借：应付职工薪酬——基本工资（含离退休费）　417 833.06

贷：应付职工薪酬——养老保险（个人）　117 053.36

——医疗保险（个人）　30 263.34

——职业年金　58 526.68

——个人住房公积金　206 482.80

其他应交税费——个人所得税　5 506.88

预算会计不作处理。

【例18-14】发放4月工资。（××中学）

财务会计：

借：应付职工薪酬——基本工资（含离退休费）　414 586.94

——国家统一规定的津贴补贴　25 701

——规范津贴补贴（绩效工资）　507 129

——改革性补贴　365 493

——其他个人收入　140

贷：零余额账户用款额度　1 313 049.94

预算会计：

借：事业支出——财政拨款支出——基本支出——人员经费——初中教育——工资福利支出——基本工资　359 386.94

——津贴补贴　953 523

——对个人和家庭的补助——奖励金	140
贷：资金结存——零余额账户用款额度	1 313 049.94

【例 18 – 15】计提 12 月应付职工薪酬。(××中学)

财务会计：

借：业务活动费用——工资福利费用——工资支出	524 536
——工资支出	672 626
——养老保险	146 295.68
——医疗保险	64 654.36
——工伤保险	1 828.66
——住房公积金	131 760.24
——对个人和家庭的补助费用——工资支出	70
贷：应付职工薪酬——基本工资（含离退休费）	524 536
——国家统一规定的津贴补贴	69 279
——规范津贴补贴（绩效工资）	369 927
——改革性补贴	233 420
——养老保险（单位）	146 295.68
——医疗保险（单位）	64 654.36
——工伤保险	1 828.66
——单位住房公积金	131 760.24
——其他个人收入	70

预算会计不作处理。

【例 18 – 16】代扣 12 月社保、公积金、个税。(××中学)

财务会计：

借：应付职工薪酬——基本工资（含离退休费）	264 927.71
贷：应付职工薪酬——养老保险（个人）	73 147.84
——医疗保险（个人）	18 936.96
——职业年金	36 573.92
——个人住房公积金	131 760.24
其他应交税费——个人所得税	4 508.75

预算会计不作处理。

【例 18 – 17】发放 12 月工资。(××中学)

财务会计：

借：应付职工薪酬——基本工资（含离退休费）	259 608.29
——国家统一规定的津贴补贴	69 279

	规范津贴补贴（绩效工资）	369 927
	——改革性补贴	233 420
	——其他个人收入	70

　　贷：零余额账户用款额度　　　　　　　　932 304.29

预算会计：

借：事业支出——财政拨款支出——基本支出——人员经费——初中教育——工

　　资福利支出——基本工资　　　　　259 608.29

　　　　　　　　——津贴补贴　　　　　672 626

　　　　　　　　——对个人和家庭的补助——奖励金　　70

　　贷：资金结存——零余额账户用款额度　　932 304.29

【例 18－18】计提 12 月应付职工薪酬。（××小学）

财务会计：

借：业务活动费用——工资福利费用——工资支出　　220 165

　　　　　　　　　　　　　　——工资支出　　265 135

　　　　　　　　　　　　　　——养老保险　　56 262.40

　　　　　　　　　　　　　　——医疗保险　　21 343.40

　　　　　　　　　　　　　　——工伤保险　　703.29

　　　　　　　　　　　　　　——住房公积金　58 115.28

　　　　　　　　　　　　　　——工资支出　　15

　　贷：应付职工薪酬——基本工资（含离退休费）　　220 165

　　　　　　——国家统一规定的津贴补贴　　28 196

　　　　　　——规范津贴补贴（绩效工资）　141 164

　　　　　　——改革性补贴　　95 775

　　　　　　——养老保险（单位）　56 262.40

　　　　　　——医疗保险（单位）　21 343.40

　　　　　　——工伤保险　　703.29

　　　　　　——单位住房公积金　58 115.28

　　　　　　——其他个人收入　　15

预算会计不作处理。

【例 18－19】代扣 12 月社保、公积金、个税。（××小学）

财务会计：

借：应付职工薪酬——基本工资（含离退休费）　　113 289.15

　　贷：应付职工薪酬——养老保险（个人）　　28 131.20

　　　　　　——医疗保险（个人）　　7 277.80

——职业年金	14 065.60
——个人住房公积金	58 115.28
其他应交税费——个人所得税	5 699.27

预算会计不作处理。

【例18－20】 发放12月工资、津贴补贴等。（××小学）

财务会计：

借：应付职工薪酬——基本工资（含离退休费）   106 875.85
      ——国家统一规定的津贴补贴   28 196
      ——规范津贴补贴（绩效工资）   141 164
      ——改革性补贴   95 775
      ——其他个人收入   15
  贷：零余额账户用款额度   372 025.85

预算会计：

借：事业支出——财政拨款支出——基本支出——人员经费——小学教育——工资福利支出——基本工资   106 875.85
      ——津贴补贴   265 135
      ——对个人和家庭的补助——奖励金   15
  贷：资金结存——零余额账户用款额度   372 025.85

二、缴纳社会保险费、住房公积金

学校缴纳社会保险费、公积金时，财务会计借记"应付职工薪酬——××（养老保险、医疗保险、失业保险、工伤保险、住房公积金）"科目，贷记"零余额账户用款额度""财政拨款收入"等科目；预算会计借记"事业支出——人员经费"科目，贷记"资金结存——零余额账户用款额度""财政拨款预算收入"等科目。

【例18－21】 2020年3月17日，某小学1月社会保险缴费417 038.03元，财政授权支付。

财务会计：

借：应付职工薪酬——养老保险（个人）   47 348.08
      ——医疗保险（个人）   12 292
      ——职业年金   23 674.04
      ——个人住房公积金   98 207.28
      ——养老保险（单位）   94 696.16
      ——医疗保险（单位）   41 429.50

——工伤保险	1 183.69
——单位住房公积金	98 207.28
贷：零余额账户用款额度	417 038.03

预算会计：

借：事业支出——财政拨款支出——基本支出——人员经费——小学教育——基本工资　47 348.08

事业支出——财政拨款支出——基本支出——人员经费——小学教育——基本工资　12 292

事业支出——财政拨款支出——基本支出——人员经费——小学教育——基本工资　23 674.04

事业支出——财政拨款支出——基本支出——人员经费——小学教育——基本工资　98 207.28

事业支出——财政拨款支出——基本支出——人员经费——机关事业单位基本养老保险支出——机关事业单位基本养老保险缴纳　94 696.16

事业支出——财政拨款支出——基本支出——人员经费——事业单位医疗——职工基本医疗保险缴费　41 429.50

事业支出——财政拨款支出——基本支出——人员经费——其他社会保障和就业支出——其他社会保障缴费　1 183.69

事业支出——财政拨款支出——基本支出——人员经费——住房公积金——住房公积金　98 207.28

贷：资金结存——零余额账户用款额度　417 038.03

【例 18 – 22】2020 年 6 月 24 日，某幼儿园支付控制总量人员保险，支付××医疗保险服务中心 10 710.27 元，支付××社会保险服务中心 32 595.14 元，共计 43 305.41 元。

财务会计：

借：业务活动费用——工资福利费用　43 305.41

　　贷：事业收入——其他事业收入——保教费　43 305.41

预算会计：

借：事业支出——非专项资金支出——学前教育——其他工资福利支出

　　　　　　　　43 305.41

　　贷：事业预算收入——非专项资金收入——学前教育　43 305.41

【例 18 – 23】缴纳 12 月社保、公积金。（××小学）

财务会计：

借：应付职工薪酬——养老保险（个人）　76 340.80

　　　　　　——医疗保险（个人）　19 855.20

——职业年金	38 170. 40
——个人住房公积金	155 517. 36
——养老保险（单位）	152 681. 60
——医疗保险（单位）	58 025. 60
——工伤保险	1 908. 50
——单位住房公积金	155 517. 36
贷：零余额账户用款额度	658 016. 82

预算会计：

借：事业支出——财政拨款支出——基本支出——人员经费——小学教育——基本工资　289 883.76

事业支出——财政拨款支出——基本支出——人员经费——机关事业单位基本养老保险缴费支出——机关事业单位基本养老保险　152 681.60

事业支出——财政拨款支出——基本支出——人员经费——事业单位医疗——职工基本医疗保险缴费　58 025.60

事业支出——财政拨款支出——基本支出——人员经费——其他社会保障和就业支出——其他社会保障缴费　1 908.50

事业支出——财政拨款支出——基本支出——人员经费——住房公积金——住房公积金　155 517.36

贷：资金结存——零余额账户用款额度　658 016.82

【例18-24】2020年10月29日某幼儿园缴纳10月社保、公积金148 542.59元。

财务会计：

借：应付职工薪酬——养老保险（个人）	19 451. 52
——医疗保险（个人）	5 142. 88
——职业年金	9 725. 76
——个人住房公积金	27 629. 88
——养老保险（单位）	38 903. 04
——医疗保险（单位）	19 731. 52
——工伤保险	328. 11
——单位住房公积金	27 629. 88
贷：零余额账户用款额度	148 542. 59

预算会计：

借：事业支出——财政拨款支出——基本支出——人员经费——学前教育——基本工资　61 950.04

事业支出——财政拨款支出——基本支出——人员经费——机关事业单位基

本养老保险缴费支出——机关事业单位基本养老保险缴费 38 903.04

事业支出——财政拨款支出——基本支出——人员经费——事业单位医疗
——职工基本医疗保险缴费　　　　　　　　　　19 731.52

事业支出——财政拨款支出——基本支出——人员经费——其他社会保障和
就业支出——其他社会保障缴费　　　　　　　　328.11

事业支出——财政拨款支出——基本支出——人员经费——住房公积金——
住房公积金　　　　　　　　　　　　　　　　27 629.88

　　贷：资金结存——零余额账户用款额度　　　　148 542.59

【例 18-25】缴纳社保、公积金。(××中学)

财务会计：

借：应付职工薪酬——养老保险（个人）　　　　　68 172

　　　　　　　——医疗保险（个人）　　　　　　17 693

　　　　　　　——职业年金　　　　　　　　　　34 086

　　　　　　　——个人住房公积金　　　　　　141 989.64

　　　　　　　——养老保险（单位）　　　　　　136 344

　　　　　　　——医疗保险（单位）　　　　　　51 779

　　　　　　　——工伤保险　　　　　　　　　　1 704.26

　　　　　　　——单位住房公积金　　　　　　141 989.64

　　贷：零余额账户用款额度　　　　　　　　　593 757.54

预算会计：

借：事业支出——财政拨款支出——基本支出——人员经费——初中教育——基
本工资　　　　　　　　　　　　　　　　　261 940.64

事业支出——财政拨款支出——基本支出——人员经费——机关事业单位基
本养老保险缴费支出——机关事业单位基本养老保险缴费　136 344

事业支出——财政拨款支出——基本支出——人员经费——事业单位医疗
——职工基本医疗保险缴费　　　　　　　　　51 779

事业支出——财政拨款支出——基本支出——人员经费——其他社会保障和
就业支出——其他社会保障缴费　　　　　　　1 704.26

事业支出——财政拨款支出——基本支出——人员经费——住房公积金——
住房公积金　　　　　　　　　　　　　　　141 989.64

　　贷：资金结存——零余额账户用款额度　　　　593 757.54

【例 18-26】缴纳 12 月社保、公积金等。(××小学)

财务会计：

借：应付职工薪酬——养老保险——个人　　　　　28 131.20

	——医疗保险——个人	7 277.80
	——职业年金——个人	14 065.60
	——个人住房公积金	58 115.28
	——养老保险——单位	56 262.40
	——医疗保险——单位	21 343.40
	——工伤保险——单位	703.29
	——单位住房公积金	58 115.28
贷：零余额账户用款额度		244 014.25

预算会计：

借：事业支出——财政拨款支出——基本支出——人员经费——小学教育——基本工资 　　　　　　　　28 131.20

事业支出——财政拨款支出——基本支出——人员经费——小学教育——基本工资 　　　　　　　　7 277.80

事业支出——财政拨款支出——基本支出——人员经费——小学教育——基本工资 　　　　　　　　14 065.60

事业支出——财政拨款支出——基本支出——人员经费——小学教育——基本工资 　　　　　　　　58 115.28

事业支出——财政拨款支出——基本支出——人员经费——机关事业单位基本养老保险缴费支出——机关事业单位基本养老保险缴费 56 262.40

事业支出——财政拨款支出——基本支出——人员经费——事业单位医疗——职工基本医疗保险缴费 　　　　　　　　21 343.40

事业支出——财政拨款支出——基本支出——人员经费——其他社会保障和就业支出——其他社会保障缴费 　　　　　　　　703.29

事业支出——财政拨款支出——基本支出——人员经费——住房公积金——住房公积金 　　　　　　　　58 115.28

贷：资金结存——零余额账户用款额度 　　　　　　　　244 014.25

【例 18 - 27】缴纳 4 月社保、公积金等。（××中学）

财务会计：

借：应付职工薪酬——养老保险——个人		599 847.60
	——医疗保险——个人	155 521.90
	——职业年金——个人	299 923.80
	——住房公积金——个人	1 037 593.68
	——养老保险——单位	1 199 695.20
	——医疗保险——单位	680 388.55

——工伤保险——单位	14 996.26
——住房公积金——单位	1 037 593.68
单位管理费用——工资福利费用	12 583.12
贷：零余额账户用款额度	5 038 143.79

预算会计：

借：事业支出——财政拨款支出——基本支出——人员经费——高中教育——基本工资 599 847.60

事业支出——财政拨款支出——基本支出——人员经费——高中教育——基本工资 155 521.90

事业支出——财政拨款支出——基本支出——人员经费——高中教育——基本工资 299 923.80

事业支出——财政拨款支出——基本支出——人员经费——高中教育——基本工资 1 037 593.68

事业支出——财政拨款支出——基本支出——人员经费——机关事业单位基本养老保险缴费支出——机关事业单位基本养老保险缴费 1 199 695.20

事业支出——财政拨款支出——基本支出——人员经费——事业单位医疗——职工基本医疗保险缴费 680 388.55

事业支出——财政拨款支出——基本支出——人员经费——其他社会保障和就业支出——其他社会保障缴费 14 996.26

事业支出——财政拨款支出——基本支出——人员经费——住房公积金——住房公积金 1 037 593.68

事业支出——财政拨款支出——基本支出——人员经费——事业单位医疗——职工基本医疗保险缴费 12 583.12

贷：资金结存——零余额账户用款额度 5 038 143.79

三、发放年终一次性奖金（13 月绩效工资）

【例 18-28】计提 13 月绩效工资应付职工薪酬。（××小学）

财务会计：

借：业务活动费用——工资福利费用——绩效工资 1 784 397.44
——住房公积金 211 380.96

贷：应付职工薪酬——规范津贴补贴（绩效工资） 1 784 397.44
——单位住房公积金 211 380.96

预算会计不作处理。

【例 18 – 29】代扣 13 月绩效工资住房公积金。(××小学)

财务会计:

借:应付职工薪酬——规范津贴补贴(绩效工资)　　211 380. 96

　　贷:应付职工薪酬——个人住房公积金　　　　　　　　　211 380. 96

预算会计不作处理。

【例 18 – 30】发放 13 月绩效工资。(××小学)

财务会计:

借:应付职工薪酬——规范津贴补贴(绩效工资)　　1 784 397. 44

　　贷:零余额账户用款额度　　　　　　　　　　　　　　1 784 397. 44

预算会计:

借:事业支出——财政拨款支出——基本支出——人员经费——小学教育——工
　　资福利支出——绩效工资　　　　　　　　　　　　　1 784 397. 44

　　贷:资金结存——零余额账户用款额度　　　　　　　　1 784 397. 44

【例 18 – 31】缴纳 13 月住房公积金。(××小学)

财务会计:

借:应付职工薪酬——单位住房公积金　　　　　　　211 380. 96

　　　　　　　　　——个人住房公积金　　　　　　　　211 380. 96

　　贷:零余额账户用款额度　　　　　　　　　　　　　　422 761. 92

预算会计:

借:事业支出——财政拨款支出——基本支出——人员经费——住房保障支出
　　——工资福利支出——住房公积金(单位)　　　　　211 380. 96

　　事业支出——财政拨款支出——基本支出——人员经费——小学教育——工
　　资福利支出——绩效工资　　　　　　　　　　　　　211 380. 96

　　贷:资金结存——零余额账户用款额度　　　　　　　　422 761. 92

四、缴纳个人所得税

个人所得税的缴纳由单位进行核算,并在发放给职工前进行代扣代缴,再统一进行申报缴纳。

学校缴纳个人所得税时,财务会计借记"其他应交税费——应交个人所得税"科目,贷记"零余额账户用款额度"等科目;预算会计借记"事业支出——人员经费"科目,贷记"资金结存——零余额账户用款额度"等科目。

【例 18 – 32】缴纳个人所得税。(××小学)

财务会计：

借：其他应交税费——个人所得税　　　　　　　　　　　　1 844.69

　　贷：零余额账户用款额度　　　　　　　　　　　　　　　1 844.69

预算会计：

借：事业支出——财政拨款支出——基本支出——人员经费——小学教育——基
本工资　　　　　　　　　　　　　　　　　　　　　　　1 844.69

　　贷：资金结存——零余额账户用款额度　　　　　　　　　1 844.69

【例18-33】缴纳个人所得税。（××中学）

财务会计：

借：其他应交税费——个人所得税　　　　　　　　　　　　10 687.56

　　贷：零余额账户用款额度　　　　　　　　　　　　　　　10 687.56

预算会计：

借：事业支出——财政拨款支出——基本支出——人员经费——初中教育——基
本工资　　　　　　　　　　　　　　　　　　　　　　　10 687.56

　　贷：资金结存——零余额账户用款额度　　　　　　　　　10 687.56

【例18-34】某学校冲回多代扣的个人所得税1 854.58元。

财务会计：

借：其他应交税费——个人所得税　　　　　　　　　　　　1 854.58

　　贷：应付职工薪酬——基本工资　　　　　　　　　　　　1 854.58

预算会计在发放工资时一并记入。

五、养老保险改革退费

【例18-35】收养老保险改革个人退费。（××中学）

财务会计：

借：其他应收款——国库　　　　　　　　　　　　　　　　78 740.34

　　贷：其他应付款——个人养老金退费　　　　　　　　　　78 740.34

预算会计不作处理。

【例18-36】某学校支付退休去世教师养老保险改革个人退费78 740.34元（××
中学）。财政授权支付。

财务会计：

借：其他应付款——个人养老金退费　　　　　　　　　　　78 740.34

　　贷：零余额账户用款额度　　　　　　　　　　　　　　　78 740.34

预算会计不作处理。

第二节　教师其他津贴与奖金薪酬业务

一、控制总量教师工资

【例 18-37】2021 年 8 月，某幼儿园使用财政拨款发放控制总量人员幼儿教师 8 月工资。(××幼儿园)

财务会计：

借：业务活动费用——工资福利费用——其他工资福利支出　　47 282

　　贷：财政拨款收入——人员经费　　　　　　　　　　　　　　47 282

预算会计：

借：事业支出——财政拨款支出——基本支出——人员经费——学前教育——其他工资福利支出　　　　　　　　　　　　　　　　　　　47 282

　　贷：财政拨款预算收入——基本支出——人员经费——学前教育　47 282

【例 18-38】2021 年 12 月，某幼儿园使用非税收入保教费支付 12 月控制总量人员幼师工资。(××幼儿园)

财务会计：

借：业务活动费用——工资福利费用——其他工资福利支出　185 607.82

　　贷：事业收入——其他事业收入——保教费　　　　　　　185 607.82

预算会计：

借：事业支出——非专项资金支出——保教费——其他工资福利支出

　　　　　　　　　　　　　　　　　　　　　　　　　　185 607.82

　　贷：事业预算收入——非专项资金收入——保教费　　　　185 607.82

【例 18-39】某幼儿园使用财政拨款发放控制总量人员工资 5 000 元，使用非税收入保教费发放工资 5 080.13 元，财政授权支付。

财务会计：

借：业务活动费用——工资福利费用——其他工资福利支出　　　5 000

　　　　　　　　　　　　　　——其他工资福利支出　5 080.13

　　贷：零余额账户用款额度　　　　　　　　　　　　　　　10 080.13

预算会计：

借：事业支出——财政拨款支出——基本支出——人员经费——学前教育——其他工资福利支出　　　　　　　　　　　　　　　　　　　　5 000

　　　　　　——非专项资金支出——保教费——其他工资福利支出

　　　　　　　　　　　　　　　　　　　　　　　　　　　5 080.13

　　　　贷：资金结存——零余额账户用款额度　　　　　　　　　　　10 080.13

二、特级教师津贴

【例 18 - 40】某学校支付农村特级教师津贴（2019 年 1~3 月）900 元，财政直接支付。

财务会计：

借：业务活动费用——工资福利费用——津贴补贴　　　　　　900

　　贷：财政拨款收入　　　　　　　　　　　　　　　　　　　　900

预算会计：

借：事业支出——财政拨款支出——项目支出——农村特级教师津贴——工资福

　　利支出——津贴补贴　　　　　　　　　　　　　　　　　　900

　　贷：财政拨款预算收入——项目支出——农村特级教师津贴　　900

三、精神文明奖金

　　精神文明奖是各级精神文明建设委员会考核评比各机关单位、社会团体等的公民道德文明建设和科学文化建设等方面的突出表现而设置的奖项。不同单位的精神文明奖的发放标准不同，奖金的发放应符合单位标准。

　　发放精神文明奖金，财务会计借记"业务活动费用——工资福利费用"科目，贷记"零余额账户用款额度"等科目；预算会计借记"事业支出——人员经费——工资福利支出"科目，贷记"资金结存——零余额账户用款额度"等科目。

【例 18 - 41】2019 年 1 月 31 日某学校支付 2018 年度精神文明奖 2 573 880 元，财政授权支付。

财务会计：

借：业务活动费用——工资福利费用——奖金　　　　　　　2 573 880

　　贷：零余额账户用款额度　　　　　　　　　　　　　　　　2 573 880

预算会计：

借：事业支出——财政拨款支出——基本支出——人员经费——工资福利支出

　　——奖金　　　　　　　　　　　　　　　　　　　　　　2 573 880

　　贷：资金结存——零余额账户用款额度　　　　　　　　　　2 573 880

【例 18 - 42】某学校支付 2019 年度在职职工精神文明奖 2 529 660 元，财政授权支付。

财务会计：

借：业务活动费用——工资福利费用——奖金　　　　　　　2 529 660

贷：零余额账户用款额度　　　　　　　　　　　2 529 660
预算会计：
借：事业支出——财政拨款支出——基本支出——人员经费——工资福利支出
　　——奖金　　　　　　　　　　　　　　　2 529 660
　　贷：资金结存——零余额账户用款额度　　　　2 529 660

第三节　外聘教职工薪酬类

外聘教师薪酬

【例18－43】某幼儿园使用非税收入保教费支付非在编、非公办幼儿教师工资，财政授权支付。
财务会计：
借：业务活动费用——工资福利费用—外聘教职工工资　　314 601.96
　　贷：零余额账户用款额度　　　　　　　　　　314 601.96
预算会计：
借：事业支出——非专项资金支出——保教费——外聘教职工工资
　　　　　　　　　　　　　　　　　　　　　　314 601.96
　　贷：资金结存——零余额账户用款额度　　　　314 601.96

【例18－44】某幼儿园使用非税收入保教费缴纳非在编教师11月保险款，财政授权支付。
财务会计：
借：业务活动费用——工资福利费用——外聘教职工社会保障缴费
　　　　　　　　　　　　　　　　　　　　　　58 726.50
　　贷：零余额账户用款额度　　　　　　　　　　58 726.50
预算会计：
借：事业支出——非专项资金支出——保教费——外聘教职工社会保障缴费
　　　　　　　　　　　　　　　　　　　　　　58 726.50
　　贷：资金结存——零余额账户用款额度　　　　58 726.50

【例18－45】某幼儿园使用非税收入保教费缴纳12月非公办幼师养老保险，财政授权支付。
财务会计：
借：业务活动费用——工资福利费用——外聘教职工社会保障缴费
　　　　　　　　　　　　　　　　　　　　　　59 077.44

貸：零余额账户用款额度   59 077.44

预算会计：

借：事业支出——非专项资金支出——保教费——外聘教职工社会保障缴费

                               59 077.44

贷：资金结存——零余额账户用款额度   59 077.44

【例 18 – 46】2019 年 12 月 6 日，某幼儿园使用非税收入保教费支付给××市医疗保险事业处非公办教师 8 月医疗保险 30 026.70 元，财政直接支付。

财务会计：

借：业务活动费用——工资福利费用——外聘教职工社会保障缴费

                               30 026.70

贷：事业收入——其他事业收入——保教费   30 026.70

预算会计：

借：事业支出——非专项资金支出——保教费——外聘教职工社会保障缴费

                               30 026.70

贷：事业预算收入——非专项资金收入——保教费   30 026.70

【例 18 – 47】某幼儿园使用非税收入保教费缴纳非在编教师 2020 年 12 月公积金，财政直接支付。

财务会计：

借：业务活动费用——工资福利费用——外聘教职工社会保障缴费

                               21 313.60

贷：事业收入——其他事业收入——保教费   21 313.60

预算会计：

借：事业支出——非专项资金支出——保教费——外聘教职工社会保障缴费

                               21 313.60

贷：事业预算收入——非专项资金收入——保教费   21 313.60

第四节 公益岗待遇相关业务

学校支付公益岗人员工资及社会保险费时，财务会计借记"单位管理费用——工资福利费用"科目，贷记"财政拨款收入""零余额账户用款额度"等科目；预算会计借记"事业支出"科目，贷记"财政拨款预算收入""资金结存——零余额账户用款额度"等科目。

【例 18 – 48】2021 年 4 月 23 日某学校支付公益岗 4 月工资 5 737.86 元，财政直接支付。

财务会计：

借：单位管理费用——工资福利费用——其他工资福利支出　　5 737.86

　　贷：财政拨款收入　　5 737.86

预算会计：

借：事业支出——财政拨款支出——基本支出——人员经费——小学教育——其他工资福利支出　　5 737.86

　　贷：财政拨款预算收入——基本支出——人员经费——小学教育

　　　　5 737.86

【例18-49】2021年4月27日某学校支付给某退役士兵4月社保1 219.95元，财政授权支付。

财务会计：

借：单位管理费用——工资福利费用——其他工资福利支出　　1 219.95

　　贷：零余额账户用款额度　　1 219.95

预算会计：

借：事业支出——财政拨款支出——基本支出——人员经费——初中教育——其他工资福利支出　　1 219.95

　　贷：资金结存——零余额账户用款额度　　1 219.95

【例18-50】某学校支付公益岗12月社保820.77元，财政授权支付。

财务会计：

借：单位管理费用——工资福利费用——其他工资福利支出　　820.77

　　贷：零余额账户用款额度　　820.77

预算会计：

借：事业支出——财政拨款支出——基本支出——人员经费——初中教育——其他工资福利支出　　820.77

　　贷：资金结存——零余额账户用款额度　　820.77

【例18-51】某学校支付公益岗10~12月工资8 664.57元，财政直接支付。

财务会计：

借：单位管理费用——工资福利费用——其他工资福利支出　　8 664.57

　　贷：财政拨款收入　　8 664.57

预算会计：

借：事业支出——财政拨款支出——基本支出——人员经费——初中教育——其他工资福利支出　　8 664.57

贷：财政拨款预算收入——基本支出——人员经费——初中教育

8 664.57

【例 18 – 52】2020 年 12 月 22 日某学校支付给 × × 退役士兵 12 月工资 2 888.19 元，财政直接支付。

财务会计：

借：单位管理费用——工资福利费用——其他工资福利支出　　2 888.19

　　贷：财政拨款收入　　　　　　　　　　　　　　　　　　2 888.19

预算会计：

借：事业支出——财政拨款支出——基本支出——人员经费——小学教育——其他工资福利支出　　　　　　　　　　　　　　　　　　　　　2 888.19

　　贷：财政拨款预算收入——基本支出——人员经费——小学教育

2 888.19

【例 18 – 53】2020 年 12 月 31 日某学校支付公益岗保险费 820.52 元，财政授权支付。

财务会计：

借：单位管理费用——工资福利费用——其他工资福利支出　　820.52

　　贷：零余额账户用款额度　　　　　　　　　　　　　　　820.52

预算会计：

借：事业支出——财政拨款支出——基本支出——人员经费——初中教育——其他工资福利支出　　　　　　　　　　　　　　　　　　　　　820.52

　　贷：资金结存——零余额账户用款额度　　　　　　　　　820.52

第五节　学校劳务费相关业务

劳务费是指个人独立从事各种非雇用的劳务所获得的报酬，主要包括临时聘用人员工资、劳务派遣人员工资、人力资源服务公司服务费等。

发生劳务费相关支出，财务会计借记"业务活动费用——商品和服务费用"或"单位管理费用——商品和服务费用"科目，贷记"财政拨款收入"等科目；预算会计借记"事业支出"科目，贷记"财政拨款预算收入"等科目。

一、临时顶岗聘用教师劳务费

【例 18 – 54】2019 年 5 月 15 日某中学使用日常公用经费支付给 × × 人力资源服务

有限公司临时顶岗教师劳务费 4 350 元，财政直接支付。

    财务会计：

      借：业务活动费用——商品和服务费用——劳务费　　　　　　　　4 350

        贷：财政拨款收入　　　　　　　　　　　　　　　　　　　　　4 350

    预算会计：

      借：事业支出——财政拨款支出——基本支出——日常公用经费——初中教育

        ——劳务费　　　　　　　　　　　　　　　　　　　　　　4 350

        贷：财政拨款预算收入——基本支出——日常公用经费——初中教育

                                              4 350

二、后勤工作人员劳务费

【例 18 - 55】某小学使用日常公用经费支付 2019 年供暖工作人员劳务费 3 200 元，财政直接支付。

    财务会计：

      借：单位管理费用——商品和服务费用——劳务费　　　　　　　　3 200

        贷：财政拨款收入　　　　　　　　　　　　　　　　　　　　　3 200

    预算会计：

      借：事业支出——财政拨款支出——基本支出——日常公用经费——小学教育

        ——劳务费　　　　　　　　　　　　　　　　　　　　　　3 200

        贷：财政拨款预算收入——基本支出——日常公用经费——小学教育

                                            3 200

三、保育员劳务费

【例 18 - 56】2020 年 12 月 4 日某幼儿园使用日常公用经费支付给××人力资源服务有限公司保育员 10 月工资款 27 020 元，支付给山东××人力资源服务有限公司保育员 10 月工资款 11 930 元，共计 38 950 元，财政直接支付。

    财务会计：

      借：业务活动费用——商品和服务费用——劳务费　　　　　　　38 950

        贷：财政拨款收入　　　　　　　　　　　　　　　　　　　　38 950

    预算会计：

      借：事业支出——财政拨款支出——基本支出——日常公用经费——学前教育

        ——劳务费　　　　　　　　　　　　　　　　　　　　　38 950

　　贷：财政拨款预算收入——基本支出——日常公用经费——学前教育

　　　　　　　　　　　　　　　　　　　　　　　　　　　38 950

四、高考考务费

【例 18－57】2021 年 6 月 9 日教体局用教育费附加支付 2021 年高考考务费 308 860 元，财政授权支付。

　　财务会计：

　　借：业务活动费用——商品和服务费用——劳务费　　　　308 860

　　　　贷：零余额账户用款额度　　　　　　　　　　　　　　308 860

　　预算会计：

　　借：事业支出——财政拨款支出——项目支出——高考保障经费——劳务费

　　　　　　　　　　　　　　　　　　　　　　　　　　　308 860

　　　　贷：资金结存——零余额账户用款额度　　　　　　　　308 860

第六节　保教费、工会经费、退休补贴等

一、慰问费

　　学校支付慰问费时，财务会计借记"单位管理费用——商品和服务费用"科目，贷记"零余额账户用款额度"等科目；预算会计借记"事业支出"科目，贷记"资金结存——零余额账户用款额度"等科目。

【例 18－58】2019 年 11 月 9 日某学校使用日常公用经费支付退休教师去世慰问金 500 元，财政授权支付。

　　财务会计：

　　借：单位管理费用——对个人和家庭的补助费用——其他对个人和家庭补助

　　　　　　　　　　　　　　　　　　　　　　　　　　　500

　　　　贷：零余额账户用款额度　　　　　　　　　　　　　　500

　　预算会计：

　　借：事业支出——财政拨款支出——基本支出——日常公用经费——其他对个人和家庭补助

　　　　　　　　　　　　　　　　　　　　　　　　　　　500

　　　　贷：资金结存——零余额账户用款额度　　　　　　　　500

【例 18－59】2021 年 2 月 2 日，教体局支付 2020 年度省劳模慰问金 1 000 元，财

政授权支付。

财务会计：

借：单位管理费用——对个人和家庭的补助费用——其他对个人和家庭补助

　　　　　　　　　　　　　　　　　　　　1 000

　　贷：零余额账户用款额度　　　　　　　　　　　1 000

预算会计：

借：事业支出——财政拨款支出——基本支出——人员经费——其他对个人和家庭补助　　　　　　　　　　　　　　　　1 000

　　贷：资金结存——零余额账户用款额度　　　　　1 000

二、职工保教费

学校支付职工子女保教费时，财务会计借记"单位管理费用——对个人和家庭的补助费用""业务活动费用"科目，贷记"财政拨款收入""零余额账户用款额度""事业收入"等科目；预算会计借记"事业支出"科目，贷记"财政拨款预算收入""资金结存——零余额账户用款额度""事业预算收入"等科目。

【例 18－60】2019 年 11 月 20 日某学校使用日常公用经费支付给××等 14 位职工 2019 年 3~6 月子女保教费 41 265 元，财政授权支付。

财务会计：

借：单位管理费用——对个人和家庭的补助费用——其他对个人和家庭补助

　　　　　　　　　　　　　　　　　　　　41 265

　　贷：零余额账户用款额度　　　　　　　　　　　41 265

预算会计：

借：事业支出——财政拨款支出——基本支出——日常公用经费——其他对个人和家庭的补助　　　　　　　　　　　　　41 265

　　贷：资金结存——零余额账户用款额度　　　　　41 265

【例 18－61】2021 年 2 月 5 日某学校使用日常公用经费支付××职工子女保教费 925 元，财政直接支付。

财务会计：

借：单位管理费用——对个人和家庭的补助费用——其他对个人和家庭补助

　　　　　　　　　　　　　　　　　　　　925

　　贷：财政拨款收入　　　　　　　　　　　　　　925

预算会计：

借：事业支出——财政拨款支出——基本支出——日常公用经费——初中教育

　　　　——其他对个人和家庭的补助　　　　　　　　　　　　925

　　　贷：财政拨款预算收入——基本支出——日常公用经费——初中教育　925

【例18－62】2020年11月25日某学校使用日常公用经费支付职工子女保教费5 125元，财政授权支付。

　　财务会计：

　　　借：单位管理费用——对个人和家庭的补助费用——其他对个人和家庭补助

　　　　　　　　　　　　　　　　　　　　　　　　　　　　　5 125

　　　　贷：零余额账户用款额度　　　　　　　　　　　　　　5 125

　　预算会计：

　　　借：事业支出——财政拨款支出——基本支出——日常公用经费——初中教育

　　　　——其他对个人和家庭的补助　　　　　　　　　　　5 125

　　　　贷：资金结存——零余额账户用款额度　　　　　　　　5 125

【例18－63】2020年12月10日某幼儿园使用非税收入保教费直接支付职工××保教费报销款555元。

　　财务会计：

　　　借：单位管理费用——对个人和家庭的补助费用——其他对个人和家庭补助

　　　　　　　　　　　　　　　　　　　　　　　　　　　　　555

　　　　贷：事业收入——其他事业收入——保教费　　　　　　555

　　预算会计：

　　　借：事业支出——非专项资金支出——保教费——其他对个人和家庭的补助

　　　　　　　　　　　　　　　　　　　　　　　　　　　　　555

　　　　贷：事业预算收入——非专项资金收入——保教费　　　555

【例18－64】2020年8月16日某小学使用日常公用经费支付给××2019年6月～2020年2月教师子女幼儿园保教费1 665元，财政直接支付。

　　财务会计：

　　　借：单位管理费用——对个人和家庭的补助费用——其他对个人和家庭补助

　　　　　　　　　　　　　　　　　　　　　　　　　　　　　1 665

　　　　贷：财政拨款收入　　　　　　　　　　　　　　　　　1 665

　　预算会计：

　　　借：事业支出——财政拨款支出——基本支出——日常公用经费——小学教育

　　　　——其他对个人和家庭的补助　　　　　　　　　　　1 665

　　　　贷：财政拨款预算收入——基本支出——日常公用经费——小学教育

　　　　　　　　　　　　　　　　　　　　　　　　　　　　　1 665

【例18－65】2020年12月28日某学校使用日常公用经费支付教师子女保教费

2 682.50 元，财政直接支付。

财务会计：

借：单位管理费用——对个人和家庭的补助费用——其他对个人和家庭的补助

2 682.50

贷：财政拨款收入 2 682.50

预算会计：

借：事业支出——财政拨款支出——基本支出——日常公用经费——小学教育

——其他对个人和家庭的补助 2 682.50

贷：财政拨款预算收入——基本支出——日常公用经费——小学教育

2 682.50

【例 18 – 66】某高级中学直接支付教师子女幼儿园费用 20 627.50 元。

财务会计：

借：单位管理费用——对个人和家庭的补助费用——其他对个人和家庭补助

20 627.50

贷：事业收入——其他事业收入——高中学杂费 20 627.50

预算会计：

借：事业支出——非专项资金支出——高中学杂费 ——其他对个人和家庭的补助

20 627.50

贷：事业预算收入——非专项资金收入——高中学杂费 20 627.50

三、教师一次性退休补贴

一次性退休补贴（具体标准 = 本人退休时的基本工资 × 提高的计发比例 × 180 个月），所需资金由原渠道列支，不在养老保险统筹基金支付范围，由退休前单位负责发放。现行财政管理体制实行分级管理，退休教师一次性退休补贴应由参保地负责统筹发放。

学校支付退休教师一次性补贴时，财务会计借记"单位管理费用——对个人和家庭的补助费用"科目，贷记"零余额账户用款额度""财政拨款收入"等科目；预算会计借记"事业支出"科目，贷记"资金结存——零余额账户用款额度""财政拨款预算收入"等科目。

【例 18 – 67】2020 年 3 月 20 日某学校支付 × × 等 5 人退休教师独生子女一次性补助 274 698 元，项目资金列支，财政授权支付。

财务会计：

借：单位管理费用——对个人和家庭的补助费用——奖励金 274 698

    贷：零余额账户用款额度   274 698
  预算会计：
    借：事业支出——财政拨款支出——项目支出——其他行政事业单位养老支出
    ——奖励金   274 698
      贷：资金结存——零余额账户用款额度   274 698

【例 18 – 68】 某学校支付退休教师一次性补贴 66 114 元，项目资金列支，财政直接支付。

  财务会计：
    借：单位管理费用——对个人和家庭的补助费用——奖励金   66 114
      贷：财政拨款收入   66 114
  预算会计：
    借：事业支出——财政拨款支出——项目支出——退休一次性补贴——其他行政
    事业单位养老支出——奖励金   66 114
      贷：财政拨款预算收入——项目支出——退休一次性补贴——其他行政事业
单位养老支出   66 114

【例 18 – 69】 某学校支付退休教师一次性补贴 218 088 元，项目资金列支，财政授权支付。

  财务会计：
    借：单位管理费用——对个人和家庭的补助费用——奖励金   218 088
      贷：零余额账户用款额度   218 088
  预算会计：
    借：事业支出——财政拨款支出——项目支出——退休一次性补贴——其他行政
    事业单位养老支出——奖励金   218 088
      贷：资金结存——零余额账户用款额度   218 088

四、遗属补助

学校支付遗属补助时，财务会计借记"单位管理费用——对个人和家庭的补助费用"科目，贷记"财政拨款收入"等科目；预算会计借记"事业支出——人员经费——对个人和家庭补助支出"科目，贷记"财政拨款预算收入"等科目。

【例 18 – 70】 某学校支付遗属补助 10 988.29 元，直接支付。
  财务会计：
    借：单位管理费用——对个人和家庭的补助费用——生活补助 10 988.29
      贷：财政拨款收入   10 988.29

预算会计：

借：事业支出——财政拨款支出——基本支出——人员经费——对个人和家庭补

助支出——小学教育——生活补助　　　　　　　　　　　10 988.29

贷：财政拨款预算收入——基本支出——人员经费——小学教育

10 988.29

五、抚恤金

学校支付一次性抚恤金，财务会计借记"单位管理费用——对个人和家庭的补助费用——抚恤金"科目，贷记"财政拨款收入"等科目；预算会计借记"事业支出——人员经费——对个人和家庭补助支出"科目，贷记"财政拨款预算收入"等科目。

【例 18 −71】某学校支付一次性抚恤金 84 752 元，财政直接支付。

财务会计：

借：单位管理费用——对个人和家庭的补助费用——抚恤金　　84 752

贷：财政拨款收入　　　　　　　　　　　　　　　　　　84 752

预算会计：

借：事业支出——财政拨款支出——基本支出——人员经费——对个人和家庭补

助支出——小学教育——抚恤金　　　　　　　　　　84 752

贷：财政拨款预算收入——基本支出——人员经费——小学教育　84 752

六、工会经费

工会经费是指工会组织开展各项活动所需要的费用。工会经费来源有：一是会员按照中华全国总工会的规定交纳的会费；二是工会举办的事业的收入；三是行政方面根据工会法的规定拨交的经费；四是各级政府和企业、事业单位行政的补助。

缴纳工会经费，财务会计借记"业务活动费用——商品和服务费用"科目，贷记"财政拨款收入""事业收入"等科目；预算会计借记"事业支出"科目，贷记"财政拨款预算收入""事业预算收入"等科目。

【例 18 −72】2020 年 12 月 10 日某幼儿园使用非税收入保教费直接支付 2020 年工会经费 78 562.38 元，财政直接支付。

财务会计：

借：业务活动费用——商品和服务费用——工会经费　　　78 562.38

贷：事业收入——其他事业收入——保教费　　　　　　78 562.38

预算会计：

借：事业支出——非专项资金支出——保教费——工会经费　78 562. 38

　　贷：事业预算收入——非专项资金收入——保教费　78 562. 38

【例 18 - 73】某小学使用日常公用经费支付 2019 年工会经费 135 425 元，财政直接支付。

财务会计：

借：业务活动费用——商品和服务费用——工会经费　135 425

　　贷：财政拨款收入　135 425

预算会计：

借：事业支出——财政拨款支出——基本支出——日常公用经费——小学教育

　　——工会经费　135 425

　　贷：财政拨款预算收入——基本支出——日常公用经费——小学教育

135 425

【例 18 - 74】2020 年 12 月 25 日某幼儿园使用非税收入保教费支付 2020 年教师工会经费 124 873. 24 元，财政直接支付。

财务会计：

借：业务活动费用——商品和服务费用——工会经费　124 873. 24

　　贷：事业收入——其他事业收入——保教费　124 873. 24

预算会计：

借：事业支出——非专项资金支出——保教费——工会经费　124 873. 24

　　贷：事业预算收入——非专项资金收入——保教费　124 873. 24

【例 18 - 75】某中学使用日常公用经费支付 2019 年工会经费 87 679. 30 元，财政直接支付。

财务会计：

借：业务活动费用——商品和服务费用——工会经费　87 679. 30

　　贷：财政拨款收入　87 679. 30

预算会计：

借：事业支出——财政拨款支出——基本支出——日常公用经费——初中教育

　　——工会经费　87 679. 30

　　贷：财政拨款预算收入——基本支出——日常公用经费——初中教育

87 679. 30

第十九章 三免一补惠民工程、学生资助款业务

　　学校支付学生资助款、家庭经济困难学生生活补助款时，按实际发生金额，财务会计借记"单位管理费用——对个人和家庭的补助费用""业务活动费用——对个人和家庭的补助费用"科目，贷记"零余额账户用款额度""财政拨款收入"等科目；预算会计借记"事业支出"科目，贷记"资金结存——零余额账户用款额度""财政拨款预算收入"等科目。

　　结合《补充规定》，助学金分为助学金、奖学金、书本费、伙食补贴和学生校外践习津贴。

第一节　非义务教育阶段困难学生生活补助

幼儿资助款

　　【例19－1】2020年11月6日某学校支付2020年秋幼儿资助款46 500元，项目资金列支，财政授权支付。

　　　　财务会计：

　　　　借：业务活动费用——对个人和家庭的补助费用——助学金　　　46 500

　　　　　　贷：零余额账户用款额度　　　　　　　　　　　　　　　　　　46 500

　　　　预算会计：

　　　　借：事业支出——财政拨款支出——项目支出——幼儿资助——学前教育——助学金　　　　　　　　　　　　　　　　　　　　　　　　　46 500

　　　　　　贷：资金结存——零余额账户用款额度　　　　　　　　　　　　46 500

　　【例19－2】2020年12月2日某学校支付2020年秋季学期幼儿资助款58 600元，项目资金列支，直接支付。

　　　　财务会计：

　　　　借：业务活动费用——对个人和家庭的补助费用——助学金　　　58 600

　　　　　　贷：财政拨款收入　　　　　　　　　　　　　　　　　　　　　58 600

预算会计：

借：事业支出——财政拨款支出——项目支出——幼儿资助——学前教育——助
　　学金　　　　　　　　　　　　　　　　　　　　　　　　58 600

　　贷：财政拨款预算收入——项目支出——学前教育——幼儿资助　58 600

第二节　义务教育阶段三免一补惠民工程

义务教育阶段三免是免课本费、免文具费、免学杂费，一补是对家庭困难学生给
予一定生活补助。

一、免课本、文具、学杂费

【例19-3】2021年2月教体局支付义务教育学校学生学具款684 113元，财政直
接支付。

财务会计：

借：业务活动费用——对个人和家庭的补助费用——助学金（助学金）

　　　　　　　　　　　　　　　　　　　　　　　　　684 113

　　贷：财政拨款收入　　　　　　　　　　　　　　　684 113

预算会计：

借：事业支出——财政拨款支出——项目支出——三免惠民工程——助学金（助
　　学金）　　　　　　　　　　　　　　　　　　　　684 113

　　贷：财政拨款预算收入——项目支出——三免惠民工程　　684 113

【例19-4】2021年3月5日教体局支付2020年义务教育学校学生学具欠款500 000
元，前期已挂账，财政直接支付。

财务会计：

借：应付账款　　　　　　　　　　　　　　　　　　500 000

　　贷：财政拨款收入　　　　　　　　　　　　　　　500 000

预算会计：

借：事业支出——财政拨款支出——项目支出——三免惠民工程——助学金（助
　　学金）　　　　　　　　　　　　　　　　　　　　500 000

　　贷：财政拨款预算收入——项目支出——三免惠民工程　　500 000

【例19-5】2021年8月6日，教体局支付2021年上半年中小学课本款678 063
元，财政直接支付。

财务会计：

　借：业务活动费用——对个人和家庭的补助费用——助学金（书本费）

　　　　　　　　　　　　　　　　　　　　　　　678 063

　　　贷：财政拨款收入　　　　　　　　　　　678 063

预算会计：

　借：事业支出——财政拨款支出——项目支出——三免惠民工程——助学金（书本费）　　　　　　　　　　　　　　　　678 063

　　　贷：财政拨款预算收入——项目支出——三免惠民工程　678 063.0

二、困难学生生活补助

【例19－6】2020年11月23日某学校支付2020年秋季学期家庭经济困难学生生活补助款14 250元，项目资金列支，财政授权支付。

财务会计：

　借：业务活动费用——对个人和家庭的补助费用——助学金（助学金）

　　　　　　　　　　　　　　　　　　　　　14 250

　　　贷：零余额账户用款额度　　　　　　　14 250

预算会计：

　借：事业支出——财政拨款支出——项目支出——义务教育阶段非寄宿生生活补助——初中教育——助学金（助学金）　12 345

　　　事业支出——财政拨款支出——项目支出——中小学寄宿生困难生活补助——初中教育——助学金（助学金）　1 905

　　　贷：资金结存——零余额账户用款额度　　14 250

【例19－7】2020年5月28日某学校支付小学寄宿生生活补助款163 000元，发放初中寄宿生生活补助款165 625元，5月27日发放高中困难学生补助20 300元，共计531 625元，项目资金列支，财政直接支付。

财务会计：

　借：业务活动费用——对个人和家庭的补助费用——助学金　531 625

　　　贷：财政拨款收入　　　　　　　　　　531 625

预算会计：

　借：事业支出——财政拨款支出——项目支出——高中教育——助学金（助学金）　　　　　　　　　　　　　　　203 000

　　　　　——初中教育——助学金（助学金）　　　　165 625

——小学教育——助学金（助学金）

163 000

贷：财政拨款预算收入——项目支出——高中教育　　　203 000

——初中教育　　　165 625

——小学教育　　　163 000

【例19 - 8】2020 年 5 月 29 日某学校支付 2019 年秋小学生非寄宿生补助用款 4 500 元，项目资金列支，财政授权支付。

财务会计：

借：业务活动费用——对个人和家庭的补助费用——助学金（助学金）

4 500

贷：零余额账户用款额度　　　4 500

预算会计：

借：事业支出——财政拨款支出——项目支出——小学教育——助学金（助学金）

4 500

贷：资金结存——零余额账户用款额度　　　4 500

【例19 - 9】2020 年 5 月 31 日某学校支付 2020 年非寄宿生补助 4 500 元，项目资金列支，财政授权支付。

财务会计：

借：业务活动费用——对个人和家庭的补助费用——助学金（助学金）

4 500

贷：零余额账户用款额度　　　4 500

预算会计：

借：事业支出——财政拨款支出——项目支出——小学教育——助学金（助学金）　　　4 500

贷：资金结存——零余额账户用款额度　　　4 500

第三节　学生免费乘校车补助

【例19 - 10】2021 年 2 月 3 日，教体局根据预算统一支付给校车运营公司全市农村小学生 1 月免费乘校车补助款 2 104 899 元，财政直接支付。学校账务不作处理。

财务会计：

借：业务活动费用——对个人和家庭的补助费用——助学金（助学金）

2 104 899

贷：财政拨款收入 2 104 899

预算会计：

借：事业支出——财政拨款支出——项目支出——农村小学生免费乘车——助学
金（助学金） 2 104 899

贷：财政拨款预算收入——项目支出——农村小学生免费乘车 2 104 899

第四节 精准扶贫资助

【例 19 – 11】2020 年 11 月 25 日某学校支付××学生 10 月新增建档立卡精准扶贫
户（根据规定幼儿园免保教费，已收的退款）退保教费 1 680 元，项目资金列支，财
政直接支付。

财务会计：

借：业务活动费用——对个人和家庭的补助费用——助学金（助学金）

1 680

贷：财政拨款收入 1 680

预算会计：

借：事业支出——财政拨款支出——项目支出——幼儿免保教费——助学金（助
学金） 1 680

贷：财政拨款预算收入——项目支出——幼儿免保教费 1 680

第五节 高中、职业学校奖励助学金

【例 19 – 12】2021 年 5 月 25 日某高中支付某学生春季助学金 956 250 元，项目资
金列支，财政直接支付。

财务会计：

借：业务活动费用——对个人和家庭的补助费用——助学金（助学金）

956 250

贷：财政拨款收入 956 250

预算会计：

借：事业支出——财政拨款支出——项目支出——国家助学金——助学金（助学
金） 956 250

贷：财政拨款预算收入——项目支出——国家助学金 956 250

【例 19 - 13】2021 年 11 月 25 日某高中支付某学生秋季助学金 103 500 元，项目资金列支，财政直接支付。

财务会计：

借：业务活动费用——对个人和家庭的补助费用——助学金（助学金）

　　　　　　　　　　　　　　　　　　　　　　　103 500

　　贷：财政拨款收入　　　　　　　　　　　　　103 500

预算会计：

借：事业支出——财政拨款支出——项目支出——国家助学金——助学金（助学金）　　　　　　　　　　　　　　　103 500

　　贷：财政拨款预算收入——项目支出——国家助学金　103 500

【例 19 - 14】2021 年 5 月 26 日某职业学校支付某学生春季助学金 477 000 元，项目资金列支，财政直接支付。

财务会计：

借：业务活动费用——对个人和家庭的补助费用——助学金（助学金）

　　　　　　　　　　　　　　　　　　　　　　　477 000

　　贷：财政拨款收入　　　　　　　　　　　　　477 000

预算会计：

借：事业支出——财政拨款支出——项目支出——国家助学金——职业教育——助学金（助学金）　　　　　　　　　477 000

　　贷：财政拨款预算收入——项目支出——国家助学金——职业教育

　　　　　　　　　　　　　　　　　　　　　　　477 000

【例 19 - 15】2021 年 11 月 18 日某职业学校支付 2020 ~ 2021 学年 6 名学生国家奖学金 48 000 元，项目资金列支，财政直接支付。

财务会计：

借：业务活动费用——对个人和家庭的补助费用——助学金（奖学金）

　　　　　　　　　　　　　　　　　　　　　　　48 000

　　贷：财政拨款收入　　　　　　　　　　　　　48 000

预算会计：

借：事业支出——财政拨款支出——项目支出——国家奖学金——职业教育——助学金（奖学金）　　　　　　　　　48 000

　　贷：财政拨款预算收入——项目支出——国家奖学金——职业教育

　　　　　　　　　　　　　　　　　　　　　　　48 000

第六节 生源地大学生贷款相关业务

教体局资助中心办理生源地大学生贷款业务。按政策，由开发银行拨入的助学贷款代理费可用于办理助学贷款的各项业务经费，由开发银行拨入的风险金用于偿还学生因故死亡无法偿还的助学贷款，该业务所需资金应该由开发银行承担。学生贷款后，由开发银行直接将贷款资金打入该在校学生缴费账户，直接用于缴纳学费，故该业务不在教体局作账务处理。

【例 19 - 16】2021 年 8 月 1 日，市教体局收到上级开发银行拨入的大学生生源地助学贷款代理费及风险补偿金 270 198.01 元。款项拨入财政局代管往来资金账户，以指标形式挂在教体局，并没有真正拨入到教体局账户。

财务会计：

借：其他应收款——财政局代管账户　　　　　　　　　270 198.01

　　贷：其他收入——生源地助学贷款代理费　　　　　　　　　270 198.01

预算会计不作处理。

【例 19 - 17】2021 年 8 月 5 日，市教体局资助中心申请 3 300 元，用来购买档案橱。申请财政授权支付。收到零余额账户用款额度 3 300 元。

财务会计：

借：零余额账户用款额度　　　　　　　　　　　　　　3 300

　　贷：其他应收款——财政局代管账户　　　　　　　　　　3 300

预算会计：

借：资金结存——零余额账户用款额度　　　　　　　　3 300

　　贷：其他预算收入——生源地助学贷款代理费　　　　　　3 300

【例 19 - 18】2021 年 8 月 7 日，收到档案橱，并验收合格，发票金额 3 300 元，财政授权支付。

财务会计：

借：固定资产　　　　　　　　　　　　　　　　　　　3 300

　　贷：零余额账户用款额度　　　　　　　　　　　　　　　3 300

预算会计：

借：其他支出——其他资金支出——办公设备购置　　　3 300

　　贷：资金结存——零余额账户用款额度　　　　　　　　　3 300

【例 19 - 19】2021 年 10 月 18 日，付助学贷款办理点改造升级维修款 25 825 元，财政直接支付。

财务会计：

借：业务活动费用——商品和服务费用　　　　　　　　25 825

　　　贷：其他应收款——财政局代管账户　　　　　　　　　25 825

预算会计：

借：其他支出——其他资金支出——维修费　　　　　　25 825

　　　贷：其他预算收入——生源地助学贷款代理费　　　　　25 825

第二十章　学校工程款类业务

第一节　维修工程款

学校支付维修工程款时，按资本化、费用化的方式财务会计分别借记"在建工程""业务活动费用——商品和服务费用""单位管理费用"科目，贷记"零余额账户用款额度""财政拨款收入""事业收入"等科目；预算会计借记"事业支出"科目，贷记"财政拨款预算收入""资金结存——零余额账户用款额度""事业预算收入"等科目。

一、设计费、监理费

【例20-1】2020年4月9日某学校使用日常公用经费支付给××建筑设计院学校南门设计费20 000元，财政授权支付。

财务会计：

借：在建工程——待摊投资——设计费　　　　　　　　　　20 000

　　贷：零余额账户用款额度　　　　　　　　　　　　　　　　20 000

预算会计：

借：事业支出——日常公用经费——小学教育——房屋建筑物构建

　　　　　　　　　　　　　　　　　　　　　　　　　　20 000

　　贷：资金结存——零余额账户用款额度　　　　　　　　　　20 000

【例20-2】2020年9月1日某学校使用日常公用经费支付给××建设项目管理有限公司监理费4 000元，财政直接支付。

财务会计：

借：在建工程——待摊投资——监理费　　　　　　　　　　4 000

　　贷：财政拨款收入　　　　　　　　　　　　　　　　　　　4 000

预算会计：

借：事业支出——财政拨款支出——基本支出——日常公用经费——小学教育

　　——房屋建筑物构建　　　　　　　　　　　　　　　　4 000

　　　　贷：财政拨款预算收入——基本支出——日常公用经费——小学教育

　　　　　　　　　　　　　　　　　　　　　　　　　　　　　4 000

　　【例20-3】 某学校支付消防安全图纸设计费36 000元，项目资金列支，用专款直接支付14 000元，欠款××设计公司22 000元。

　　财务会计：

　　　借：在建工程——待摊投资——设计费　　　　　　　　　　36 000

　　　　　贷：财政拨款收入　　　　　　　　　　　　　　　　　14 000

　　　　　　　应付账款——××设计公司消防改造图纸设计费　　22 000

　　预算会计：

　　　借：事业支出——财政拨款支出——项目支出——校园消防安全资金——其他教育管理事务支出——房屋建筑物购建　　　　　　14 000

　　　　　贷：财政拨款预算收入——项目支出——校园消防安全资金——其他教育管理事务支出　　　　　　　　　　　　　　　　　14 000

二、学生运动场所建设

　　【例20-4】 2020年12月8日某学校用非税收入保教费支付给××建设工程有限公司塑胶运动场工程款124 090元，财政直接支付。

　　财务会计：

　　　借：在建工程——建筑工程　　　　　　　　　　　　　　124 090

　　　　　贷：事业收入——其他事业收入——保教费　　　　　124 090

　　预算会计：

　　　借：事业支出——非专项资金支出——保教费——房屋建筑物构建

　　　　　　　　　　　　　　　　　　　　　　　　　　　124 090

　　　　　贷：事业预算收入——非专项资金收入——保教费　　124 090

　　【例20-5】 2020年12月15日某学校使用非税收入保教费直接支付给××建筑安装工程有限公司园南区游戏场地改扩建工程费77 516元，发票110 737.06元，实付77 516元，财政直接支付。

　　财务会计：

　　　借：在建工程——建筑工程　　　　　　　　　　　　110 737.06

　　　　　贷：应付账款——游戏场地工程款　　　　　　　　33 221.06

　　　　　　　事业收入——其他事业收入——保教费　　　　　77 516

　　预算会计：

　　　借：事业支出——非专项资金支出——保教费——房屋建筑物构建

　　　　　　　　　　　　　　　　　　　　　　　　　　　77 516

　　贷：事业预算收入——非专项资金收入——保教费　　　　　　　77 516

【例 20 - 6】某学校使用校舍维修改造资金支付运动场塑胶及足球场改造工程款
150 000 元，项目资金列支，财政直接支付。

　　财务会计：

　　借：在建工程——建筑工程　　　　　　　　　　　　　　　150 000

　　　　贷：财政拨款收入　　　　　　　　　　　　　　　　　　150 000

　　预算会计：

　　借：事业支出——财政拨款支出——项目支出——初中教育——房屋建筑物大型
　　修缮　　　　　　　　　　　　　　　　　　　　　　　　150 000

　　　　贷：财政拨款预算收入——项目支出——初中教育　　　　　150 000

三、校舍维修工程

【例 20 - 7】某学校使用校舍维修改造资金支付××公司 2019 年校舍维修工程款
76 883.04 元，前期已挂账，项目资金列支，财政直接支付。

　　财务会计：

　　借：应付账款——××工程有限公司　　　　　　　　　　　76 883.04

　　　　贷：财政拨款收入　　　　　　　　　　　　　　　　　　76 883.04

　　预算会计：

　　借：事业支出——财政拨款支出——项目支出——小学教育——房屋建筑物维修
　　（护）费　　　　　　　　　　　　　　　　　　　　　76 883.04

　　　　贷：财政拨款预算收入——项目支出——小学教育　　　　76 883.04

【例 20 - 8】2019 年 3 月 26 日某学校支付给××有限公司楼梯间改造及旧国旗台
地面更新款 14 055 元，项目资金列支，财政直接支付。

　　财务会计：

　　借：单位管理费用——商品和服务费用——房屋建筑物维修（护）费
　　　　　　　　　　　　　　　　　　　　　　　　　　　14 055

　　　　贷：财政拨款收入　　　　　　　　　　　　　　　　　　14 055

　　预算会计：

　　借：事业支出——财政拨款支出——项目支出——追加农村中小学校舍维修改造
　　资金——房屋建筑物维修（护）费　　　　　　　　　　　14 055

　　　　贷：财政拨款预算收入——项目支出——追加农村中小学校舍维修改造资金
　　　　　　　　　　　　　　　　　　　　　　　　　　　14 055

【例 20 - 9】2019 年 4 月 28 日某学校支付给××有限公司东院墙维修费 8 200 元，

项目资金列支，财政直接支付。

财务会计：

借：业务活动费用——商品和服务费用——房屋建筑物维修（护）费

8 200

贷：财政拨款收入　　　　　　　　　　　　　　　8 200

预算会计：

借：事业支出——财政拨款支出——项目支出——追加农村中小学校舍维修改造

资金——房屋建筑物维修（护）费　　　　　　8 200

贷：财政拨款预算收入——项目支出——追加农村中小学校舍维修改造资金

8 200

【例 20 – 10】某学校支付旧教学楼楼顶维修费 20 660 元，项目资金列支，财政直接支付。

财务会计：

借：单位管理费用——商品和服务费用——房屋建筑物维修（护）费

20 660

贷：财政拨款收入　　　　　　　　　　　　　　　20 660

预算会计：

借：事业支出——财政拨款支出——项目支出——小学教育——房屋建筑物维修

（护）费　　　　　　　　　　　　　　　　　20 660

贷：财政拨款预算收入——项目支出——小学教育　　20 660

四、消防安全相关业务

消防整改是指对检查中发现的安全隐患进行整改以及对消防器材的保养与维修所发生的费用等，包括消防改造款、消防器材充粉费等。

发生消防相关费用时，按照实际支付的金额，财务会计借记"单位管理费用""在建工程""业务活动费用"科目，贷记"零余额账户用款额度""财政拨款收入""事业收入"等科目；预算会计借记"事业支出"科目，贷记"资金结存——零余额账户用款额度""财政拨款预算收入""事业预算收入"等科目。

【例 20 – 11】某学校支付消防泵池款 50 000 元，项目资金列支，财政直接支付。

财务会计：

借：在建工程——建筑工程　　　　　　　　　　　50 000

贷：财政拨款收入　　　　　　　　　　　　　　　50 000

预算会计：

借：事业支出——财政拨款支出——项目支出——教育系统欠款——初中教育
　　——房屋建筑物购建　　　　　　　　　　　　　　50 000
　　贷：财政拨款预算收入——项目支出——教育系统欠款——初中教育
　　　　　　　　　　　　　　　　　　　　　　　　　　50 000

【例20－12】2020年4月24日某学校支付给××建筑维修队灾后全楼防水款
223 637.57元，项目资金列支，财政直接支付。

　　财务会计：

　　借：业务活动费用——商品和服务费用——房屋建筑物维修（护）费
　　　　　　　　　　　　　　　　　　　　　　　　223 637.57
　　　　贷：财政拨款收入　　　　　　　　　　　　223 637.57

　　预算会计：

　　借：事业支出——财政拨款支出——项目支出——自然灾害灾后重建补助——房
　　　　屋建筑物维修（护）费　　　　　　　　　　223 637.57
　　　　贷：财政拨款预算收入——项目支出——自然灾害灾后重建补助
　　　　　　　　　　　　　　　　　　　　　　　　223 637.57

【例20－13】某学校支付消防水池工程款20 000元，项目资金列支，财政直接
支付。

　　财务会计：

　　借：在建工程——建筑工程——校园消防安全资金　　20 000
　　　　贷：财政拨款收入　　　　　　　　　　　　　　20 000

　　预算会计：

　　借：事业支出——财政拨款支出——项目支出——校园消防安全资金——其他教
　　　　育管理事务支出——房屋建筑物构建　　　　　20 000
　　　　贷：财政拨款预算收入——项目支出——校园消防安全资金——其他教育管
　　　　　　理事务支出　　　　　　　　　　　　　　20 000

【例20－14】2020年10月9日某学校预付给××消防工程有限公司消防设施改造
款50 000元，项目资金列支，财政直接支付。

　　财务会计：

　　借：预付账款——××消防工程有限公司　　　　　50 000
　　　　贷：财政拨款收入　　　　　　　　　　　　　　50 000

　　预算会计：

　　借：事业支出——财政拨款支出——项目支出——校园消防安全资金——其他教
　　　　育管理事务支出——其他维修（护）费　　　　50 000
　　　　贷：财政拨款预算收入——项目支出——校园消防安全资金——其他教育管

理事务支出　　　　　　　　　　　　　　　　　　　　　　　50 000

【例20-15】 2020年12月24日某学校支付消防安全防火门安装款53 775.87元，项目资金列支，财政授权支付。

财务会计：

借：固定资产——通用设备　　　　　　　　　　　　　　　53 775.87

　　贷：零余额账户用款额度　　　　　　　　　　　　　　　53 775.87

预算会计：

借：事业支出——财政拨款支出——项目支出——校园消防安全资金——其他教育管理事务支出——办公设备购置　　　　　　　　　　　　　　　53 775.87

　　贷：资金结存——零余额账户用款额度　　　　　　　　　　53 775.87

【例20-16】 2020年11月20日某学校预付给××项目管理有限公司消防安全改造工程款200 000元，项目资金列支，财政直接支付。

财务会计：

借：预付账款——消防工程款　　　　　　　　　　　　　　200 000

　　贷：财政拨款收入　　　　　　　　　　　　　　　　　　200 000

预算会计：

借：事业支出——财政拨款支出——项目支出——校园消防安全资金——其他教育管理事务支出——房屋建筑物大型修缮　　　　　　　　　　　200 000

　　贷：财政拨款预算收入——项目支出——校园消防安全资金——其他教育管理事务支出　　　　　　　　　　　　　　　　　　　　200 000

【例20-17】 2021年2月7日某学校根据工程进度用专款支付给××工程项目管理有限公司消防改造工程款140 000元，2月8日支付给××工程项目管理有限公司消防改造工程二次款50 000元，项目资金列支，财政直接支付。

财务会计：

借：在建工程——建筑工程　　　　　　　　　　　　　　　190 000

　　贷：财政拨款收入　　　　　　　　　　　　　　　　　　190 000

预算会计：

借：事业支出——财政拨款支出——项目支出——教育系统欠款——初中教育——房屋建筑物大型修缮　　　　　　　　　　　　　　　190 000

　　贷：财政拨款预算收入——项目支出——教育系统欠款——初中教育　　　　　　　　　　　　　　　　　　　　　　　　　　190 000

【例20-18】 2021年2月10日某学校根据工程进度支付给××工程项目管理有限公司消防改造工程款第三次款50 000元，项目资金列支，财政直接支付。

财务会计：

借：在建工程——建筑工程 50 000

　　贷：财政拨款收入 50 000

预算会计：

借：事业支出——财政拨款支出——项目支出——教育系统欠款——初中教育

　　——房屋建筑物大型修缮 50 000

　　贷：财政拨款预算收入——项目支出——教育系统欠款——初中教育

50 000

【例20－19】2020年11月19日某学校预付给××有限公司消防改造工程预付款 50 000元，项目资金列支，财政直接支付。

财务会计：

借：预付账款——消防改造工程款 50 000

　　贷：财政拨款收入 50 000

预算会计：

借：事业支出——财政拨款支出——项目支出——校园消防安全资金——其他教

　　育管理事务支出——房屋建筑物大型修缮 50 000

　　贷：财政拨款预算收入——项目支出——校园消防安全资金——其他教育管

　　理事务支出 50 000

【例20－20】2021年2月28日某学校收到消防整改款发票30 000元，该工程已经 完工，暂未支付。

财务会计：

借：在建工程 30 000

　　贷：应付账款——××消防工程款 30 000

预算会计不作处理。

【例20－21】2020年12月25日某幼儿园使用专项资金和非税收入支付给××电 器销售部消防改造款16 356元，财政直接支付。

财务会计：

借：单位管理费用——商品和服务费用——维修（护）费 16 356.50

　　贷：财政拨款收入 6 000

　　　　事业收入——其他事业收入——校园消防安全资金——保教费

10 356.50

预算会计：

借：事业支出——财政拨款支出——项目支出——校园消防安全资金——其他教

　　育管理事务支出——其他维修（护）费 6 000

事业支出——非专项资金支出——学前教育——其他维修（护）费

10 356.50

  贷：财政拨款预算收入——项目支出——校园消防安全资金——其他教育管

理事务支出 6 000

  事业预算收入——非专项资金收入——学前教育——幼儿保教费

10 356.50

【例 20 - 22】2020 年 11 月 19 日某学校预付给 × × 建筑科技有限责任公司消防设
施整改款 30 000 元，使用项目资金，财政直接支付。

  财务会计：

  借：预付账款—— × × 消防工程款 30 000

    贷：财政拨款收入 30 000

  预算会计：

  借：事业支出——财政拨款支出——项目支出——校园消防安全资金——其他教

  育管理事务支出——其他维修（护）费 30 000

    贷：财政拨款预算收入——项目支出——校园消防安全资金——其他教育管

  理事务支出 30 000

五、学生厕所维修改造

【例 20 - 23】2020 年 12 月 25 日某学校用项目资金支付给 × × 建筑工程有限公司
厕所维修改造费 183 181.60 元，项目资金列支，财政直接支付。

  财务会计：

  借：单位管理费用——商品和服务费用——房屋建筑物维修（护）费

183 181.60

    贷：财政拨款收入 183 181.60

  预算会计：

  借：事业支出——财政拨款支出——项目支出——义务教育维修改造——其他教

  育费附加安排的支出——维修（护）费 76 000

  事业支出——财政拨款支出——项目支出——初中教育——维修（护）费

107 181.60

    贷：财政拨款预算收入——项目支出——义务教育维修改造——其他教育费

  附加安排的支出 76 000

  财政拨款预算收入——项目支出——初中教育 107 181.60

第二节　大型修缮

发生修缮费用相关支出，修缮工程不符合资本化条件的进行费用化，财务会计借记"单位管理费用——商品和服务费用"科目，贷记"财政拨款收入""事业收入"等科目；预算会计借记"事业支出"科目，贷记"财政拨款预算收入""事业预算收入"等科目。

发生的修缮费用符合资本化条件的，财务会计借记"固定资产""在建工程"科目，贷记"财政拨款收入"等科目；预算会计借记"事业支出"科目，贷记"财政拨款预算收入"等科目。

【例20－24】2020年3月31日某学校教学楼楼顶防水工程完工收到××工程有限公司发票，发票金额为833 832.47元，项目资金列支，财政直接支付50 000元。

财务会计：

借：固定资产——房屋建筑物　　　　　　　　　　　　　833 832.47
　　贷：应付账款——××工程有限公司　　　　　　　　783 832.47
　　　　财政拨款收入　　　　　　　　　　　　　　　　　50 000

预算会计：

借：事业支出——财政拨款支出——项目支出——县直义务教育学校维修改造——其他教育费附加安排的支出——房屋建筑物大型修缮　　50 000
　　贷：财政拨款预算收入——项目支出——县直义务教育学校维修改造——其他教育费附加安排的支出　　　　　　　　　　　　　　50 000

【例20－25】2021年2月28日某学校支付××防水有限公司楼顶防水欠款200 000元，项目资金列支，财政直接支付。

财务会计：

借：应付账款——××防水有限公司　　　　　　　　　　200 000
　　贷：财政拨款收入　　　　　　　　　　　　　　　　　200 000

预算会计：

借：事业支出——财政拨款支出——项目支出——初中教育——房屋建筑物大型修缮　　　　　　　　　　　　　　　　　　　　　　200 000
　　贷：财政拨款预算收入——项目支出——初中教育　　　200 000

第三节 学校建设工程相关业务

【例20－26】市第一中学南校区2021年窗帘采购项目，经审定金额968 957.85元。2021年第一次付款30 000元，财政直接支付。2021年第二次付款160 000元，财政直接支付。发票第一次付款时已全部开具。第二次支付时附收据，第二次支付后剩余应付款778 957.85元。

（1）第一次付款记账。

财务会计：

借：固定资产——家具用具装具   968 957.85

　　贷：应付账款——××商贸公司   938 957.85

　　　　财政拨款收入   30 000

预算会计：

借：事业支出——财政拨款支出——项目支出——办公设备购置   30 000

　　贷：财政拨款预算收入——项目支出   30 000

（2）第二次付款记账。

财务会计：

借：应付账款——××商贸公司   160 000

　　贷：财政拨款收入   160 000

预算会计：

借：事业支出——财政拨款支出——项目支出——办公设备购置 160 000

　　贷：财政拨款预算收入——项目支出   160 000

【例20－27】市第一中学南校区2020年太阳能沐浴采购及安装项目，审定金额1 951 500元。需入固定资产1 951 500元。2020年第一次付款60 000元，2020年第二次付款1 501 200元，发票第一次付款时已全部开具。第二次支付时附收据，第二次付款后剩余应付款390 300元，财政直接支付。

（1）第一次付款记账。

财务会计：

借：固定资产——通用设备   1 951 500

　　贷：应付账款——××公司   1 891 500

　　　　财政拨款收入   60 000

预算会计：

借：事业支出——财政拨款支出——项目支出——办公设备购置   60 000

　　贷：财政拨款预算收入——项目支出　　　　　　　　　　　　60 000

（2）第二次付款记账。

财务会计：

借：应付账款——××公司　　　　　　　　　　　　　　　1 501 200

　　贷：财政拨款收入　　　　　　　　　　　　　　　　　　1 501 200

预算会计：

借：事业支出——财政拨款支出——项目支出——办公设备购置

　　　　　　　　　　　　　　　　　　　　　　　　　　1 501 200

　　贷：财政拨款预算收入——项目支出　　　　　　　　　　1 501 200

【例 20 – 28】市第一中学南校区 2020 年直饮水设备项目，审定金额 2 423 100 元。需入固定资产 2 013 200 元，安装费用 409 900 元。2020 年第一次付款 969 240 元，2020 年第二次付款 969 240 元，发票第一次付款时已全部开具。第二次支付时附收据，第二次付款后剩余应付款 484 620 元。

（1）第一次付款记账。

财务会计：

借：固定资产——通用设备　　　　　　　　　　　　　　　2 423 100

　　贷：应付账款——××华晶公司　　　　　　　　　　　　1 453 860

　　　　财政拨款收入　　　　　　　　　　　　　　　　　　969 240

预算会计：

借：事业支出——财政拨款支出——项目支出——办公设备购置 969 240

　　贷：财政拨款预算收入——项目支出　　　　　　　　　　969 240

（2）第二次付款记账。

财务会计：

借：应付账款——××华晶公司　　　　　　　　　　　　　969 240

　　贷：财政拨款收入　　　　　　　　　　　　　　　　　　969 240

预算会计：

借：事业支出——财政拨款支出——项目支出——办公设备购置 969 240

　　贷：财政拨款预算收入——项目支出　　　　　　　　　　969 240

剩余应付款 484 620 元后期支付。

第四节　专项债相关业务

【例 20 – 29】2021 年 2 月 10 日，市教体局收到财政拨入的学前教育专项债资金

4 500 000 元，教体局收到后再转拨给项目指挥部，指挥部账不做财政决算，资产以后落在学校。

财务会计：

借：其他应付款——学前教育建设专项债券资金　　　　　4 500 000

　　贷：其他应付款——学前教育建设专项债券资金　　　　　4 500 000

预算会计：

借：事业支出——财政拨款支出——项目支出——房屋建筑物购建

　　　　　　　　　　　　　　　　　　　　　　　4 500 000

　　贷：财政拨款预算收入——项目支出——学前教育建设专项债券资金

　　　　　　　　　　　　　　　　　　　　　　　4 500 000

【例20 – 30】2021 年 11 月 10 日，市职业学院收到财政拨入的职业学院新校建设项目专项债资金 30 000 000 元，然后转拨给项目指挥部。

财务会计：

借：预付账款——职业学院新校建设专项债券资金　　　　30 000 000

　　贷：财政拨款收入　　　　　　　　　　　　　　　　30 000 000

预算会计：

借：事业支出——财政拨款支出——项目支出——房屋建筑物购建

　　　　　　　　　　　　　　　　　　　　　　　30 000 000

　　贷：财政拨款预算收入——项目支出——职业学院新校建设专项债券资金

　　　　　　　　　　　　　　　　　　　　　　　30 000 000

第二十一章　货币资金相关业务

第一节　提取零余额账户用款额度

提取零余额账户用款额度，财务会计借记"零余额账户用款额度"科目，贷记"财政拨款收入"科目；预算会计借记"资金结存——零余额账户用款额度"科目，贷记"财政拨款预算收入"科目。

学校注销零余额账户用款额度时，作相反业务处理。

【例21-1】某学校提取授权11月个人所得税支付额度到账308.88元。

财务会计：

借：零余额账户用款额度	308.88
贷：财政拨款收入	308.88

预算会计：

借：资金结存——零余额账户用款额度	308.88
贷：财政拨款预算收入——基本支出——人员经费	308.88

【例21-2】某学校提取授权12月养老保险支付额度到账267 021.28元。

财务会计：

借：零余额账户用款额度	267 021.28
贷：财政拨款收入	267 021.28

预算会计：

借：资金结存——零余额账户用款额度	267 021.28
贷：财政拨款预算收入——基本支出——人员经费	267 021.28

【例21-3】某学校提取授权12月公积金支付额度到账190 857.75元。

财务会计：

借：零余额账户用款额度	190 857.75
贷：财政拨款收入	190 857.75

预算会计：

借：资金结存——零余额账户用款额度	190 857.75
贷：财政拨款预算收入——基本支出——人员经费	190 857.75

【例21-4】某学校提取授权退休一次性补贴支付额度到账28 737元。

财务会计：

借：零余额账户用款额度 28 737

　　贷：财政拨款收入 28 737

预算会计：

借：资金结存——零余额账户用款额度 28 737

　　贷：财政拨款预算收入——项目支出 28 737

【例21-5】某学校提取授权9月工伤保险支付额度到账2 134.35元。

财务会计：

借：零余额账户用款额度 2 134.35

　　贷：财政拨款收入 2 134.35

预算会计：

借：资金结存——零余额账户用款额度 2 134.35

　　贷：财政拨款预算收入——基本支出——人员经费 2 134.35

【例21-6】某学校提取授权9月医疗保险支付额度到账87 204.38元。

财务会计：

借：零余额账户用款额度 87 204.38

　　贷：财政拨款收入 87 204.38

预算会计：

借：资金结存——零余额账户用款额度 87 204.38

　　贷：财政拨款预算收入——基本支出——人员经费 87 204.38

【例21-7】某学校提取授权非寄宿生补助支付额度到账67 000元。

财务会计：

借：零余额账户用款额度 67 000

　　贷：财政拨款收入 67 000

预算会计：

借：资金结存——零余额账户用款额度 67 000

　　贷：财政拨款预算收入——项目支出 67 000

【例21-8】某学校提取授权优质课展评录制费支付额度到账4 000元。

财务会计：

借：零余额账户用款额度 4 000

　　贷：财政拨款收入 4 000

预算会计：

借：资金结存——零余额账户用款额度 4 000

    贷：财政拨款预算收入——基本支出——日常公用经费   4 000

【例21-9】 某学校提取授权课题封装费支付额度到账 410 元。

财务会计：

  借：零余额账户用款额度   410

    贷：财政拨款收入   410

预算会计：

  借：资金结存——零余额账户用款额度   410

    贷：财政拨款预算收入——基本支出——日常公用经费   410

【例21-10】 某学校提取授权道德与法治观摩研讨会费支付额度到账 5 421 元。

财务会计：

  借：零余额账户用款额度   5 421

    贷：财政拨款收入   5 421

预算会计：

  借：资金结存——零余额账户用款额度   5 421

    贷：财政拨款预算收入——基本支出——日常公用经费 5 421

【例21-11】 某学校提取授权12月工资、公积金、社保支付额度到账 1 516 965.72 元。

财务会计：

  借：零余额账户用款额度   1 516 965.72

    贷：财政拨款收入   1 516 965.72

预算会计：

  借：资金结存——零余额账户用款额度   1 516 965.72

    贷：财政拨款预算收入——基本支出——人员经费——初中教育

                  1 185 148.82

           ——住房公积金

                  141 989.64

           ——机关事业单位基本养老

  保险缴费支出   136 344

           ——事业单位医疗

                  51 779

           ——其他社会保障和就业

  支出   1 704.26

【例21-12】 某学校提取授权公益岗2020年12月社保支付额度到账 820.77 元。

财务会计：

  借：零余额账户用款额度   820.77

  贷：财政拨款收入   820.77

预算会计：

  借：资金结存——零余额账户用款额度   820.77

    贷：财政拨款预算收入——基本支出——人员经费——初中教育 820.77

【例 21 –13】某学校提取授权养老保险改革个人退费支付额度到账 78 740.34 元。

财务会计：

  借：零余额账户用款额度   78 740.34

    贷：其他应收款——国库   78 740.34

预算会计不作处理。

【例 21 –14】某学校作注销额度的相关账务处理。

财务会计：

  借：零余额账户用款额度   – 2 227.68

    贷：财政拨款收入   – 2 227.68

预算会计：

  借：资金结存——零余额账户用款额度   – 2 227.68

    贷：财政拨款预算收入——基本支出——日常公用经费 – 2 227.68

第二节 赈灾救助资金

  【例 21 –15】2019 年 12 月 1 日，市教体局收到民政局拨入情系灾区捐款 50 000 元，教体局拨到××学校，用来支付该学校在利奇马灾情中受损的房屋维修费。

  学校收到交入财政代管资金往来账户的回单 50 000 元，资金以指标的状态存在，单位并未实际收到。

  财务会计：

  借：其他应收款——财政局代管账户   50 000

    贷：其他收入——情系灾区捐款   50 000

预算会计不作处理。

  2019 年 12 月 23 日，学校支付在利奇马灾情中受损的餐厅防水费用 47 440 元，财政直接支付。

  财务会计：

  借：单位管理费用——房屋建筑物维修（护）费   47 440

    贷：其他应收款——财政局代管账户   47 440

  预算会计：

借：事业支出——其他资金支出——维修费   47 440

    贷：其他预算收入——情系灾区捐款   47 440

第三节　债务借款利息及本金支付

债务收入指非义务教育阶段学校按照规定从银行和其他金融机构等借入的、纳入部门预算管理的、不以财政资金作为偿还来源的债务本金，预算会计通过"债务预算收入"科目核算，财务会计不作收入处理。

借入各项短期或长期借款，财务会计借记"银行存款"科目，贷记"短期借款""长期借款"等科目；预算会计借记"资金结存——货币资金"科目，贷记"债务预算收入"科目。

年末，将"债务预算收入"科目本年发生额中的专项资金收入转入非财政拨款结转，借记"债务预算收入"科目，贷记"非财政拨款结转——本年收支结转"科目。将"债务预算收入"科目本年发生额中的非专项资金收入转入其他结余，预算会计借记"债务预算收入"科目，贷记"其他结余"科目，结转后无余额。

学校支付以前年度遗留问题借款利息时，财务会计借记"单位管理费用——商品和服务费用"科目，贷记"财政拨款收入"等科目；预算会计借记"事业支出"科目，贷记"财政拨款预算收入"等科目。

【例 21 –16】2019 年 4 月 1 日某幼儿园使用非税收入保教费支付 2018 年 5 月至 8 月校园建设借款利息 181 713.73 元，此借款是 2012 年建设幼儿园办公楼时的借款，财政直接支付。

财务会计：

借：其他费用——利息   181 713.73

    贷：事业收入——其他收入   181 713.73

预算会计：

借：其他支出   181 713.73

    贷：事业预算收入——保教费   181 713.73

【例 21 –17】2020 年 2 月 12 日，某高级中学使用项目资金支付校园建设借款本金 91 731.29 元，利息 39 210.03 元，财政直接支付。

财务会计：

借：其他费用——利息   39 210.03

    其他应付款——教师集资   91 731.29

    贷：财政拨款收入   130 941.32

预算会计：

借：事业支出——财政拨款支出——项目支出——教育新增基础设施及教育欠款

　　——资本性支出　　　　　　　　　　　　　　　　91 731.29

　　——其他支出　　　　　　　　　　　　　　　　　39 210.03

　　贷：财政拨款预算收入——项目支出——教育新增基础设施及教育欠款

　　　　　　　　　　　　　　　　　　　　　　　　　130 941.32

【例 21 –18】2019 年 10 月，某职业学院和中国银行签订固定资产借款合同，用于学生公寓 J 组团建设。合同金额 2 700 万元，借款期限 60 个月，借款利率为五年期贷款基准利率，分月付息到期还本。期末/年末债务收入进行结转。

（1）借入款项时：

财务会计：

借：银行存款　　　　　　　　　　　　　　　　　　27 000 000

　　贷：长期借款——本金　　　　　　　　　　　　　　27 000 000

预算会计：

借：资金结存——货币资金　　　　　　　　　　　　27 000 000

　　贷：债务预算收入　　　　　　　　　　　　　　　　27 000 000

（2）期末/年末结转：

财务会计不作处理。

预算会计：

借：债务预算收入　　　　　　　　　　　　　　　　27 000 000

　　贷：非财政拨款结转——本年收支结转　　　　　　　27 000 000

第二十二章　固定资产相关业务

第一节　学校调整固定资产

"以前年度盈余调整"科目核算单位本年度发生的调整以前年度盈余的事项，包括本年度发生的重要前期差错更正涉及调整以前年度盈余的事项。

盘盈固定资产时，财务会计借记"固定资产"科目，贷记"以前年度盈余调整"科目；预算会计不作处理。结转时，财务会计借记"以前年度盈余调整"科目，贷记"累计盈余——以前年度盈余调整"科目。

【例 22 - 1】某学校由镇办投资建设的教学楼一直未交接，2021 年收到镇办交接账目，调增固定资产账目 124 714 652.72 元。

财务会计：

借：固定资产　　　　　　　　　　　　　　　　　124 714 652.72

　　贷：以前年度盈余调整　　　　　　　　　　　124 714 652.72

借：以前年度盈余调整　　　　　　　　　　　　　124 714 652.72

　　贷：累计盈余——以前年度盈余调整　　　　　124 714 652.72

预算会计不作处理。

【例 22 - 2】某学校因资产的教育与财政分类不同以及记账时资产分类与校产账上不一致等原因，造成会计账与校产账固定资产原值总额相等，具体资产类别值不等的情况，为保证二账统一，账实相符，调整固定资产原值 544 390 元。调整办法：总值不变的情况下，通用设备减少 244 820.50 元，专用设备增加 544 390 元，家具、用具、装具减少 299 569.50 元，调整后账实相符。

财务会计：

借：固定资产——专用设备　　　　　　　　　　　544 390

　　贷：固定资产——通用设备　　　　　　　　　244 820.50

　　　　　　　　——家具、用具、装具　　　　　299 569.50

预算会计不作处理。

【例 22 - 3】某学校进行固定资产分类调整 1 129 138.81 元。2021 年以前经费会计账与固定资产国资平台的分类账不一致，根据上级要求对经费会计账进行调整，使经费会计账与固定资产账相吻合、账实相符。调增土地、房屋及构筑物 913 586.81 元，调增专用设备 215 552 元，调减通用设备 923 037.05 元，调减图书及档案类 104 478.16 元，调减家具、用具、装具 101 623.60 元。

财务会计：

借：固定资产——土地、房屋及构筑物　　　　　　　　 913 586.81
　　　　　　——专用设备　　　　　　　　　　　　　 215 552
　　贷：固定资产——通用设备　　　　　　　　　　　 923 037.05
　　　　　　——图书、档案　　　　　　　　　　　　 104 478.16
　　　　　　——家具、用具、装具　　　　　　　　　 101 623.60

预算会计不作处理。

【例 22 – 4】某学校 2019 年 12 月记账凭证在录入资产时校产和财务两者没有按统一标准录入资产，财政支付系统录入时比较粗糙，将监控系统统一录入了通用设备，将厨房设备统一录入了专用设备，在校产系统录入时又进行了仔细分类，进行固定资产分类调整 81 550 元。需要增加家具、用具、装具 81 550 元，通用设备减少 18 640 元，专用设备减少 62 910 元。

财务会计：

借：固定资产——家具、用具、装具　　　　　　　　　 81 550
　　贷：固定资产——通用设备　　　　　　　　　　　 18 640
　　　　　　——专用设备　　　　　　　　　　　　　 62 910

预算会计不作处理。

【例 22 – 5】某学校固定资产误记入业务活动费用，原值 3 000 元，调整 2019 年 12 月 2 号凭证。

财务会计：

借：固定资产——通用设备　　　　　　　　　　　　　 3 000
　　贷：以前年度盈余调整　　　　　　　　　　　　　 3 000
借：以前年度盈余调整　　　　　　　　　　　　　　　 3 000
　　贷：累计盈余——以前年度盈余调整　　　　　　　 3 000

预算会计不作处理。

第二节　学校固定资产报废

减少固定资产时，按照固定资产已计提的折旧，财务会计借记"固定资产累计折旧"科目，按照固定资产的账面原值，贷记"固定资产"科目，按照借贷方的差额，借记"资产处置费用""待处理财产损溢"等科目；预算会计不作处理。

【例 22 - 6】某学校经批准报废固定资产 40 300 元，已提足折旧。2019 年 5 月 24 日，报废切菜机一台，原值 4 800 元，报废夹层锅两个，原值共计 7 600 元，报废豆浆机一台，原值 1 380 元，报废和面机一台，原值 15 600 元，报废菜馅机一台，原值 4 230 元，报废三门六控烤箱一台，原值 6 690 元。

财务会计：

借：固定资产累计折旧——通用设备	40 300
贷：固定资产——通用设备	40 300

预算会计不作处理。

【例 22 - 7】某学校经批准报废固定资产 74 040 元。固定资产原值：房屋建筑物 19 350 元，通用设备 13 600 元，专用设备 7 490 元，家具 33 600 元，共计 74 040 元。固定资产折旧费用：房屋建筑物 4 515 元，通用设备 13 600 元，专用设备 6 116.91 元，家具 33 600 元，共计 57 831.91 元。固定资产处置费用：房屋建筑物 14 835 元，专用设备 1 373.09 元，共计 16 208.09 元。

财务会计：

借：固定资产累计折旧——房屋建筑物	4 515
——通用设备	13 600
——专用设备	6 116.91
——家具	33 600
待处理财产损溢	16 208.09
贷：固定资产——房屋建筑物	19 350
——通用设备	13 600
——专用设备	7 490
——家具	33 600
借：资产处置费用	16 208.09
贷：待处理财产损溢	16 208.09

预算会计不作处理。

第三节　学校购置固定资产

学校购入不需安装的固定资产验收合格时，按照确定的固定资产成本，财务会计借记"固定资产"科目，贷记"零余额账户用款额度""财政拨款收入""库存现金""事业收入"等科目；预算会计借记"事业支出"科目，贷记"资金结存——零余额账户用款额度""财政拨款预算收入""资金结存——货币资金""事业预算收入"等科目。

一、学校购置绿化用固定资产

【例22-8】2019年8月25日某学校使用日常公用经费购买一台割灌机花费2 550元，支付给××园林绿化服务中心，财政授权支付。

财务会计：

借：固定资产——通用设备　　　　　　　　　　　　　　　　　2 550

　　贷：零余额账户用款额度　　　　　　　　　　　　　　　　2 550

预算会计：

借：事业支出——财政拨款支出——基本支出——日常公用经费——办公设备购置

　　　　　　　　　　　　　　　　　　　　　　　　　　　　　2 550

　　贷：资金结存——零余额账户用款额度　　　　　　　　　　2 550

二、学校购置疫情防控固定资产

【例22-9】2020年12月3日某学校购置一台自动测温门，支付给××教育装备工程有限公司27 900元，2020年11月10日，购置一套热成像测温设备，支付给××网络科技有限公司27 900元，项目资金列支，财政直接支付。

财务会计：

借：固定资产——通用设备　　　　　　　　　　　　　　　　　55 800

　　贷：财政拨款收入　　　　　　　　　　　　　　　　　　　55 800

预算会计：

借：事业支出——财政拨款支出——项目支出——疫情防控能力提升项目二期

　　——重大疫情防控救治体系建设——办公设备购置　　　　　55 800

　　贷：财政拨款预算收入——项目支出——疫情防控能力提升项目二期——重

　　　　大疫情防控救治体系建设　　　　　　　　　　　　　　55 800

【例22-10】2020年12月31日某学校支付测温门款40 720元，项目资金列支，财政直接支付。

财务会计：

借：固定资产——通用设备　　　　　　　　　　　　　　　　　40 720

　　贷：财政拨款收入　　　　　　　　　　　　　　　　　　　40 720

预算会计：

借：事业支出——财政拨款支出——项目支出——疫情防控能力提升项目二期
   ——重大疫情防控救治体系建设——办公设备购置 40 720

  贷：财政拨款预算收入——项目支出——疫情防控能力提升项目二期——重
   大疫情防控救治体系建设 40 720

三、学校购置教学器材、显示屏、图书等教学专用

【例 22 – 11】 2020 年 8 月 11 日某学校支付给××信息技术有限公司激光打印机款
2 380 元，财政直接支付。

  财务会计：

  借：固定资产——通用设备 2 380

   贷：事业收入——其他事业收入——保教费 2 380

  预算会计：

  借：事业支出——非专项资金支出——保教费——办公设备购置 2 380

   贷：事业预算收入——非专项资金收入——保教费 2 380

【例 22 – 12】 2020 年 12 月 4 日某学校根据政府采购合同购买教学器材及音体美器
材，采购合同价格 108 890 元。其中符合资产增加标准二胡、电子琴、录像机等 14 020
元，其余美术材料 15 350 元、体育器材 50 650 元、实验材料费 28 870 元。根据采购合
同验收合格后使用其他事业收入直接支付 76 223 元，余欠款一年后支付。

  财务会计：

  借：业务活动费用——商品和服务费用——体育耗材费 50 650

         ——实验耗材费 28 870

         ——其他材料费 15 350

   固定资产——专用设备 14 020

   贷：应付账款——××教育装备有限公司 32 667

    事业收入——其他事业收入——保教费 76 223

  预算会计：

  借：事业支出——非专项资金支出——学前教育——专用设备购置

                14 020

        ——专用材料费 62 203

   贷：事业预算收入——非专项资金收入——学前教育 76 223

【例 22 – 13】 2018 年 12 月 5 日，某学校购买创客实验室设备 90 000 元，支付
41 500 元，设备已经验收，学校记入固定资产，欠款 48 500 元未挂账。2019 年政府会计
制度新旧衔接时固定资产已经包含此设备，但往来未挂账。2019 年 12 月 12 日，学校使

用日常公用经费支付创客实验室设备欠款48 500元，财政直接支付。

财务会计：

借：以前年度盈余调整   48 500

  贷：其他应付款   48 500

借：其他应付款   48 500

  贷：财政拨款收入   48 500

借：累计盈余——以前年度盈余调整   48 500

  贷：以前年度盈余调整   48 500

预算会计：

借：事业支出——财政拨款支出——基本支出——日常公用经费——办公设备购置

               48 500

  贷：财政拨款预算收入——基本支出——日常公用经费 48 500

【例22-14】2020年7月8日某学校收到2020年××网络科技有限公司电脑一体机款发票款193 160元，电脑验收入库，款项尚未支付。

财务会计：

借：固定资产——通用设备   193 160

  贷：应付账款——××网络科技有限公司   193 160

预算会计不作处理。

【例22-15】某学校使用日常公用经费支付购买台式电脑、投影机费13 630元，财政授权支付。

财务会计：

借：固定资产——通用设备   13 630

  贷：零余额账户用款额度   13 630

预算会计：

借：事业支出——财政拨款支出——基本支出——日常公用经费——小学教育——办公设备购置   13 630

  贷：资金结存——零余额账户用款额度   13 630

【例22-16】2020年9月，某学校支付触控一体机等办公设备发票40 550元，项目资金列支，财政直接支付37 190元。使用上级专项资金支付。

财务会计：

借：固定资产——通用设备   40 550

  贷：财政拨款收入   37 190

    其他应付款——质保金   3 360

预算会计：

借：事业支出——财政拨款支出——项目支出——追加"全面改薄"中央资金

　　——小学教育——办公设备购置　　　　　　　　　　　　37 190

　　贷：财政拨款预算收入——项目支出——追加"全面改薄"中央资金——小

　　　　学教育　　　　　　　　　　　　　　　　　　　　　37 190

【例22－17】2020年12月4日某学校直接支付给××集团有限公司××分公司购置图书款80 000元。使用财政返还的幼儿保教费支付。

财务会计：

借：固定资产——图书　　　　　　　　　　　　　　　　　80 000

　　贷：事业收入——其他事业收入——保教费　　　　　　　80 000

预算会计：

借：事业支出——非专项资金支出——保教费——图书购置　80 000

　　贷：事业预算收入——非专项资金收入——保教费　　　　80 000

【例22－18】某学校使用日常公用经费支付美术工作台欠款2 880元，财政直接支付。

财务会计：

借：其他应付款——××公司　　　　　　　　　　　　　　2 880

　　贷：财政拨款收入　　　　　　　　　　　　　　　　　　2 880

预算会计：

借：事业支出——财政拨款支出——基本支出——日常公用经费——小学教育

　　——办公设备购置　　　　　　　　　　　　　　　　　　2 880

　　贷：财政拨款预算收入——日常公用经费——小学教育　　2 880

【例22－19】某高级中学直接支付LED电子屏、一体机款等225 000元，耗材9 300元。使用财政返还的高中学杂费列支。耗材计入资产价值。

财务会计：

借：固定资产——通用设备　　　　　　　　　　　　　　234 300

　　贷：事业收入——其他事业收入——高中学杂费　　　　234 300

预算会计：

借：事业支出——非专项资金支出——高中学杂费——办公设备购置

　　　　　　　　　　　　　　　　　　　　　　　　　　234 300

　　贷：事业预算收入——非专项资金收入——高中学杂费　234 300

【例22－20】某学校使用日常公用经费支付LED欠款94 540元，财政直接支付。

财务会计：

借：其他应付款　　　　　　　　　　　　　　　　　　　94 540

　　贷：财政拨款收入　　　　　　　　　　　　　　　　　94 540

预算会计：

借：事业支出——财政拨款支出——基本支出——日常公用经费——小学教育
　　——办公设备购置　　　　　　　　　　　　　　　　　　94 540

　　贷：财政拨款预算收入——基本支出——日常公用经费——小学教育

　　　　　　　　　　　　　　　　　　　　　　　　　　　　94 540

【例 22 - 21】2020 年 3 月 2 日某学校支付窗帘款 10 000 元，发票为 200 000 元，项目资金列支，财政直接支付。

财务会计：

借：固定资产——家具、用具、装具　　　　　　　　　　　200 000

　　贷：财政拨款收入　　　　　　　　　　　　　　　　　　10 000

　　　　应付账款——××商贸公司　　　　　　　　　　　190 000

预算会计：

借：事业支出——财政拨款支出——项目支出——县城高中及四处县直学校内部
　　设施——其他教育费附加安排的支出——办公设备购置　　10 000

　　贷：财政拨款预算收入——项目支出——县城高中及四处县直学校内部设施
　　　　——其他教育费附加安排的支出　　　　　　　　　　10 000

四、学校购置厨房设备

【例 22 - 22】2020 年 11 月 6 日某学校直接支付给××建材贸易有限公司厨房设备及安装款 43 492 元，财政直接支付。

财务会计：

借：固定资产——专用设备　　　　　　　　　　　　　　　43 492

　　贷：事业收入——其他事业收入——保教费　　　　　　　43 492

预算会计：

借：事业支出——非专项资金支出——保教费——专用设备购置　43 492

　　贷：事业预算收入——非专项资金收入——保教费　　　　43 492

【例 22 - 23】2020 年 7 月 17 日某学校直接支付给××商贸有限公司食品留样柜款 1 300 元，财政直接支付。

财务会计：

借：固定资产——专用设备　　　　　　　　　　　　　　　1 300

　　贷：事业收入——其他事业收入——保教费　　　　　　　1 300

预算会计：

借：事业支出——非专项资金支出——保教费——专用设备购置　1 300

      贷：事业预算收入——非专项资金收入——保教费   1 300

【例 22 - 24】2020 年 10 月 15 日某学校使用日常公用经费支付给××机电商行购置切菜机、铁锅等款 3 910 元，财政直接支付。

财务会计：

  借：固定资产——通用设备   3 910

      贷：财政拨款收入   3 910

预算会计：

  借：事业支出——财政拨款支出——基本支出——日常公用经费——学前教育

    ——办公设备购置   3 910

      贷：财政拨款预算收入——基本支出——日常公用经费——学前教育

                                    3 910

【例 22 - 25】2019 年 12 月 31 日某学校使用日常公用经费支付厨房设备款 137 680 元，其中设备款 129 252 元，耗材 8 428 元，直接支付 37 680 元，剩余款项未付。（耗材计入资产价值）

财务会计：

  借：固定资产——专用设备   137 680

      贷：应付账款——××厨房设备公司   100 000

           财政拨款收入   37 680

预算会计：

  借：事业支出——财政拨款支出——基本支出——日常公用经费——小学教育

    ——专用设备购置   37 680

      贷：财政拨款预算收入——基本支出——日常公用经费——小学教育

                                    37 680

五、学校安装饮用水设备

【例 22 - 26】2020 年 12 月 25 日某学校直接支付给××净水设备有限公司饮水设备款 96 500 元，其中耗材 10 000 元。按规定耗材计入资产价值。

财务会计：

  借：固定资产——通用设备   96 500

      贷：事业收入——其他事业收入——保教费   96 500

预算会计：

  借：事业支出——非专项资金支出——学前教育——办公设备购置

                                    96 500

　　贷：事业预算收入——非专项资金收入——学前教育　　　　　96 500

六、学校购置空调、相机、广播、监控等设备

【例 22 - 27】2020 年 10 月 18 日，某学校支付给××家电有限公司格力空调款 49 050，财政直接支付。

　　财务会计：

　　借：固定资产——通用设备　　　　　　　　　　　　　　　49 050

　　　　贷：事业收入——其他事业收入——保教费　　　　　　　49 050

　　预算会计：

　　借：事业支出——非专项资金支出——保教费——办公设备购置　49 050

　　　　贷：事业预算收入——非专项资金收入——保教费　　　　　49 050

【例 22 - 28】某学校支付广播功放款 14 300 元，项目资金列支，财政授权支付。

　　财务会计：

　　借：固定资产——通用设备　　　　　　　　　　　　　　　14 300

　　　　贷：零余额账户用款额度　　　　　　　　　　　　　　　14 300

　　预算会计：

　　借：事业支出——财政拨款支出——项目支出——办公设备购置　14 300

　　　　贷：资金结存——零余额账户用款额度　　　　　　　　　　14 300

【例 22 - 29】某学校支付相机款 30 291 元，项目资金列支，财政直接支付。

　　财务会计：

　　借：固定资产——通用设备　　　　　　　　　　　　　　　30 291

　　　　贷：财政拨款收入　　　　　　　　　　　　　　　　　　30 291

　　预算会计：

　　借：事业支出——财政拨款支出——项目支出——办公设备购置　30 291

　　　　贷：财政拨款预算收入——项目支出　　　　　　　　　　　30 291

【例 22 - 30】某学校支付钢木桌款 51 102 元，项目资金列支，财政直接支付。

　　财务会计：

　　借：固定资产——家具、用具　　　　　　　　　　　　　　51 102

　　　　贷：财政拨款收入　　　　　　　　　　　　　　　　　　51 102

　　预算会计：

　　借：事业支出——财政拨款支出——项目支出——办公设备购置　51 102

　　　　贷：财政拨款预算收入——项目支出　　　　　　　　　　　51 102

【例 22 - 31】某学校收到发电机组及附件发票，款项共计 45 460 元，财政直接支

付 20 000 元，剩余款项尚未支付。

财务会计：

借：固定资产——通用设备 　　　　　　　　　　　　　45 460

　　贷：应付账款——××公司 　　　　　　　　　　　25 460

　　　　财政拨款收入 　　　　　　　　　　　　　　　20 000

预算会计：

借：事业支出——财政拨款支出——项目支出——校园消防安全资金——其他教育管理事务支出——办公设备购置 　　　　　　　　　　20 000

　　贷：财政拨款预算收入——项目支出——校园消防安全资金——其他教育管理事务支出 　　　　　　　　　　　　　　　　　20 000

【例 22 - 32】 2019 年 12 月 31 日某学校使用日常公用经费支付西院监控工程款，合同金额 60 750 元，其中设备款 40 320 元，材料费 20 430 元，财政直接支付 20 750 元，剩余款项未付。（按规定材料费计入固定资产原值）

财务会计：

借：固定资产——通用设备 　　　　　　　　　　　　　60 750

　　贷：应付账款——××公司 　　　　　　　　　　　40 000

　　　　财政拨款收入 　　　　　　　　　　　　　　　20 750

预算会计：

借：事业支出——财政拨款支出——基本支出——日常公用经费——小学教育——办公设备购置 　　　　　　　　　　　　　　　20 750

　　贷：财政拨款预算收入——日常公用经费——小学教育 　　20 750

七、学校办公楼相关业务

【例 22 - 33】 某学校新建教学楼完工，达到使用状态，按照规定增加固定资产。

财务会计：

借：固定资产——土地、房屋及构筑物 　　　　　　　5 988 203.08

　　贷：在建工程——建筑工程 　　　　　　　　　　3 857 203.08

　　　　　　　——安装工程 　　　　　　　　　　　2 000 000

　　　　　　　——待摊投资——设计费 　　　　　　　75 000

　　　　　　　——待摊投资——监理费 　　　　　　　32 000

　　　　　　　——待摊投资——其他前期费用 　　　　24 000

【例 22 - 34】 2021 年 3 月 18 日，市实验小学新建综合楼竣工决算完毕，达到使用状态。决算审计工程金额 28 865 323.84 元，已经支付 21 515 296 元，还欠施工单位工程款 7 350 027.84 元，施工单位，未开具发票。

财务会计：

借：固定资产——土地、房屋及构筑物　　　　　　28 865 323.84

　　贷：在建工程——综合楼　　　　　　　　　　　　21 515 296

　　　　应付账款——应付××建筑公司（未开发票）　7 350 027.84

【例 22 - 35】2021 年 10 月 15 日，市实验小学由政府投资建设的教学楼竣工决算完毕，移交给学校使用，将所有建设档案和决算报告等一并移交。无偿调拨资产手续已经审批完毕，教学楼价值 30 012 520 元。

财务会计：

借：固定资产　　　　　　　　　　　　　　　　　30 012 520

　　贷：无偿调拨净资产　　　　　　　　　　　　　　30 012 520

第四节　固定资产折旧相关业务

学校持有的各类固定资产，按照规定均应当计提折旧，折旧年限不少于财政部门规定的年限，会计上应当按月计提固定资产折旧，相关折旧费用计入业务活动费用，预算会计不作处理。

计提固定资产折旧时，财务会计借记"单位管理费用——固定资产折旧费""业务活动费用——固定资产折旧费"科目，贷记"固定资产累计折旧"科目，预算会计不作处理。

如果是前期差错导致补提以前年度固定资产折旧时，财务会计借记"以前年度盈余调整"科目，贷记"固定资产累计折旧"科目；预算会计不作处理。结转时，财务会计借记"累计盈余——以前年度盈余调整"科目，贷记"以前年度盈余调整"科目；预算会计不作处理。

【例 22 - 36】2020 年 1 月 6 日某学校补提 2018 年 12 月 31 日以前的折旧 12 536 555.08元。其中，房屋建筑物 7 357 847.99 元，通用设备 2 876 709.58 元，专用设备 1 184 773.60元，家具 1 117 223.91 元。

财务会计：

借：以前年度盈余调整　　　　　　　　　　　　　12 536 555.08

　　贷：固定资产累计折旧——房屋建筑物　　　　　　7 357 847.99

　　　　　　　　　　　　——通用设备　　　　　　　2 876 709.58

　　　　　　　　　　　　——专用设备　　　　　　　1 184 773.60

　　　　　　　　　　　　——家具　　　　　　　　　1 117 223.91

借：累计盈余——以前年度盈余调整　　　　　　　　　　12 536 555.08

　　贷：以前年度盈余调整　　　　　　　　　　　　　　12 536 555.08

预算会计不作处理。

【例 22 - 37】 2020 年 12 月，某学校调整 2019 年累计折旧 1 254 103.72 元。现对固定资产累计折旧额冲减如下：通用设备折旧减少 599 401.80 元，专用设备折旧减少 27 650.06 元，累计折旧合计减少 627 051.86 元。

财务会计：

借：固定资产累计折旧——通用设备　　　　　　　　　　599 401.80

　　　　　　　　　——专用设备　　　　　　　　　　　27 650.06

　　以前年度盈余调整　　　　　　　　　　　　　　　　627 051.86

　　贷：以前年度盈余调整　　　　　　　　　　　　　　627 051.86

　　　　累计盈余——以前年度盈余调整　　　　　　　　627 051.86

预算会计不作处理。

【例 22 - 38】 2020 年 4 月 29 日某学校计提固定资产折旧 137 244.85 元。

财务会计：

借：单位管理费用——固定资产折旧费　　　　　　　　　123 519

　　业务活动费用——固定资产折旧费　　　　　　　　　13 725.85

　　贷：固定资产累计折旧——土地、房屋及构筑物　　　54 215.37

　　　　　　　　　　　　——通用设备　　　　　　　　20 482.07

　　　　　　　　　　　　——专用设备　　　　　　　　36 276.62

　　　　　　　　　　　　——家具、用具、装具　　　　26 270.79

预算会计不作处理。

【例 22 - 39】 某学校计提 2021 年 3 月固定资产折旧 96 110.67 元。其中，土地、房屋折旧 62 631.19 元，通用设备 20 482.07 元，专用设备 6 276.62 元，家具、用具、装具 6 270.79 元。

财务会计：

借：业务活动费用——固定资产折旧费　　　　　　　　　67 277.50

　　单位管理费用——固定资产折旧费　　　　　　　　　28 833.17

　　贷：固定资产累计折旧——土地、房屋及构筑物　　　62 631.19

　　　　　　　　　　　　——通用设备　　　　　　　　20 482.07

　　　　　　　　　　　　——专用设备　　　　　　　　6 276.62

　　　　　　　　　　　　——家具、用具、装具　　　　6 720.79

预算会计不作处理。

【例 22 - 40】 2021 年 4 月 25 日某学校计提 2021 年 4 月固定资产折旧 119 292.87 元。

财务会计：

  借：业务活动费用——固定资产折旧费   106 598.99

    单位管理费用——固定资产折旧费   12 693.88

    贷：固定资产累计折旧——土地、房屋及构筑物   77 063.37

         ——通用设备   27 193.55

         ——专用设备   2 342.07

         ——家具、用具、装具   12 693.88

预算会计不作处理。

【例 22 – 41】2021 年 3 月 31 日某学校调整国资平台与教育平台折旧差额 391 925.68 元。其中，调减土地房屋及构筑物折旧 2.38 元，调增通用设备折旧 1.87 元，调增专用设备折旧 31 055.38 元，调减家具、用具、装具折旧 227 017.71 元。

  财务会计：

  借：固定资产累计折旧——土地、房屋及构筑物   2.38

         ——通用设备   – 1.87

         ——专用设备   – 31 055.38

         ——家具、用具、装具   227 017.71

    贷：以前年度盈余调整   195 962.84

  借：以前年度盈余调整   195 962.84

    贷：累计盈余——以前年度盈余调整   195 962.84

预算会计不作处理。

第五节　无偿调拨净资产

  学校按照规定取得无偿调入的固定资产，按照确定的成本，财务会计借记"固定资产"科目，按照调入过程中发生的归属于调入方的相关费用，贷记"零余额账户用款额度""银行存款"等科目，按照其差额，贷记"无偿调拨净资产""固定资产累计折旧"科目。

【例 22 – 42】2019 年 9 月 20 日某学校办事处接受无偿调拨净资产 818 580 元。其中，交互式触控一体机 42 台，增加账面值 677 880 元；视频展台 42 台，增加账面值 50 400 元；多媒体讲桌 42 张，增加账面值 44 100 元；增加推拉黑板 42 个，增加账面值 46 200 元。

  财务会计：

  借：固定资产——通用设备   818 580

贷：无偿调拨净资产   818 580

预算会计不作处理。

【例 22 - 43】某学校对外调拨空调两台，账面原值 6 891.60 元，资产净值为 2 411.82 元；调拨空调一台，账面原值为 2 700 元，资产净值为 0；调拨空调一台，账面原值为 13 800 元，资产净值为 0；调拨切菜机一台，账面原值 2 600 元，资产净值为 0。

财务会计：

借：无偿调拨净资产   2 411.82

    固定资产累计折旧——通用设备   23 579.78

    贷：固定资产——通用设备   25 991.6

预算会计不作处理。

【例 22 - 44】某小学附属幼儿园独立核算，从小学调拨给幼儿园固定资产原值 8 413 222.01 元，其中，房屋建筑物 6 357 810.06 元，通用设备 877 877.75 元，专用设备 553 944 元，图书 169 678.2 元，家具、用具、装具 453 912 元，已提折旧 2 516 959.38 元，其中房屋建筑物 1 577 754.96 元，通用设备 552 080.47 元，专用设备 297 673.31 元，家具、用具、装具 89 450.64 元。无偿调拨净资产 5 896 262.63 元。

（1）小学账务处理。

财务会计：

借：固定资产累计折旧——土地、房屋及构筑物   1 577 754.96

               ——通用设备   552 080.47

               ——专用设备   297 673.31

               ——家具、用具、装具   89 450.64

    无偿调拨净资产   5 896 262.63

    贷：固定资产——土地、房屋及构筑物   6 357 810.06

            ——通用设备   877 877.75

            ——专用设备   553 944

            ——家具、用具、装具   453 912

            ——图书   169 678.20

预算会计不作处理。

（2）幼儿园账务处理。

财务会计：

借：固定资产——土地、房屋及构筑物   6 357 810.06

         ——通用设备   877 877.75

         ——专用设备   553 944

        ——家具、用具、装具   453 912

  贷：固定资产累计折旧——土地、房屋及构筑物   1 577 754.96

         ——通用设备   552 080.17

         ——专用设备   297 673.31

         ——家具、用具、装具   89 450.64

    无偿调拨净资产   5 896 262.63

  【例 22 - 45】 2021 年 6 月 15 日，教体局用彩票公益金购置拼装式游泳池材料 651 001 元，材料验收入库，根据合同直接支付金额的 95%，计 618 450.95 元，剩余 5% 的质保金一年后支付。

  财务会计：

  借：库存物品——拼装式游泳池材料   651 001

    贷：财政拨款收入   618 450.95

      其他应付款   32 550.05

  预算会计：

  借：事业支出——财政拨款支出——项目支出——彩票公益金——体育材料费

                  618 450.95

    贷：财政拨款预算收入——项目支出——彩票公益金 618 450.95

  【例 22 - 46】 2021 年 6 月 28 日，教体局经财政局审批向长山初中调拨拼装式游泳池材料 651 001 元。

  财务会计：

  借：无偿调拨净资产   651 001

    贷：库存物品——拼装式游泳池材料   651 001

预算会计不作账务处理。

第六节　接受捐赠取得固定资产

  取得非现金资产捐赠，按照确定的成本，财务会计借记"库存物品""固定资产"等科目，贷记"捐赠收入"科目；预算会计不作处理。如发生捐赠资产相关的税费和运输费等的，按确定的成本计价，需扣除相关费用；按照名义金额入账的，相关费用财务会计记入"其他费用"科目；预算会计借记"其他支出"科目，贷记"资金结转——货币资金"科目。

  期末，将"捐赠收入"科目本期发生额转入本期盈余，财务会计借记"捐赠收入"科目，贷记"本期盈余"科目，结转后无余额。

  【例 22 - 47】 2021 年 9 月，某职业学院接受校企合作某企业捐赠汽修实训设备一套，价值 680 000 元，设备已经安装到位，未产生其他费用，投入使用。

收到捐赠设备时：

财务会计：

借：固定资产——专用设备 680 000

　　贷：捐赠收入 680 000

预算会计不作处理。

【例 22 - 48】期末/年末结转：

财务会计：

借：捐赠收入 680 000

　　贷：本期盈余 680 000

第七节　分校并校资产、债务业务

【例 22 - 49】2021 年 1 月 1 日，市实验一小附属幼儿园成为独立法人单位，根据双方协议，实验一小将幼儿园资产无偿调拨，将为建设幼儿园产生的借款移交给幼儿园。其中固定资产原值为：土地、房屋及构筑物 6 357 810.06 元、通用设备 877 877.75 元、专用设备 553 944 元、图书 169 678.2 元，家具、用具、装具 453 912 元；固定资产累计折旧为：土地、房屋及构筑物 1 577 754.96 元、通用设备 552 080.17 元、专用设备 297 673.61 元、家具、用具、装具 89 450.64 元。非义务教育阶段教师集资借款债务 2 630 000 元（建设幼儿园用）归实验一小附属幼儿园承担。

（1）实验一小依据无偿调拨单，调出固定资产。

财务会计：

借：固定资产累计折旧——土地、房屋及构筑物 1 577 754.96

　　　　　　　　　　　——通用设备 552 080.17

　　　　　　　　　　　——专用设备 297 673.61

　　　　　　　　　　　——家具、用具、装具 89 450.64

　　无偿调拨净资产 5 896 262.63

　　贷：固定资产——土地、房屋及构筑物 6 357 810.06

　　　　　　　　　——通用设备 877 877.75

　　　　　　　　　——专用设备 553 944

　　　　　　　　　——图书、档案 169 678.2

　　　　　　　　　——家具、用具、装具 453 912

（2）依据双方协议，幼儿园债务划出。

财务会计：

借：其他应付款——教师借款　　　　　　　　　　　　2 630 000

　　贷：累计盈余　　　　　　　　　　　　　　　　　　　2 630 000

（3）第一实验幼儿园依据无偿调拨单。

财务会计：

借：固定资产——土地、房屋及构筑物　　　　　　　6 357 810.06

　　　　　　　——通用设备　　　　　　　　　　　　877 877.75

　　　　　　　——专用设备　　　　　　　　　　　　553 944

　　　　　　　——图书、档案　　　　　　　　　　　169 678.2

　　　　　　　——家具、用具、装具　　　　　　　　453 912

　　贷：固定资产累计折旧——土地、房屋及构筑物　　1 577 754.96

　　　　　　　　　　　　　——通用设备　　　　　　552 080.17

　　　　　　　　　　　　　——专用设备　　　　　　297 673.61

　　　　　　　　　　　　　——家具、用具、装具　　89 450.64

　　　　无偿调拨净资产　　　　　　　　　　　　　　5 896 262.63

（4）依据双方协议，幼儿园承担债务。

财务会计：

借：累计盈余　　　　　　　　　　　　　　　　　　　2 630 000

　　贷：其他应付款——教师借款　　　　　　　　　　　2 630 000

第二十三章　镇拨经费（费用化）业务

该部分资金镇街大多数直接发放到位，镇街可通过体制结算和上下级政府转移支付，列入单位预算。根据年初预算安排，由市级指标直接下达至学校，由学校列收支。按 2021 年以前年度模式大多数由学校开具往来发票，镇街列支出的，学校可在往来账上反映出来。

该部分资金主要包括原乡镇教委改制后，按规定由镇街承担的民师工资、幼师工资、保安工资、老教委部分基础设施维修（建议按公共基础设施权属）等。

第一节　收到镇上拨入经费

【例 23 - 1】2020 年 4 月 5 日，某学校收到 × × 镇人民政府拨入资金 100 000 元经费。

财务会计：

借：库存现金　　　　　　　　　　　　　　　　　　　100 000

　　贷：非同级财政拨款收入——镇拨经费　　　　　　　　　100 000

预算会计：

借：资金结存——货币资金　　　　　　　　　　　　　100 000

　　贷：非同级财政拨款预算收入——镇拨经费——非财政专项资金 100 000

第二节　镇拨经费支付

一、学校开具往来收据

【例 23 - 2】2020 年 11 月 30 日，某镇街学校收到镇政府直接支付给 × × 保安服务有限公司本校保安工资 16 800 元，学校开往来收据。

（1）收到镇上拨入经费。

财务会计：

借：其他应收款——财政代管资金　　　　　　　　　　　16 800

　　贷：其他应付款——镇拨拨入保安经费　　　　　　　　　16 800

预算会计不作处理。

（2）镇街直接支付。

财务会计：

借：其他应付款——镇拨拨入保安经费　　　　　　　　16 800

　　贷：其他应收款——财政代管资金　　　　　　　　　　16 800

预算会计不作处理。

【例23－3】2020年12月，某学校收到镇政府直接支付的民师工资20 881.90元，学校开具往来收据。

（1）收到。

财务会计：

借：其他应收款——财政代管资金　　　　　　　　　　20 881.90

　　贷：其他应付款——镇拨拨入民师工资　　　　　　　　　20 881.90

预算会计不作处理。

（2）支付。

财务会计：

借：其他应付款——镇拨拨入民师工资　　　　　　　　20 881.90

　　贷：其他应收款——财政代管资金　　　　　　　　　　20 881.90

预算会计不作处理。

【例23－4】某学校收到镇办拨入经费支付院墙维修费50 000元，学校开往来票据。

（1）收到。

借：其他应收款——财政代管资金　　　　　　　　　　50 000

　　贷：其他应付款——镇拨拨入维修经费　　　　　　　　　50 000

预算会计不作处理。

（2）支付。

财务会计：

借：其他应付款——镇拨拨入维修经费　　　　　　　　50 000

　　贷：其他应收款——财政代管资金　　　　　　　　　　50 000

预算会计不作处理。

二、学校收发票列支

【例23－5】2019年11月21日某镇小学收到市供电公司电费发票12 373.70元，

使用镇拨经费支付 3 455.87 元，收到的镇拨经费已记入"其他应付款"科目。

财务会计：

借：业务活动费用——商品和服务费用——电费　　　　　　8 917.83

其他应付款——镇拨经费　　　　　　　　　　　　3 455.87

贷：预付账款——预付电费　　　　　　　　　　　　　12 373.70

预算会计不作处理。

【例 23 - 6】2021 年 1 月 13 日某学校用镇拨经费直接支付应付维修工程款 34 660 元，另支付给××建筑有限公司维修费 60 900 元。

财务会计：

借：业务活动费用——商品和服务费用——维修（护）费　　60 900

其他应付款——××建筑有限公司　　　　　　　　34 660

贷：非同级财政拨款收入——镇拨经费　　　　　　　　95 560

预算会计：

借：事业支出——非财政专项资金支出——初中教育——镇拨经费——维修（护）费　　　　　　　　　　　　　　　　　　95 560

贷：非同级财政拨款预算收入——镇拨经费　　　　　　　95 560

【例 23 - 7】2020 年 12 月 1 日，某学校收到镇政府拨入经费 33 787.68 元，收到财政局代管往来资金账户，资金没有实际到学校账上，以指标形式拨入。12 月 20 日某学校支付给××建筑工程有限公司手工坊施工款 41 314.35 元，其中 33 787.38 元使用镇政府拨入经费支付，7 526.67 元使用非税收入保教费支付，财政直接支付。

（1）收到镇政府拨入经费 33 787.68 元。

财务会计：

借：其他应收款——财政代管资金　　　　　　　　　　33 787.68

贷：非同级财政拨款收入——镇办拨入　　　　　　　33 787.68

预算会计不作处理。

（2）支付维修费 41 314.35 元。

财务会计：

借：业务活动费用——商品和服务费用——维修（护）费　　41 314.35

贷：其他应收款——财政代管资金　　　　　　　　　33 787.68

事业收入——其他事业收入——保教费　　　　　7 526.67

预算会计：

借：事业支出——非专项资金支出——学前教育——维修（护）费

　　　　　　　　　　　　　　　　　　　　　　　7 526.67

——镇办拨入　　　　　　　33 787.68

　　贷：事业预算收入——非专项资金收入——学前教育　　　　 7 526.67

　　　　非同级财政拨款预算收入——非财政专项资金收入——镇办拨入

　　　　　　　　　　　　　　　　　　　　　　　　　　　 33 787.68

三、镇办经费购置资产

【例 23 - 8】2019 年 11 月 25 日某学校用镇办拨入经费支付给××办公设备有限公司购买一体机费款 27 600 元，支付给××会计师事务所审计费 15 000 元。

　　财务会计：

　　借：固定资产——通用设备　　　　　　　　　　　　　　 27 600

　　　　业务活动费用——商品和服务费用——委托业务费　　 15 000

　　　　贷：其他应收款——财政代管资金　　　　　　　　　　　　 42 600

　　借：其他应付款——镇办拨入　　　　　　　　　　　　　 42 600

　　　　贷：非同级财政拨款收入——镇办拨入　　　　　　　　　　 42 600

　　预算会计：

　　借：事业支出——非财政专项资金支出——办公设备购置　 27 600

　　　　　　　　　　　　　　　　　　　——委托业务费　　 15 000

　　　　贷：非同级财政拨款预算收入——非财政专项资金收入——镇办拨入

　　　　　　　　　　　　　　　　　　　　　　　　　　　 42 600

第二十四章　期末结转业务

第一节　期末账务调整相关业务

一、以前年度账务调整

2020 年 5 月 31 日，某中学在与办公用品供货商对账时发现以前年度少支付了 1 000 元，使用以前年度盈余调整，并支付该欠款 1 000 元，直接支付。

财务会计：

借：以前年度盈余调整　　　　　　　　　　　　　　　　1 000
　　贷：其他应付款——办公用品　　　　　　　　　　　　　　1 000
借：累计盈余——以前年度盈余调整　　　　　　　　　　1 000
　　贷：以前年度盈余调整　　　　　　　　　　　　　　　　　1 000
借：其他应付款——办公用品　　　　　　　　　　　　　1 000
　　贷：财政拨款收入　　　　　　　　　　　　　　　　　　　1 000

预算会计：

借：事业支出——财政拨款支出——基本支出——日常公用经费——初中教育
　　　　——办公费　　　　　　　　　　　　　　　　　　　1 000
　　贷：财政拨款预算收入——日常公用经费——初中教育　　　　1 000

二、食堂账年底并入经费账

其他货币资金是指除现金、银行存款以外的其他各种货币资金，包括外埠存款、银行汇票存款、银行本票存款、信用证存款、信用卡存款、存出投资款。外埠存款在本节指的是，学校食堂到外地进行临时零星采购时，汇往采购地银行开立采购专户款项。

食堂账年底并入经费账，财务会计借记"其他货币资金——外埠存款"科目，贷记"预收账款""其他收入"等科目；预算会计不作处理。

【例 24 - 1】某小学依据 2021 年 12 月 31 日食堂资产负债表并入食堂账，本年货币资金减少 59 086.98 元。

财务会计：

借：其他货币资金——外埠存款　　　　　　　　　　　　　－59 086.98

　　贷：预收账款——食堂　　　　　　　　　　　　　　　－59 402.10

　　　　其他收入——食堂　　　　　　　　　　　　　　　315.12

预算会计不作处理。

【例24－2】某小学食堂账并入，本年货币资金减少415 108.38元。

财务会计：

借：其他货币资金——外埠存款　　　　　　　　　　　　　－415 108.38

　　贷：预收账款　　　　　　　　　　　　　　　　　　　－415 108.38

预算会计不作处理。

【例24－3】某小学依据2019年12月31日食堂资产负债表并入食堂账，本年货币资金减少47 078.73元。

财务会计：

借：其他货币资金——外埠存款　　　　　　　　　　　　　－47 078.73

　　贷：预收账款——食堂　　　　　　　　　　　　　　　－46 378

　　　　其他收入——食堂　　　　　　　　　　　　　　　－700.73

预算会计不作处理。

【例24－4】某小学食堂账并入，本年货币资金增加83 809.80元。

财务会计：

借：其他货币资金——外埠存款　　　　　　　　　　　　　83 809.80

　　贷：预收账款——食堂　　　　　　　　　　　　　　　83 729.90

　　　　其他收入——食堂　　　　　　　　　　　　　　　79.90

预算会计不作处理。

【例24－5】某中学食堂账并入，本年货币资金增加31 881.93元，其他应收款增加5 370.85元。

财务会计：

借：其他货币资金——外埠存款　　　　　　　　　　　　　31 881.93

　　其他应收款——食堂　　　　　　　　　　　　　　　　5 370.85

　　贷：预收账款——食堂　　　　　　　　　　　　　　　33 644

　　　　其他收入——食堂　　　　　　　　　　　　　　　3 608.78

预算会计不作处理。

【例24－6】某小学食堂账并入，本年货币资金减少3 584.60元。

财务会计：

借：其他货币资金——外埠存款　　　　　　　　　　　　　－3 584.60

| 贷：预收账款——食堂 | −28 760 |
| 其他收入——食堂 | 25 175.40 |

预算会计不作处理。

第二节　财务会计期末结转

财务会计期末结转包括月末结转和年末结转，是指学校在每月月末将各类收入和费用的本期发生额转入"本期盈余"，年末将"本期盈余"结转至"本年盈余分配"及对本年盈余进行分配提取专用基金，并将"本年盈余分配"及"无偿调拨净资产"的科目余额结转至"累计盈余"科目的业务。

一、月末结转

1. 结转收入。借记"财政拨款收入""事业收入""上级补助收入""附属单位上缴收入""经营收入""非同级财政拨款收入""投资收益""捐赠收入""利息收入""租金收入""其他收入"科目，贷记"本期盈余"科目。

2. 结转费用。借记"本期盈余"科目，贷记"业务活动费用""单位管理费用""经营费用""所得税费用""资产处置费用""上缴上级费用""对附属单位补助费用""其他费用"科目。

【例24−7】2019年4月，某职业学院财政拨款收入250万元，事业收入150万元，附属单位上缴收入100万元，利息收入10万元，业务活动费用250万元，单位管理费用120万元，上缴上级费用80万元，所得税费用30万元。

（1）收入结转。

财务会计：

借：财政拨款收入	2 500 000
事业收入	1 500 000
附属单位上缴收入	1 000 000
利息收入	100 000
贷：本期盈余	5 100 000

（2）费用结转。

财务会计：

| 借：本期盈余 | 4 800 000 |
| 贷：业务活动费用 | 2 500 000 |

单位管理费用	1 200 000
上缴上级费用	800 000
所得税费用	300 000

二、年末结转

1. 本期盈余结转。年末，将"本期盈余"科目余额转入"本年盈余分配"科目，借记或贷记"本期盈余"科目，贷记或借记"本年盈余分配"科目。

2. 提取专用基金。年末，根据有关规定从本年度非财政拨款结余中提取专用基金的，按照预算会计下计算的提取金额，借记"本年盈余分配"科目，贷记"专用基金"科目。

3. 本年盈余分配结转。年末，将"本年盈余分配"科目的余额转入累计盈余，借记或贷记"本年盈余分配"科目，贷记或借记"累计盈余"科目。

4. 无偿调拨净资产结转。年末，将"无偿调拨净资产"科目的余额转入累计盈余，借记或贷记"无偿调拨净资产"科目，贷记或借记"累计盈余"科目。

【例 24 - 8】2019 年 12 月 30 日，某职业学院"本期盈余"贷方余额 200 万元，2019 年 12 月财政拨款收入 300 万元，事业收入 200 万元，附属单位上缴收入 100 万元，利息收入 10 万元，业务活动费用 280 万元，单位管理费用 100 万元，上缴上级费用 100 万元，所得税费用 30 万元，2019 年提取专用基金 100 万元。

（1）2019 年 12 月收入结转。

财务会计：

借：财政拨款收入		3 000 000
事业收入		2 000 000
附属单位上缴收入		1 000 000
利息收入		100 000
贷：本期盈余		6 100 000

（2）2019 年 12 月费用结转。

财务会计：

借：本期盈余		5 100 000
贷：业务活动费用		2 800 000
单位管理费用		1 000 000
上缴上级费用		1 000 000
所得税费用		300 000

（3）2019 年 12 月 31 日本年盈余分配。

本期盈余结转：

财务会计：

借：本期盈余   3 000 000

    贷：本年盈余分配   3 000 000

提取专用基金：

财务会计：

借：本年盈余分配   1 000 000

    贷：专用基金   1 000 000

（4）2019 年 12 月 31 日结转累计盈余。

本年盈余分配结转：

财务会计：

借：本年盈余分配   2 000 000

    贷：累计盈余   2 000 000

第三节　预算会计期末结转

预算会计期末结转是指学校在年末将各类预算收入和支出的本年发生额转入结转或结余账户，并对非财政拨款结余进行分配的业务。

注意事项：预算会计期末结转在年末，比较复杂，要注意区分财政拨款结转、非财政拨款结余、经营收支结转及其他收支结转等。

一、财政拨款结转

1. 本年收入结转。年末，将财政拨款预算收入本年发生额转入财政拨款结转，借记"财政拨款预算收入"科目，贷记"财政拨款结转——本年收支结转"科目。

2. 本年支出结转。年末，将各项支出中财政拨款支出本年发生额转入财政拨款结转，借记"财政拨款结转——本年收支结转"科目，贷记"事业支出"等科目下财政拨款支出明细科目。

3. 累计结转。年末冲销有关明细科目余额，将"财政拨款结转——本年收支结转、年初余额调整、归集调入、归集调出、归集上缴、单位内部调剂"科目余额转入"财政拨款结转——累计结转"科目。

4. 转入结余。年末完成累计结转后，对财政拨款结转各明细项目执行情况进行分析，按照有关规定将符合财政拨款结余性质的项目余额转入财政拨款，借记"财政拨款结转——累计结转"科目,贷记"财政拨款结余——结转收入"科目。

5. 转入累计结余。年末冲销有关明细科目余额,将"财政拨款结余——年初余额调整、归集上缴、单位内部调剂、结转转入"科目余额转入"财政拨款结余——累计结余"科目。

二、非财政拨款结转

1. 本年收入结转。年末,将事业预算收入、上级补助预算收入、附属单位上缴预算收入、非同级财政拨款预算收入、债务预算收入、其他预算收入本年发生额中的专项资金收入转入非财政拨款结转,借记"事业预算收入""上级补助预算收入""附属单位上缴预算收入""非同级财政拨款预算收入""债务预算收入""其他预算收入"科目下各专项资金收入明细科目,贷记"非财政拨款结转——本年收支结转"科目。

2. 本年支出结转。年末,将事业支出、其他支出本年发生额中的非财政拨款专项资金支出转入非财政拨款结转,借记"非财政拨款结余——本年收支结转"科目,贷记"事业支出""其他支出"科目下各非财政拨款专项资金支出明细科目。

3. 累计结转。年末冲销有关明细科目余额,将"非财政拨款结转"科目下"年初余额调整""项目间接费用或管理费""缴回资金""本年收支结转"科目余额转入"非财政拨款结转——累计结转"科目。

4. 转入结余。年末完成累计结转后,对非财政拨款专项结转资金各项目情况进行分析,将留归本单位使用的非财政拨款专项(项目已完成)剩余资金转入非财政拨款结余,借记"非财政拨款结转——累计结转"科目,贷记"非财政拨款结余——结转转入"科目。

5. 转入累计结余。年末冲销有关明细科目余额,将"非财政拨款结余——年初余额调整、项目间接费用或管理费、结转转入"科目余额结转入"非财政拨款结余——累计结余"科目。

三、经营收支结转

1. 本年收入结转。年末,将经营预算收入本年发生额转入经营结余,借记"经营预算收入"科目,贷记"经营结余"科目。

2. 本年支出结转。年末,将经营支出本年发生额转入经营结余,借记"经营结余"科目,贷记"经营支出"科目。

3. 转入非财政拨款结余分配。年末,完成收支结转后,如经营结余科目为贷方余额，将贷方余额转入非财政拨款结余分配，借记"经营结余"科目，贷记"非财政拨款结余分配"科目；如"经营结余"科目为借方余额，为经营亏损，不予结转。

四、其他收支结转

1. 本年收入结转。年末，将事业预算收入、上级补助预算收入、附属单位上缴预算收入、非同级财政拨款预算收入、债务预算收入、其他预算收入本年发生额中的非专项资金收入以及投资预算收益本年发生额转入其他结余，借记"事业预算收入""上级补助预算收入""附属单位上缴预算收入""非同级财政拨款预算收入""债务预算收入""其他预算收入"科目下各非专项资金收入明细科目和"投资预算收益"科目，贷记"其他结余"科目（"投资预算收益"科目本年发生额如为借方净额，借记"其他结余"科目，贷记"投资预算收益"科目）。

2. 本年支出结转。年末，将事业支出、其他支出本年发生额中的非同级财政、非专项资金支出，以及上缴上级支出、对附属单位补助支出、投资支出、债务还本支出本年发生额转入其他结余，借记"其他结余"科目，贷记"事业支出""其他支出"科目下各非同级财政、非专项资金支出明细科目和"上缴上级支出""对附属单位补助支出""投资支出""债务还本支出"科目。

3. 转入非财政拨款结余分配。年末，完成收支结转后，将其他结余余额转入"非财政拨款结余分配"科目。其他结余科目如为贷方余额，借记"其他结余"科目，贷记"非财政拨款结余分配"科目；其他结余科目如为借方余额，借记"非财政拨款结余分配"科目，贷记"其他结余"科目。

五、非财政拨款结余分配

1. 提取专用基金。根据有关规定提取专用基金的，按照提取的金额，借记"非财政拨款结余分配"科目，贷记"专用结余"科目。

2. 转入非财政拨款结余。年末，将"非财政拨款结余分配"科目余额转入非财政拨款结余。"非财政拨款结余分配"科目为借方余额的，借记"非财政拨款结余——累计结余"科目，贷记"非财政拨款结余分配"科目；"非财政拨款结余分配"科目为贷方余额的，借记"非财政拨款结余分配"科目，贷记"非财政拨款结余——累计结余"科目。

【例 24-9】2019 年，某职业学院财政拨款预算收入 1 800 万元，事业预算收入（专项资金）400 万元，事业预算收入（非专项资金）300 万元，上级补助预算收入（专项资金）200 万元，附属单位上缴预算收入（非专项资金）200 万元，经营预算收入 100 万元，事业支出（财政拨款支出）500 万元，其他支出（财政拨款支出）200 万元；事业支出（非财政拨款专项资金支出）300 万元、其他支出（非财政拨款专项资金支出）50 万元，事业支出（非同级财政、非专项资金支出）100 万元、其他支出（非同级财政、非专项资金支出）100 万元，上缴上级支出 200 万元，经营支出 50 万元，计提专用基金 100 万元。

（1）2019 年 12 月 31 日财政拨款结转。

①本年收入结转。

预算会计：

借：财政拨款预算收入 18 000 000

　　贷：财政拨款结转——本年收支结转 18 000 000

②本年支出结转。

预算会计：

借：财政拨款结转——本年收支结转 7 000 000

　　贷：事业支出 5 000 000

　　　　其他支出 2 000 000

③累计结转。

预算会计：

借：财政拨款结转——本年收支结转 11 000 000

　　贷：财政拨款结转——累计结转 11 000 000

④转入结余（假设全部符合结余性质）。

预算会计：

借：财政拨款结转——累计结转 11 000 000

　　贷：财政拨款结余——结转转入 11 000 000

⑤转入累计结余。

预算会计：

借：财政拨款结余——结转转入 11 000 000

　　贷：财政拨款结余——累计结余 11 000 000

（2）2019 年 12 月 31 日非财政拨款结转。

①本年收入结转。

预算会计：

借：事业预算收入 4 000 000

　　上级补助预算收入 2 000 000

　　贷：非财政拨款结转——本年收支结转 6 000 000

②本年支出结转。

预算会计：

借：非财政拨款结转——本年收支结转 3 500 000

　　贷：事业支出 3 000 000

　　　　其他支出 500 000

③累计结转。

预算会计：

借：非财政拨款结转——本年收支结转 2 500 000

　　贷：非财政拨款结转——累计结转 2 500 000

④转入结余（假设项目已完成全部留归本单位）。

预算会计：

借：非财政拨款结转——累计结转 2 500 000

　　贷：非财政拨款结余——结转转入 2 500 000

⑤转入累计结余。

预算会计：

借：非财政拨款结余——结转转入 2 500 000

　　贷：非财政拨款结余——累计结余 2 500 000

（3）2019 年 12 月 31 日经营收支结转。

①本年收入结转。

预算会计：

借：经营预算收入 1 000 000

　　贷：经营结余 1 000 000

②本年支出结转。

预算会计：

借：经营结余 500 000

　　贷：经营支出 500 000

③转入非财政拨款结余分配。

预算会计：

借：经营结余 500 000

　　贷：非同级财政拨款结余分配 500 000

（4）2019 年 12 月 31 日其他收支结转。

①本年收入结转。

预算会计：

借：事业预算收入 3 000 000

　　附属单位上缴预算收入 2 000 000

　　　　贷：其他结余　　　　　　　　　　　　　　　　　　　5 000 000

②本年支出结转。

预算会计：

借：其他结余　　　　　　　　　　　　　　　　　　　　4 000 000

　　贷：事业支出　　　　　　　　　　　　　　　　　　　　1 000 000

　　　　其他支出　　　　　　　　　　　　　　　　　　　　1 000 000

　　　　上缴上级支出　　　　　　　　　　　　　　　　　　2 000 000

③转入非财政拨款结余分配。

预算会计：

借：其他结余　　　　　　　　　　　　　　　　　　　　1 000 000

　　贷：非财政拨款结余分配　　　　　　　　　　　　　　　1 000 000

（5）2019 年 12 月 31 日非财政拨款结余分配。

①计提专用基金。

预算会计：

借：非财政拨款结余分配　　　　　　　　　　　　　　　1 000 000

　　贷：专用结余　　　　　　　　　　　　　　　　　　　　1 000 000

②转入非财政拨款结余。

预算会计：

借：非财政拨款结余分配　　　　　　　　　　　　　　　　500 000

　　贷：非财政拨款结余——累计结余　　　　　　　　　　　　500 000

附　录

附录1　关于进一步做好政府会计准则制度新旧衔接和加强行政事业单位资产核算的通知

党中央有关部门，国务院各部委、各直属机构，全国人大常委会办公厅，全国政协办公厅，高法院，高检院，各民主党派中央，有关人民团体，各省、自治区、直辖市、计划单列市财政厅（局），新疆生产建设兵团财政局：

为了确保政府会计准则制度自2019年1月1日起在全国各级各类行政事业单位全面有效实施，夯实政府综合财务报告、部门决算报告和行政事业性国有资产报告的核算基础，现就政府会计准则制度新旧衔接有关问题以及加强行政事业单位（以下简称单位）资产核算工作的要求通知如下：

一、关于政府会计准则制度新旧衔接有关问题

（一）关于准则制度实施范围

未纳入部门预决算管理范围的事业单位，可以不执行《政府会计制度——行政事业单位会计科目和报表》（以下称新制度）中的预算会计内容，只执行财务会计内容。

原参照执行《中小学校会计制度》《高等学校会计制度》《医院会计制度》《基层医疗卫生机构会计制度》等行业事业单位会计制度的非政府会计主体，可参照执行新制度。

原执行《工会会计制度》的各级工会组织，暂不执行政府会计准则制度，继续执行《工会会计制度》。

属于政府会计准则制度实施范围、但财政部未针对其原执行的会计制度专门制定新旧衔接规定的事业单位，应当参照《〈政府会计制度——行政事业单位会计科目和报表〉与〈事业单位会计制度〉有关衔接问题的处理规定》（财会〔2018〕3号）做好新旧衔接工作。

（二）关于预算会计的核算范围

单位应当按照部门综合预算管理的要求，对纳入部门预算管理的全部现金收支业

务进行预算会计核算。未纳入年初批复的预算但纳入决算报表编制范围的非财政拨款收支，应当进行预算会计核算。

（三）关于尚未入账的存量公共基础设施

单位应当按照《政府会计准则第 5 号——公共基础设施》的规定，以 2019 年 1 月 1 日为初始入账日，做好尚未入账的存量公共基础设施的登记入账工作。

1. 关于公共基础设施的记账主体。

按照"谁承担管理维护职责、由谁入账"的原则确定公共基础设施的记账主体。由多个政府会计主体共同管理维护的公共基础设施，可暂按现有分管比例各自登记入账。公共基础设施的管理维护职责尚不明确的，由本级政府尽快予以明确。

对于企业控制的公共基础设施，由企业按照企业会计准则进行核算；对于政府将其特许经营权授予企业的存量公共基础设施，其会计处理由财政部另行规定。

2. 关于公共基础设施分类。

单位应当在对公共基础设施进行分级分类的基础上，按照合适的计量单元将存量公共基础设施分门别类登记入账。国务院有关行业主管部门对公共基础设施已规定分级分类标准的，从其规定；尚无明确规定的，单位在公共基础设施首次入账时可按照现行管理实务进行分级分类，待统一分类规定出台后再行调整。

单位对公共基础设施至少应当按照市政基础设施、交通基础设施、水利基础设施和其他公共基础设施四个类别进行明细核算，其他明细核算应当遵循政府会计准则制度，并满足编制行政事业性国有资产报告的需要。

3. 关于公共基础设施折旧（摊销）。

在国务院财政部门对公共基础设施折旧（摊销）年限作出规定之前，单位在公共基础设施首次入账时暂不考虑补提折旧（摊销），初始入账后也暂不计提折旧（摊销）。单位在 2019 年 1 月 1 日之前已经核算公共基础设施且计提折旧（摊销）的，在新旧衔接时以及执行政府会计准则制度后可继续沿用之前的折旧（摊销）政策。

4. 关于存量公共基础设施的入账成本。

（1）单位应当首先按照公共基础设施的初始购建成本确定存量公共基础设施的初始入账成本。对于初始购建投入使用后至执行政府会计准则制度前发生的后续支出，无需追溯确认为公共基础设施的初始入账成本；对于执行政府会计准则制度后发生的后续支出，应当按照《政府会计准则第 5 号——公共基础设施》的规定处理。

单位在确定存量公共基础设施的初始购建成本时，应当以与存量公共基础设施购建及交付使用有关的原始凭证为依据，包括项目竣工财务决算资料、项目移交资料、项目投资预算、项目投资概算及建设成本资料等。单位无法取得与存量公共基础设施初始购建有关的原始凭证的，应当在财务报表附注中对无法取得原始凭证的事实及理由予以披露。

（2）对于无法取得与存量公共基础设施初始购建有关的原始凭据，但已按照有关规定对公共基础设施进行评估，或者按照《中华人民共和国资产评估法》等法律法规和国家有关规定要求对公共基础设施进行评估的，单位应当按照评估价值确定存量公共基础设施的初始入账成本。

以评估价值确定存量公共基础设施的初始入账成本的，应当以评估机构出具的评估报告等作为原始凭据。

（3）对于无法取得与存量公共基础设施初始购建有关的原始凭据且在首次入账前未要求或未进行过资产评估的，单位应当按照重置成本确定存量公共基础设施的初始入账成本。单位在具体确定存量公共基础设施的重置成本时，可参考以下步骤进行：

第一步，对存量公共基础设施进行分级分类。

第二步，确定各项存量公共基础设施的建造或使用时间、具体数量（如里程、面积等）以及各项资产的成新率（即新旧程度系数）。

第三步，确定现行条件下每项公共基础设施的单位（如单位里程、单位面积等）资产价值。通常情况下，单位资产价值的确定应当以行业定额标准或由各地行业主管部门组织确定的定额标准为基础。

第四步，根据第二步和第三步的结果，计算确定每项具体公共基础设施的入账成本。经履行内部报批程序后，单位可将重置成本计算的依据作为存量公共基础设施初始入账的原始凭据。

此外，单位在新旧制度转换时，对于应当确认为公共基础设施、但已确认为固定资产的，应当将该项固定资产按其账面价值重分类为公共基础设施。如果该项固定资产是以名义金额计量的，应当按照以上规定重新确定公共基础设施的入账成本。

（四）关于文物文化资产

新制度设置了"文物文化资产"科目，核算单位为满足社会公共需求而控制的文物文化资产的成本。其中，对于成本无法可靠取得的文物文化资产，单位应当设置备查簿进行登记，待成本能够可靠确定后按规定及时入账。

单位在新旧制度转换时，应当将原账"固定资产"科目中核算的符合新制度"文物文化资产"科目核算内容的"文物和陈列品"，按其相关明细科目的余额转入新账的"文物文化资产"科目。如原账中核算的"文物和陈列品"有以名义金额计量的，应当按照转入新账"文物文化资产"科目中的"文物和陈列品"名义金额的合计数，借记新账的"累计盈余"科目，贷记新账的"文物文化资产"科目，同时将这些文物文化资产在备查簿中进行登记，并按照新制度的规定进行后续处理。

（五）关于按照名义金额计量的资产

根据政府会计准则制度，可以按照名义金额计量的资产只包括接受捐赠的库存物品、固定资产、无形资产，以及无法确定成本的盘盈库存物品、固定资产和无形资产。

单位在新旧制度转换时，对于原账中在相应资产科目核算的以名义金额计量的库存物品、固定资产和无形资产，应当仍然按名义金额转入新账的相应资产科目；对于原未入账的上述资产，仅当没有相关凭据且未经资产评估、同类或类似资产的市场价格也无法可靠取得时，才能按照名义金额入账。

（六）关于长期股权投资

单位在新旧制度转换时按照权益法调整长期股权投资账面余额的，如无法获取被投资单位 2018 年 12 月 31 日资产负债表中所有者权益账面余额，可以依据被投资单位 2017 年 12 月 31 日资产负债表中所有者权益账面余额，以及单位持有被投资单位的股权比例，计算应享有或应分担的被投资单位所有者权益的份额，据此调整新账中长期股权投资的账面余额。在以后各年度，单位均可依据被投资单位上年资产负债表中所有者权益的年末数计算调整长期股权投资的账面余额。

（七）关于固定资产折旧

单位按照原制度已经计提固定资产折旧的，在新旧制度转换时，应当按照新制度规定开始计提折旧的时点起至 2018 年 12 月 31 日止应计提的累计折旧金额与已计提的累计折旧金额的差额，借记新账中"累计盈余"科目，贷记新账中"固定资产累计折旧"科目。

单位按照原制度已经计提固定资产折旧，但原确定的固定资产折旧年限与新制度所规定的折旧年限不一致的，在新旧制度转换时无需追溯调整 2018 年 12 月 31 日前已经计提的折旧金额，而应当自执行新制度起，以 2019 年 1 月 1 日该项资产的账面价值（原价减去已提折旧后的金额）作为应计提折旧额，在新制度规定的折旧年限扣除已计提折旧年限的剩余年限内计提折旧。

（八）关于在建工程

单位在新旧制度转换时，对于 2018 年 12 月 31 日前发生的已经计入支出、但按照政府会计准则制度应当计入在建工程成本的固定资产更新、改造等费用，无需追溯调整在建工程账面价值。

（九）关于研发支出

单位在新旧制度转换时，对于 2018 年 12 月 31 日前发生的已经计入支出、但按照政府会计准则制度应当计入自行研究开发项目成本的开发阶段的费用，无需追溯调整研发支出账面价值。

（十）关于应付职工薪酬

新制度设置了"应付职工薪酬"科目，核算单位按照有关规定应付给职工及为职工支付的各种薪酬，包括基本工资、国家统一规定的津贴补贴、规范津贴补贴（绩效工资）、改革性补贴、社会保险费（如职工基本养老保险费、职业年金、基本医疗保险费等）、住房公积金等。单位在新旧制度转换时，应当将 2018 年 12 月 31 日前未入账的应付未付职工以及应为职工支付但尚未支付的有关薪酬记入新账，按照确定的应付未付金额，借记新账中"累计盈余"科目，贷记新账中"应付职工薪酬"科目下的相关明细科目。

（十一）关于应付福利费

新制度未设置"应付福利费"科目，单位按规定发生福利费开支时，应当在计提标准内据实计入费用（同时计入预算支出）。单位在新旧制度转换时，应当对原账的"应付福利费"科目余额进行分析，在财务会计下，将其中属于职工福利基金的金额转入新账的"专用基金——职工福利基金"科目，将其他余额转入新账的"累计盈余"科目。在预算会计下，对于其中属于从财政拨款中提取的金额，应当在确定新账的"财政拨款结余"科目余额时作为调增项处理，对于其中属于职工福利基金（从非财政拨款结余中提取形成）的金额，应当在确定新账的"专用结余"科目余额时作为调增项处理，对于其他余额，应当在确定新账的"非财政拨款结余"科目余额时作为调增项处理；同时，按照相同的金额登记新账的"资金结存——货币资金"科目借方。

（十二）关于事业单位"非财政拨款结余"科目的新旧衔接

单位在新旧制度转换时，按照《〈政府会计制度——行政事业单位会计科目和报表〉与〈事业单位会计制度〉有关衔接问题的处理规定》的有关要求，在第 2 个步骤对新账"非财政拨款结余"科目及"资金结存"科目余额进行调整时，还应考虑以下调整项目：

1. 调整长期股权投资对非财政拨款结余的影响。

单位应当对原账的"长期投资"科目余额中属于股权投资的余额进行分析，区分其中用现金资产取得的金额和用非现金资产及其他方式取得的金额，按照用现金资产取得的金额，借记"非财政拨款结余"科目，贷记"资金结存——货币资金"科目。按照原制度核算长期投资、并且对应科目为"非流动资产基金——长期投资"的，不作此项调整。

2. 调整长期债券投资对非财政拨款结余的影响。

单位应当按照原账的"长期投资"科目余额中属于债券投资的余额，借记"非财政拨款结余"科目，贷记"资金结存——货币资金"科目。按照原制度核算长期投资、并且对应科目为"非流动资产基金——长期投资"的，不作此项调整。

3. 调整专用基金对非财政拨款结余的影响。

单位应当对原账的"专用基金"科目余额进行分析，划分出按照收入比例列支提取的专用基金，按照列支提取的专用基金的金额，借记"资金结存——货币资金"科目，贷记"非财政拨款结余"科目。

单位按照《〈政府会计制度——行政事业单位会计科目和报表〉与〈事业单位会计制度〉有关衔接问题的处理规定》中1、2两个步骤难以准确调整出"非财政拨款结余"科目及对应的"资金结存"科目余额的，在新旧制度转换时，可以在新账的"库存现金""银行存款""其他货币资金""财政应返还额度"科目借方余额合计数基础上，对不纳入单位预算管理的资金进行调整（如减去新账中货币资金形式的受托代理资产、应缴财政款、已收取将来需要退回资金的其他应付款，加上已支付将来需要收回资金的其他应收款），按照调整后的金额减去新账的"财政拨款结转""财政拨款结余""非财政拨款结转""专用结余"科目贷方余额合计数，加上"经营结余"科目借方余额后的金额，登记新账的"非财政拨款结余"科目贷方；同时，按照相同的金额登记新账的"资金结存——货币资金"科目借方。

（十三）关于按合同完成进度确认事业收入

单位以合同完成进度确认事业收入时，应当根据业务实质，选择累计实际发生的合同成本占合同预计总成本的比例、已经完成的合同工作量占合同预计总工作量的比例、已经完成的时间占合同期限的比例、实际测定的完工进度等方法，合理确定合同完成进度。

单位在新旧制度转换时，对于已经开始执行尚未执行完毕的合同，无需按照新制度规定的会计核算基础对已经确认的收入进行调整。

（十四）关于受托代理资产和受托代理负债

为了全面核算和反映政府会计主体发生的经济业务或事项，新制度设置了"受托代理资产"科目，本科目核算单位接受委托方委托管理的各项资产，包括受托指定转赠的物资、受托存储保管的物资和罚没物资等的成本。单位对受托代理资产不拥有控制权，因此"受托代理资产"并不符合《政府会计准则——基本准则》所规定的资产的定义及其确认标准。

"受托代理负债"因单位接受受托代理资产而产生，应当按照相对应的受托代理资产的金额予以确认和计量。单位收取的押金、存入保证金等负有偿还义务的暂收款项，应当通过"其他应付款"科目核算。

单位在新旧制度转换时，应当按照上述原则正确确定应转入新账或登记新账的"受托代理资产"科目和"受托代理负债"科目的内容。

（十五）关于非同级财政拨款（预算）收入

单位取得的非同级财政拨款收入包括两大类，一类是从同级财政以外的同级政府部门取得的横向转拨财政款，另一类是从上级或下级政府（包括政府财政和政府部门）取得的各类财政款。在具体核算时，事业单位对于因开展专业业务活动及其辅助活动取得的非同级财政拨款收入，应当通过"事业收入——非同级财政拨款"科目核算；对于其他非同级财政拨款收入，应当通过"非同级财政拨款收入"科目核算。

事业预算收入和非同级财政拨款预算收入的核算口径也比照前款规定处理。

单位在新旧制度转换时，应当按照上述规定确定新账的相关科目的核算口径。

二、关于加强单位资产核算工作的要求

编制行政事业性国有资产报告是建立国务院向全国人大常委会报告国有资产管理情况制度的重要内容，会计账簿生成的信息是编制行政事业性国有资产报告的重要数据来源。各单位应当以执行新政府会计准则制度、做好新旧制度衔接工作为契机，健全会计机构，充实会计人员，提升会计信息化水平，进一步规范和加强各类资产的会计核算，夯实资产核算的各项基础工作，强化资产账实相符，确保资产信息的全面性、完整性和准确性。

各单位应当在 2016 年资产清查核实的基础上，按照落实国务院向全国人大常委会报告国有资产管理情况制度和政府会计准则制度的要求，扎实开展以下工作：

一是进一步清理核实和归类统计固定资产、无形资产、库存物品、对外投资等资产数据，为准确计提折旧、摊销费用、确定权益等提供基础信息。

二是进一步规范和加强往来款项的管理，全面开展往来款项专项清理和账龄分析，及时报批处理往来挂账，做好坏账准备计提的相关工作。

三是进一步清理基本建设会计账务，及时将已交付使用的建设项目转为固定资产、无形资产等，按规定及时办理基本建设项目竣工财务决算手续，为将基本建设投资业务纳入单位统一账簿进行会计核算做好准备。

四是进一步明晰资产占有、使用和维护管理的责任主体，按规定将单位控制的公共基础设施、政府储备物资、保障性住房等资产以及单位受托管理的资产登记入账，确保国有资产信息全面完整。

有关行业主管部门要加强对单位资产核算工作的指导；各级财政部门要加强对单位资产核算工作的监督检查，对未按照政府会计准则制度进行核算的，应依法依规予以处理。

财政部

2018 年 12 月 6 日

附录 2　政府会计准则制度解释第 1 号

一、关于企业集团中的事业单位会计制度执行问题

企业集团中纳入部门预算编报范围的事业单位（不含执行《军工科研事业单位会计制度》的事业单位，下同）应当按照政府会计准则制度进行会计核算；企业集团中未纳入部门预算编报范围的事业单位，可以不执行《政府会计制度——行政事业单位会计科目和报表》（以下称《政府会计制度》）中的预算会计内容，只执行财务会计内容。

二、关于事业单位长期股权投资的会计处理

（一）事业单位采用权益法核算长期股权投资、且被投资单位编制合并财务报表的，在持有投资期间，应当以被投资单位合并财务报表中归属于母公司的净利润和其他所有者权益变动为基础，计算确定应当调整长期股权投资账面余额的金额，并进行相关会计处理。

（二）事业单位以其持有的科技成果取得的长期股权投资，应当按照评估价值加相关税费作为投资成本。事业单位按规定通过协议定价、在技术交易市场挂牌交易、拍卖等方式确定价格的，应当按照以上方式确定的价格加相关税费作为投资成本。

（三）事业单位处置以科技成果转化形成的长期股权投资，按规定所取得的收入全部留归本单位的，应当按照实际取得的价款，借记"银行存款"等科目，按照被处置长期股权投资的账面余额，贷记"长期股权投资"科目，按照尚未领取的现金股利或利润，贷记"应收股利"科目，按照发生的相关税费等支出，贷记"银行存款"等科目，按照借贷方差额，借记或贷记"投资收益"科目；同时，在预算会计中，按照实际取得的价款，借记"资金结存——货币资金"科目，按照处置时确认的投资收益金额，贷记"投资预算收益"科目，按照贷方差额，贷记"其他预算收入"科目。

（四）权益法下，事业单位处置以现金以外的其他资产取得的（不含科技成果转化形成的）长期股权投资时，按规定将取得的投资收益（此处的投资收益，是指长期股权投资处置价款扣除长期股权投资成本和相关税费后的差额）纳入本单位预算管理的，分别以下两种情况处理：

1. 长期股权投资的账面余额大于其投资成本的，应当按照被处置长期股权投资的

成本，借记"资产处置费用"科目，贷记"长期股权投资——成本"科目；同时，按照实际取得的价款，借记"银行存款"等科目，按照尚未领取的现金股利或利润，贷记"应收股利"科目，按照发生的相关税费等支出，贷记"银行存款"等科目，按照长期股权投资的账面余额减去其投资成本的差额，贷记"长期股权投资——损益调整、其他权益变动"科目（以上明细科目为贷方余额的，借记相关明细科目），按照实际取得的价款与被处置长期股权投资账面余额、应收股利账面余额和相关税费支出合计数的差额，贷记或借记"投资收益"科目，按照贷方差额，贷记"应缴财政款"科目。预算会计的账务处理按照《政府会计制度》进行。

这种情况下的会计分录举例如下：

财务会计	预算会计
借：资产处置费用 　　贷：长期股权投资——成本 借：银行存款 　　贷：应收股利（如有） 　　　　长期股权投资——损益调整、其他权益变动（也可能在借方） 　　　　银行存款（相关税费） 　　　　投资收益（取得价款与投资账面余额、应收股利账面余额和相关税费支出合计数的差额） 　　　　应缴财政款	借：资金结存——货币资金 　　贷：投资预算收益（取得价款减去投资成本和相关税费后的金额）

2. 长期股权投资的账面余额小于或等于其投资成本的，应当按照被处置长期股权投资的账面余额，借记"资产处置费用"科目，按照长期股权投资各明细科目的余额，贷记"长期股权投资——成本"科目，贷记或借记"长期股权投资——损益调整、其他权益变动"科目；同时，按照实际取得的价款，借记"银行存款"等科目，按照尚未领取的现金股利或利润，贷记"应收股利"科目，按照发生的相关税费等支出，贷记"银行存款"等科目，按照实际取得的价款大于被处置长期股权投资成本、应收股利账面余额和相关税费支出合计数的差额，贷记"投资收益"科目，按照贷方差额，贷记"应缴财政款"科目。预算会计的账务处理按照《政府会计制度》进行。

这种情况下的会计分录举例如下：

财务会计	预算会计
借：资产处置费用（投资账面余额） 　　长期股权投资——损益调整、其他权益变动（部 　　分明细科目余额也可能在贷方） 　　贷：长期股权投资——成本 借：银行存款 　　贷：应收股利（如有） 　　　　银行存款（相关税费） 　　　　投资收益（取得价款大于投资成本、应 　　　　收股利账面余额和相关税费支出合计数 　　　　的差额） 　　　　应缴财政款	借：资金结存——货币资金 　　贷：投资预算收益（取得价款减去投资成本和相 　　　　关税费后的金额）

（五）事业单位按规定应将长期股权投资持有期间取得的投资净收益，以及以现金取得的长期股权投资处置时取得的净收入（处置价款扣除投资本金和相关税费后的净额）上缴本级财政并纳入一般公共预算管理的，在应收或收到上述有关款项时不确认投资收益，应通过"应缴财政款"科目核算。

三、关于单位年末暂收暂付非财政资金的会计处理

单位对于纳入本年度部门预算管理的现金收支业务，在采用财务会计核算的同时应当及时进行预算会计核算。年末结账前，单位应当对暂收暂付款项进行全面清理，并对于纳入本年度部门预算管理的暂收暂付款项进行预算会计处理，确认相关预算收支，确保预算会计信息能够完整反映本年度部门预算收支执行情况。

（一）对于纳入本年度部门预算管理的暂付款项，按照《政府会计制度》规定，单位在支付款项时可不作预算会计处理，待结算或报销时，按照结算或报销的金额，借记相关预算支出科目，贷记"资金结存"科目。但是，在年末结账前，对于尚未结算或报销的暂付款项，单位应当按照暂付的金额，借记相关预算支出科目，贷记"资金结存"科目。以后年度，实际结算或报销金额与已计入预算支出的金额不一致的，单位应当通过相关预算结转结余科目"年初余额调整"明细科目进行处理。

（二）对于应当纳入下一年度部门预算管理的暂收款项，单位在收到款项时，借记"银行存款"等科目，贷记"其他应付款"科目；本年度不做预算会计处理。待下一年年初，单位应当按照上年暂收的款项金额，借记"其他应付款"科目，贷记有关收入科目；同时在预算会计中，按照暂收款项的金额，借记"资金结存"科目，贷记有关预算收入科目。

对于应当纳入下一年度部门预算管理的暂付款项，单位在付出款项时，借记"其他应收款"科目，贷记"银行存款"等科目，本年度不做预算会计处理。待下一年实际结算或报销时，单位应当按照实际结算或报销的金额，借记有关费用科目，按照之

前暂付的款项金额，贷记"其他应收款"科目，按照退回或补付的金额，借记或贷记"银行存款"等科目；同时，在预算会计中，按照实际结算或报销的金额，借记有关支出科目，贷记"资金结存"科目。下一年度内尚未结算或报销的，按照上述（一）中的规定处理。

（三）对于不纳入部门预算管理的暂收暂付款项（如应上缴、应转拨或应退回的资金），单位应当按照《政府会计制度》规定，仅作财务会计处理，不做预算会计处理。

四、关于由有关部门统一管理，但由其他部门占有、使用的固定资产的会计处理

按规定由本级政府机关事务管理等部门统一管理（如仅持有资产的产权证等），但具体由其他部门占有、使用的固定资产，应当由占有、使用该资产的部门作为会计确认主体，对该资产进行会计核算。

2019 年 1 月 1 日前相关部门未按照上述规定对某项固定资产进行会计核算的，在新旧会计制度转换时，按照以下规定处理：

（一）该项固定资产已经在其统一管理的部门入账的，负责资产统一管理的部门应当按照该项固定资产已经计提的折旧金额（按照原制度已经计提折旧的），借记新账的"固定资产累计折旧"科目，按照该项固定资产的账面余额，贷记新账的"固定资产"科目，按其差额，借记新账的"累计盈余"科目；占有、使用该资产的部门应当按照该项固定资产在统一管理部门记录的账面余额，借记新账的"固定资产"科目，按照该项资产在统一管理部门已经计提的折旧金额（按照原制度已经计提折旧的），贷记新账的"固定资产累计折旧"科目，按其差额，贷记新账的"累计盈余"科目。

（二）该项固定资产尚未登记入账的，应当由占有、使用该项资产的部门按照盘盈资产进行处理，具体账务处理参照财政部已经印发的相关衔接规定执行。

在按照上述规定进行新旧制度衔接时，相关会计主体的会计处理应当协调一致，确保资产确认不重复、不遗漏。在新旧制度衔接中，如涉及资产产权变更或实物资产划拨等事项，相关会计主体应当按照资产管理有关规定办理。

多个部门共同占用、使用同一项固定资产，且该项固定资产由本级政府机关事务管理等部门统一管理并负责后续维护、改造的，由本级政府机关事务管理等部门作为确认主体，对该项固定资产进行会计核算。

同一部门内部所属单位共同占有、使用同一项固定资产，或者所属事业单位占有、使用部门本级拥有产权的固定资产的，按照本部门规定对固定资产进行会计核算。

五、关于单位无偿调入资产的账务处理

按照相关政府会计准则规定，单位（调入方）接受其他政府会计主体无偿调入的固定资产、无形资产、公共基础设施等资产，其成本按照调出方的账面价值加上相关

税费确定。但是，无偿调入资产在调出方的账面价值为零（即已经按制度规定提足折旧）或者账面余额为名义金额的，单位（调入方）应当将调入过程中其承担的相关税费计入当期费用，不计入调入资产的初始入账成本。

无偿调入资产在调出方的账面价值为零的，单位（调入方）在进行财务会计处理时，应当按照该项资产在调出方的账面余额，借记"固定资产""无形资产"等科目，按照该项资产在调出方已经计提的折旧或摊销金额（与资产账面余额相等），贷记"固定资产累计折旧""无形资产累计摊销"等科目；按照支付的相关税费，借记"其他费用"科目，贷记"零余额账户用款额度""银行存款"等科目。同时，在预算会计中按照支付的相关税费，借记"其他支出"科目，贷记"资金结存"科目。

无偿调入资产在调出方的账面余额为名义金额的，单位（调入方）在进行财务会计处理时，应当按照名义金额，借记"固定资产""无形资产"等科目，贷记"无偿调拨净资产"科目；按照支付的相关税费，借记"其他费用"科目，贷记"零余额账户用款额度""银行存款"等科目。同时，在预算会计中按照支付的相关税费，借记"其他支出"科目，贷记"资金结存"科目。

六、关于"业务活动费用"和"单位管理费用"科目的核算范围

按照《政府会计制度》规定，"业务活动费用"科目核算单位为实现其职能目标、依法履职或开展专业业务活动及其辅助活动所发生的各项费用。"单位管理费用"科目核算事业单位本级行政及后勤管理部门开展管理活动发生的各项费用，包括单位行政及后勤管理部门发生的人员经费、公用经费、资产折旧（摊销）等费用，以及由单位统一负担的离退休人员经费、工会经费、诉讼费、中介费等。

按照上述规定，行政单位不使用"单位管理费用"科目，其为实现其职能目标、依法履职发生的各项费用均计入"业务活动费用"科目。事业单位应当同时使用"业务活动费用"和"单位管理费用"科目，其业务部门开展专业业务活动及其辅助活动发生的各项费用计入"业务活动费用"科目，其本级行政及后勤管理部门发生的各项费用以及由单位统一负担的费用计入"单位管理费用"科目。

事业单位应当按照《政府会计制度》的规定，结合本单位实际，确定本单位业务活动费用和单位管理费用划分的具体会计政策。

七、关于"保障性住房"科目的核算范围

《政府会计制度》中规定的"保障性住房"科目，核算单位为满足社会公共需要而控制的保障性住房的原值。此处的保障性住房，主要指地方政府住房保障主管部门持有全部或部分产权份额、纳入城镇住房保障规划和年度计划、向符合条件的保障对象提供的住房。

八、关于第三方支付平台账户资金的会计科目适用问题

单位通过支付宝、微信等方式取得相关收入的，对于尚未转入银行存款的支付宝、微信收付款等第三方支付平台账户的余额，应当通过"其他货币资金"科目核算。

九、关于有关往来科目和收入、费用科目明细信息的披露

单位在按照债务人（债权人）对应收款项（应付款项）进行明细核算的基础上，应当在财务报表附注中按照债务人（债权人）分类对应收款项（应付款项）进行披露。债务人（债权人）类别主要分为本部门内部单位（指纳入单位所属部门财务报告合并范围的单位，下同）、本部门以外同级政府单位、本部门以外非同级政府单位和其他单位。

单位在按照收入来源（支付对象）对有关收入科目（费用科目）进行明细核算的基础上，应当在财务报表附注中按照收入来源（支付对象）分类对有关收入（费用）进行披露。收入来源（支付对象）主要分为本部门内部单位、本部门以外同级政府单位、本部门以外非同级政府单位和其他单位。

单位按照《政府会计制度》中财务报表附注所列格式分类对应收款项、应付款项、有关收入和费用进行具体披露时，应当遵循重要性原则。单位对重要性的判断，应当依据《政府会计准则第9号——财务报表编制和列报》，并考虑满足编制合并财务报表的信息需要，即相关合并主体能够基于单位所披露的信息，抵销合并主体与被合并主体之间、被合并主体相互之间发生的债权债务、收入费用等内部业务或事项对财务报表的影响。

十、关于单位售房款的会计处理

中央级行政事业单位应当自2019年1月1日起，将归属于本单位的售房款及其利息收入纳入部门预算管理，并按照《政府会计制度》统一进行会计核算。收到售房款项（售房收入扣除按标准计提的住宅专项维修资金）及其利息收入时，借记"银行存款"科目，贷记"其他收入"科目；同时在预算会计中借记"资金结存"科目，贷记"其他预算收入"科目。按规定使用售房款发放购房补贴的，计提购房补贴费用时，借记"业务活动费用""单位管理费用"等科目，贷记"应付职工薪酬"科目的相关明细科目；发放购房补贴时，借记"应付职工薪酬"科目的相关明细科目，贷记"银行存款"等科目，同时在预算会计中借记"行政支出""事业支出"等科目，贷记"资金结存"科目。

新旧会计制度转换时，中央级行政单位和中央级事业单位应当分别进行如下会计处理：

（一）行政单位在原账中将售房款作为负债（其他应付款或长期应付款等）核算的，应当将有关负债科目的相关明细科目余额，转入新账财务会计中的"累计盈余"科目；同时，按照相同金额在新账预算会计中借记"资金结存"科目，贷记"非财政拨款结转"相关明细科目。

行政单位原对售房款单独建账、单独核算（即未将售房款资金纳入"大账"核算）的，应当将售房款资金统一纳入"大账"核算，按照有关账套（或台账）核算的售房款余额，在新账财务会计中借记"银行存款"等科目，贷记"累计盈余"科目；同时，按照相同金额在新账预算会计中借记"资金结存"科目，贷记"非财政拨款结转"相关明细科目。

（二）事业单位在原账中将售房款记入"专用基金"科目的，应当将"专用基金"科目相关明细科目的余额，转入新账财务会计中的"累计盈余"科目；同时，按照相同金额在新账预算会计中借记"资金结存"科目，贷记"非财政拨款结转"相关明细科目。

尚未将单位售房款纳入财政统筹使用的省级及以下行政事业单位，应当比照本解释中有关中央级行政事业单位售房款的会计处理规定执行。

十一、关于单位集中管理的住宅专项维修资金的会计处理

单位对于其集中管理的住宅专项维修资金，属于按规定从本单位售房收入中提取的，应当比照本解释中有关单位售房款的规定进行会计处理；属于本单位职工个人缴存的，应当作为受托代理业务，按照《政府会计制度》的规定进行会计处理。

专门从事住宅专项维修资金管理的单位所管理的住宅专项维修资金的会计核算，由财政部另行规定。

十二、本解释自 2019 年 1 月 1 日起施行

附录3 政府会计准则制度解释第2号

一、关于归垫资金的账务处理

行政事业单位（以下简称单位）按规定报经财政部门审核批准，在财政授权支付用款额度或财政直接支付用款计划下达之前，用本单位实有资金账户资金垫付相关支出，再通过财政授权支付方式或财政直接支付方式将资金归还原垫付资金账户的，应当按照以下规定进行账务处理：

（一）用本单位实有资金账户资金垫付相关支出时，按照垫付的资金金额，借记"其他应收款"科目，贷记"银行存款"科目；预算会计不作处理。

（二）通过财政直接支付方式或授权支付方式将资金归还原垫付资金账户时，按照归垫的资金金额，借记"银行存款"科目，贷记"财政拨款收入"科目，并按照相同的金额，借记"业务活动费用"等科目，贷记"其他应收款"科目；同时，在预算会计中，按照相同的金额，借记"行政支出""事业支出"等科目，贷记"财政拨款预算收入"科目。

二、关于从本单位零余额账户向本单位实有资金账户划转资金的账务处理

单位在某些特定情况下按规定从本单位零余额账户向本单位实有资金账户划转资金用于后续相关支出的，可在"银行存款"或"资金结存——货币资金"科目下设置"财政拨款资金"明细科目，或采用辅助核算等形式，核算反映按规定从本单位零余额账户转入实有资金账户的资金金额，并应当按照以下规定进行账务处理：

（一）从本单位零余额账户向实有资金账户划转资金时，按照划转的资金金额，借记"银行存款"科目，贷记"零余额账户用款额度"科目；同时，在预算会计中借记"资金结存——货币资金"科目，贷记"资金结存——零余额账户用款额度"科目。

（二）将本单位实有资金账户中从零余额账户划转的资金用于相关支出时，按照实际支付的金额，借记"应付职工薪酬""其他应交税费"等科目，贷记"银行存款"科目；同时，在预算会计中借记"行政支出""事业支出"等支出科目下的"财政拨款支出"明细科目，贷记"资金结存——货币资金"科目。

三、关于从财政科研项目中计提项目间接费用或管理费的账务处理

单位按规定从财政科研项目中计提项目间接费用或管理费的，应当按照以下规定

进行账务处理：

（一）从财政科研项目中计提项目间接费用或管理费时，按照计提的金额，借记"业务活动费用""单位管理费用"等科目，贷记"预提费用——项目间接费用或管理费"科目；预算会计不作处理。

（二）按规定将计提的项目间接费用或管理费从本单位零余额账户划转到实有资金账户的，按照本解释"二、关于从本单位零余额账户向本单位实有资金账户划转资金的账务处理"的相关规定处理。

（三）使用计提的项目间接费用或管理费时，在财务会计下，按照实际支付的金额，借记"预提费用——项目间接费用或管理费"科目，贷记"银行存款""零余额账户用款额度""财政拨款收入"等科目。使用计提的项目间接费用或管理费购买固定资产、无形资产的，按照固定资产、无形资产的成本金额，借记"固定资产""无形资产"科目，贷记"银行存款""零余额账户用款额度""财政拨款收入"等科目；同时，按照相同的金额，借记"预提费用——项目间接费用或管理费"科目，贷记"累计盈余"科目。

同时，在预算会计下，按照实际支付的金额，借记"事业支出"等支出科目下的"财政拨款支出"明细科目，贷记"资金结存""财政拨款预算收入"科目。

四、关于事业单位按规定需将长期股权投资持有期间取得的投资收益上缴财政的账务处理

事业单位按规定需将长期股权投资持有期间取得的投资收益上缴本级财政的，应当按照以下规定进行账务处理：

（一）长期股权投资采用成本法核算的，被投资单位宣告发放现金股利或利润时，事业单位按照应收的金额，借记"应收股利"科目，贷记"投资收益"科目；收到现金股利或利润时，借记"银行存款"等科目，贷记"应缴财政款"科目，同时按照此前确定的应收股利金额，借记"投资收益"科目或"累计盈余"科目（此前确认的投资收益已经结转的），贷记"应收股利"科目；将取得的现金股利或利润上缴财政时，借记"应缴财政款"科目，贷记"银行存款"等科目。

（二）长期股权投资采用权益法核算的，被投资单位实现净利润的，按照应享有的份额，借记"长期股权投资——损益调整"科目，贷记"投资收益"科目；被投资单位宣告发放现金股利或利润时，单位按照应享有的份额，借记"应收股利"科目，贷记"长期股权投资——损益调整"科目；收到现金股利或利润时，借记"银行存款"等科目，贷记"应缴财政款"科目，同时按照此前确定的应收股利金额，借记"投资收益"科目或"累计盈余"科目（此前确认的投资收益已经结转的），贷记"应收股利"科目；将取得的现金股利或利润上缴财政时，借记"应缴财政款"科目，贷记"银行存款"等科目。

五、关于收取差旅伙食费和市内交通费的账务处理

接待单位按规定收取出差人员差旅伙食费和市内交通费并出具相关票据的，应当按照以下规定进行账务处理：

（一）单位不承担支出责任的，应当按照收到的款项金额，借记"库存现金"等科目，贷记"其他应付款"科目或"其他应收款"科目（前期已垫付资金的）；向其他会计主体转付款时，借记"其他应付款"科目，贷记"库存现金"等科目。预算会计不作处理。

（二）单位承担支出责任的，应当按照收到的款项金额，借记"库存现金"等科目，贷记相关费用科目；同时在预算会计中借记"资金结存"科目，贷记相关支出科目。

单位如因开具税务发票承担增值税等纳税义务的，按照《政府会计制度——行政事业单位会计科目和报表》（以下简称《政府会计制度》）相关规定处理。

六、关于专利权维护费的会计处理

单位应当按照《政府会计准则第 4 号——无形资产》规定，将依法取得的专利权确认为无形资产，并进行后续摊销。在以后年度，单位按照相关规定发生的专利权维护费，应当在发生时计入当期费用，原确定的无形资产摊销年限不据此调整。

七、关于公费医疗经费的会计处理

享受公费医疗待遇的单位从所在地公费医疗管理机构取得的公费医疗经费，应当在实际取得时计入非同级财政拨款收入（非同级财政拨款预算收入），在实际支用时计入相关费用（支出）。

八、关于单位基本建设会计有关问题

（一）关于基本建设项目会计核算主体。

基本建设项目应当由负责编报基本建设项目预决算的单位（即建设单位）作为会计核算主体。建设单位应当按照《政府会计制度》规定在相关会计科目下分项目对基本建设项目进行明细核算。

基本建设项目管理涉及多个主体难以明确识别会计核算主体的，项目主管部门应当按照《基本建设财务规则》相关规定确定建设单位。

建设项目按照规定实行代建制的，代建单位应当配合建设单位做好项目会计核算和财务管理的基础工作。

（二）关于代建制项目的会计处理。

建设项目实行代建制的，建设单位应当要求代建单位通过工程结算或年终对账确认在建工程成本的方式，提供项目明细支出、建设工程进度和项目建设成本等资料，归集"在建工程"成本，及时核算所形成的"在建工程"资产，全面核算项目建设成本等情况。有关账务处理如下：

1. 关于建设单位的账务处理

（1）拨付代建单位工程款时，按照拨付的款项金额，借记"预付账款——预付工程款"科目，贷记"财政拨款收入""零余额账户用款额度""银行存款"等科目；同时，在预算会计中借记"行政支出""事业支出"等科目，贷记"财政拨款预算收入""资金结存"科目。

（2）按照工程进度结算工程款或年终代建单位对账确认在建工程成本时，按照确定的金额，借记"在建工程"科目下的"建筑安装工程投资"等明细科目，贷记"预付账款——预付工程款"等科目。

（3）确认代建管理费时，按照确定的金额，借记"在建工程"科目下的"待摊投资"明细科目，贷记"预付账款——预付工程款"等科目。

（4）项目完工交付使用资产时，按照代建单位转来在建工程成本中尚未确认入账的金额，借记"在建工程"科目下的"建筑安装工程投资"等明细科目，贷记"预付账款——预付工程款"等科目；同时，按照在建工程成本，借记"固定资产""公共基础设施"等科目，贷记"在建工程"科目。

工程结算、确认代建费或竣工决算时涉及补付资金的，应当在确认在建工程的同时，按照补付的金额，贷记"财政拨款收入""零余额账户用款额度""银行存款"等科目；同时在预算会计中进行相应的账务处理。

2. 关于代建单位的账务处理

代建单位为事业单位的，应当设置"1615 代建项目"一级科目，并与建设单位相对应，按照工程性质和类型设置"建筑安装工程投资""设备投资""待摊投资""其他投资""待核销基建支出""基建转出投资"等明细科目，对所承担的代建项目建设成本进行会计核算，全面反映工程的资金资源消耗情况；同时，在"代建项目"科目下设置"代建项目转出"明细科目，通过工程结算或年终对账确认在建工程成本的方式，将代建项目的成本转出，体现在建设单位相应"在建工程"账上。年末，"代建项目"科目应无余额。有关账务处理规定如下：

（1）收到建设单位拨付的建设项目资金时，按照收到的款项金额，借记"银行存款"等科目，贷记"预收账款——预收工程款"科目。预算会计不作处理。

（2）工程项目使用资金或发生其他耗费时，按照确定的金额，借记"代建项目"科目下的"建筑安装工程投资"等明细科目，贷记"银行存款""应付职工薪酬"

"工程物资""累计折旧"等科目。预算会计不作处理。

（3）按工程进度与建设单位结算工程款或年终与建设单位对账确认在建工程成本并转出时，按照确定的金额，借记"代建项目——代建项目转出"科目，贷记"代建项目"科目下的"建筑安装工程投资"等明细科目，同时，借记"预收账款——预收工程款"等科目，贷记"代建项目——代建项目转出"科目。

（4）确认代建费收入时，按照确定的金额，借记"预收账款——预收工程款"等科目，贷记有关收入科目；同时，在预算会计中借记"资金结存"科目，贷记有关预算收入科目。

（5）项目完工交付使用资产时，按照代建项目未转出的在建工程成本，借记"代建项目——代建项目转出"科目，贷记"代建项目"科目下的"建筑安装工程投资"等明细科目，同时，借记"预收账款——预收工程款"等科目，贷记"代建项目——代建项目转出"科目。

工程竣工决算时收到补付资金的，按照补付的金额，借记"银行存款"等科目，贷记"预收账款——预收工程款"科目。

代建单位为企业的，按照企业类会计准则制度相关规定进行账务处理。

3. 关于新旧衔接的规定

建设单位在首次执行本解释时尚未登记应确认的在建工程的，应当按照本解释规定确定的建设成本，借记"在建工程"科目，贷记"累计盈余"科目。代建单位在首次执行本解释时已将代建项目登记为在建工程的，应当按照"在建工程"科目余额，借记"累计盈余"科目，贷记"在建工程"科目。建设单位应与代建单位做好在建工程入账的协调，确保在建工程在记账上不重复、不遗漏。

（三）关于"在建工程"科目有关账务处理规定。

1. 工程交付使用时，单位应当按照合理的分配方法分配待摊投资，借记"在建工程——建筑安装工程投资、设备投资"科目，贷记"在建工程——待摊投资"科目；待摊投资中有按规定应当分摊计入转出投资价值和待核销基建支出的，还应当借记"在建工程——待核销基建支出、基建转出投资"科目，贷记"在建工程——待摊投资"科目。

2. 建设项目竣工验收交付使用时，按规定直接转入建设单位以外的会计主体的，建设单位应当按照转出的建设项目的成本，借记"在建工程——基建转出投资"科目，贷记"在建工程——建筑安装工程投资、设备投资"科目；同时，借记"无偿调拨净资产"科目，贷记"在建工程——基建转出投资"科目。

建设项目竣工验收交付使用时，按规定先转入建设单位、再无偿划拨给其他会计主体的，建设单位应当按照《政府会计制度》规定，先将在建工程转入"固定资产""公共基础设施"等科目，再按照无偿调拨资产相关规定进行账务处理。

建设单位与资产调入方应当按规定做好资产核算工作的衔接和相关会计资料的交接，确保交付使用资产在记账上不重复、不遗漏。

（四）关于基本建设项目的明细科目或辅助核算。

单位按照《政府会计制度》对基本建设项目进行会计核算的，应当通过在有关会计科目下设置与基本建设项目相关的明细科目或增加标记，或设置基建项目辅助账等方式，满足基本建设项目竣工决算报表编制的需要。

九、关于部门（单位）合并财务报表范围

（一）部门（单位）合并财务报表合并范围确定的一般原则。

按照《政府会计准则第9号——财务报表编制和列报》规定，部门（单位）合并财务报表的合并范围一般应当以财政预算拨款关系为基础予以确定。有下级预算单位的部门（单位）为合并主体，其下级预算单位为被合并主体。合并主体应当将其全部被合并主体纳入合并财务报表的合并范围。

通常情况下，纳入本部门预决算管理的行政事业单位和社会组织（包括社会团体、基金会和社会服务机构，下同）都应当纳入本部门（单位）合并财务报表范围。

（二）除满足一般原则的会计主体外，以下会计主体也应当纳入部门（单位）合并财务报表范围：

1. 部门（单位）所属的未纳入部门预决算管理的事业单位。

2. 部门（单位）所属的纳入企业财务管理体系执行企业类会计准则制度的事业单位。

3. 财政部规定的应当纳入部门（单位）合并财务报表范围的其他会计主体。

（三）以下会计主体不纳入部门（单位）合并财务报表范围：

1. 部门（单位）所属的企业，以及所属企业下属的事业单位。

2. 与行政机关脱钩的行业协会商会。

3. 部门（单位）财务部门按规定单独建账核算的会计主体，如工会经费、党费、团费和土地储备资金、住房公积金等资金（基金）会计主体。

4. 挂靠部门（单位）的没有财政预算拨款关系的社会组织以及非法人性质的学术团体、研究会等。

单位内部非法人独立核算单位的核算及合并问题，按照《政府会计制度》及相关补充规定执行。

十、关于工会系统适用的会计制度

县级及以上总工会和基层工会组织应当执行《工会会计制度》（财会〔2009〕7号），工会所属事业单位应当执行政府会计准则制度，工会所属企业应当执行企业类会

计准则制度，挂靠工会管理的社会团体应当按规定执行《民间非营利组织会计制度》（财会［2004］7 号，下同）。

十一、关于纳入部门预决算管理的社会组织适用的会计制度

纳入部门预决算管理的社会组织，原执行《事业单位会计制度》（财会［2012］22 号）的，应当自 2019 年 1 月 1 日起执行政府会计准则制度；原执行《民间非营利组织会计制度》的，仍然执行《民间非营利组织会计制度》。

十二、关于本解释生效日期及新旧衔接规定

本解释第一至第八项自 2020 年 1 月 1 日起施行，允许单位提前采用；第九项适用于 2019 年度及以后期间的财务报表；第十项、十一项自 2019 年 1 月 1 日起施行。

本解释除第八项（二）以外，其余各项首次施行时均采用未来适用法。

附录4 政府会计准则制度解释第3号

一、关于接受捐赠业务的会计处理

（一）行政事业单位（以下简称单位）按规定接受捐赠，应当区分以下情况进行会计处理：

1. 单位取得捐赠的货币资金按规定应当上缴财政的，应当按照《政府会计制度——行政事业单位会计科目和报表》（以下简称《政府会计制度》）中"应缴财政款"科目相关规定进行财务会计处理。预算会计不做处理。

2. 单位接受捐赠人委托转赠的资产，应当按照《政府会计制度》中受托代理业务相关规定进行财务会计处理。预算会计不做处理。

3. 除上述两种情况外，单位接受捐赠取得的资产，应当按照《政府会计制度》中"捐赠收入"科目相关规定进行财务会计处理；接受捐赠取得货币资金的，还应当同时按照"其他预算收入"科目相关规定进行预算会计处理。

（二）单位接受捐赠的非现金资产的初始入账成本，应当根据《政府会计准则第1号——存货》第十一条、《政府会计准则第3号——固定资产》第十二条、《政府会计准则第4号——无形资产》第十三条、《政府会计准则第5号——公共基础设施》第十三条、《政府会计准则第6号——政府储备物资》第十条等规定确定。

上述准则条款中所称"凭据"，包括发票、报关单、有关协议等。有确凿证据表明凭据上注明的金额高于受赠资产同类或类似资产的市场价格30%或达不到其70%的，则应当以同类或类似资产的市场价格确定成本。

上述准则条款中所称"同类或类似资产的市场价格"，一般指取得资产当日捐赠方自产物资的出厂价、所销售物资的销售价、非自产或销售物资在知名大型电商平台同类或类似商品价格等。如果存在政府指导价或政府定价的，应符合其规定。

（三）单位作为主管部门或上级单位向其附属单位分配受赠的货币资金，应当按照《政府会计制度》中"对附属单位补助费用（支出）"科目相关规定处理；单位按规定向其附属单位以外的其他单位分配受赠的货币资金，应当按照《政府会计制度》中"其他费用（支出）"科目相关规定处理。

单位向政府会计主体分配受赠的非现金资产，应当按照《政府会计制度》中"无偿调拨净资产"科目相关规定处理；单位向非政府会计主体分配受赠的非现金资产，应当按照《政府会计制度》中"资产处置费用"科目相关规定处理。

（四）单位使用、处置受赠资产，应当按照《政府会计制度》相关规定进行会计处理。处置受赠资产取得的净收入（取得价款扣减支付的相关税费后的金额），按规定上缴财政的，应当通过"应缴财政款"科目核算；按规定纳入本单位预算管理的，应当通过"其他（预算）收入"科目核算。

二、关于政府对外投资业务的会计处理

（一）《政府会计准则第 2 号——投资》（以下简称 2 号准则）所称"股权投资"，是指政府会计主体持有的各类股权投资资产，包括国际金融组织股权投资、投资基金股权投资、企业股权投资等。政府财政总预算会计应当按照财政总预算会计制度相关规定对本级政府持有的各类股权投资资产进行核算。

（二）根据国务院和地方人民政府授权、代表本级人民政府对国家出资企业履行出资人职责的单位，与其履行出资人职责的国家出资企业之间不存在股权投资关系，其履行出资人职责的行为不适用 2 号准则规定，不作为单位的投资进行会计处理。通过单位账户对国家出资企业投入货币资金，纳入本单位预算管理的，应当按照《政府会计制度》中"其他费用（支出）"科目相关规定处理；不纳入本单位预算管理的，应当按照《政府会计制度》中"其他应付款"科目相关规定处理。

本解释施行前有关单位将国家出资企业计入本单位长期股权投资的，应当自本解释施行之日，将原"长期股权投资"科目余额中的相关账面余额转出，借记"累计盈余"科目（以前年度出资）或"其他费用"科目（本年度出资），贷记"长期股权投资"科目，并将相应的"权益法调整"科目余额（如有）转入"累计盈余"科目。

（三）单位按规定出资成立非营利法人单位，如事业单位、社会团体、基金会等，不适用 2 号准则规定，出资时应当按照出资金额，借记"其他费用"科目，贷记"银行存款"等科目；同时，在预算会计中借记"其他支出"科目，贷记"资金结存"科目。单位应当对出资成立的非营利法人单位设置备查簿进行登记。

本解释施行前单位出资成立非营利法人单位并将出资金额计入长期股权投资的，应当自本解释施行之日，将原"长期股权投资"科目余额中对非营利法人单位的出资金额转出，借记"累计盈余"科目（以前年度出资）或"其他费用"科目（本年度出资），贷记"长期股权投资"科目。

三、关于政府债券的会计处理

根据《政府会计准则第 8 号——负债》（以下简称 8 号准则）第七条规定，政府发行的政府债券属于政府举借的债务。有关政府债券的会计处理规定如下：

（一）财政总预算会计的处理。

政府财政总预算会计应当按照 8 号准则和财政总预算会计制度相关规定对政府债券进行会计处理。

（二）使用政府债券资金的单位的会计处理。

单位实际从同级财政取得政府债券资金的，应当借记"银行存款""零余额账户用款额度"等科目，贷记"财政拨款收入"科目；同时在预算会计中借记"资金结存"等科目，贷记"财政拨款预算收入"科目。

按照预算管理要求需对政府债券资金单独反映的，应当在"财政拨款（预算）收入"科目下进行明细核算。例如，取得地方政府债券资金的，应当根据地方政府债券类别按照"地方政府一般债券资金收入""地方政府专项债券资金收入"等进行明细核算。

1. 同级财政以地方政府债券置换单位原有负债的，单位应当借记"长期借款""应付利息"等科目，贷记"累计盈余"科目。预算会计不做处理。

2. 单位需要向同级财政上缴专项债券对应项目专项收入的，取得专项收入时，应当借记"银行存款"等科目，贷记"应缴财政款"科目；实际上缴时，借记"应缴财政款"科目，贷记"银行存款"等科目。预算会计不做处理。

3. 单位应当对使用地方政府债券资金所形成的资产、上缴的专项债券对应项目专项收入进行辅助核算或备查簿登记。

四、关于报告日后调整事项的会计处理

（一）单位应当按规定的结账日进行结账，不得提前或者延迟。年度结账日为公历年度每年的 12 月 31 日，即《政府会计准则第 7 号——会计调整》（以下简称 7 号准则）所称的年度报告日。年度终了结账时，所有总账账户都应当结出全年发生额和年末余额，并将各账户的余额结转到下一会计年度。单位不得对已记账凭证进行删除、插入或修改。

7 号准则规定的"报告日以后发生的调整事项"（以下简称报告日后调整事项）是指自报告日至报告批准报出日之间发生的、单位获得新的或者进一步的证据有助于对报告日存在状况的有关金额作出重新估计的事项，包括已证实资产发生了减损、已确定获得或者支付的赔偿、财务舞弊或者差错等。报告批准报出日一般为财政部门审核通过后，单位负责人批准报告报出的日期。

对于报告日后调整事项，单位应当按照 7 号准则第十八条的规定进行会计处理，具体规定如下：

1. 在发生调整事项的期间进行账务处理：

（1）涉及盈余调整的事项，通过"以前年度盈余调整"科目核算。调整增加以前年度收入或调整减少以前年度费用的事项，记入"以前年度盈余调整"科目的贷方；反之，记入"以前年度盈余调整"科目的借方。

（2）涉及预算收支调整的事项，通过"财政拨款结转""财政拨款结余""非财

政拨款结转""非财政拨款结余"等科目下"年初余额调整"明细科目核算。调整增加以前年度预算收入或调整减少以前年度预算支出的事项，记入"年初余额调整"明细科目的贷方；反之，记入"年初余额调整"明细科目的借方。

（3）不涉及盈余调整或预算收支调整的事项，调整相关科目。

2. 调整会计报表和附注相关项目的金额：

（1）报告日编制的会计报表相关项目的期末数或（和）本年发生数。

（2）调整事项发生当期编制的会计报表相关项目的期初数或（和）上年数。

（3）经过上述调整后，如果涉及报表附注内容的，还应作出相应调整或说明。

（二）单位在报告日至报告批准报出日之间发现的报告期以前期间的重大会计差错，应当根据 7 号准则第十五条第一款和第十八条的规定进行会计处理，具体规定如下：

1. 按照本条（一）关于报告日后调整事项账务处理的规定，在发现差错的期间进行账务处理。

2. 调整会计报表和附注相关项目的金额：

（1）影响收入、费用或者预算收支的，应当将会计差错对收入、费用或者预算收支的影响或者累积影响调整报告期期初、期末会计报表相关净资产项目或者预算结转结余项目，并调整其他相关项目的期初、期末数或（和）本年发生数；不影响收入、费用或者预算收支的，应当调整报告期相关项目的期初、期末数。

（2）调整发现差错当期编制的会计报表相关项目的期初数或（和）上年数。

（3）经过上述调整后，如果涉及报表附注内容的，还应作出相应调整或说明。

（三）单位在报告日至报告批准报出日之间发现的报告期间的会计差错或报告期以前期间的非重大会计差错、影响或者累积影响不能合理确定的重大会计差错，应当根据 7 号准则第十五条第二款规定执行，具体按照本条（一）的规定进行会计处理。

五、关于生效日期

本解释自公布之日起施行。

附录5 政府会计准则制度解释第4号

一、关于参照公务员法管理的事业单位适用的会计科目

《政府会计制度——行政事业单位会计科目和报表》（以下简称《政府会计制度》）适用于各级各类行政单位和事业单位（以下统称单位）。通常情况下，参照公务员法管理的事业单位（以下简称参公单位）执行《行政单位财务规则》的，应当使用《政府会计制度》中适用于行政单位的会计科目；执行《事业单位财务规则》的，应当使用《政府会计制度》中适用于事业单位的会计科目。参公单位应当根据其开展的经济业务事项，并结合所执行的财务制度确定应当使用的会计科目。行政单位和事业单位专用会计科目见附录。

二、关于在建工程按照估计价值转固相关会计处理

根据《政府会计准则第3号——固定资产》（以下简称3号准则）、《政府会计准则第5号——公共基础设施》（以下简称5号准则）规定，已交付使用但尚未办理竣工财务决算手续的固定资产、公共基础设施，应当按照估计价值入账，待办理竣工财务决算后再按实际成本调整原来的暂估价值。

（一）估计价值的确定。

3号准则、5号准则中的估计价值，是指在办理竣工财务决算前，单位在建的建设项目工程的实际成本，包括项目建设资金安排的各项支出，以及应付未付的工程价款、职工薪酬等。估计价值应当根据"在建工程"科目相关明细科目的账面余额确定。

对于建设周期长、建设内容多的大型项目，单项工程已交付使用但尚未办理竣工财务决算手续的，单位应当先按照估计价值将单项工程转为固定资产、公共基础设施。对于一项在建工程涉及多项固定资产的，在建工程按照估计价值转固时，单位应当分别确定各项固定资产的估计价值。

在建工程按照估计价值转固之后、办理竣工财务决算之前，发生调整已确认的应付工程价款等影响估计价值的事项，单位应当先通过"在建工程"科目进行会计处理，再由在建工程转入固定资产、公共基础设施。

在建工程按照估计价值转固时，单位应当将该项目的工程竣工结算书、各项费用归集表或交付使用资产明细表等材料作为原始凭证。

单位应当在报表附注中披露按照估计价值入账的固定资产、公共基础设施的金额。

（二）按实际成本调整暂估价值的会计处理。

单位办理竣工财务决算后，按实际成本调整资产暂估价值时，应当将实际成本与暂估价值的差额计入净资产，借记或贷记"固定资产""公共基础设施"科目，贷记或借记"以前年度盈余调整"科目。经上述调整后，应将"以前年度盈余调整"科目的余额转入"累计盈余"科目。

根据 3 号准则、5 号准则，单位应当对暂估入账的固定资产、公共基础设施计提折旧（根据政府会计准则制度规定无需计提折旧的除外），实际成本确定后不需调整原已计提的折旧额。单位按实际成本调整暂估价值后，应当以相关资产的账面价值（实际成本减去已提折旧后的金额）作为应计提折旧额，在规定的折旧年限扣除已计提折旧年限的剩余年限内计提折旧。

单位通过"在建工程"科目核算的信息系统项目工程、保障性住房项目工程，应当参照上述（一）、（二）中的规定进行会计处理。

三、关于固定资产、公共基础设施后续支出的会计处理

（一）后续支出资本化和费用化的划分。

根据 3 号准则、5 号准则，固定资产、公共基础设施在使用过程中发生的后续支出，符合资产确认条件的，应当予以资本化计入固定资产、公共基础设施成本；不符合资产确认条件的，应当在发生时计入当期费用或者其他相关资产成本。

通常情况下，为增加使用效能或延长使用年限而发生的改建、扩建、大型维修改造等后续支出，应当计入相关资产成本；为维护正常使用而发生的日常维修、养护等后续支出，应当计入当期费用。列入部门预算支出经济分类科目中资本性支出的后续支出，应当予以资本化。

单位应当根据上述原则，结合有关行业主管部门对维修养护、改建扩建等的规定以及本单位实际，确定本单位固定资产、公共基础设施后续支出资本化和费用化划分的具体会计政策。

单位对于租入等不由本单位入账核算但实际使用的固定资产，发生的符合资产确认条件的后续支出，应当按照《政府会计制度》中"长期待摊费用"科目相关规定进行会计处理。

（二）改建、扩建后资产成本的确定。

根据 3 号准则、5 号准则，在原有固定资产、公共基础设施基础上进行改建、扩建、大型维修改造等建造活动后的固定资产、公共基础设施，其成本按照原固定资产、公共基础设施账面价值加上改建、扩建、大型维修改造等建造活动发生的支出，再扣除固定资产、公共基础设施被替换部分的账面价值后的金额确定。

被替换部分的账面价值难以确定的，单位可以采用合理的分配方法计算确定，或

组织专家参照资产评估方法进行估价。单位确定被替换部分的账面价值不切实可行或不符合成本效益原则的，可以不予扣除，但应当在报表附注中予以披露。

单位对于保障性住房发生的后续支出，应当参照上述（一）、（二）中的规定进行会计处理。

四、关于自行研究开发项目形成的无形资产成本的确定

根据《政府会计准则第 4 号——无形资产》（以下简称 4 号准则）规定，单位自行研究开发项目形成的无形资产，其成本包括自该项目进入开发阶段后至达到预定用途前所发生的支出总额。

（一）自行研究开发项目的识别。

4 号准则中所指的自行研究开发项目，应当同时满足以下条件：

1. 该项目以科技成果创造和运用为目的，预期形成至少一项科技成果。科技成果是指通过科学研究与技术开发所产生的具有实用价值的成果。

2. 该项目的研发活动起点可以明确。例如，利用财政资金等单位外部资金设立的科研项目，可以将立项之日作为起点；利用单位自有资金设立的科研项目，可以将单位决策机构批准同意立项之日，或科研人员将研发计划书提交单位科研管理部门审核通过之日作为起点。

（二）自行研究开发项目支出的范围及会计处理。

4 号准则中所指的自行研究开发项目的支出，包括从事研究开发及其辅助活动（以下简称研发活动）人员计提的薪酬，研发活动领用的库存物品，研发活动使用的固定资产和无形资产计提的折旧和摊销，为研发活动支付的其他各类费用等。其中，计提的薪酬根据《政府会计制度》，包括基本工资、国家统一规定的津贴补贴、规范津贴补贴（绩效工资）、改革性补贴、社会保险费、住房公积金等；为研发活动支付的其他各类费用包括业务费、劳务费、水电气暖费用等。

按照《政府会计制度》的规定，单位应当先通过"研发支出"科目归集自行研究开发项目的支出，借记"研发支出"科目，贷记"应付职工薪酬""库存物品""固定资产累计折旧""无形资产累计摊销""财政拨款收入""银行存款""零余额账户用款额度""预提费用"等科目。"研发支出"科目下归集的各项研发支出后续按 4 号准则相关规定转入当期费用或无形资产。

不属于 4 号准则所指的自行研究开发项目所发生的支出，应当在实际发生时计入当期费用。

（三）自行研究开发项目研究阶段和开发阶段的划分。

根据 4 号准则规定，单位自行研究开发项目的支出，应当区分研究阶段支出与开发阶段支出。对于研究阶段的支出，应当计入当期费用。对于开发阶段的支出，先按

合理方法进行归集，最终形成无形资产的，应当确认为无形资产；最终未形成无形资产的，应当计入当期费用。

当单位自行研究开发项目预期形成的无形资产同时满足以下条件时，可以认定该自行研究开发项目进入开发阶段：

1. 单位预期完成该无形资产以使其能够使用或出售在技术上具有可行性。

2. 单位具有完成该无形资产并使用或出售的意图。

3. 单位预期该无形资产能够为单位带来经济利益或服务潜能。该无形资产自身或运用该无形资产生产的产品存在市场，或者该无形资产在内部使用具有有用性。

4. 单位具有足够的技术、财务资源和其他资源支持，以完成该无形资产的开发，并有能力使用或出售该无形资产。

5. 归属于该无形资产开发阶段的支出能够可靠地计量。

通常情况下，单位可以将样品样机试制成功、可行性研究报告通过评审等作为自行研究开发项目进入开发阶段的标志，但该时点不满足上述进入开发阶段 5 个条件的除外。

五、关于财政国库集中支付结余不再按权责发生制列支的相关会计处理

根据《政府会计制度》规定，单位在年末需要做如下账务处理：财政直接支付方式下，根据本年度财政直接支付预算指标数大于当年财政直接支付实际支付数的差额，在财务会计借记"财政应返还额度——财政直接支付"科目，贷记"财政拨款收入"科目；在预算会计借记"资金结存——财政应返还额度"科目，贷记"财政拨款预算收入"科目。财政授权支付方式下，根据本年度财政授权支付预算指标数大于零余额账户用款额度下达数的差额，在财务会计借记"财政应返还额度——财政授权支付"科目，贷记"财政拨款收入"科目；在预算会计借记"资金结存——财政应返还额度"科目，贷记"财政拨款预算收入"科目。

按照《国务院关于进一步深化预算管理制度改革的意见》（国发〔2021〕5 号）规定，市县级财政国库集中支付结余不再按权责发生制列支，相关单位年末不再进行上述账务处理。中央级和省级单位根据同级财政部门规范国库集中支付结余权责发生制列支的规定，相应进行会计处理。

六、关于单位取得代扣代收代征税款手续费的会计处理

单位从税务机关取得的代扣代缴、代收代缴、委托代征税款手续费按规定计入本单位收入，应当按照《政府会计制度》中"其他收入"科目相关规定进行财务会计处理，同时按照"其他预算收入"科目相关规定进行预算会计处理。

七、关于部门（单位）合并财务报表范围中所属事业单位的确认

《政府会计准则制度解释第 2 号》"九、关于部门（单位）合并财务报表范围"中的部门（单位）所属事业单位，其所属关系应当根据以下原则确认：

1. 存在财政预算拨款关系的事业单位，以财政预算拨款关系为基础确认所属关系。

2. 实行经费自理的事业单位，按照《事业单位法人证书》所列举办单位确认所属关系。涉及两个或两个以上举办单位的，按排序第一的举办单位确认，纳入该举办单位的合并财务报表编制范围；举办单位之间有协议、章程或管理办法约定的，按约定执行，不得重复编报。

八、关于部门（单位）合并财务报表的编制程序和抵销事项的处理

（一）相关基础工作要求。

1. 单位应当加强本部门内部单位清单的管理和更新维护，可以在会计信息系统中将统一社会信用代码等作为部门内部单位的标识依据。发生内部业务或事项时，应当在明细核算或辅助核算中注明"本部门内部单位"。

2. 单位对于经常发生的内部业务或事项，应当统一会计处理，并明确内部抵销规则。

3. 单位应当根据内部业务或事项的发生频率及金额等因素，建立符合单位实际的定期对账机制，梳理并核对内部业务或事项，及时进行会计处理和调整。

（二）编制程序。

单位应当根据《政府会计准则第 9 号——财务报表编制和列报》（以下简称 9 号准则）第十七、十八条规定的程序，编制部门（单位）合并财务报表。一般流程如下：

1. 将需要调整的个别财务报表调整为遵循政府会计准则制度规定的统一会计政策的财务报表，以调整后的个别财务报表作为编制合并财务报表的基础。被合并主体除了应当向合并主体提供财务报表外，还应当按照 9 号准则第二十一条的规定提供有关资料。

2. 设置合并工作底稿。

3. 将合并主体和被合并主体个别财务报表中的资产、负债、净资产、收入和费用项目金额逐项填入合并工作底稿，并加总得出个别资产负债表、个别收入费用表各项目合计金额。

4. 在合并工作底稿上编制抵销分录，将合并主体和被合并主体之间、被合并主体相互之间发生的内部业务或事项对财务报表的影响进行抵销处理。

5. 根据合并主体和被合并主体个别财务报表各项目合计金额、抵销分录发生额计算合并财务报表各项目的合并金额。抵销分录涉及收入、费用项目的，除调整合并收入费用表相应项目外，还应当结转调整合并资产负债表的净资产项目。

6. 根据合并工作底稿中计算确定的各项目合并金额，填列合并财务报表。

（三）抵销内部业务或事项的会计处理。

单位应当根据 9 号准则第十八条第三款的规定，抵销合并主体和被合并主体之间、被合并主体相互之间发生的债权债务、收入费用等内部业务或事项对财务报表的影响，在合并工作底稿上编制相应抵销分录。

1. 一般情况下的抵销处理。

（1）抵销部门内部单位之间的债权（含应收款项坏账准备）和债务项目。在编制抵销分录时，应当按照内部债权债务的金额，借记"应付票据""应付账款""预收账款""其他应付款""长期应付款"等项目，贷记"应收票据""应收账款净额""预付账款""其他应收款净额"等项目。其中，债权方对应收款项已计提坏账准备的，单位还应当分别以下情况编制抵销分录：

①初次编制合并报表的，按照内部应收款项计提的坏账准备的金额，借记"应收账款净额——坏账准备""其他应收款净额——坏账准备"项目，贷记"其他费用"项目。

②连续编制合并报表的。先按照上期抵销的内部应收款项计提的坏账准备的金额，借记"应收账款净额——坏账准备""其他应收款净额——坏账准备"项目，贷记"累计盈余——年初"项目。再按照本期个别资产负债表中期末内部应收款项相对应坏账准备的增加额，借记"应收账款净额——坏账准备""其他应收款净额——坏账准备"项目，贷记"其他费用"项目。本期个别资产负债表中期末内部应收款项所对应坏账准备金额减少的，做相反分录。

（2）抵销部门内部单位之间的上级补助收入和对附属单位补助费用项目。在编制抵销分录时，应当按照上级单位对附属单位补助的金额，借记"上级补助收入"项目，贷记"对附属单位补助费用"项目。

（3）抵销部门内部单位之间的上缴上级费用和附属单位上缴收入项目。在编制抵销分录时，应当按照附属单位向上级单位上缴的金额，借记"附属单位上缴收入""其他收入"（行政单位使用）项目，贷记"上缴上级费用"项目。

（4）抵销部门内部单位之间除（2）、（3）以外的收入和费用项目。在编制抵销分录时，应当按照内部交易的金额，借记"事业收入""非同级财政拨款收入""经营收入""租金收入""其他收入"等项目，贷记按费用性质列示的收入费用表中的"业务活动费用""单位管理费用""经营费用""其他费用"等项目；同时，贷记按费用经济分类列示的收入费用表中的"商品和服务费用""其他费用"等项目。

（5）对涉及增值税的应税业务，单位应当按照不含增值税的净额抵销收入和费用项目。

2. 不抵销的内部业务或事项。

（1）付款方计入费用、收款方计入应缴财政款的，在编制部门（单位）合并财务报表时，该费用项目不应抵销。

（2）单位相互之间销售商品、提供劳务形成的存货、固定资产、工程物资、在建工程、无形资产等所包含的未实现内部销售损益，在国务院财政部门作出抵销处理的规定之前，单位在编制部门（单位）合并财务报表时暂不抵销。

（3）按照国务院财政部门财务报告编制的有关规定，金额不超过抵销阈值的，在编制部门（单位）合并财务报表时可以不进行抵销。

3. 特殊情况下的抵销处理。

在各单位充分对账、会计处理正确的前提下，部门合并主体对于明细核算或辅助核算中注明"本部门内部单位"，但按照"1. 一般情况下的抵销处理"规定未能进行抵销处理，且不属于"2. 不抵销的内部业务或事项"的项目，可以直接按照内部业务或事项的金额编制抵销分录：借记有关应付及预收、收入项目，贷记有关应收及预付、费用项目，按其差额借记或贷记"累计盈余"项目。

部门合并主体应当在报表附注中披露按照特殊情况下的抵销处理方法抵销的项目及其金额。

（四）相关会计核算要求。

1. 单位通过本部门内部单位转拨资金方式，从本部门以外单位取得收入（或向本部门以外单位支付费用）的，不属于编制部门（单位）合并财务报表时应当抵销的内部业务或事项。在会计核算时，转拨单位应当通过"其他应付款"科目进行会计处理。实际取得收入（或支付费用）的单位确认的收入（费用）、转拨单位确认的其他应付款，在会计核算时不应注明"本部门内部单位"，应当按资金的最初来源（最终支付对象）注明"本部门以外同级政府单位""本部门以外非同级政府单位"或"其他单位"。

2. 编制部门（单位）合并财务报表过程中发现报告期和报告期以前期间的会计差错，属于报告日以后发生的调整事项，应当按照《政府会计准则第 7 号——会计调整》的规定进行会计处理，再根据调整后的个别财务报表编制合并财务报表。

九、关于生效日期

本解释"关于财政国库集中支付结余不再按权责发生制列支的相关会计处理"适用于 2021 及以后年度，"关于部门（单位）合并财务报表范围中所属事业单位的确认"适用于编制 2021 及以后年度的部门（单位）合并财务报表，"关于部门（单位）

合并财务报表的编制程序和抵销事项的处理"适用于编制 2022 及以后年度的部门（单位）合并财务报表，其余规定自 2022 年 1 月 1 日起施行。本解释规定首次施行时均采用未来适用法。

附

行政单位专用会计科目

会计要素		科目名称	适用单位
财务会计要素	负债	应付政府补贴款	行政单位
预算会计要素	预算支出	行政支出	行政单位

事业单位专用会计科目

会计要素		科目名称	适用单位
财务会计要素	资产	短期投资	事业单位
		应收票据	事业单位
		应收股利	事业单位
		应收利息	事业单位
		坏账准备	事业单位
		长期股权投资	事业单位
		长期债券投资	事业单位
	负债	短期借款	事业单位
		应付票据	事业单位
		应付利息	事业单位
		预收账款	事业单位
		长期借款	事业单位
	净资产	专用基金	事业单位
		权益法调整	事业单位
	收入	事业收入	事业单位
		上级补助收入	事业单位
		附属单位上缴收入	事业单位
		经营收入	事业单位
		投资收益	事业单位
	费用	单位管理费用	事业单位
		经营费用	事业单位
		上缴上级费用	事业单位
		所得税费用	事业单位

会计要素		科目名称	适用单位
预算会计要素	预算收入	事业预算收入	事业单位
		上级补助预算收入	事业单位
		附属单位上缴预算收入	事业单位
		经营预算收入	事业单位
		债务预算收入	事业单位
		投资预算收益	事业单位
	预算支出	事业支出	事业单位
		经营支出	事业单位
		上缴上级支出	事业单位
		投资支出	事业单位
		债务还本支出	事业单位
	预算结余	专用结余	事业单位
		经营结余	事业单位
		非财政拨款结余分配	事业单位

附录6 关于中小学校执行《政府会计制度——行政事业单位会计科目和报表》的补充规定

根据《政府会计准则——基本准则》，结合行业实际情况，现就中小学校①执行《政府会计制度——行政事业单位会计科目和报表》（以下简称新制度）做出如下补充规定：

一、关于"事业支出"科目的明细核算要求

中小学校对"事业支出"科目的明细核算除了遵循新制度规定外，还应当参照本规定附表1。

二、关于报表及编制说明

（一）新增项目及填列方法

中小学校应当在收入费用表的"（十一）其他收入"项目下增加"其中：食堂净收入"项目；应当在预算收入支出表的"（九）其他预算收入"项目下"其中："后所列项目中增加"食堂净预算收入"项目。

"其中：食堂净收入"和"食堂净预算收入"两个项目的内容及填列方法详见本规定"三、关于中小学校食堂业务的会计处理"。

（二）关于报表附注

中小学校应当在财务报表附注中按照本规定附表1的格式披露事业支出的基本情况。

三、关于中小学校食堂业务的会计处理

中小学校食堂实行独立核算或对食堂收支等主要业务实行独立核算的，年末应当将食堂的报表信息并入学校相关报表的相应项目，并抵销中小学校与食堂的内部业务或事项对中小学校报表的影响。

但是，中小学校在编制收入费用表时，应当将食堂本年收入和费用相抵后的净额

---

① 本规定所指的中小学校包括各级人民政府和接受国家经常性资助的社会力量举办的普通中小学校、中等职业学校、特殊教育学校、工读教育学校、成人中学和成人初等学校。各级人民政府和接受国家经常性资助的社会力量举办的幼儿园依照本规定执行。

466

并入本表"其他收入"项目金额，并单独填列于该项目下的"食堂净收入"项目。如果食堂收入和费用相抵后的净额合计数为负数，则以"－"号填列。中小学校在编制预算收入支出表时，应当将食堂本年预算收支相抵后的净额并入本表"其他预算收入"项目金额，并单独填列于该项目下的"食堂净预算收入"项目。如果食堂预算收入和支出相抵后的净额合计数为负数，则以"－"号填列。

中小学校应当在年度财务报表附注中提供将食堂财务会计信息纳入学校财务报表情况的说明，包括内部业务或事项抵销处理的情况，食堂本年收入、费用情况。

四、固定资产折旧年限

通常情况下，中小学校应当按照附表 2 规定确定各类应计提折旧的固定资产的折旧年限。

五、生效日期

本规定自 2019 年 1 月 1 日起施行。

附表 1

中小学校事业支出明细表

项　　目	合计	事业支出（按照经费来源划分）																			
		事业收入									非同级财政拨款						其他资金			
		同级财政拨款			小计	基本支出	项目支出		小计	基本支出	项目支出		小计	基本支出	项目支出
		小计	基本支出	项目支出																
一、工资福利支出																					
基本工资																					
津贴补贴																					
奖金																					
伙食补助费																					
绩效工资																					
基本养老保险缴费																					
职业年金缴费																					
基本医疗保险缴费																					
其他社会保障缴费																					
住房公积金																					
医疗费																					
外聘教职工工资																					
外聘教职工社会保障缴费																					
其他工资福利支出																					
二、商品和服务支出																					
办公费																					
印刷费																					
咨询费																					

续表

项目	合计	事业支出（按照经费来源划分）												
		同级财政拨款			事业收入			非同级财政拨款			其他资金			
		小计	基本支出	项目支出	小计	基本支出	项目支出	小计	基本支出	项目支出	小计	基本支出	项目支出	
手续费														
水费														
电费														
邮电费														
取暖费														
学校安保费														
校园保洁费														
校园绿化费														
其他物业管理费														
市内差旅费														
国内差旅费														
教师出国（境）培训费														
其他教职工出国（境）培训费														
教职工出国（境）考察费														
仪器设备维修（护）费														
信息系统维修（护）费														
房屋建筑物维修（护）费														
其他维修（护）费														
租赁费														

续表

项目	合计	事业支出（按照经费来源来源划分）													
		同级财政拨款			事业收入			非同级财政拨款			其他资金				
		小计	基本支出	项目支出	小计	基本支出	项目支出	小计	基本支出	项目支出	小计	基本支出	项目支出		
会议费															
教师培训费															
其他培训费															
公务接待费															
实验耗材费															
体育耗材费															
其他材料费															
劳务费															
委托业务费															
工会经费															
福利费															
校车运行维护费															
公务用车运行维护费															
其他交通费															
学生活动费															
学生出国（境）活动费															
教师工会和党团活动															
学校财产和责任保险费用															
税费和附加费															

项　　目	合计	事业支出（按照经费来源划分）											
		同级财政拨款			事业收入			非同级财政拨款			其他资金		
		小计	基本支出	项目支出	小计	基本支出	项目支出	小计	基本支出	项目支出	小计	基本支出	项目支出
财务及审计费													
诉讼费													
其他商品和服务支出													
三、对个人和家庭补助支出													
离休费													
退休费													
退职费													
抚恤金													
生活补助													
医疗费补助													
其中：(1) 学生医疗费													
(2) 教职工医疗费													
助学金													
其中：(1) 助学金													
(2) 奖学金													
(3) 书本费													
(4) 伙食补贴													
(5) 学生校外践习津贴													
奖励金													

续表

项　　目	合计	事业支出（按照经费来源划分）												
		同级财政拨款			事业收入			非同级财政拨款			其他资金		
		小计	基本支出	项目支出	小计	基本支出	项目支出	小计	基本支出	项目支出	小计	基本支出	项目支出
其他对个人和家庭补助支出													
四、资本性支出													
房屋建筑物购建													
办公设备购置													
专用设备购置													
仪器设备大型修缮													
房屋建筑物大型修缮													
信息网络及软件购置更新													
文物和陈列品购置													
图书购置													
无形资产购置													
其他资本性支出													
合计													

附表 2　　　　　　　　　　　中小学校固定资产折旧年限表

固定资产类别	折旧年限	备　注
一、房屋及构筑物		
1. 房屋		
钢结构	50 年	
钢筋混凝土结构	50 年	
砖混结构	30 年	
砖木结构	30 年	
2. 简易房	8 年	
3. 房屋附属设施	8 年	围墙、停车设施等
4. 构筑物	8 年	池、罐、槽、塔等
二、通用设备		
1. 计算机设备	6 年	计算机、网络设备、安全设备、终端设备、存储设备等
2. 办公设备	6 年	电话机、传真机、复印机、投影仪、多功能一体机、录音设备、电子白板、LED 显示屏、触控一体机等
3. 车辆	8 年	校车、乘用车、载货汽车、专用车辆等
4. 图书档案设备	5 年	
5. 机械设备	10 年	电梯、制冷空调、锅炉等
6. 电气设备	5 年	电机、变压器、电源设备、生活用电器等
7. 通信设备	5 年	
8. 广播、电视、电影设备	5 年	
9. 仪器仪表	5 年	
10. 电子和通信测量设备	5 年	
11. 计量标准器具及量具、衡器	5 年	
三、专用设备		
1. 专用仪器仪表	5 年	教学专用仪器等
2. 文艺设备	5 年	乐器、舞台设备、影剧院设备等
3. 体育设备	5 年	田赛设备、径赛设备、球类设备、体育运动辅助设备等
4. 娱乐设备	5 年	
5. 公安专用设备	3 年	
6. 其他专用设备	10 年	
四、家具、用具及装具		
1. 家具	15 年	
其中：学生用家具（教学用）	5 年	
2. 用具和装具	5 年	

473